UTB FÜR WISSEN SCHAFT

UTB 1052

W0299657

Eine Arbeitsgemeinschaft der Verlage

Wilhelm Fink Verlag München
A. Francke Verlag Tübingen und Basel
Paul Haupt Verlag Bern · Stuttgart · Wien
Hüthig Fachverlage Heidelberg
Verlag Leske + Budrich GmbH Opladen
Lucius & Lucius Verlagsgesellschaft Stuttgart
Mohr Siebeck Tübingen
Quelle & Meyer Verlag Wiebelsheim
Ernst Reinhardt Verlag München und Basel
Ferdinand Schöningh Verlag Paderborn · München · Wien · Zürich
Eugen Ulmer Verlag Stuttgart
Vandenhoeck & Ruprecht Göttingen und Zürich
WUV Wien

Ludwig Schätzl

Wirtschaftsgeographie 2

Empirie

Mit 38 Abbildungen und 43 Tabellen

3., überarbeitete und erweiterte Auflage 2000

Ferdinand Schöningh
Paderborn · München · Wien · Zürich

Dr. oec. publ. *Ludwig Schätzl*, geboren 1938 in Ruhpolding/Obb., Studium der Wirtschaftswissenschaften und der Geographie an der Universität München: Promotion 1967 (München), Habilitation in Geographie 1973 (Gießen). Forschungs- und Lehrtätigkeit an den Universitäten München, Ibadan (Nigeria), Gießen, Berlin, Hannover. Seit 1978 Professor der Geographie am Geographischen Institut der Universität Hannover. 1997 zum Präsidenten der Universität Hannover gewählt.

Die Deutsche Bibliothek – CIP-Einheitsaufnahme

Schätzl, Ludwig:
Wirtschaftsgeographie: in 3 Bänden/Ludwig Schätzl. –
Paderborn; München; Wien; Zürich: Schöningh
2. Empirie: mit 43 Tabellen. – 3., überarb. und erw. Aufl. – 2000
(UTB für Wissenschaft: Uni-Taschenbücher; 1052)
ISBN 3-8252-1052-9 (UTB)
ISBN 3-506-99447-6 (Schöningh)

Gedruckt auf umweltfreundlichem, chlorfrei gebleichtem Papier
(mit 50 % Altpapieranteil)

3., überarbeitete und erweiterte Auflage 2000

© 2000 Verlag Ferdinand Schöningh, Paderborn
(Verlag Ferdinand Schöningh GmbH, Jühenplatz 1, D-33098 Paderborn)
ISBN 3-506-99447-6

Das Werk, einschließlich aller seiner Teile, ist urheberrechtlich geschützt. Jede Verwertung außerhalb der engen Grenzen des Urheberrechtsgesetzes ist ohne Zustimmung des Verlages unzulässig und strafbar. Das gilt insbesondere für Vervielfältigungen, Übersetzungen, Mikroverfilmungen und die Einspeicherung und Verarbeitung in elektronischen Systemen.

Printed in Germany.
Herstellung: Ferdinand Schöningh, Paderborn
Einbandgestaltung: Atelier Reichert, Stuttgart

UTB-Bestellnummer: ISBN 3-8252-1052-9

INHALTSVERZEICHNIS

Vorwort 9

3 Empirische Raumwirtschaftsforschung 11
3.1 Theoretische und methodische Grundlagen der empirischen Raumwirtschaftsforschung 12
3.1.1 Indikatoren zur Beschreibung ökonomischer Raumsysteme 12
3.1.1.1 Ökonomische Indikatoren (System der Volkswirtschaftlichen Gesamtrechnung) 12
3.1.1.2 Gesellschaftliche Indikatoren (System der Gesellschaftlichen Gesamtrechnung) 24
3.1.1.3 Ökologische Indikatoren (System der Umweltökonomischen Gesamtrechnung) 30

Literaturübersicht: Kapitel 3.1.1 36

3.1.2 Methoden der Datengewinnung 37
3.1.2.1 Sekundärstatistische Daten 38
3.1.2.2 Primärerhebungen 40

Literaturübersicht: Kapitel 3.1.2 50

3.1.3 Methoden der Datenanalyse 51
3.1.3.1 Methoden der Strukturanalyse 51
3.1.3.2 Methoden der Wachstumsanalyse 75
3.1.3.3 Mehr-Indikator-Methoden 84
3.1.3.4 Methoden der Wirkungsanalyse 97

Literaturübersicht: Kapitel 3.1.3 122

3.2 Empirische Analyse ökonomischer Raumsysteme unterschiedlicher Maßstabsgröße 123
3.2.1 Weltwirtschaftliche Entwicklungstendenzen („Megatrends“) 123
3.2.2 Mondiale Maßstabsebene 134

3.2.2.1 Disparitäten in der sozioökonomischen Entwicklung 134
3.2.2.2 Interne und externe Wachstumsdeterminanten 168

Literaturübersicht: Kapitel 3.2.1. und 3.2.2 232

3.2.3 Kontinentale, nationale und subnationale Maßstabsebenen 234
3.2.3.1 Wachstumsregion Südostasien 234
3.2.3.2 Integrationsraum Westeuropa 255
3.2.3.3 Transformationsregion Mittel- und Osteuropa 279

Literaturübersicht: Kapitel 3.2.3 307

Abschließende Anmerkungen 309

Literaturverzeichnis 311

Personenregister 337

Institutionenregister 341

Sachregister 343

INHALTSÜBERSICHT DER ANDEREN BÄNDE

Wirtschaftsgeographie 1

Theorie

1. *Zum Begriff und Inhalt der Wirtschaftsgeographie*

   Entwicklungstendenzen der wirtschaftsgeographischen Forschung; disziplinäre Verknüpfung von Geographie und Wirtschaftswissenschaft; raumwirtschaftlicher Ansatz

2. *Raumwirtschaftstheorie*

   Standorttheorien; Theorie der unternehmerischen Standortwahl; Standortstrukturtheorien

   Räumliche Mobiltätstheorien; Theorien der Faktormobilität; Theorien der Gütermobilität

   Regionale Wachstums- und Entwicklungstheorien, u. a. neoklassische, postkeynesianische, polarisationstheoretische Ansätze; Wirtschaftsstufentheorien; Integration von Standorttheorie und regionaler Wachstumstheorie; Dynamisierung der Raumwirtschaftstheorie

Wirtschaftsgeographie 3

Politik

4. *Raumwirtschaftspolitik*

   Theoretische und methodische Grundlagen der Raumwirtschaftspolitik; Ziele, Strategien, Instrumente, Erfolgskontrolle

   Raumwirtschaftspolitik im mondialen Maßstab; Weltwirtschaftsordnung und sozioökonomische Disparitäten zwischen Industrie- und Entwicklungsländern, Strategien zum Abbau der Disparitäten,

Instrumente zur Steuerung der Güter- und Faktorströme, Strukturanpassung

Raumwirtschaftspolitik im kontinentalen Maßstab; Formen und Beispiele supranationaler Kooperation, Europäische Gemeinschaft (Grundzüge des Integrationsprozesses, Regionalpolitik, Entwicklungspolitik), ASEAN

Raumwirtschaftspolitik im nationalen Maßstab; Darstellung der Grundzüge der räumlichen Entwicklung und der Raumwirtschaftspolitik am Beispiel von drei Ländern unterschiedlichen Entwicklungsstandes, dem Entwicklungsland Malaysia, dem Schwellenland Südkorea und dem Industrieland Großbritannien

VORWORT

Der vom Verfasser vertretene raumwirtschaftliche Ansatz der Wirtschaftsgeographie wird in drei Bänden vorgestellt. Der Band Wirtschaftsgeographie 1 (UTB 782) behandelt die Raumwirtschaftstheorien und der Band Wirtschaftsgeographie 3 (UTB 1383) die Raumwirtschaftspolitik. Der vorliegende Band Wirtschaftsgeographie 2 ist der empirischen Raumwirtschaftsforschung gewidmet.

Die dritte Auflage des Bandes Wirtschaftsgeographie 2, Empirie, behält im wesentlichen die Systematik der früheren Auflagen bei. Neben der Aktualisierung des Datenmaterials wurde das Taschenbuch inhaltlich überarbeitet und umfassend erweitert. Für die substantiellen Beiträge zur Vorbereitung der Neuauflage bedanke ich mich bei Herrn Dipl.-Geogr. *Matthias Kiese*. Dank gebührt weiterhin den Mitarbeitern der Abteilung Wirtschaftsgeographie der Universität Hannover, Dr. *Javier Revilla Diez*, Dipl.-Geogr. *Ingo Liefner* und Dipl.-Geogr. *Britta Leineweber* für ihre Anmerkungen zum Manuskript sowie Frau Ingrid Mehrmann und Herrn Dipl.-Geogr. *Thomas Schröder* für die Bearbeitung der Verfasserkorrektur. Die Computerkarten haben Herr Dipl.-Geogr. *Rüdiger Cordes* und die studentische Hilfskraft *Björn Koch* erstellt. Die übrigen kartographischen Arbeiten wurden von Herrn *Lothar Redlin* und Frau *Christiane Grätsch* ausgeführt.

Ludwig Schätzl

3 EMPIRISCHE RAUMWIRTSCHAFTSFORSCHUNG

Wirtschaftsgeographie wird definiert als die Wissenschaft von der räumlichen Ordnung und der räumlichen Organisation der Wirtschaft; ihr Objekt sind ökonomische Raumsysteme unterschiedlicher Maßstabsebenen. Die Verteilung ökonomischer Aktivitäten im Raum, die Verflechtung zwischen den Raumeinheiten sowie die Veränderung von Raumstruktur und Interaktionen in der Zeit sind als interdependentes Raumsystem zu verstehen. Der hier vertretene raumwirtschaftliche Ansatz weist der Wirtschaftsgeographie die Aufgabe zu, ökonomische Raumsysteme zu erklären, zu beschreiben und zu gestalten. Die wirtschaftsgeographische Wissenschaft setzt sich demnach aus den Teilbereichen Theorie, Empirie und Politik zusammen. Mit der Raumwirtschaftstheorie beschäftigt sich Band 1. Die im folgenden behandelte empirische Raumwirtschaftsforschung nimmt innerhalb der Wirtschaftsgeographie eine zentrale Stellung ein. Empirische Untersuchungen sind für die Theoriebildung von Bedeutung, etwa um deduktive Erklärungsansätze zu überprüfen oder um auf induktivem Weg zusätzliche theoretische Erkenntnisse zu gewinnen. Die empirische Erfassung, Beschreibung und Analyse räumlicher Strukturen, räumlicher Interaktionen und räumlicher Prozesse in Vergangenheit und Gegenwart sind Grundlage für Regionalprognosen, aber auch Voraussetzung für regionalpolitische Entscheidungen, d. h. für die Gestaltung künftiger Entwicklungen.

Im Kapitel 3.1 werden zunächst als theoretische und methodische Grundlage der empirischen Raumwirtschaftsforschung Indikatoren zur Beschreibung ökonomischer Raumsysteme sowie ausgewählte Methoden der Datengewinnung und Datenanalyse vorgestellt. Kapitel 3.2 versucht dann unter Verwendung dieser Indikatoren und Methoden, Strukturen und dynamische Veränderungen ökonomischer Raumsysteme auf unterschiedlichen Maßstabsebenen nachzuweisen. Im Sinne einer problemorientierten Wirtschaftsgeographie konzentriert sich die empirische Analyse auf der mondialen Maßstabsebene (Kap. 3.2.2) auf zwei Themenkomplexe: erstens auf den im Zuge der Globalisierung der Weltwirtschaft zunehmenden Wettbewerb zwischen den Industrieländern („Kampf der Triade"), und zweitens auf die tiefgreifenden und sich verschärfenden Entwicklungsdisparitäten zwischen den Industrieländern und den Entwicklungsländern. Auf der kontinentalen, nationalen und subnationalen Maßstabsebene (Kap. 3.2.3) wird der raumwirtschaftliche Strukturwandel am Beispiel der Wachstumsregion Südostasien, des Integrationsraumes Westeuropa sowie der Transformationsregion Mittel- und Osteuropa behandelt.

3.1 Theoretische und methodische Grundlagen der empirischen Raumwirtschaftsforschung

3.1.1 Indikatoren zur Beschreibung ökonomischer Raumsysteme

Das Ziel dieses Kapitels ist es, Indikatoren vorzustellen, die erstens den sozioökonomischen Entwicklungsstand einer Region (z. B. einer supranationalen, nationalen, subnationalen Gebietseinheit) beschreiben, zweitens mittels (intertemporaler) Verknüpfung mehrerer Zeitpunktbeobachtungen Aussagen über den Entwicklungsprozeß einer Region zulassen und drittens durch interregionalen Vergleich Aufschluß über räumliche Unterschiede im Entwicklungsstand und in der Entwicklungsdynamik geben.

3.1.1.1 Ökonomische Indikatoren (System der Volkswirtschaftlichen Gesamtrechnung)

Ökonomische Entwicklungsindikatoren werden in der Regel aus dem *System der Volkswirtschaftlichen Gesamtrechnung* gewählt. In dieser gesamtwirtschaftlichen Buchführung wird der Wirtschaftskreislauf einer Region für eine definierte Periode statistisch erfaßt. Obwohl Entwürfe und Darstellungen von Wirtschaftskreisläufen bis auf *François Quesnay* (1694-1774) zurückreichen, wurde erstmals zu Beginn des Zweiten Weltkrieges in England mit der systematischen quantitativen Erfassung der monetären Ströme einer Volkswirtschaft begonnen. Anfang der fünfziger Jahre erarbeitete die Organisation für Europäische Wirtschaftliche Zusammenarbeit (OEEC, seit 1961 Organisation für Wirtschaftliche Zusammenarbeit und Entwicklung OECD) gemeinsam mit dem Statistischen Amt der Vereinten Nationen (UNO) ein einfaches Standardsystem einer Volkswirtschaftlichen Gesamtrechnung (Standard National Accounting System), um die internationale Vergleichbarkeit nationaler Buchführungen sicherzustellen. Dieses System verwenden heute die westlichen Industrieländer und die meisten Entwicklungsländer als Grundlage für Gesamtrechnungen auf nationaler Ebene und meist für ein Jahr. Im Zuge der Systemtransformation von der Zentralverwaltungswirtschaft zur Marktwirtschaft gehen auch die ehemaligen RGW-Staaten dazu über, ihr volkswirtschaftliches Gesamtrechnungssystem (Material Product System) sukzessive dem Verfahren von UNO und OECD anzupassen. Eine Reihe von Ländern unternimmt zusätzlich den Versuch, wichtige Größen der Volkswirtschaftlichen Gesamtrechnung auf subnationaler Ebene und für kürzere Perioden darzustellen.

Die ursprünglich an die Volkswirtschaftliche Gesamtrechnung gestellte Aufgabe war es, Aufschlüsse zu geben über Woher (Angebotsaspekt) und Wohin (Nachfrageaspekt) der erwirtschafteten Güter, daraus resultierender gesellschaftlicher Wohlfahrt und Vermögensmehrung. Diese Information wird in den Kategorien Einkommensentstehungsrechnung, Einkommensverteilungsrechnung und Einkommensverwendungsrechnung geordnet. Die Entstehung, Verteilung und Verwendung des Einkommens sind als ein simultan ablaufender Vorgang zu verstehen. Die Entstehungsrechnung erfaßt den Wert des Produktionsergebnisses der Wirtschaftsbereiche. Ausgangsgröße ist der Bruttoproduktionswert der einzelnen Sektoren (Unternehmen, Staat, Private Haushalte) im jeweiligen Bezugsraum; er enthält neben der eigenen Leistung auch Leistungen anderer, vorgelagerter Bereiche (z. B. Lieferungen von Rohstoffen, Halb- und Fertigwaren). Die Summe der um diese eingesetzten Vorleistungen verminderten Bruttoproduktionswerte entspricht der Bruttowertschöpfung und, korrigiert um Einfuhrabgaben, dem Bruttoinlandsprodukt (BIP) zu Marktpreisen; es erfaßt die in der Region in einer Periode produzierten Güter und bereitgestellten Dienstleistungen. Das BIP zu Marktpreisen, verringert um den produktionsbedingten Wertverschleiß dauerhafter Produktionsmittel (Abschreibungen), ergibt das Nettoinlandsprodukt zu Marktpreisen und bereinigt um leistungsunabhängige Kaufkrafttransfers (indirekte Steuern, Subventionen) das Nettoinlandsprodukt zu Faktorkosten, d.h. die Wertschöpfung der Produktionsfaktoren Arbeit, Kapital und Boden (Abb. 3.1). Das Inlandsprodukt ist somit eine Meßgröße der wirtschaftlichen Leistungskraft einer Region. Durch die in Abb. 3.2 vor-

Abb. 3.1 Volkswirtschaftliche Gesamtrechnung: Grundschema

genommene Differenzierung des Bruttoinlandsprodukts nach den Beiträgen, die einzelne Wirtschaftsbereiche leisten, lassen sich, in Anlehnung an die Sektor-Theorie, Rückschlüsse auf das Entwicklungsstadium ziehen, in dem sich die Untersuchungsregion befindet (vgl. Band 1 Theorie, 7. Aufl. 1998, S. 166 ff.). Das Inlandskonzept beantwortet die Frage, in welcher Region das Einkommen entstanden ist. Interessiert jedoch die Summe des Einkommens, die den Inländern insgesamt zur Verfügung steht, ist das Bruttoinlandsprodukt zu Marktpreisen um den Saldo der Erwerbs- und Vermögenseinkommen zwischen In- und Ausland zu korrigieren, d. h. Faktoreinkommen, die aus der Region abfließen, sind vom BIP abzuziehen und Faktoreinkommen, die zuströmen, müssen hinzugezählt werden.

Das Ergebnis ist das Bruttoinländerprodukt zu Marktpreisen, auch Bruttosozialprodukt (BSP) genannt. Eine Verminderung des BSP zu Marktpreisen um Abschreibungen ergibt das Nettosozialprodukt zu Marktpreisen, das, um den Saldo aus indirekten Steuern und Subventionen verringert, zum Nettosozialprodukt zu Faktorkosten, dem

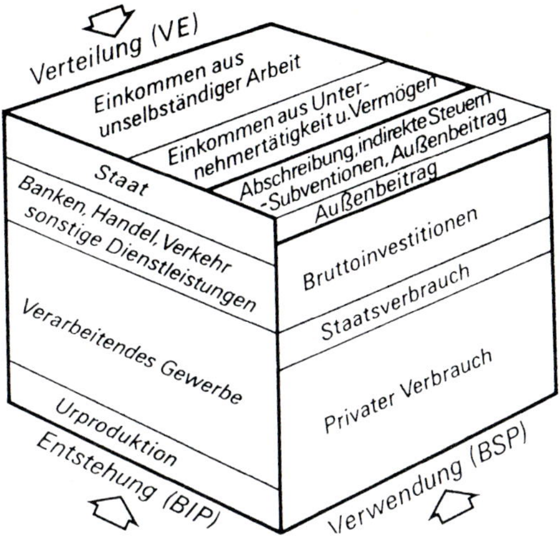

Abb. 3.2 Volkswirtschaftliche Gesamtrechnung: Entstehungs-, Verteilungs-, Verwendungsrechnung

Volkseinkommen führt (Abb. 3.1). Die Unterscheidung zwischen Inlands- und Inländerkonzept ist u.a. für Regionen mit hohem Pendlerüberschuß von Bedeutung. Ein Pendler wohnt außerhalb der Region, in der er arbeitet. Durch seine Mitwirkung am Produktionsprozeß entsteht Einkommen. Dieses Einkommen erhöht das Inlandsprodukt der produzierenden Region, ist jedoch in ihrem Inländerprodukt (Sozialprodukt) nicht enthalten. Hohe Pendlerüberschüsse weisen beispielsweise die Stadtstaaten Hamburg und Bremen auf. Ihr Bruttoinlandsprodukt ist höher als ihr Bruttosozialprodukt, da Faktoreinkommen in die angrenzenden Bundesländer abfließt (vgl. Tab. 3.41).

Sozialproduktsdaten liefern der Wirtschaftspolitik unverzichtbare Informationen, insbesondere für Wachstums-, Stabilisierungs- und Produktivitätsanalysen (vgl. *D. Brümmerhoff* 1995, S. 191 ff.). Mit Bevölkerungsdaten in Beziehung gesetzt, werden sie in der Literatur häufig als Wohlstandsindikatoren verwendet. Neben der absoluten Höhe des Pro-Kopf-Einkommens lassen sich aus der Zusammensetzung des Sozialprodukts zusätzliche Erkenntnisse gewinnen. So ist es Aufgabe der Verteilungsrechnung der Volkswirtschaftlichen Gesamtrechnung, die Bezieher des Volkseinkommens offenzulegen. Dabei ist zwischen der funktionalen und der personellen Einkommensverteilung zu unterscheiden. Die einfachste Form der funktionalen Gliederung des Volkseinkommens ist die in Einkommen aus unselbständiger Arbeit und Einkommen aus Unternehmertätigkeit und Vermögen (Abb. 3.2). Die „Lohnquote", das ist der Anteil der Arbeitnehmereinkommen am Volkseinkommen, oder die „Profitquote" lassen Rückschlüsse auf das Verhältnis von „Arbeit" und „Kapital" als Quelle von Einkommen zu. Die personelle Einkommensverteilung untersucht die Distribution des Volkseinkommens auf Einzelpersonen oder Personengruppen und gibt Hinweise auf den Lebensstandard der Bevölkerung. Schließlich erfaßt die Verwendungsrechnung der Volkswirtschaftlichen Gesamtrechnung, wie Abb. 3.2 zeigt, die Widmung des Sozialprodukts für Zwecke des Konsums (Privater Verbrauch, Staatsverbrauch) und der Sachvermögensbildung sowie den Außenbeitrag.

Die Eignung des Inlandsprodukts als Meßgröße der wirtschaftlichen Leistungskraft einer Region, vor allem aber die Aussagekraft des Pro-Kopf-Sozialprodukts als Indikator für den Wohlstand der Bevölkerung, wird in der Literatur in Zweifel gezogen. Die *Kritik* – zum Beispiel von *J. R. Hicks* (1940), *S. Kuznets* (1948), *I. M. D. Little* (1949), *P. A. Samuelson* (1950) – ist so alt wie die Volkswirtschaftliche Gesamtrechnung selbst. Im folgenden wird versucht, zunächst einige wichtige meßtechnische, definitorische und wohlfahrtstheoretische Unzulänglichkeiten der für eine definierte Periode durchgeführten Einkommensrechnung einer Region aufzulisten. In einem zweiten Schritt ist auf Schwierigkeiten und Grenzen des intertemporalen und interregionalen Vergleichs der Ergebnisse der Einkommensrechnung hinzuweisen.

1. Es ist ein Grundprinzip der Volkswirtschaftlichen Gesamtrechnung, die unterschiedlichen Güter und Dienstleistungen einheitlich nach dem Marktpreis zu bewerten. Im Idealfall orientieren sich die Preise am Grenznutzenverhältnis und an den Grenzkosten der Produzenten. In der Realität führen jedoch Mängel im Marktpreismechanismus aufgrund monopolistischer und oligopolistischer Märkte oder aufgrund staatlicher Eingriffe zu Bewertungsverzerrungen. Darüber hinaus existieren für eine Reihe öffentlicher Güter keine Marktpreise; ihre Bewertung erfolgt zu den Herstellungskosten. Dies ist dann problematisch, wenn die vom öffentlichen Sektor verursachten Kostenerhöhungen nicht von Leistungssteigerungen begleitet werden.
2. In der Volkswirtschaftlichen Gesamtrechnung sind nicht alle in einer Region erbrachten Leistungen und nicht alle wohlstandsmehrenden Wirkungen ökonomischer Aktivitäten erfaßt. Nicht markt-

gemäß angebotene Leistungen wie die Tätigkeit der Hausfrauen, handwerkliche Eigenleistungen, legale Nachbarschaftshilfe, aber auch Schwarzarbeit bleiben unberücksichtigt. Vermehrte Freizeit – durch Verkürzung der Wochen- bzw. Lebensarbeitszeit oder durch Verlängerung des Urlaubs –, verbesserte Arbeitsbedingungen, größere soziale Sicherheit erhöhen nicht die Güterproduktion, wohl aber die gesamtwirtschaftliche Wohlfahrt und sind als soziale Erträge zu interpretieren.

3. Andererseits weist die Volkswirtschaftliche Gesamtrechnung Produktions- und Einkommenswerte zu hoch aus aufgrund von Mängeln im praktizierten Buchungsverfahren sowie der Vernachlässigung wohlstandsmindernder Wirkungen. Der staatliche Beitrag zum Bruttoinlandsprodukt wird als Endnachfrage behandelt, obwohl die Staatstätigkeit zum Teil Vorleistungen für den Unternehmenssektor darstellt und insoweit als Kosten abzusetzen wäre. Der gleichen Problematik unterliegt die Behandlung aller Ausgaben der privaten Haushalte als Endprodukte. Fahrten zum Arbeitsplatz, zur Ausbildungsstätte oder zur Gesundheitsvorsorge werden im Sozialprodukt erfaßt, obwohl sie Vorleistungen darstellen, die erst die Teilnahme am Wirtschaftsleben ermöglichen, und eine Zunahme dieser Fahrten in der Regel wohlstandsmindernd wirkt. Zu kritisieren ist auch die Verbuchung langlebiger Konsumgüter der privaten Haushalte im Anschaffungsjahr als privater Verbrauch, obwohl es sich um Investitionen handelt, die über die Zeitspanne ihrer Nutzung abzuschreiben sind. Von grundsätzlicher Natur ist der Einwand, daß Produktion und Konsum Umweltschäden verursachen können, welche die gesamtwirtschaftliche Wohlfahrt und die Qualität der Lebensbedingungen der Gesellschaftsmitglieder mindern. Diese sozialen Kosten werden jedoch, im Gegensatz zu den einzelwirtschaftlichen Kosten, nicht vom Bruttoproduktionswert abgezogen. Im Gegenteil, Aufwendungen zur Beseitigung und Verhinderung von Umweltschäden werden als positiver Wertschöpfungsbeitrag registriert. Auch hinsichtlich der Nutzung nichtregenerierbarer Bodenschätze bestehen Bewertungsprobleme. Den Abbau nichterneuerbarer Rohstoffe verbucht die Volkswirtschaftliche Gesamtrechnung als Produktion; die gleichzeitig eingetretene Verringerung des Vermögens und damit des Produktionspotentials künftiger Generationen bleibt unberücksichtigt.

Aus dem Vergleich des Ergebnisses der für eine Periode erstellten Volkswirtschaftlichen Gesamtrechnung einer Region mit den Ergebnissen der für dieselbe Region durchgeführten Berechnungen anderer Perioden lassen sich Wachstum und Strukturveränderungen der Wirtschaft ermitteln. Voraussetzung für diesen *intertemporalen Vergleich* ist die Bewertung der Güter und Dienstleistungen nicht zu den jeweils zum Berechnungszeitpunkt der Volkswirtschaftlichen Gesamtrechnungen gültigen Preisen, sondern zu Preisen eines Basisjahres. Die zu jeweiligen Preisen bewerteten Gütermengen werden dann mit Hilfe von Preisindizes umgerechnet in Werte zu konstanten Preisen. Mit zunehmendem zeitlichen Abstand der Vergleichsperioden verliert aber auch die Gegenüberstellung von realen Größen an Aussagekraft. Im Zuge des langfristigen Transformationsprozesses von der Agrar- zur Industrie- und Dienstleistungsgesellschaft vollziehen sich tiefgreifende quantitative und qualitative Veränderungen bei der Produktion und im Konsumverhalten. So führt technischer Fortschritt zu neuen Gütern und zu qualitativen Produktionsänderungen.

Dem breiteren Güterspektrum versucht die Volkswirtschaftliche Gesamtrechnung durch Anpassung des bei der Indexbestimmung herangezogenen Warenkorbs Rechnung zu tragen. Bei veränderten Produkten ist die Bestimmung des Anteils der Preiserhöhungen, der auf Qualitätsverbesserung beruht, problematisch. Mit zunehmender Industrialisierung und Urbanisierung steigen die Aufwendungen zur Beseitigung und Vermeidung von Umweltschäden, oder es gehen private Haushalte dazu über, bisher selbst erbrachte Produktionstätigkeiten und Dienstleistungen auf Unternehmen zu verlagern. Im Falle der beiden letzten Beispiele weist – bei dem eingangs beschriebenen Berechnungsverfahren – ein intertemporaler Vergleich Volkswirtschaftlicher Gesamtrechnungen rechnerisch ein Wachstum der Wirtschaft aus, tatsächlich aber ist keine Wohlstandsmehrung eingetreten.

Der Vergleich nationaler Buchführungen verschiedener Regionen soll Aufschluß geben über räumliche Unterschiede im ökonomischen Entwicklungsstand (statische Betrachtung) sowie über Veränderungen dieser Unterschiede in der Zeit (dynamische Betrachtung). Die Aussagekraft *interregionaler Vergleiche* wird durch nachfolgende drei Sachverhalte begrenzt:

1. Das von der *OEEC* und der *UNO* entwickelte Standardsystem einer Volkswirtschaftlichen Gesamtrechnung (Standard National Accounting System) weist grundlegende Unterschiede auf verglichen mit dem vom Rat für gegenseitige Wirtschaftshilfe (RGW) erstellten volkswirtschaftlichen Gesamtrechnungskonzept (Material Product System). Das System der ehemaligen Zentralverwaltungs-

wirtschaften erfaßte nur die „materielle Produktion“, worunter die Herstellung materieller Güter und die Bereitstellung produktiver Dienstleistungen (z. B. Reparaturleistungen, Verlagsleistungen) zu verstehen waren. Unberücksichtigt blieben entsprechend dem Produktionsbegriff der marxistischen Ökonomie sogenannte „unproduktive Dienstleistungen“ (z. B. Leistungen der Kreditinstitute oder des Versicherungsgewerbes). Die Bewertung der materiellen Produktion erfolgte zu den tatsächlichen Verkaufspreisen, die der Staat autonom bestimmte. Die Preisbildung in der Zentralverwaltungswirtschaft war nicht vergleichbar mit marktwirtschaftlichen Preismechanismen. Die sich in den osteuropäischen Staaten vollziehende Systemtransformation von der Plan- zur Marktwirtschaft macht auch eine Reform ihrer Volkswirtschaftlichen Gesamtrechnung notwendig. Die Umstellung der Rechnungswerke der ehemaligen Zentralverwaltungswirtschaften gemäß dem National Accounting System westlicher Staaten ist jedoch mit einer Vielzahl von Übergangsproblemen verbunden; dies dürfte noch für Jahre die internationale Vergleichbarkeit der Volkswirtschaftlichen Gesamtrechnung dieser Länder beeinträchtigen.

2. Internationale Vergleiche basieren darauf, daß die in der Volkswirtschaftlichen Gesamtrechnung originär in Landeswährung ausgedrückten Werte mit Hilfe geeigneter Wechselkurse vereinheitlicht werden. Amtliche Wechselkurse spiegeln jedoch nicht unbedingt die zwischen den Ländern bestehenden Kaufkraftunterschiede wider. Dies hat hauptsächlich zwei Gründe: Erstens ist ein Teil des Produktionsergebnisses (vor allem Dienstleistungen) nicht handelbar, so daß die internationale Gütermobilität keine vollständige Angleichung der Wechselkurse an die jeweiligen Kaufkraftrelationen herstellen kann. Bei handelbaren Gütern wirken Transportkosten, tarifäre und nichttarifäre Handelshemmnisse sowie unvollkommener Wettbewerb einem Abbau internationaler Preisniveauunterschiede entgegen (vgl. *P. R. Krugman*, *M. Obstfeld* 1997, S. 412 ff.). Zweitens wird die Wechselkursbildung nicht allein durch Kaufkraftrelationen beeinflußt. Zins- und erwartungsinduzierte Kapitalbewegungen sowie politische und psychologische Ursachen können Veränderungen der amtlichen Wechselkurse bewirken, ohne daß sich die entsprechenden Kaufkraftrelationen verändern. Um derartige Verzerrungen zu korrigieren, sammelt das *International Comparison Project* der Vereinten Nationen seit 1968 Informationen über die Preise für identische Warenkörbe in

verschiedenen Ländern. Die so ermittelten Kaufkraftparitäten dienen als gemeinsamer Nenner für die Umrechnung von Sozialproduktdaten (vgl. *R. Summers*, *A. Heston* 1996). Offizielle Anerkennung erfuhr diese Methode durch den *Internationalen Währungsfonds*, der seit 1993 Länder-Ranglisten nach dem Pro-Kopf-Einkommen auf Basis von Kaufkraftparitäten erstellt.

3. Beim Vergleich von Regionen unterschiedlichen Entwicklungsstandes treten ähnliche Schwierigkeiten auf, wie sie beim intertemporalen Vergleich diskutiert wurden. Grundsätzlich gilt: Je größer die Unterschiede sind – etwa hinsichtlich des Produktionsanteils des nichtmonetarisierten Bereichs (Subsistenzwirtschaft), des Altersaufbaus der Bevölkerung (Dependency-Ratio), der Bedeutung und Effizienz des öffentlichen Sektors, des Umfangs und der Bewertung sozialer Erträge und sozialer Kosten –, desto geringer ist der Zuverlässigkeitsgrad der Ergebnisse interregionaler Vergleiche.

Ausgehend von dieser Kritik, erarbeiteten Wissenschaft und staatliche Stellen Ansätze zur *Erweiterung und Revision der Volkswirtschaftlichen Gesamtrechnung* mit dem Ziel, ihre Aussagefähigkeit als Meßinstrument der produktiven Leistung einer Gesellschaft und als Wohlstandsindikator zu verbessern. *A. W. Sametz* (1968, S. 77-96) geht von der Überlegung aus, daß sich parallel zum langfristigen Industrialisierungs- und Urbanisierungsprozeß säkulare Veränderungen in der Wirtschaftsstruktur vollziehen. Beispiele hierfür sind Qualitätsverbesserungen der Güter, Zunahme an Freizeit, fortschreitende Verlagerung produktiver Leistungen von Haushalten auf Unternehmen, steigende – als Vorleistungen anzusehende – Aufwendungen zur Aufrechterhaltung der Rahmenbedingungen für das Wirtschaftswachstum. In Erweiterung zu herkömmlichen Volkswirtschaftlichen Gesamtrechnungskonzepten versucht *Sametz* einen Bruttowohlstandsindikator (Welfare–Output–Indicator) zu entwickeln, der wohlstandsmehrende bzw. wohlstandsmindernde Effekte der langfristigen Veränderungstendenzen berücksichtigt. Grundlage der Berechnung sind weitgehend von *S. Kuznets* (1952, S. 24-241) übernommene Daten des nominalen Bruttosozialproduktes der USA für den Zeitraum 1869 – 1966, die zunächst in reales Bruttosozialprodukt pro Kopf umgerechnet werden. In einem ersten Revisionsschritt wird der Wert der Qualitätsverbesserungen der Produkte und der Wohlfahrtszunahme vermehrter Freizeit dem realen Bruttosozialprodukt zugerechnet. Ein zweiter Schritt bewertet die nicht am Markt angebotenen Güter und Dienstleistungen und bringt private und staatliche Industrialisierungs- und Urbanisierungskosten (z. B. langfristig ansteigende Aufwendungen für Fahrten zum Arbeitsplatz, Verteidigungsausgaben) in Abzug. Das teilweise auf Schätzungen basierende Revisionsverfahren kommt zu dem Schluß, daß sich im Untersuchungszeitraum 1869-1966 das mit herkömmlichen Methoden ermittelte reale Bruttosozialprodukt pro Kopf um das 5,5-fache, das von *Sametz* neuberechnete Bruttowohlstandsprodukt pro Kopf jedoch nur um das 4-fache erhöht hat.

Zu vergleichbaren Ergebnissen kommen *W. D. Nordhaus und J. Tobin* (1972, S. 509-564). Im Beobachtungszeitraum 1929-1965 betrugen in den USA die durchschnittliche jährliche Zuwachsrate des Nettosozialprodukts pro Kopf 1,7 Prozent, die Pro-Kopf-Wachstumsrate der von *Nordhaus* und *Tobin* entwickelten Maßzahl der ökonomischen Wohlfahrt (Measure of Economic Welfare) dagegen nur 1,0 Prozent. Die wesentlichen Veränderungen gegenüber der bislang praktizierten Einkommensverwendungsrechnung sind:

- Neuklassifikation der privaten und öffentlichen Ausgaben für Konsum und Investition mit dem Ziel, Vorleistungen zu eliminieren, die bei der herkömmlichen Erstellung der Volkswirtschaftlichen Gesamtrechnung als Endproduktion mit ausgewiesen werden.
- Berücksichtigung der Werte der Nutzung langlebiger Konsumgüter und öffentlichen Kapitals sowie Bewertung der Freizeit und der produktiven Tätigkeit des nichtmonetarisierten Sektors.
- Berücksichtigung der durch die Urbanisierung verursachten Sozialkosten (z. B. Umweltverschmutzung).

Die Berechnungen von *Nordhaus* und *Tobin* haben *P. Samuelson* und *W. D. Nordhaus* (1987, S. 199 ff.) bis zum Jahre 1984 fortgeführt und dabei ähnliche Ergebnisse erzielt. Praktische Bedeutung erlangte ihre Arbeit in Japan, wo das auf Basis obiger Revisionsvorschläge errechnete Nettowohlfahrtsmaß als eine Grundlage für die Wirtschaftsplanung dient. In Japan betrug im Zeitraum 1955-1970 die durchschnittliche jährliche Zuwachsrate des Nettoinlandsprodukts 8,8 Prozent, der Nettowohlfahrt jedoch nur 7,2 Prozent (*Economic Council of Japan* 1973, S. 124 f.).

Einschränkend ist auf die erheblichen Erfassungs- und Bewertungsprobleme beim Berechnungsverfahren von *Nordhaus* und *Tobin* hinzuweisen. Bei der Ermittlung des Anteils der Vorleistungen von privaten und öffentlichen Ausgaben, der Bewertung der Freizeit oder der Abschätzung von Urbanisierungsnachteilen spielen subjektive Wertvorstellungen eine wichtige Rolle. In diesem Zusammenhang wird in der Literatur auf die Gefahr der Manipulierbarkeit dieses, gegenüber den herkömmlichen Berechnungsverfahren anspruchsvolleren theoretischen Ansatzes hingewiesen (vgl. *M. Frenkel, K. D. John* 1996, S. 157 f.).

Die Volkswirtschaftliche Gesamtrechnung und der Revisionsansatz von *Nordhaus* und *Tobin* erfassen nur unzureichend die den Produktions- und Konsumtionsprozeß begleitenden Bestandsveränderungen des Volksvermögens. Beispielsweise ist die Steigerung des Sozialprodukts über den Abbau nichtregenerierbarer Bodenschätze mit einer Vermögensverringerung verbunden. *F. T. Juster* (1973, S. 25-109) stellt der Strömungsrechnung der nationalen Buchführung ein Konzept gegenüber, in dem der Bestand an wirtschaftlichen, sozialen, natürlichen und politischen Vermögenswerten im Mittelpunkt der Betrachtung steht. Die Vermögensbestände einer Region sind in fünf Gruppen gegliedert:
- reproduzierbares materielles Vermögen (z. B. Anlagevermögen, langlebige Konsumgüter)
- reproduzierbares immaterielles Vermögen (z. B. nichtpersonengebundene Kenntnisse, technisches Wissen)
- Humanvermögen (z. B. personengebundene Fähigkeiten und Kenntnisse)
- physisches Umweltvermögen (z. B. Bodenschätze, Luft, Wasser)
- soziales und politisches Vermögen (z. B. persönliche und nationale Sicherheit, Freiheit, Gerechtigkeit).

Aus den Leistungen und dem Nutzen, den diese Vermögenswerte dem Menschen erbringen, sowie aus den Veränderungen der Vermögensbestände errechnet *Juster* eine umfassende Maßzahl der sozioökonomischen Leistung (Measurement of Economic and Social Performance). Ein empirischer Beleg der Tragfähigkeit dieses Ansatzes einer Gesamtrechnung auf der Basis obigen umfassenden Vermögensbegriffs blieb jedoch zunächst aus.

Ein ähnlich komplexes Vermögenskonzept entwickelt die *Weltbank* in einer jüngeren Studie mit dem Ziel, Aspekte des ökonomischen, gesellschaftlichen und ökologischen Entwicklungsstandes als Bestandsgrößen zu messen und zu einer Vermögensposition zusammenzufassen (*Weltbank* 1995b; *I. Serageldin* 1996). Zu diesem Zweck wird das *Nationalvermögen* in vier komplementäre Formen von Kapital unterteilt:
- Naturkapital (Luft, Boden, Wald, Wasser etc.)
- Sachkapital (Sachgüter, Infrastruktur etc.)

- Humankapital (Investitionen in Ausbildung, Gesundheit, Ernährung etc.)
- Sozialkapital (institutionelle und kulturelle Grundlagen einer Gesellschaft)

Diese vier Komponenten sind in unterschiedlichem Maße quantifizierbar. Während die monetäre Bewertung des Sachkapitals kaum Schwierigkeiten bereitet, konnte die *Weltbank* das Sozialkapital bislang nicht in ihre Berechnungen integrieren. Beim Naturkapital beschränkt sich die *Weltbank* darauf, vier Elemente des Naturvermögens in ihrem aktuellen Bestand zu bewerten: Boden, Wasser, Bodenschätze und Holzreserven. Die Bodenressourcen eines Landes werden abhängig von den jeweiligen Nutzungsklassen mit einem an das Pro-Kopf-Einkommen des Landes gebundenen Faktor bewertet. Dazu kommen Zuschläge und Abzüge in Abhängigkeit von der Bodenqualität. Für den Wasserverbrauch wird eine Pauschale von 0,01 US-Dollar je Kubikmeter angesetzt, während Bodenschätze und Holzreserven mit 50 Prozent ihres Weltmarktpreises bewertet werden. Die restlichen 50 Prozent werden für den Abbau und die Vermarktung dieser Reserven in Rechnung gestellt. Das Humankapital schließlich berechnet die *Weltbank* als Residualwert, indem sie den abgezinsten zukünftigen Einkommensstrom eines Landes – bezogen auf die kumulierte Lebenserwartung der Bevölkerung – um das konkret berechnete Sach- und Naturkapital vermindert. Die so berechneten Werte für das Sachkapital, das Naturkapital und das Humankapital werden schließlich zum Nationalvermögen addiert und über Wechselkurse in Dollar umgerechnet. Die Ergebnisse dieser für 192 Länder durchgeführten Berechnungen werden in Kapitel 3.2.2.1 diskutiert.

Da für Umweltgüter in der Regel keine Marktpreise existieren, muß die monetäre Bewertung der natürlichen Lebensgrundlagen notwendigerweise normativ erfolgen. Zudem ist einzuwenden, daß die bloße Addition einzelner Umweltelemente wie Boden, Wasser, Wald oder Rohstoffe dem komplexen, interdependenten Charakter von Ökosystemen nicht gerecht wird. Es ist jedoch positiv zu bewerten, daß das Meßkonzept des Nationalvermögens die menschliche Wohlfahrt und die Funktionsfähigkeit der Ökosysteme in das Zentrum der Wirtschaftspolitik rückt und so ein wichtiges Instrument zur Umsetzung des neuen Paradigmas der nachhaltigen Entwicklung darstellt.

Die bislang behandelten Ansätze zur Erweiterung und Revision der Volkswirtschaftlichen Gesamtrechnung benötigen statistische Daten, die in der Regel nicht verfügbar sind bzw. deren Qualität in einzelnen Ländern große Unterschiede aufweist. Um die internationale Vergleichbarkeit zu gewährleisten, plädieren vor allem internationale Organisationen dafür, das bestehende System der Volkswirtschaftlichen Gesamtrechnung möglichst langfristig beizubehalten und durch sog. *Satellitensysteme* zu ergänzen oder zu erweitern. Satellitensysteme lassen sich so aufbauen, daß sie sich in den konzeptionellen Rahmen der Volkswirtschaftlichen Gesamtrechnung einfügen und eine Verknüpfung mit dem Gesamtsystem, z. B. durch die Input-Output-Rechnung, ermöglichen. Satellitensysteme können aber auch Aktivitäten erfassen, die in den traditionellen Sozialproduktsberechnungen keine Berücksichtigung finden. Beispielsweise werden mittels Satellitensystemen nicht am Markt angebotene Leistungen privater Haushalte geschätzt (vgl. D. *Brümmerhoff* 1995, S. 241 ff.). Satellitensysteme können auch Angaben in nichtmonetären Einheiten enthalten; dies spielt bei der Erstellung von Umwelt-Satellitensystemen eine wichtige Rolle (vgl. Kap. 3.1.1.3).

3.1.1.2 Gesellschaftliche Indikatoren (System der Gesellschaftlichen Gesamtrechnung)

Die Volkswirtschaftliche Gesamtrechnung einschließlich der behandelten Revisionsbemühungen stellt ein Instrument dar, das letztlich ökonomische Größen (ökonomische Leistung, ökonomischen Wohlstand) registriert und in Geldeinheiten bewertet. In der Wachstumseuphorie der fünfziger Jahre, die weltweit Länder verschiedener Gesellschaftsordnung und unterschiedlichen Entwicklungsstandes beherrschte, wurde die Ausweitung der Produktion unkritisch als Wohlstandsmehrung interpretiert, und die Regierungen erhoben Wachstum zur wichtigsten Richtschnur wirtschaftspolitischen Handelns. Angesichts der den Industrialisierungsprozeß begleitenden negativen Wirkungen (z. B. Umweltverschmutzung, Slumbildung) setzte sich im Laufe der sechziger Jahre die Erkenntnis durch, daß die Entwicklung nicht nur ein ökonomischer, sondern auch ein gesellschaftlicher Prozeß ist und daß die Lebensqualität der Menschen mit monetarisierbaren Werten nicht hinreichend beschrieben werden kann. Aus dem Unbehagen über die Dominanz der ökonomischen Betrachtungsweise und aus dem Wissen über die Grenzen der Belastbarkeit des Ökosystems erwuchs die Forderung, neben dem quantitativen Wachstum auch das qualitative Wachstum, neben dem ökonomischen Wohlstand den gesellschaftlichen Wohlstand zu erfassen und von einem eindimensionalen zu einem mehrdimensionalen Zielsystem überzugehen. Die Volkswirtschaftliche Gesamtrechnung – nun allein als Meßinstrument der Produktionsleistung verstanden – ist durch ein System der *Gesellschaftlichen Gesamtrechnung* zu erweitern. Während die Volkswirtschaftliche Gesamtrechnung die Quantifizierung der ökonomischen Kreislauftheorie darstellt, fehlt für eine Gesellschaftliche Gesamtrechnung bislang ein theoretischer Bezugsrahmen. Als erster Schritt in Richtung auf eine umfassende gesellschaftliche Berichterstattung ist die Erstellung eines Systems *gesellschaftlicher Indikatoren* (social indicators) zu werten.

Gesellschaftliche Indikatoren haben die Aufgabe, den gesellschaftlichen Wohlstand einer Region zu beschreiben und mittels („diachroner") Vergleiche in der Zeit und („synchroner") Vergleiche im Raum Aufschluß zu geben über die Entwicklungsdynamik und über räumliche Entwicklungsunterschiede. Schon bei der Erfassung der gesellschaftlichen Situation einer Region treten erhebliche Probleme auf. Die Schwierigkeiten beginnen mit der Identifikation konsensfähiger gesellschaftlicher Ziele und Werte als Voraussetzung für den Aufbau eines umfassenden gesellschaftlichen Informationssystems. Die Auswahl einzelner Indikatoren hat sich primär an den definierten Zielsetzungen zu orientieren und nicht, wie es vielfach geschieht, an der momentanen Verfügbarkeit des statistischen Datenmaterials. Die ausgewählten Indikatoren sollen eine aussagefähige Kombination darstellen von Inputindikatoren, die den Einsatz finanzieller, personeller und sachlicher Mittel registrieren, und Outputindikatoren, die auf die Wirkung der eingesetzten Mittel auf die individuelle Wohlfahrtslage bezogen sind. Im Gesundheitswesen beispielsweise ist neben dem Aufwand an Gesundheitsleistungen der Gesundheitszustand der Bevölkerung anzuführen. Bei den Outputindikatoren ist zu differenzieren in subjektive Indikatoren, die eine Wertung der Lebensverhältnisse aus der Sicht der Individuen wiedergeben, und in objektive Indikatoren, die Bedingungen der Lebensqualität behandeln, die nicht auf der wertenden Stellungnahme von Einzelpersonen basieren.

Grundsätzlich beruht ein gesellschaftliches Informationssystem auf einer Vielzahl von Einzelindikatoren, die die Mehrdimensionalität von Wohlstand und Entwicklung widerspiegeln. In der Literatur ist jedoch umstritten, ob die nicht in Geldeinheiten bewertbaren gesellschaftlichen Indikatoren auf dem Wege der Standardisierung oder Indexbildung aggregiert werden sollen. Ein Argument gegen die Zusammenfassung der Einzelindikatoren zu einem Gesamtindex der

Lebensqualität ist, daß ein Informationsverlust eintritt und Interpretationsmöglichkeiten des multidimensionalen Indikatorensystems verloren gehen. Für die Bildung eines Wohlfahrtsindex spricht, daß Aussagen über die zeitliche Veränderung der Lebensqualität sowie interregionale Entwicklungsvergleiche erleichtert werden. In der Praxis erfolgt die für eine Aggregation notwendige Gewichtung der Einzelindikatoren durch Befragung ausgewählter Fachleute (z. B. *I. Adelman, C. T. Morris* 1967) oder durch Stichprobenbefragung von Einzelpersonen (*H. H. Koelle* 1974). Bei dieser Vorgehensweise besteht allerdings die Gefahr, daß die Indikatoren nicht den Entwicklungsstand einzelner Länder, sondern das subjektive Entwicklungsverständnis einzelner Experten widerspiegeln (*H.-R. Hemmer* 1988, S. 36). Probleme für den intertemporalen Vergleich ergeben sich durch die Veränderung der Ziele und Gewichte im Laufe des Entwicklungsprozesses. Voraussetzung für den interregionalen Vergleich ist ein Konsens über gesellschaftliche Grundwerte und eine Übereinkunft hinsichtlich der Indikatorenauswahl und der Gewichtungsmethode. Als konkretes Beispiel für die Verdichtung von einzelnen Indikatoren zu komplexen Gesamtindizes wird in Kap. 3.1.3.3 der vom Entwicklungsprogramm der Vereinten Nationen (UNDP) publizierte Human Development Index (HDI) vorgestellt.

Viele Länder betreiben den Aufbau einer regierungsamtlichen Sozialberichterstattung. In der Bundesrepublik Deutschland zum Beispiel steht mit dem Instrument „Laufende Raumbeobachtung" ein indikatorengestütztes, planungsorientiertes Informationssystem zur Verfügung, das auf der Basis subnationaler Gebietseinheiten eine laufende Berichterstattung über alle wesentlichen Lebensbereiche anstrebt. Im folgenden werden jedoch nicht länderspezifische Beiträge vorgestellt, sondern zwei Indikatorensysteme, die mit der Zielsetzung erstellt wurden, internationale Entwicklungsvergleiche zu ermöglichen. Das Forschungsinstitut für soziale Entwicklung der Vereinten Nationen (UNRISD) veröffentlichte 1970 einen Katalog von 73 Indikatoren aus dem sozialen, demographischen und wirtschaftlichen Bereich. In mehreren Reduktionsschritten wurden diese Indikatoren zu 18 hoch miteinander korrelierten Kernindikatoren verdichtet (*D. V. McGranahan* 1972, S. 74, 75).

Nach Ansicht des UNRISD beschreibt das in Tab. 3.1 dokumentierte Indikatorensystem die sozioökonomische Entwicklung. Einschränkend ist anzumerken, daß nur solche Indikatoren ausgewählt wurden, die quantifizierbar sind und für die weltweit veröffentlichte

Tab. 3.1 System der 18 *UNRISD*-Kernindikatoren

Gesundheit und Bevölkerung

1. Lebenserwartung bei der Geburt
2. Anteil der Bevölkerung in Städten mit 20 000 und mehr Einwohnern an der Gesamtbevölkerung

Ernährung

3. Verbrauch von tierischem Protein pro Kopf und Tag

Erziehung

4. Anteil der Einschreibungen in Grundschulen und höheren Schulen an der Altersgruppe zwischen 5-19 Jahren
5. Anteil der Einschreibungen in Berufsschulen an der Altersgruppe zwischen 5-19 Jahren

Wohnen

6. Durchschnittliche Personenzahl pro Zimmer
7. Verkaufte Tageszeitungen pro 1 000 Einwohner
8. Telefone pro 100 000 Einwohner
9. Rundfunkgeräte pro 1 000 Einwohner

Transport und Dienstleistungen

10. Anteil der Erwerbstätigen in den Bereichen Elektrizität, Gas, Wasser, Sanitäre Dienste, Transport, Kommunikation

Landwirtschaft

11. Landwirtschaftliche Produktion pro männlicher Arbeitskraft in der Landwirtschaft
12. Anteil der erwachsenen männlichen Arbeitskräfte in der Landwirtschaft an den männlichen Arbeitskräften insgesamt

Industrie

13. Elektrizitätsverbrauch in kWh pro Kopf
14. Stahlverbrauch in kg pro Kopf
15. Energieverbrauch in kg Steinkohleeinheiten pro Kopf
16. Anteil der verarbeitenden Industrie am gesamten Bruttoinlandsprodukt

Handel

17. Außenhandel (Summe der Importe und Exporte) pro Kopf

Allgemein

18. Anteil der Lohn- und Gehaltsempfänger an den Erwerbstätigen insgesamt

Quelle: *D. V. McGranahan* (1972, S. 74 f.)

Tab. 3.2 Zielbereiche, gesellschaftliche Anliegen und Indikatoren nach der Sozialindikatorenliste 1980 der OECD

Zielbereiche	*Gesellschaftliche Anliegen*	*Anliegen lt. Indikatorenliste 1980*	*Indikatoren lt. Indikatorenliste 1980*
Gesundheit	die Wahrscheinlichkeit eines Lebens in gesundheitlich guter Verfassung während aller Lebensstadien	Lebensdauer	(1) Lebenserwartung im Alter von 0, 1, 20, 40, 60 Jahr(en) (2) Perinatale Sterblichkeit
		Gesundes Leben	(1) Vorübergehende Gesundheitsstörung (2) Dauernde Gesundheitsstörung
Entwicklung der Persönlichkeit durch Lernen	die Aufnahme, Bewahrung und Vertiefung von Grund- und weiteren Kenntnissen, Fertigkeiten und sittlichen Werten, wie sie für die Entwicklung der Persönlichkeit und ein erfolgreiches Tätigwerden als Mitglied der Gesellschaft erforderlich sind	Lernen	(1) Alphabetisierung
	die zur Verfügung stehenden organisierten Einrichtungen zur Aufnahme, Bewahrung und Vertiefung von Kenntnissen und Fertigkeiten, wie sie für die Entwicklung der Persönlichkeit und ein erfolgreiches Tätigwerden als Mitglied der Gesellschaft erforderlich sind, und die Bereitschaft des einzelnen, diese Einrichtungen zu nutzen	Ausbildung	(1) Dauer der Ausbildung (2) Teilnahme an Erwachsenenbildungsprogrammen
Erwerbstätigkeit und Qualität des Arbeitslebens	die Verfügbarkeit von Erwerbstätigkeit für diejenigen, die sie wünschen	Verfügbarkeit von Erwerbstätigkeit	(1) Arbeitslosigkeit (2) Unfreiwillige Teilzeitarbeit (3) Verdeckte Arbeitslosigkeit
		Qualität des Arbeitslebens	(1) Arbeitszeit (2) Wegezeit zum Arbeitsplatz (3) Bezahlter Urlaub (4) Schichtarbeit, Sonn- und Feiertagsarbeit, Nachtarbeit (atypische Arbeitszeiten) (5) Verteilung des Arbeitseinkommens (6) Tödliche Arbeitsunfälle (7) Gefährdung am Arbeitsplatz

Zielbereiche	*Gesellschaftliche Anliegen*	*Anliegen lt. Indikatorenliste 1980*	*Indikatoren lt. Indikatorenliste 1980*
Zeit und Freizeit	das Vorhandensein einer tatsächlichen Wahl hinsichtlich der Zeiteinteilung	Zeiteinteilung	(1) Freizeit (2) Beteiligung an Freizeitaktivitäten
Wirtschaftliche Situation des Einzelnen	persönliches Einkommen und Vermögen	Einkommen	(1) Verteilung des verfügbaren Einkommens (2) Empfänger niedriger Einkommen
		Vermögen	(1) Vermögensverteilung
	die Zahl der Personen, die unter materiellem Mangel leiden	Materieller Mangel	(1) Personen mit geringem Einkommen
Physische Umwelt	die vom Menschen geschaffene Umwelt	Wohnverhältnisse	(1) Wohnraumbelegung (2) Zugang zu Erholungsplätzen im Freien (3) Wohnungsausstattung
		Nähe von Dienstleistungseinrichtungen	(1) Erreichbarkeit von Dienstleistungseinrichtungen
		Umweltbelastung	(1) Luftverschmutzung (2) Lärmbelästigung
Primäre und sekundäre gesellschaftliche Bindung	primäre und sekundäre gesellschaftliche Bindung	Gesellschaftliche Bindung	(1) Selbstmord
Persönliche Sicherheit und Rechtspflege	das tatsächlich eingetretene Opfer des einzelnen	Gefährdung	(1) Tödliche Verletzungen (2) Schwere Verletzungen
	subjektive Einschätzung der Bedrohung durch Gewalttätigkeit	Wahrgenommene Bedrohung	(1) Befürchtungen um die persönliche Sicherheit

Quelle: *D. Brümmerhoff* 1995, S. 234

Statistiken vorliegen. Als zweites Beispiel sind in Tab. 3.2 von der *OECD* erarbeitete, für die meisten Mitgliedsländer geltende gesellschaftliche Anliegen aufgelistet. Der OECD-Katalog ist hierarchisch aufgebaut und gliedert sich in acht Hauptzielbereiche, zwölf fundamentale gesellschaftliche Anliegen sowie eine Reihe von Teilanliegen und Einzelindikatoren (*OECD* 1982). Der Katalog gesellschaftlicher Anliegen spiegelt die Ziele und Wertvorstellungen westlicher Industrieländer wider und ist für die Regierungen der Mitgliedsländer als Orientierungsrahmen für den Aufbau eines eigenen Indikatorensystems zur mehrdimensionalen Wohlstandsmessung konzipiert. Ein zentrales Anliegen ist die Untersuchung der gegenwärtigen Lebensbedingungen der einzelnen Gesellschaftsmitglieder; Fragen der materiellen Grundlagen für den Wohlstand werden vernachlässigt.

Als Zwischenergebnis läßt sich festhalten, daß trotz der diskutierten Limitationen die Volkswirtschaftliche Gesamtrechnung ein geeignetes Instrument darstellt, die produktive Leistung einer Region, das Wachstum der Wirtschaft sowie interregionale Wachstumsunterschiede zu messen. Die sozioökonomische Entwicklung, verstanden als Prozeß quantitativen Wachstums und qualitativen Wandels, läßt sich durch Indikatoren aus dem Bereich der Volkswirtschaftlichen Gesamtrechnung allein nicht ausreichend beschreiben; hierfür sind neben der Höhe und Zusammensetzung des Volkseinkommens Indikatoren aus der gesellschaftlichen Berichterstattung mit heranzuziehen. Allerdings haben sich in den letzten Jahren – nicht zuletzt wegen der beschriebenen methodischen Probleme – die wissenschaftlichen Bemühungen, soziale Indikatorensysteme zu entwickeln, verringert. Das Forschungsinteresse verlagert sich von den gesellschaftlichen zu den ökologischen Indikatoren.

3.1.1.3 Ökologische Indikatoren (System der Umweltökonomischen Gesamtrechnung)

Die Produktion und der Konsum von Gütern und Dienstleistungen können Umweltschäden verursachen, die die gesamtwirtschaftliche Wohlfahrt mindern und die Qualität der Lebensbedingungen der Menschen verschlechtern. Es ist daher notwendig, bei der Beschreibung des Entwicklungsstandes und der Entwicklungsdynamik von Regionen neben der ökonomischen Leistungskraft, dem Wohlstand, den sozialen Bedingungen auch die Qualität der Umwelt zu berücksichtigen; neben ökonomischen und gesellschaftlichen Indikatoren sind ökologische Indikatoren in die Betrachtung einzubeziehen. Generalisierend lassen sich drei Ansätze unterscheiden, die sich um die Erfassung der Auswirkungen ökonomischer Aktivitäten auf die Umwelt bemühen:

1. Revision der Volkswirtschaftlichen Gesamtrechnung, z. B. durch Berücksichtigung von Aufwendungen zur Vermeidung, Verminderung oder Behebung von Umweltschäden.
2. Aufbau von an die Volkswirtschaftliche Gesamtrechnung angegliederten Umwelt-Satellitensystemen.
3. Aufbau einer eigenständigen Umweltökonomischen Gesamtrechnung.

Einen Beitrag zur umweltökonomischen *Revision der Volkswirtschaftlichen Gesamtrechnung* der Bundesrepublik Deutschland leistete *C. Leipert* (1989). Seine Berechnungen der Folgekosten der umweltbelastenden Produktions- und Konsumweise unterscheiden zwei Kostenkategorien. Erstens Kosten zur Verminderung von Umweltbelastungen. Hierbei handelt es sich um Investitionen des privaten und öffentlichen Sektors zur Vermeidung zukünftiger Umweltschäden. Beispiele wären Investitionen zur Einführung bleifreien Benzins oder zur Verbesserung des atomtechnischen Sicherheitsstandards. Zweitens Folgekosten nicht-vermiedener Umweltschäden. Beispiele hierfür sind Zusatzkosten der privaten Haushalte aufgrund der Lärmbelastung (etwa der Einbau von Schallschutzfenstern), Kosten der Altlastensanierung, Aufbereitungskosten von Wasserwerken, Zusatzaufwand bei Kraftfahrzeugen aufgrund streusalzbedingter Korrosionsschäden. Wirtschaftliche Aktivitäten können zu Umweltbeeinträchtigungen und damit zu gesellschaftlichen Wohlfahrtsverlusten führen. Aufwendungen zur Vermeidung oder Verminderung dieser Wohlfahrtsverluste sind daher Folgekosten umweltbelastender Produktions- und Konsumprozesse und werden als umweltbedingte *kompensatorische Kosten* bezeichnet. Sie sind in der Volkswirtschaftlichen Gesamtrechnung zu berücksichtigen und verringern das Sozialprodukt. Nach den Berechnungen von *C. Leipert* (1989, S. 219) erhöhte sich in Westdeutschland die umweltspezifische Kostenbelastung (in Preisen von 1980) von 16,8 Mrd. (1970) auf ca. 58 Mrd. DM (1988). Im gleichen Zeitraum stieg der Anteil der umweltbezogenen kompensatorischen Kosten am Bruttoinlandsprodukt von 1,5 Prozent auf 3,4 Prozent.

Weiterführend sind Bestrebungen, die Volkswirtschaftliche Gesamtrechnung durch ein *Umwelt-Satellitensystem* zu ergänzen. Ein von den Vereinten Nationen entwickeltes Integrationsmodell von

Volkswirtschaftlicher Gesamtrechnung und Umwelt-Satellitensystem (System for Integrated Environmental and Economic Accounting = SEEA) stellt Abb. 3.3 vor. Das Umwelt-Satellitensystem enthält umweltbezogene monetäre Angaben der Volkswirtschaftlichen Gesamtrechnung sowie physische, d. h. nicht monetär bewertete Informationen über die Wechselbeziehungen zwischen Umwelt und Wirtschaft. Beide Systemelemente bilden die Grundlage für eine Neubewertung der wirtschaftlichen Umweltnutzung und für eine Erweiterung des dem traditionellen Konzept der Volkswirtschaftlichen Gesamtrechnung zugrundeliegenden Produktionsbegriffs (vgl. *C. Stahmer* 1992).

Ausgehend von den Arbeiten zur Revision der Volkswirtschaftlichen Gesamtrechnung und zum Aufbau eines Umwelt-Satellitensystems hat das Statistische Bundesamt Deutschlands Ende der 80er Jahre damit begonnen, ein System der *Umweltökonomischen Gesamtrechnung* (UGR) zu entwickeln. Ziel der UGR ist es, Zustand und Entwicklung der Umwelt quantitativ zu erfassen und einen Beitrag zum besseren Verständnis der Wechselbeziehungen zwischen Wirtschaft und Umwelt zu leisten. Das Grundschema der Umweltökonomischen Gesamtrechnung ist in Abb. 3.4 dargestellt. Das gegenwärtige Konzept unterscheidet einen Berichts- und einen Analyseteil. Das Statistische Umweltökonomische Berichtssystem (STUBS) weist zehn Bausteine auf (z. B. Rohstoffverbrauch, Emissionen, Immissionen), für die systematisch umweltrelevante Informationen, vor allem in physischen Größen, gesammelt werden. Die Qualität dieses Berichtssystems hängt maßgeblich von der Leistungsfähigkeit der nationalen Umweltstatistik ab. Der Analyseteil enthält eine Reihe von Analyse-Modulen. Sie haben die Aufgabe, Lücken im Basisdatenbestand durch Schätzungen zu schließen sowie die Basisdaten zusammenzufassen und problembezogen zu verdichten. Als Analyse-Module vorgesehen sind beispielsweise Ressourcen- und Energiebilanzen, aber auch Gewichtungs- und Bewertungsverfahren. Die im Berichtssystem gesammelten oder durch Analysen gewonnenen Daten werden in einem UGR-Informationssystem (UGRIS) gespeichert (*R. Bolleyer, W. Rademacher* 1993, S. 151). Langfristig verfolgt die Umweltökonomische Gesamtrechnung das Ziel, die Vielzahl von Umweltinformationen zu aussagefähigen Gesamtindikatoren zusammenzufassen. Hierzu ist auch eine monetäre Bewertung der Umweltbelastung durch ökonomische Aktivitäten („Environmental Accounting“) notwendig. Die Entwicklung von geeigneten Bewer-

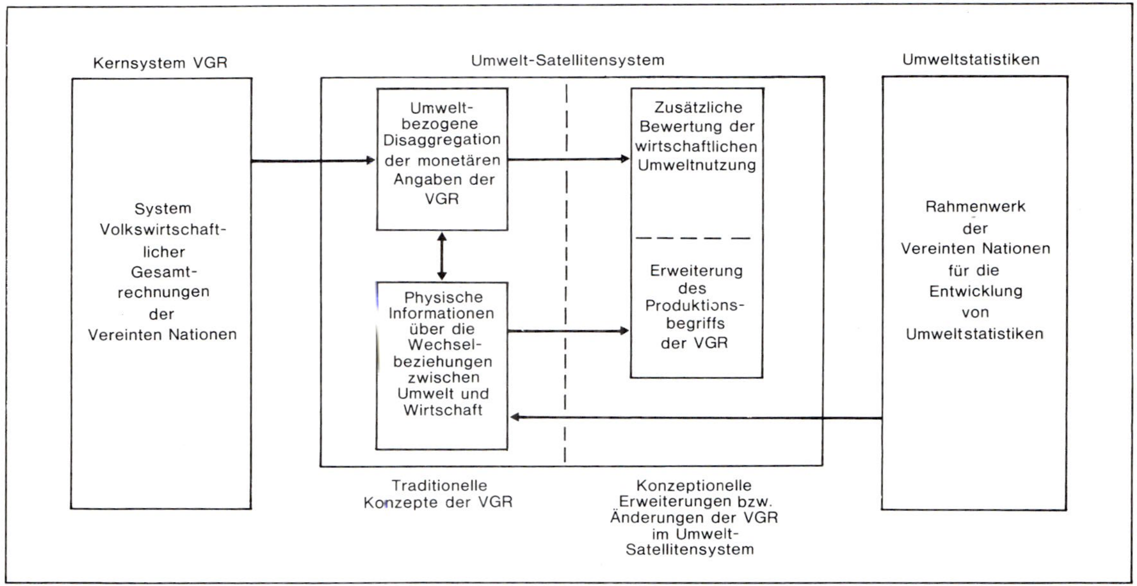

Abb. 3.3 Volkswirtschaftliche Gesamtrechnung und Umwelt-Satellitensystem; Integrationsmodell der Vereinten Nationen

Quelle *C. Stahmer* 1992, S. 579

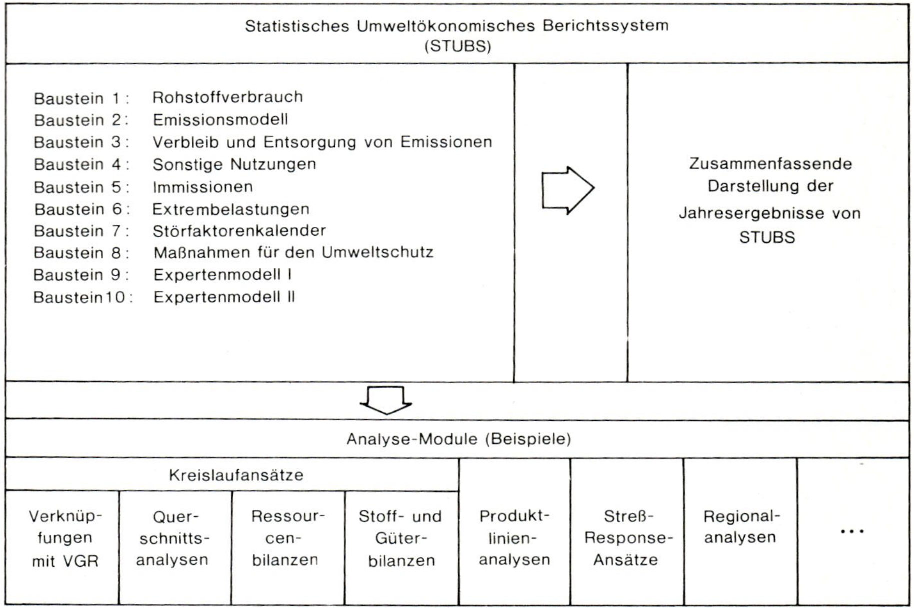

Abb. 3.4 Umweltökonomische Gesamtrechnung (UGR): Grundschema

Quelle *E. Hölder* 1991, S. 24

tungsmethoden stellt heute einen Forschungsschwerpunkt der Umweltökonomie dar (vgl. *OECD* 1989b, 1992).

In einer aufsehenerregenden Studie hat die *Weltbank* (1995b) einen neuen Ansatz zur Wohlstandsmessung vorgestellt, der das Kriterium der Nachhaltigkeit berücksichtigt. Nachhaltigkeit (*sustainable development*) wird im Brundtland-Bericht der Weltkommission für Umwelt und Entwicklung definiert als „Entwicklung, die die Bedürfnisse der Gegenwart befriedigt, ohne zu riskieren, daß zukünftige Generationen ihre eigenen Bedürfnisse nicht befriedigen können" (*V. Hauff* 1987, S. 46). Dieses Entwicklungsparadigma fordert eine Wirtschaftsweise, die den Kapitalstock (Sachkapital, natürliches Kapital, Humankapital) im Zeitablauf zumindest konstant hält. Nicht nachhaltig wäre in diesem Sinne etwa der Verbrauch nichterneuerbarer natürlicher Ressourcen, der ceteris paribus die Möglichkeiten der Bedürfnisbefriedigung in der Zukunft vermindert. Als Maß für Nachhaltigkeit wählt die *Weltbank* die „wahre" Sparquote (genuine savings ratio), die den Anteil der um die Abnutzung des Kapitalstocks bereinigten Ersparnisse am Bruttoinlandsprodukt ausdrückt. In ihren vorläufigen Berechnungen zieht die *Weltbank* neben der Wertminderung des Sachkapitals, die bereits in der Volkswirtschaftlichen Gesamtrechnung berücksichtigt wird, auch den monetär bewerteten Naturverbrauch vom Bruttoinlandsprodukt ab:

$$s_g = \frac{Y - C - D_r - D_n}{Y} \cdot 100 = 1 - \left(\frac{C + D_r + D_n}{Y}\right) \cdot 100 \text{ mit}$$

s_g = „wahre" Sparquote
Y = Bruttoinlandsprodukt
C = Konsumption
D_r = Abnutzung des Sachkapitalstocks
D_n = Abnutzung des natürlichen Kapitalstocks

Die „wahre" Sparquote interpretiert eine Verminderung des Kapitalstocks damit als Vorgang des „Entsparens". Als Indikatoren für die Abnutzung des natürlichen Kapitalstocks dienen der mit 50 Prozent des jeweiligen Weltmarktpreises bewertete Abbau nichterneuerbarer natürlicher Ressourcen sowie eine Schadstoffabgabe in Höhe von 20 US-Dollar je Tonne CO_2-Ausstoß. Veränderungen des Humankapitalstocks, etwa durch Investitionen im Bildungs- und Gesundheitswesen, bleiben in dieser Berechnung dagegen unberücksichtigt.

Die *Weltbank* berechnete die „wahre" Sparquote für fast alle Länder der Erde für den Zeitraum von 1962 bis 1991. Die Ergebnisse sind insgesamt besorgniserregend, weisen aber eine charakteristische regionale Differenzierung auf. In den Ländern Afrikas südlich der Sahara lag die „wahre“ Sparquote im Untersuchungszeitraum nie über fünf Prozent. Ende der achtziger Jahre sank sie sogar auf minus dreizehn Prozent ab – der Konsum der Region beruhte zu dieser Zeit also zu mehr als einem Zehntel auf dem Verzehr von Vermögenswerten. Ein ähnliches Bild bietet die Gruppe der rohstoffexportierenden Länder. Ihre produktiven Grundlagen schrumpfen, da sie mangels alternativer Exportmöglichkeiten zum Verkauf ihres natürlichen Reichtums gezwungen sind. In ähnlicher Weise deuten negative Sparquoten für Lateinamerika und die Karibik darauf hin, daß die wachsende Last der Auslandsverschuldung in den achtziger Jahren zu einer verschärften Ausbeutung natürlicher Ressourcen geführt hat. Auf der anderen Seite erzielen die meisten Industrieländer positive „wahre“ Sparquoten bis zu 10 Prozent. Werte über 10 Prozent erreichten neben Japan und der Schweiz auch einige osteuropäische Staaten, was auf die relative Konsumgüterknappheit zu Beginn des Transformationsprozesses hindeutet. Auch in den südostasiatischen Schwellenländern Hongkong, Südkorea und Singapur stieg die Sparquote in den achtziger Jahren über zehn Prozent – ein Indiz dafür, daß die Ausweitung der industriellen Produktion in diesen Ländern nicht vorrangig von der Ausbeutung natürlicher Ressourcen getragen war. Die *Weltbank* kündigt an, diese überschlägige erste Berechnung ausbauen zu wollen. Dabei sollten neben der unvollständigen Datenbasis theoretische und methodische Fragen der Indikatorbildung und der monetären Bewertung des Umwelt- und Humankapitals im Vordergrund stehen.

Literaturübersicht: Kapitel 3.1.1

Eine umfassende Darstellung des Wirtschaftskreislaufs und der Volkswirtschaftlichen Gesamtrechnung findet sich in nachfolgenden Lehrbüchern der Volkswirtschaftslehre:

Brümmerhoff, D., 1995: Volkswirtschaftliche Gesamtrechnungen. (5. Aufl.). München.

Brümmerhoff, D., 1997: Lexikon der Volkswirtschaftlichen Gesamtrechnungen. (2. Aufl.). München.

Haslinger, F., 1995: Volkswirtschaftliche Gesamtrechnung. (7. Aufl.). München.

Samuelson, P. A.; Nordhaus, W. D., 1998: Volkswirtschaftslehre. (Übersetzung der 15. amerikanischen Ausgabe.). Köln.

Aus der umfangreichen Literatur zur Kritik und Revision der Volkswirtschaftlichen Gesamtrechnung werden ein die Grundproblematik behandelnder Artikel von *G. Bruckmann* sowie ein weiterführender Beitrag von *H. Lützel* herausgegriffen:

Bruckmann, G., 1976: Die Grenzen der Aussagefähigkeit des Sozialprodukts als Indikator des Wirtschaftlichen Wohlstands. In: *Bombach, G., Gahlen, B., Ott, A. E.* (Hrsg.), 1976: Ausgewählte Probleme der Wachstumspolitik. Tübingen. S. 223-41.

Lützel, H., 1990: Ergänzung der Volkswirtschaftlichen Gesamtrechnungen um die Haushaltsproduktion. In: *Schweitzer, v. R.* (Hrsg.), 1990: Zeitbudgeterhebungen: Ziele, Methoden und neue Konzepte. Forum der Bundesstatistik, 13. Stuttgart. S. 129-141.

Den Fragenkomplex „Gesellschaftliche Gesamtrechnung und Gesellschaftliche Indikatoren" diskutieren ausführlich:

Glatzer, W., Zapf, W. (Hrsg.), 1984: Lebensqualität in der Bundesrepublik. Objektive Lebensbedingungen und subjektives Wohlbefinden. Frankfurt/Main.

Glatzer, W. (Hrsg.), 1992: Recent Social Trends in West Germany, 1960-1990. Frankfurt/Main.

Nohlen, D., Nuscheler, F., 1993: Indikatoren von Unterentwicklung und Entwicklung. In: *Nohlen, D., Nuscheler, F.* (Hrsg.), 1993: Handbuch der Dritten Welt, Bd.1: (3. Aufl.). Bonn. S. 276-108.

Einen Überblick über Aufbau und Funktionsweise einer Umweltökonomischen Gesamtrechnung sowie eines Umwelt-Satellitensystems geben *E. Hölder* bzw. *C. Stahmer*. Als eine gute Einführung in die Problematik gesellschaftlicher Folgekosten, insbesondere im Umweltbereich, sei *C. Leipert* genannt.

Hölder, E. et al., 1991: Wege zu einer Umweltökonomischen Gesamtrechnung. Forum der Bundesstatistik, Bd.16. Stuttgart.

Stahmer, C., 1988: Umwelt-Satellitensystem zu den Volkswirtschaftlichen Gesamtrechnungen. In: Allgemeines Statistisches Archiv, 72. S. 58-71.

Leipert, C., 1989: Die heimlichen Kosten des Fortschritts. Frankfurt/Main.

3.1.2 Methoden der Datengewinnung

Die Wirtschaftsgeographie befaßt sich mit der Erklärung, Beschreibung und Gestaltung ökonomischer Raumsysteme unterschiedlicher Maßstabsgröße. Der Analyseschwerpunkt des vorliegenden Bandes Wirtschaftsgeographie 2, Empirie, liegt in der Beschreibung von Umfang und Veränderung sozioökonomischer Disparitäten sowie in der Darstellung einzelner, den räumlichen Differenzierungsprozeß beeinflussenden Wachstumsdeterminanten. Nach der Diskussion von geeigneten Indikatoren zur Beschreibung des Entwicklungsstandes und der Entwicklungsdynamik von Regionen in Kapitel 3.1.1 soll im folgenden der Frage nachgegangen werden, wie sich das für die Regionalanalyse benötigte Datenmaterial gewinnen läßt.

In der Regel reichen die vorhandenen sekundärstatistischen Quellen aus, einen ersten Überblick über die disparitäre Raumentwicklung auf den verschiedenen Maßstabsebenen zu vermitteln. Für eine detailliertere Analyse der Ursachen und Wirkungen von Veränderungen regionsinterner Wachstumsdeterminanten (z. B. Mobilisierung des intraregionalen Innovationspotentials, regionalökonomische Wirkungen von Investitionen) oder von interregionalen Faktorbewegungen (z. B. Motive von Arbeitskräftewanderungen, Gründe von Betriebsverlagerungen) kann häufig nicht auf sekundärstatistisches Material zurückgegriffen werden. Für diese Untersuchungen ist die empirische Datengrundlage durch eigene Erhebungen zu schaffen. Beide Methoden der Datengewinnung, die Nutzung sekundärstatistischer Quellen und die Schaffung neuer Daten durch Primärerhebungen, werden in der gebotenen Kürze und eingeengt auf zentrale wirtschaftsgeographische Fragestellungen im folgenden dargestellt.

3.1.2.1 Sekundärstatistische Daten

Die Voraussetzungen, regionalwissenschaftliche Analysen unter Verwendung sekundärstatistischen Materials durchführen zu können, haben sich als Folge des Ausbaus des statistischen Berichtssystems der internationalen Organisationen, aber auch der Nationalstaaten zunehmend verbessert.

Für internationale Vergleiche mittels ökonomischer, sozialer und ökologischer Indikatoren bieten Statistiken der internationalen Organisationen eine wichtige Datengrundlage. Beispiele sind Veröffentlichungen der Weltbank (u.a. Weltentwicklungsbericht), der Vereinten Nationen einschließlich ihrer Unterorganisationen (u.a. International Trade Statistics Yearbook, Demographic Yearbook), der OECD (u.a. Environmental Data Compendium) oder des Statistischen Amtes der Europäischen Gemeinschaften (u.a. EUROSTAT-Jahrbücher).

Auf der nationalen Ebene steht vor allem in den Industrieländern eine große Zahl von amtlichen, halbamtlichen und nichtamtlichen Statistiken zur Verfügung, die sich als Grundlage für regionalwissenschaftliche Analysen eignen. In der Bundesrepublik Deutschland beispielsweise reicht das Spektrum der amtlichen Statistik von den Veröffentlichungen des Statistischen Bundesamtes (u.a. Statistisches

Jahrbuch) über Berichte der Statistischen Landesämter (u.a. Statistische Monatshefte der Bundesländer) bis zu Statistiken einzelner Kommunen oder dem Statistischen Jahrbuch Deutscher Gemeinden, das der Deutsche Städtetag herausgibt. Hinzu kommen statistische Veröffentlichungen von Bundesinstitutionen (z. B. Monats- und Jahresbericht der Deutschen Bundesbank), von Wirtschaftsverbänden, Wirtschaftsforschungsinstituten (z. B. Regionalbericht des Niedersächsischen Instituts für Wirtschaftsforschung) oder Markt- und Meinungsforschungsinstituten.

Vor allem die zunehmende Erfassung und Speicherung sekundärstatistischen Materials in Datenarchiven und Datenbanken haben die Einsatzmöglichkeiten der sekundärstatistischen Analyse in der Regionalforschung signifikant erweitert. Beispiele für Informationssysteme, die im globalen bzw. kontinentalen Maßstab „cross-country"-Analysen ermöglichen, sind die Datenbank „UN-Demographics", in der für die Länder der Erde numerische Bevölkerungsdaten gespeichert sind, sowie die Datenbank „Regio" des Statistischen Amtes der Europäischen Gemeinschaften, die in unterschiedlicher regionaler Aggregation Informationen über eine Reihe von Indikatoren aus der ökonomischen und gesellschaftlichen Berichterstattung enthält. In der Bundesrepublik Deutschland verfügen das Statistische Bundesamt und die Statistischen Landesämter über leistungsfähige Dateninformationssysteme. Daneben haben u.a. Wirtschaftsforschungsinstitute, Wirtschaftsfördergesellschaften und kommunale Planungsverbände spezielle, an ihre Bedürfnisse ausgerichtete Datenbanken aufgebaut.

Ob die Durchführung von sekundärstatistischen Analysen möglich und sachgerecht ist, hängt ganz entscheidend von der regionalwissenschaftlichen Fragestellung und von der Verfügbarkeit und der Qualität des Datenmaterials ab. Unverzichtbar ist der Einsatz sekundärstatistischer Daten beispielsweise bei der Analyse von Umfang und Verlauf sozioökonomischer Disparitäten auf unterschiedlichen Maßstabsebenen, d. h. bei interregionalen und intertemporalen Vergleichen von Entwicklungsstand und Entwicklungsdynamik. Allein aus finanziellen und zeitlichen Gründen scheidet die Erhebung von primärstatistischen Daten aus. Für viele andere regionalwissenschaftliche Themenbereiche liegen allerdings entweder keine sekundärstatistischen Daten vor, oder das vorhandene Material ist nicht zugänglich (z. B. Datenschutz) bzw. weist qualitative Mängel auf (z. B. erkennbare Fehler bei der originären Datenerhebung). In diesen Fällen ist der mühevolle Weg der Datengewinnung durch eigene Erhebungen einzuschlagen. In der Forschungspraxis werden häufig die sekundärstatistische Analyse und die Primärerhebung miteinander verknüpft (record linkage). Um etwa das ökonomische Entwicklungspotential einer Region ermitteln zu können, bietet es sich an, regionale Struktur- und Entwicklungsdaten aus der Sekundärstatistik zu verwenden und durch eigene Betriebsbefragungen zu ergänzen.

3.1.2.2 Primärerhebungen

Bei der Gewinnung von Daten durch eigene Erhebungen sind drei im folgenden zu behandelnde Themenkomplexe von Bedeutung:
- die Auswahl der Methode der Primärerhebung
- die Operationalisierung relevanter Variablen (Indikatoren) und die Erstellung des Erhebungsinstruments (z. B. Fragebogen, Gesprächsleitfaden, Kategorieschema)
- die Bestimmung des Umfangs der Erhebung, d. h. des Auswahlverfahrens und des Stichprobenumfanges.

Nachfolgende Ausführungen stützen sich im wesentlichen auf den Band „Empirisches Arbeiten in der Wirtschafts- und Sozialgeographie" von *K. Wessel* (1996), der neben den Standardwerken der empirischen Sozialforschung (u.a. *J. Friedrichs 1990*, *H. Kromrey* 1998) eine wichtige Grundlage der methodischen Ausbildung in der Wirtschaftsgeographie darstellt.

Methoden der Primärerhebung

Befragung und Beobachtung sind die in der empirischen Raumwirtschaftsforschung am häufigsten angewendeten Methoden der Datenerhebung.

Befragung: Einleitend ist darauf hinzuweisen, daß bei der Durchführung einer Befragung Grundsätze der Frageformulierung zu beachten sowie propädeutische Kenntnisse zur Frageform, zur Funktion der Fragen und zur Anordnung der Fragen innerhalb des Fragebogens erforderlich sind.

Die *Frageformulierung* muß einfach und eindeutig sein (d. h. kurze, in Wortwahl und Satzbau unkomplizierte Fragen), um Kommunikationsbarrieren zwischen Befrager und Befragten (Probanden) möglichst niedrig zu halten. Suggestivfragen sind zu vermeiden. Was die *Frageform* anbetrifft, lassen sich offene und geschlossene Fragen unterscheiden. Bei offenen Fragen übernimmt der Befragte die Antwortformulierung. Offene Fragen bieten sich an, wenn dem Befrager nicht alle Antwortalternativen bekannt sind. Ihre Auswertung beansprucht in der Regel einen hohen Zeitaufwand. Geschlossene Fragen geben einen Katalog vorformulierter Antworten vor. Diese Frageform setzt voraus, daß dem Befrager die Antwortalternativen bekannt sind. Der Vorteil der geschlossenen Fragen liegt darin, daß die einheitliche Antwortvorgabe die Vergleichbarkeit der Antworten erhöht und die Standardisierung die Datenauswertung erleichtert. In der Praxis kommen häufig „halbgeschlossene" Fragen zum Einsatz. Zusätzlich zu den vorformulierten Antwortvorgaben kann der Befragte weitere Angaben machen.

Die Fragen eines Fragebogens können verschiedene Funktionen erfüllen. Es lassen sich Einleitungs-, Übergangs-, Filter- und Folgefragen unterscheiden. Einleitungsfragen führen den Befragten an den Untersuchungsgegenstand heran. Übergangsfragen bringen zum Ausdruck, daß ein neuer Themenbereich angesprochen wird. Filterfragen haben die Aufgabe, bestimmte Untergruppen von Befragten zu selektieren, die speziellere Folgefragen zu beantworten haben. Ziel ist es, nach dem Prinzip der „Trichterung" von allgemeinen zu immer detaillierteren Fragen überzugehen. Was die *Anordnung* der Fragen innerhalb eines Fragebogens anbetrifft, so empfiehlt es sich in der Regel, die Fragen zu inhaltlichen Themenblöcken zusammenzufassen und das Prinzip der Trichterung sowohl bei der Anordnung der Themenblöcke als auch der Fragen innerhalb der einzelnen Themenblöcke anzuwenden. (Vgl. auch *J. Friedrichs 1990*, S. 192-207; *H. Kromrey* 1998, S. 346-363).

Die empirische Wissenschaft unterscheidet verschiedene *Befragungsformen*. Durch eine Kombination der Gliederungskriterien Befragungssituation (mündliche und schriftliche Befragungen) und Grad der Standardisierung (voll-, teil-, nicht-standardisierte Befragungen) ergeben sich die in Abb. 3.5 aufgeführten Formen.

Eine häufig verwendete Befragungsform ist die schriftliche vollstandardisierte Befragung, wobei der Fragebogen auf dem postalischen Weg versandt wird (*postalische Befragung*). Der Fragebogen enthält im wesentlichen geschlossene Fragen. Im Vergleich zur mündlichen Befragung bietet die postalische Befragung den Vorteil, daß eine große Zahl auch räumlich dispers lokalisierter Probanden mit einem relativ geringen Kosten- und Zeitaufwand erreicht werden kann. Nachteilig wirkt sich die in der Regel niedrigere Rücklaufquote aus sowie die fehlende Möglichkeit, die Befragungssituation zu kontrollieren (z. B. Einflüsse Dritter bei der Beantwortung der Fragen) bzw.

die gestellten Fragen zu erläutern. Dem Fragebogen ist ein Begleitbrief beizufügen, der über das Vorhaben informiert (vgl. *H. J. Richter* 1970, S. 146 ff.). Eine Vorankündigung der Befragung (Anschreiben vor dem Versand des Fragebogens, Mitteilungen an die Medien) kann die Teilnahmebereitschaft erhöhen. Schließlich ist auf die Möglichkeit hinzuweisen, an Stelle des Postversandes die Fragebögen durch den Bearbeiter oder durch Dritte verteilen und abholen zu lassen (z. B. Verteilung mittels Hauswurfsendungen).

Neben der schriftlichen vollstandardisierten Befragung gibt es die schriftliche teilstandardisierte Befragung (Expertenbefragung) und die schriftliche nicht-standardisierte Befragung (informelle Umfrage bei Experten), die verstärkt mit offenen Fragen arbeiten.

Bei der *mündlichen Befragung* lassen sich, abhängig vom Grad der Standardisierung (d. h. der Festlegung der Frageformulierung) und dem Grad der Strukturierung (d. h. Festlegung der Themen- und Fragenanordnung), nachfolgende Befragungsformen unterscheiden (vgl. Abb. 3.5):

Das *Einzelinterview* ist vollstandardisiert und vollstrukturiert. Es basiert auf einem Fragebogen, der die Frageformulierung, die Themen und Fragenfolge sowie zum größten Teil auch die Antwortmöglichkeiten (geschlossene Fragen) festlegt. Der Fragebogen ähnelt jenem einer standardisierten schriftlichen Erhebung, bietet aber den Vorteil, daß auch „schwierige Fragen“ gestellt werden können (z. B. Verhaltens- und Meinungsfragen).

Das *Leitfadengespräch* und das *Intensivinterview* sind teilstandardisiert. Trotz vorgegebener Frageformulierung ist es zulässig, nicht verstandene Fragen zu erklären sowie nachzufragen, um Antworten zu präzisieren. Themen- und Fragenanordnung orientieren sich an einem Leitfaden, lassen sich aber flexibel an die jeweilige Gesprächssituation anpassen.

Bei den nicht-standardisierten *Experteninterviews* liegt lediglich ein Katalog anzusprechender Themen fest. Frageformulierung und Reihenfolge entwickeln sich im Verlaufe des Gesprächs. Intensivinterviews und Expertengespräche haben vor allem die Aufgabe, noch nicht bekannte Problemzusammenhänge zu erkennen und die aus standardisierten Befragungen gewonnenen Ergebnisse zu vertiefen.

Grundsätzlich läßt sich festhalten, daß mündliche Befragungen im Vergleich zu den schriftlichen Formen der Befragung eine tiefere Durchdringung des Untersuchungsgegenstandes ermöglichen, aber auch einen höheren finanziellen, zeitlichen und organisatorischen Aufwand verursachen.

Befragungssituation / Grad der Standardisierung	mündlich	schriftlich
vollstandardisiert	Einzelinterview (Sonderform: Telefoninterview) Gruppeninterview	postalische Befragung Verteilung/Abholung durch den Bearbeiter bzw. Verteilung/Einsammlung durch „zentrale Stellen“
teilstandardisiert	Leitfadengespräch Intensivinterview Gruppeninterview	Expertenbefragung
nicht-standardisiert	Experteninterview situationsflexibles Interview Gruppendiskussion	informelle Umfragen bei Experten

Abb. 3.5 Formen der Befragung

Quelle: *H. Kromrey* 1998, S. 363; *K. Wessel* 1996, S. 105

Beobachtung: Der Einsatz der Methode der Beobachtung zur Gewinnung von Daten für wirtschaftsgeographische Strukturanalysen setzt eine exakte Definition der zu beobachtenden Inhalte und eine eindeutige Strukturierung des Beobachtungsgegenstandes voraus. Hierfür ist ein *Kategorieschema* zu entwickeln, anhand dessen jeder Beobachter über einen Sachverhalt gleichlautende, widerspruchsfreie und vollständige Berichte erstellen kann. Das Kategorieschema ist das Erhebungsinstrument der Beobachtung, vergleichbar dem Fragebogen oder dem Leitfaden bei der Befragung.

Bei *J. C. Tesdorpf* (1974) finden sich Beispiele von Kategorieschemata für die Beobachtung der Bausubstanz, der Verkehrsverhältnisse sowie der wirtschaftlichen Nutzung von Gebäuden. Da in der Einzelhandels- und Dienstleistungsgeographie die Methode der Beobachtung eine gewisse Rolle spielt, um Daten über Gebäudenutzungen zu gewinnen, werden im folgenden hierfür verwendete Kategorieschemata skizziert.

Die Erhebung der wirtschaftlichen Nutzung von Gebäuden läßt sich nach quantitativen und qualitativen Gesichtspunkten durchführen. Die Festlegung des Beobachtungsgegenstandes nach der Quantität erfolgt durch komplexe Baublock- und Gitternetzanalysen (*P. Haggett, R. J. Chorley* 1974) oder einfacher durch die Erfassung der Gebäude- und Stockwerkszahl. Bei der Festlegung des Beobachtungsgegenstandes nach der Qualität lassen sich drei Gliederungsmöglichkeiten unterscheiden:

- Gliederung entsprechend der vom Statistischen Bundesamt vorgenommenen Systematik der Wirtschaftszweige (vgl. *Statistisches Bundesamt* 1991, S. 137). Dabei gilt es zu beachten, daß es Betriebe gibt, die sich allein durch Beobachtung, d. h. ohne Kenntnis beispielsweise der Umsatzstruktur nicht eindeutig einem Wirtschaftszweig zuordnen lassen. Eine Bäckerei mit angeschlossenem Café kann zum produzierenden Gewerbe (Herstellung von Backwaren), zum Einzelhandel (Verkauf von Backwaren) oder zum Dienstleistungssektor (Gastronomie) gehören.
- Gliederung nach der Bedeutung der Waren und der Dienstleistungen für die Versorgung der Bevölkerung. Waren lassen sich nach der Fristigkeit (kurz-, mittel-, langfristiger Bedarf), Dienstleistungen nach dem Grad der Spezialisierung unterteilen. Auch hier bestehen erhebliche Schwierigkeiten, einzelne Waren und Dienstleistungen mittels der Methode der Beobachtung eindeutig einer Kategorie zuzuordnen.

- Gliederung nach Nutzungsgruppen. Hierbei handelt es sich um eine Kombination der beiden vorher behandelten Gliederungsmöglichkeiten. Das Kategorieschema unterscheidet eine begrenzte Anzahl von Nutzungsobergruppen. Die Differenzierung innerhalb der einzelnen Obergruppen erfolgt dann nach der Fristigkeit des Bedarfs und dem Spezialisierungsgrad.

Operationalisierung und Antwortskalierung

Nach der Auswahl der Methode der Primärerhebung ist das Erhebungsinstrument, d. h. der Fragebogen, der Gesprächsleitfaden oder das Kategorieschema zu erstellen. Hierfür ist eine *Operationalisierung* der für das Forschungsinteresse relevanten Variablen (Indikatoren) notwendig. Die Indikatoren sind z. B. in Fragen zu transformieren. Bei der Art der Klassifikation der Antwortmöglichkeiten gilt es zu beachten, daß:
- jede mögliche Antwort (oder Beobachtung) einer Kategorie zuzuordnen ist (Eindeutigkeit),
- die Kategorien sich nicht überschneiden (Ausschließlichkeit),
- die Antwortkategorien durchgängig über eine Dimension definiert sind (Eindimensionalität).

Das *Skalenniveau der Antwortklassifikation* entscheidet, welche statistischen Methoden für die Datenauswertung geeignet sind. Ausführliche Erklärungen zu den hier genannten statistischen Verfahren finden sich in den Lehrbüchern der empirischen Sozialforschung und der quantitativen Geographie (z. B. *J. Friedrichs 1990*; *G. Bahrenberg*, *E. Giese*, *J. Nipper* 1992, 1999). Vier Meßniveaus lassen sich unterscheiden:
- Nominalskala. Bei diesem untersten Meßniveau schließen sich die Antwortkategorien logisch aus (z. B. Ja-Nein). Zu den hier anwendbaren statistischen Verfahren gehören u.a. der Chi^2-Test, der Phi-Koeffizient und der Kontingent-Koeffizient.
- Ordinalskala. Die Antwortkategorien schließen sich ebenfalls logisch aus und lassen sich zudem in eine Rangordnung bringen (z. B. häufig – selten – nie). Zur Auswertung eignen sich u.a. Rangkorrelationen (r, tau) und der Mediantest.
- Intervallskala. Auch hier schließen sich die Antwortkategorien logisch aus und lassen sich in eine Rangordnung bringen. Zusätzlich stellt jede Antwortkategorie ein Intervall dar, wobei alle Intervalle gleich groß sind (z. B. Altersklassen, Einkommensklassen). Als geeignete Auswertungsverfahren gelten u.a. die Produkt-Moment-Korrelation, Regressionen, Faktoren-, Varianz- und Diskriminanzanalysen.

- Rationalskala. Dieses höchste Meßniveau besitzt alle Attribute der vorangegangenen Skalen. Darüber hinaus sind die Verhältnisse der Werte gleich, und der Wert Null hat eine empirische Bedeutung (z. B. Alter, Einkommen). Statistische Auswertungsverfahren sind Variabilitäts- bzw. Variationskoeffizienten.

Generell gilt, daß jede höhere Skala die niedrigeren umfaßt und sich auch auf ein niedrigeres Meßniveau transformieren läßt. Je höher die Skalenqualität, desto höher ist der Informationsgehalt, die Aussagekraft und die Exaktheit der anwendbaren statistischen Methoden. Daher ist bei der Gestaltung der Fragen und Antwortkategorien das höchstmögliche Skalenniveau anzustreben.

Erhebungsumfang

Neben der Auswahl der Erhebungsmethode und der Erstellung des Erhebungsinstruments ist bei primärstatistischen Untersuchungen der Erhebungsumfang festzulegen. Hierfür ist zunächst die Grundgesamtheit zu identifizieren. Unter der Grundgesamtheit ist diejenige Menge von Individuen, Fällen oder Ereignissen zu verstehen, auf die sich die Aussagen der Untersuchung beziehen bzw. für die sie repräsentativ sein sollen (*H. Kromrey* 1998, S. 247). Zu unterscheiden sind:

- *Totalerhebungen* (= Vollerhebungen). Hierbei gehen sämtliche Elemente der Grundgesamtheit in die Untersuchung ein. Bei wirtschaftsgeographischen Analysen können Totalerhebungen in der Regel nur dann Anwendung finden, wenn die Grundgesamtheit eine kleine, überschaubare Anzahl von Elementen umfaßt.
- *Einzelfallstudien*. Nur ein Element der Grundgesamtheit wird untersucht. Bei einer größeren Grundgesamtheit lassen die Ergebnisse von Einzelfallstudien keine statistisch repräsentativen Aussagen zu.
- *Teilerhebungen*. Hier erfaßt die Untersuchung nur eine Teilmenge von Elementen der Grundgesamtheit. Aus der Gesamtheit aller Elemente ist also eine Auswahl zu treffen, d. h. eine Stichprobe zu ziehen. Um eine repräsentative Stichprobe ziehen zu können, müssen die Grundgesamtheit bestimmbar und empirisch abgrenzbar, die Elemente der Stichprobe definiert und das Auswahlverfahren nachvollziehbar sein (*J. Friedrichs 1990*, S. 125 f.).

Die *Auswahlverfahren* lassen sich in nicht zufallsgesteuerte und in zufallsgesteuerte Verfahren gliedern (vgl. Abb. 3.6). Bei den *nicht zufallsgesteuerten Auswahlverfahren* unterscheidet *H. Kromrey* (1998, S. 261 ff.) willkürliche Auswahl, bewußte Auswahl und Quoten-Auswahl. Bei der *willkürlichen Auswahl* bestimmt der Interviewer (oder

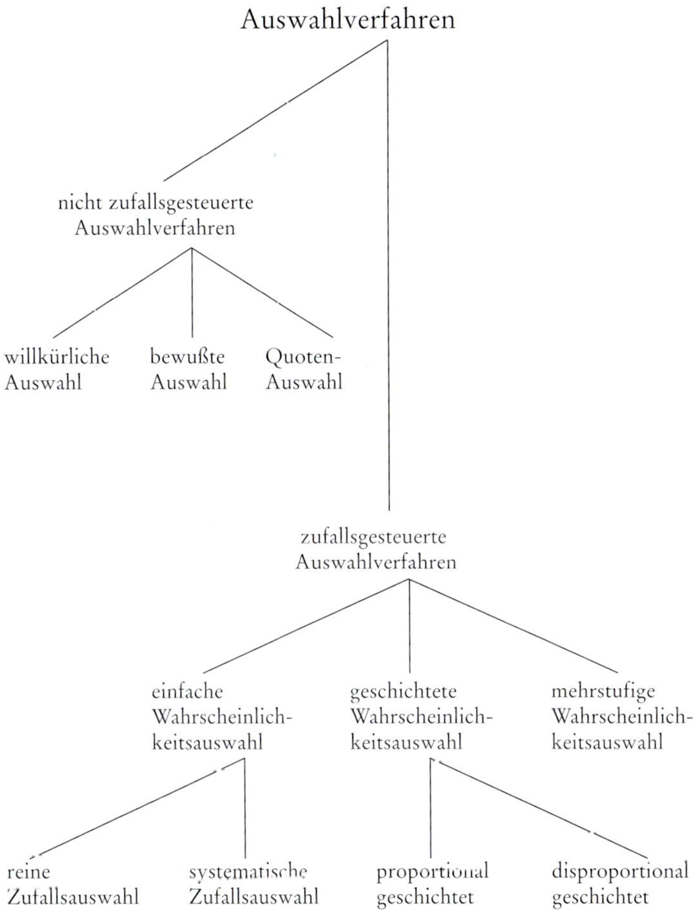

Abb. 3.6 Typisierung der Auswahlverfahren bei Teilerhebungen

Quelle: *H. Kromrey* 1998, S. 261; *K. Wessel* 1996, S. 182 ff.

Beobachter) ohne vorher festgelegten Plan die Stichprobenelemente. Personen werden beispielsweise an einem beliebigen Ort und zu einem beliebigen Zeitpunkt interviewt. Dieses Verfahren läßt keinerlei repräsentative Aussagen zu und ist für wissenschaftliche Analysen ungeeignet.

Bewußte Auswahlen beziehen einzelne Elemente der Grundgesamtheit planvoll, nach vorher festgelegten Kriterien, in die Stichprobe ein. Mögliche Auswahlkriterien können sein: absolute Merkmale (z. B. aus der Grundgesamtheit der Bevölkerung einer Gebietseinheit wird nur von den Erwerbstätigen eine Stichprobe gezogen). Verteilungen (z. B. aus der Grundgesamtheit der Beschäftigten einer Universität werden von jeder hierarchischen Ebene einige Personen ausgewählt), Strukturen (z. B. aus der Grundgesamtheit der Industrieunternehmen einer Gebietseinheit werden nur Mehrbetriebsunternehmen befragt), Zugehörigkeiten (z. B. aus der Grundgesamtheit der Industriebetriebe einer Gebietseinheit wird die Stichprobe nur von Mitgliedern des Bundesverbands der Deutschen Industrie gezogen). Zu beachten ist, daß bewußte Auswahlen lediglich in bezug auf die Auswahlkriterien (Merkmale, Merkmalskombinationen) repräsentative Aussagen zulassen. Da nicht alle Elemente die gleiche Chance haben, ausgewählt zu werden, sind Rückschlüsse von der Stichprobe auf die Grundgesamtheit nicht gesichert (vgl. *J. Friedrichs 1990*, S. 130 f.).

Die *Quoten-Auswahl* (quota sample) stellt eine Zwischenform von bewußter und willkürlicher Auswahl dar. Die Verteilung relevanter Merkmale in der Grundgesamtheit wird in der Stichprobe abgebildet, d.h. die Festlegung der Quoten erfolgt bewußt. Beispielsweise erhält der Interviewer Quoten von Merkmalen (z. B. Alter, Geschlecht) vorgegeben. Um die Quoten zu erfüllen, müssen die zu befragenden Personen bestimmte Merkmalskombinationen aufweisen (z. B. 35-40 Jahre, weiblich). Die Auswahl der Probanden aus dem Personenkreis, der o. g. Bedingungen erfüllt, erfolgt dann willkürlich, d. h. durch Ermessensentscheidung des Interviewers. Das Verfahren der Quoten-Auswahl findet vor allem in der kommerziellen Forschung Anwendung (vgl. *H. Kromrey* 1998, S. 266 ff.).

Bei *zufallsgesteuerten Auswahlverfahren* (= Wahrscheinlichkeitsauswahlen) besitzt jedes Element der Grundgesamtheit die gleiche Chance, in die Stichprobe zu gelangen. Daher sind die zufallsgesteuerten Auswahlen im Rahmen bestimmbarer Fehlergrenzen repräsentativ in bezug auf sämtliche Merkmale bzw. Merkmalskombinationen der Erhebungseinheit. Die zufallsgesteuerten Auswahlverfahren gliedern sich in einfache, geschichtete und mehrstufige Wahrscheinlichkeitsauswahlen.

Die *einfache Wahrscheinlichkeitsauswahl* setzt voraus, daß jedes Element der Grundgesamtheit bekannt ist, d. h. es muß eine Liste, Kartei oder Datenbank existieren, die alle Elemente enthält. Bei einer *reinen Zufallsauswahl* sind die Elemente fortlaufend zu numerieren. Entsprechend dem notwendigen Stichprobenumfang werden aus einer Zufallszahlentabelle die Zahlen, beginnend an einer beliebigen oder ausgewürfelten Stelle, entnommen. Eine *systematische Zufallsauswahl* legt nur das erste Element der Stichprobe zufällig (z. B. durch Würfeln) fest. Die Auswahl aller weiteren Elemente erfolgt nach einem bestimmten System (z. B. jede zehnte Karte einer Kartei).

Die Anwendung der *geschichteten Wahrscheinlichkeitsauswahl* setzt die Kenntnis der Schichtungsmerkmale (z. B. Betriebsgrößen, Stadtgrößen) und deren Verteilung auf die Grundgesamtheit voraus. Anhand der Schichtungsmerkmale läßt sich die Grundgesamtheit in homogene Teilgesamtheiten (= Schichten) aufteilen. Aus jeder Schicht wird dann eine einfache (reine oder systematische) Zufallsauswahl getroffen. Dabei lassen sich proportional und disproportional geschichtete Stichproben unterscheiden. Bei der *proportional geschichteten Stichprobe* entsprechen die Anteile der Schichten in der Stichprobe exakt den Schichtenanteilen in der Grundgesamtheit. Die *disproportional geschichtete Stichprobe* besetzt Schichten mit einem nur geringen Anteil an der Grundgesamtheit überproportional in der Stichprobe, etwa um pro Schicht eine Mindestzahl von Fällen zu erhalten.

Die *mehrstufige Wahrscheinlichkeitsauswahl* findet Anwendung, wenn zwar der Umfang der Grundgesamtheit bekannt ist, aber keine Listen, Karteien oder Datenbanken über die einzelnen Elemente vorliegen. Der Auswahlprozeß durchläuft mehrere Auswahlebenen („Stufen"). Die Stufen sind jeweils Einheiten der Grundgesamtheit; jede Stufe enthält als Untermenge die nächste Stufe. Bezieht sich die zu untersuchende Fragestellung z. B. auf die gesamte Bevölkerung Deutschlands, so lassen sich in jeder der folgenden Stufen (hier administrative Gebietseinheiten) Zufallsstichproben ziehen: Bundesländer – Regierungsbezirke – Kreise – Gemeinden – Wohnhäuser – Personen (vgl. *J. Friedrichs 1990*, S. 141 f.).

Bei Teilerhebungen ist neben dem Auswahlverfahren noch der *Stichprobenumfang* festzulegen. Die Größe der Stichprobe hängt ganz entscheidend von der Fragestellung, dem theoretischen Ansatz und den Forschungshypothesen ab. Eine wichtige Entscheidungsgrundlage für die Bestimmung der Mindeststichprobengröße stellen die Zahl der Variablen und ihre Merkmalsausprägungen dar.

$$n = 10 \cdot K_{v_1} \cdot K_{v_2} \cdot \ldots K_{v_n}$$

n = Mindeststichprobengröße
K_{v_1} = Anzahl der Merkmalsausprägungen, 1. Variable
10 = Mindestbesetzung der Zelle

Berechnungsbeispiel: Mündliche Befragung der Besucher einer Messe

	Variablen (v)	Merkmalsausprägungen (K)	
v_1	regionale Herkunft	Inland-Ausland	= 2
v_2	Aufenthaltsdauer	eintägig-mehrtägig	= 2
v_3	Ausgabenarten	der Fragebogen nennt neun Ausgabearten	= 9

$$n = 10 \cdot 2 \cdot 2 \cdot 9 = 360 \text{ (Mindeststichprobengröße)}$$

Die Mindeststichprobengröße wird auch als Nettostichprobengröße (n_s) bezeichnet. Insbesondere bei schriftlichen Befragungen ist davon auszugehen, daß nur ein Teil der versandten Fragebögen ausgefüllt und zurückgeschickt wird. Ist aufgrund von Erfahrungen früherer Erhebungen eine Rücklaufquote von 40 Prozent zu erwarten, so muß bei einer Mindeststichprobengröße von z. B. 360 die Zahl der tatsächlich anzuschreibenden Personen, d.h. die Bruttostichprobe (b_s) 900 betragen.

$$\left(b_s = \frac{100 \cdot n_s}{\text{Rücklaufquote}} = \frac{100 \cdot 360}{40} = 900 \right)$$

Literaturübersicht: Kapitel 3.1.2

Einen guten Überblick über das gesamte Spektrum der Methodik empirischer Forschung geben:

Atteslander, P., 1995: Methoden der empirischen Sozialforschung. (8. Aufl.). Berlin, New York.

Friedrichs, J., 1998: Methoden empirischer Sozialforschung. (15. Aufl.). Opladen.

Kromrey, H., 1998: Empirische Sozialforschung: Modelle und Methoden der Datenerhebung und Datenauswertung. (8. Aufl.). Opladen.

Wessel, K., 1996: Empirisches Arbeiten in der Wirtschafts- und Sozialgeographie. Paderborn. UTB 1956.

Einzelne Erhebungsmethoden sowie Skalierungs- und Auswahlverfahren werden vertieft behandelt in den Lehrbüchern von:

Koolwijk, v. J., Wieken-Mayser, M. (Hrsg.), 1975-1987: Techniken der empirischen Sozialforschung (8 Bände). München.
König, R. (Hrsg.), 1973-1979: Handbuch der empirischen Sozialforschung (14 Bände). Stuttgart.
Richter, H. J., 1970: Die Strategie der schriftlichen Massenbefragung. Bad Harzburg.

Kritische Analysen einzelner Erhebungsmethoden sind durchgeführt worden von:

Atteslander, P., 1975: Verzerrungen im Interview: zu einer Fehlertheorie der Befragung. Studien zur Sozialwissenschaft, 32. Opladen.
Kriz, J., 1981: Methodenkritik empirischer Sozialforschung. Eine Problemanalyse sozialwissenschaftlicher Forschungspraxis. Stuttgart.

3.1.3 Methoden der Datenanalyse

Nach der Diskussion der Indikatoren zur Beschreibung ökonomischer Raumsysteme und der Methoden der Datengewinnung werden in diesem Kapitel einige einfache Methoden der Datenanalyse vorgestellt, die geeignet sind, räumliche Unterschiede im Entwicklungsstand und in der Entwicklungsdynamik zu messen sowie Wirkungen ökonomischer Aktivitäten abzuschätzen.

3.1.3.1 Methoden der Strukturanalyse

Der interregionale Vergleich *absoluter Zahlen*, z. B. die Höhe der Bruttowertschöpfung oder des Bruttoinlandsprodukts, die Zahl der Erwerbstätigen, geben erste Hinweise auf räumliche Differenzierungen (vgl. Tab. 3.3). Aussagekräftiger als die Betrachtung der räumlichen Verteilung absoluter Zahlen können *Strukturmaßzahlen* (Gliederungszahlen, Beziehungszahlen) sein. Strukturmaßzahlen sind Verhältniszahlen, die das Verhältnis von zwei oder mehreren Bestandsmassen zum Ausdruck bringen, von denen jede für sich einen bestimmten Sachverhalt beschreibt. Bei einer *Gliederungszahl* wird eine Teilmasse auf eine übergeordnete artgleiche Gesamtmasse bezogen, d. h. die Bestandsmasse im Zähler ist ein Teil der Bestandsmasse im Nenner. Beispiele von Gliederungszahlen zur Charakterisierung etwa der Wirtschaftsstruktur einer Region sind der Anteil des primären, sekundären bzw. tertiären Sektors am Bruttoinlandsprodukt insgesamt oder der Anteil des primären, sekundären oder tertiären Sektors an den Erwerbstätigen insgesamt. Die in Tab. 3.4 berechneten Gliederungszahlen bilden die Grundlage für interregionale Strukturvergleiche und lassen Aussagen zu über den Grad der räumlichen Produktionsspezialisierung. Die vertikale Sektorenstruktur (bzw. Branchenstruktur) zeigt für einzelne Teilräume die sektorale Zusammensetzung ökonomischer Aktivitäten, während die horizontale Sektorenstruktur für die einzelnen Sektoren deren regionale Verteilung im Gesamtraum mißt.

Beziehungszahlen setzen verschiedenartige Massen zueinander ins Verhältnis. Die Bestandsmasse im Zähler ist weder ein Teil der Bestandsmasse im Nenner noch mit ihr gleichartig. In wirtschaftsgeographischen Untersuchungen werden Beziehungszahlen als Kennziffern für interregionale Strukturvergleiche eingesetzt. Es ist dabei zu beachten, daß die Massen in sachlich sinnvoller Beziehung zueinander stehen und hinsichtlich der zeitlichen und räumlichen Abgrenzung vergleichbar sind. Beispiele für Beziehungszahlen sind:

$$\text{Pro-Kopf-Einkommen} = \frac{\text{Nettosozialprodukt zu Faktorkosten}}{\text{durchschnittliche Bevölkerungszahl}}$$

$$\text{Bevölkerungsdichte} = \frac{\text{Einwohner}}{\text{Fläche in qkm}}$$

$$\text{Industriedichte} = \frac{\text{Industriebeschäftigte}}{\text{Fläche in qkm}}$$

$$\text{Industriebesatz} = \frac{\text{Industriebeschäftigte}}{\text{1000 Einwohner}}$$

Ein umfassender Katalog von in der empirischen Regionalanalyse als Kennziffern verwendeten Gliederungs- und Beziehungszahlen findet sich bei *O. Boustedt* (1975, S. 125-140) und bei *S. Geisenberger* et al. (1970, S. 19-24).

Besonders geeignet zur Messung von interregionalen Unterschieden im Entwicklungsstand sind *Verteilungsmaßzahlen*. Im folgenden werden einige in wirtschaftsgeographischen Untersuchungen gebräuchliche *Streuungsmaße* und *Konzentrationsmaße* vorgestellt.

Während die Streuungsmaße die Verteilung der Merkmalsausprägungen um ihren Mittelwert charakterisieren, interessiert bei den Konzentrationsmaßen die Ungleichheit in der Verteilung der gesamten Merkmalssumme auf die Merkmalsträger. An Hand von zwei einfachen empirischen Beispielen, die räumliche Verteilungen auf internationaler und subnationaler Maßstabsebene repräsentieren, werden die Berechnungsweise und der Aussagegehalt ausgewählter Verteilungsmaßzahlen verdeutlicht. In Tab. 3.5 sind für die zehn volkreichsten Nationen der Erde sowie für die restlichen Länder zusammengenommen in den Spalten (2) und (3) die Höhe des Bruttosozialprodukts zu Marktpreisen (BSP) und die Bevölkerungszahl jeweils für das Jahr 1994 aufgelistet. Entsprechend enthalten in Tab. 3.6 für die sechzehn Bundesländer der Bundesrepublik Deutschland die Spalte (2) die Bruttowertschöpfung (BWS) und die Spalte (3) die Zahl der Erwerbstätigen. Der Quotient ergibt die Beziehungszahl BSP pro Kopf bzw. BWS pro Erwerbstätige $\left(\frac{Y_i}{P_i} = y_i\right)$.

Die gestellte Aufgabe ist es, die räumlichen Unterschiede der Pro-Kopf-Werte festzustellen.

Das einfachste Streuungsmaß ist die *Variationsbreite* R (Spannweite, range); sie ist definiert als die Differenz zwischen der größten und kleinsten Merkmalsausprägung innerhalb einer Datenreihe.

$$R = y_{max} - y_{min}$$
$$R_1 = 36\,728 - 222 = 36\,506 \text{ US \$}$$
$$R_2 = 138\,717 - 44\,712 = 94\,005 \text{ DM}$$

Bei der Variationsbreite gehen nur die beiden Extremwerte (Maximum, Minimum) in die Berechnung ein, während die Verteilung der übrigen Werte unberücksichtigt bleibt. Der Informationsgehalt der Datenreihe wird nur ungenügend ausgeschöpft.

Alle Elemente der Datenreihe werden bei der Berechnung der Varianz, der Standardabweichung und des Variationskoeffizienten herangezogen. Als geeignetes Streuungsmaß der analytischen Statistik gilt die *Varianz* s^2 (mittlere quadratische Abweichung, variance). Diese Maßzahl gibt den Durchschnitt der quadratischen Abweichungen der Merkmalsausprägungen von ihrem arithmetischen Mittel an und wird definiert durch die allgemeine Formel:

$$s^2 = \frac{\sum_{i=1}^{n} (x_i - \bar{x})^2}{n}$$

Ein geeignetes Streuungsmaß für Strukturbeschreibungen ist die positive Quadratwurzel aus der Varianz, die *Standardabweichung* s (standard deviation). Die Standardabweichung ist leichter interpretierbar als die Varianz, da sie die Streuung in der gleichen Dimension angibt, in der die Ursprungswerte gemessen wurden (z. B. in DM) und somit sinnvoll, beispielsweise mit dem arithmetischen Mittel, vergleichbar ist. Die allgemeine Formel lautet:

$$s^2 = \sqrt{\frac{\sum_{i=1}^{n} (x_i - \bar{x})^2}{n}} \text{ oder } s = \sqrt{s^2}$$

Bei Verwendung von Verhältniszahlen ist es notwendig, von der *gewogenen Standardabweichung* s_g auszugehen. In den Tabellen 3.5 und 3.6 werden die quadrierten Abweichungen des Pro-Kopf-Einkommens der einzelnen Teilräume vom durchschnittlichen Pro-Kopf-Einkommen des Gesamtraums mit dem jeweiligen Bevölkerungsanteil gewichtet. Die gewogene Standardabweichung ist wie folgt definiert:

$$s_g = \sqrt{\sum_{i=1}^{n} (y_i - \bar{y})^2 \cdot \frac{P_i}{P}}$$

$$s_{g1} = \sqrt{51\,985\,225} = 7210 \text{ US\$}$$

$$s_{g2} = \sqrt{617\,160\,728} = 24\,843 \text{ DM}$$

Die Standardabweichung ist nicht geeignet, wenn Verteilungen mit unterschiedlichen Niveaus der Skalenwerte zu vergleichen sind, beispielsweise wenn Verteilungen in verschiedenen Einheiten angegeben werden. In solchen Fällen sind relative Streuungsmaße einzusetzen. Am gebräuchlichsten ist der *Variationskoeffizient* V (coefficient of variation), ein dimensionsloses Streuungsmaß, das die Standardabweichung in Prozent des arithmetischen Mittels ausdrückt. Allerdings ist

Tab. 3.3 Absolute Zahlen: Bruttowertschöpfung der Bundesrepublik Deutschland (alte Länder) zu Marktpreisen. Gegliedert nach Wirtschaftsbereichen und Bundesländern

a) 1970

	Teilräume i											
Sektoren j	1. HH	2. HB	3. B(W)	4.H	5. N-W	6.B-W	7. BY	8. R-P	9. NS	10. S	11.S-H	Summe
1	241	111	98	1 863	4 260	3 756	5 901	1 990	5 202	163	2 185	25 770
2	809	337	934	2 857	26 184	4 015	5 405	1 469	8 439	2 545	1 906	54 900
3	17 653	6 940	17 133	39 014	139 948	86 547	73 392	26 065	41 976	5 892	11 458	466 000
4	3 613	1 259	4 845	7 812	27 337	15 515	16 221	4 639	9 474	1 282	3 793	95 790
5	14 561	4 898	8 116	17 861	52 127	24 083	26 438	8 424	17 076	2 918	6 129	182 631
6	17 092	3 827	9 665	32 113	72 058	38 373	44 731	12 170	25 240	3 875	9 617	268 761
7	6 742	2 315	8 841	14 484	42 615	21 657	27 105	10 190	20 108	2 880	8 693	165 630
Summe	60 693	19 687	49 632	116 004	364 529	193 946	199 193	64 947	127 515	19 555	43 781	1 259 482

b) 1980

	Teilräume i											
Sektoren j	1. HH	2. HB	3. B(W)	4.H	5. N-W	6.B-W	7. BY	8. R-P	9. NS	10. S	11.S-H	Summe
1	252	140	133	1 696	4 724	4 004	6 959	1 936	7 071	122	2 274	29 311
2	1 414	891	984	5 125	29 364	6 778	7 583	2 168	8 137	2 355	2 082	66 881
3	17 937	8 031	19 360	48 293	155 426	112 679	93 881	32 467	51 329	7 717	14 308	561 428
4	3 378	1 301	3 972	9 116	26 834	18 183	19 964	5 663	12 037	1 729	4 543	106 720
5	19 053	6 061	8 197	27 923	67 188	31 532	39 853	11 692	23 088	3 685	8 778	247 050
6	22 368	5 364	14 194	52 601	110 314	58 260	77 338	19 420	38 342	5 683	16 045	419 929
7	8 200	3 247	12 134	20 372	60 971	32 207	37 699	13 627	28 478	3 883	11 362	232 180
Summe	72 602	25 035	58 974	165 126	454 821	263 643	283 277	86 973	168 482	25 174	59 392	1 663 499

c) 1990 — Teilräume i

Sektoren j	1. HH	2. HB	3. B(W)	4.H	5. N-W	6.B-W	7. BY	8. R-P	9. NS	10. S	11.S-H	Summe
1	209	99	247	2 301	5 668	6 800	8 860	2 909	8 412	206	2 269	37 980
2	1 402	1 013	1 158	5 561	26 177	8 531	9 694	2 835	10 006	1 932	2 961	71 270
3	17 228	7 423	25 889	55 148	166 388	134 862	117 938	36 669	53 030	8 909	16 637	640 121
4	2 861	1 080	4 448	9 362	24 373	18 373	21 010	5 305	11 041	1 518	3 769	103 140
5	22 149	7 520	10 819	37 468	83 584	43 571	51 744	14 981	29 567	4 865	12 422	318 690
6	35 601	6 965	20 414	91 551	148 446	96 500	122 657	26 701	56 495	8 494	21 257	635 081
7	8 969	3 563	13 949	23 371	69 948	38 285	46 080	15 306	33 381	4 273	12 985	270 110
Summe	88 419	27 663	76 924	224 762	524 584	346 922	377 983	104 706	201 932	30 197	72 300	2 076 392

d) 1996 — Teilräume i

Sektoren j	1. HH	2. HB	3. B(W)	4.H	5. N-W	6.B-W	7. BY	8. R-P	9. NS	10. S	11.S-H	Summe
1	374	94	231	1 433	5 167	5 457	5 644	2 182	8 149	119	2 160	31 010
2	1 609	1 040	1 519	5 124	24 328	8 838	10 075	2 768	9 090	1 774	3 453	69 618
3	19 559	8 615	25 699	67 006	202 292	162 223	154 228	41 966	74 303	10 280	20 618	786 789
4	4 452	1 469	7 018	14 245	35 772	25 845	30 802	6 652	17 330	2 131	6 174	151 890
5	27 187	10 584	13 339	48 539	115 018	55 666	71 371	20 511	41 052	6 323	17 311	426 901
6	62 914	11 070	36 345	164 391	264 067	175 965	234 778	46 928	107 153	15 124	38 915	1 157 650
7	12 325	4 835	19 254	34 771	104 672	58 734	71 817	24 056	47 928	6 189	18 450	403 031
Summe	128 420	37 707	103 405	335 509	751 316	492 728	578 715	145 063	305 005	41 940	107 081	3 026 889

Sektoren: 1 = Land- und Forstwirtschaft, Fischerei; 2 = Energie- und Wasserversorgung, Bergbau; 3 = Verarbeitendes Gewerbe; 4 = Baugewerbe; 5 = Handel und Verkehr; 6 = Dienstleistungen; 7 = Staat, private Haushalte, Organisationen ohne Erwerbszweck

Quelle: *Niedersächsisches Landesamt für Statistik* 1997

Tab. 3.4 Gliederungszahlen, berechnet auf der Grundlage der Bruttowertschöpfung der Bundesrepublik Deutschland 1996 (alte Länder) zu Marktpreisen

a) Vertikale Sektorenstruktur (in %)

Sektoren j	1. HH	2. HB	3. B(W)	4.H	5. N-W	6.B-W	7. BY	8. R-P	9. NS	10. S	11.S-H	Summe
1	0,3	0,2	0,2	0,4	0,7	1,1	1,0	1,5	2,7	0,3	2,0	1,0
2	1,3	2,8	1,5	1,5	3,2	1,8	1,7	1,9	3,0	4,2	3,2	2,3
3	15,2	22,8	24,9	20,0	26,9	32,9	26,7	28,9	24,4	24,5	19,3	26,0
4	3,5	3,9	6,8	4,2	4,8	5,2	5,3	4,6	5,7	5,1	5,8	5,0
5	21,2	28,1	12,9	14,5	15,3	11,3	12,3	14,1	13,5	15,1	16,2	14,1
6	49,0	29,4	35,1	49,0	35,1	35,7	40,6	32,4	35,1	36,1	36,3	38,2
7	9,6	12,8	18,6	10,4	13,9	11,9	12,4	16,6	15,7	14,8	17,2	13,3
Summe	100,0	100,0	100,0	100,0	100,0	100,0	100,0	100,0	100,0	100,0	100,0	100,0

b) Horizontale Sektorenstruktur (in %)

Sektoren j	1. HH	2. HB	3. B(W)	4.H	5. N-W	6.B-W	7. BY	8. R-P	9. NS	10. S	11.S-H	Summe
1	1,2	0,3	0,7	4,6	16,7	17,6	18,2	7,0	26,3	0,4	7,0	100,0
2	2,3	1,5	2,2	7,4	34,9	12,7	14,5	4,0	13,1	2,5	5,0	100,0
3	2,5	1,1	3,3	8,5	25,7	20,6	19,6	5,3	9,4	1,3	2,6	100,0
4	2,9	1,0	4,6	9,4	23,6	17,0	20,3	4,4	11,4	1,4	4,1	100,0
5	6,4	2,5	3,1	11,4	26,9	13,0	16,7	4,8	9,6	1,5	4,1	100,0
6	5,4	1,0	3,1	14,2	22,8	15,2	20,3	4,1	9,3	1,3	3,4	100,0
7	3,1	1,2	4,8	8,6	26,0	14,6	17,8	6,0	11,9	1,5	4,6	100,0
Summe	4,2	1,2	3,4	11,1	24,8	16,3	19,1	4,8	10,1	1,4	3,5	100,0

Tab. 3.5 Verteilungsmaßzahlen: Internationaler Vergleich. Die zehn volkreichsten Länder und restliche Welt 1994

(1)	(2)	(3)	(4)	(5)		(6)		(7)		(8)
	BSP in Mrd. US $	Bevölkerung in Mio.	BSP pro Kopf in US $	Anteil am BSP		Anteil an der Bevölkerung		Hilfsgrößen zur Berechnung zur der gewogenen Standardabweichung		Hilfsgrößen zur Berechnung des Gini-Koeffizienten
				%	kumuliert	%	kumuliert			
	Y_i	P_i	$\frac{Y_i}{P_i} = y_i$	$\frac{Y_i}{Y} * 100$	$\frac{\sum_{k=i}^{i} Y_k}{Y} * 100$	$\frac{P_i}{P} * 100$	$\frac{\sum_{k=i}^{i} P_k}{P} * 100$	$(y_i - \bar{y})$	$(y_i - \bar{y})^2 * \frac{P_i}{P}$	$\sum_{i=1}^{n} \left(\frac{\sum_{k=1}^{n} P_k}{P} - \frac{1}{2} \frac{P_i}{P} \right) * \frac{Y_i}{Y}$
							kumuliert			
1 Bangladesch	26	118	222	0,1	0,1	2,1	2,1	–4 281	385 799	0,000011
2 Indien	294	914	321	1,2	1,3	16,3	18,4	–4 182	2 852 252	0,001194
3 Nigeria	35	108	326	0,1	1,4	1,9	20,3	–4 177	336 441	0,000270
4 Pakistan	52	126	412	0,2	1,6	2,3	22,6	–4 091	377 438	0,000443
5 China	522	1 191	438	2,1	3,7	21,3	43,9	–4 065	3 512 678	0,006879
6 Indonesien	175	190	917	0,7	4,4	3,4	47,3	–3 586	437 098	0,003154
7 Rußland	377	148	2 539	1,5	5,9	2,6	49,9	–1 964	102 126	0,007253
8 Brasilien	555	159	3 486	2,2	8,1	2,8	52,7	–1 017	29 399	0,011285
9 restl. Welt	11 950	2 261	5 285	47,4	55,4	40,4	93,1	781	246 525	0,345510
10 USA	6 648	261	25 510	26,4	81,8	4,7	97,8	21 007	20 531 688	0,251552
11 Japan	4 591	125	36 728	18,2	100,0	2,2	100,0	32 225	23 173 781	0,179981
	25 223	5 601	4 503	100,0		100,0			51 985 225	1-T = 0,807532

Quelle: *Weltbank* (Weltentwicklungsbericht 1996)

Tab. 3.6 Verteilungsmaßzahlen: Subnationaler Vergleich. Bundesrepublik Deutschland 1996

(1)	(2) Bruttowertschöpfung in Mio. DM Y_i	(3) Erwerbstätige in 1 000 P_i	(4) EWS pro Erwerbstät. in DM $\frac{Y_i}{P_i} = y_i$	(5) Anteil an der BWS $\frac{Y_i}{Y} * 100$ %	(5) $\frac{\sum_{k=i}^{i} Y_k}{Y} * 100$ kumuliert	(6) Anteil an der Erwerbstät. $\frac{P_i}{P} * 100$ %	(6) $\frac{\sum_{k=i}^{i} P_k}{P} * 100$ kumuliert	(7) Hilfsgrößen zur Berechnung der gewogenen Standardabweichung $(y_i - \bar{y})$	(7) $(y_i - \bar{y})^2 * \frac{P_i}{P}$	(8) Hilfsgrößen zur Berechnung des Gini-Koeffizienten $\sum_{i=1}^{n}\left(\frac{\sum_{k=1}^{n} P_k}{P} - \frac{1}{2}\frac{P_i}{P}\right) * \frac{Y_i}{Y}$
1 Mecklenburg-Vorp.	43 936	983	44 712	1,3	1,3	2,6	2,6	–47 209	58 862 996	0,000170
2 Sachsen	115 005	2 512	45 776	3,4	4,6	6,8	9,4	–46 145	143 788 653	0,002024
3 Thüringen	60 267	1 303	46 259	1,8	6,4	3,5	12,9	–45 662	73 011 231	0,001964
4 Sachsen-Anh.	65 452	1 407	46 513	1,9	8,3	3,8	16,7	–45 408	77 984 774	0,002830
5 Brandenburg	67 065	1 339	50 098	2,0	10,3	3,6	20,3	–41 823	62 936 525	0,003623
6 Berlin	144 770	1 608	90 016	4,2	14,5	4,3	24,6	–1 905	156 906	0,009498
7 Saarland	41 940	457	91 730	1,2	15,7	1,2	25,8	-191	449	0,003092
8 Rheinland-Pfalz	145 063	1 523	95 270	4,2	20,0	4,1	29,9	3 349	458 951	0,011823
9 Niedersachsen	305 005	3 191	95 581	8,9	28,9	8,6	38,5	3 660	1 148 783	0,030508
10 Schleswig-Holstein	107 081	1 117	95 841	3,1	32,0	3,0	41,5	3 920	461 400	0,012524
11 Nordrhein-Westfalen	751 316	7 476	100 499	22,0	54,0	20,1	61,6	8 578	14 784 384	0,113239
12 Bayern	578 715	5 648	102 464	16,9	70,9	15,2	76,8	10 543	16 873 152	0,117069
13 Baden-Wü.	492 728	4 746	103 825	14,4	85,3	12,8	89,5	11 904	18 074 553	0,119799
14 Bremen	37 707	349	108 135	1,1	86,4	0,9	90,5	16 214	2 463 864	0,009923
15 Hessen	335 509	2 621	127 991	9,8	96,2	7,0	97,5	36 070	91 665 119	0,092206
16 Hamburg	128 420	926	138 717	3,8	100,0	2,5	100,0	46 796	54488 986	0,037083
	3 419 979	37 206	91 921	100,0		100,0			617 160 728	1-T = 0,567372

Quelle: Niedersächsisches Landesamt für Statistik (*A. Kraus* 1997, S. 456 f.)

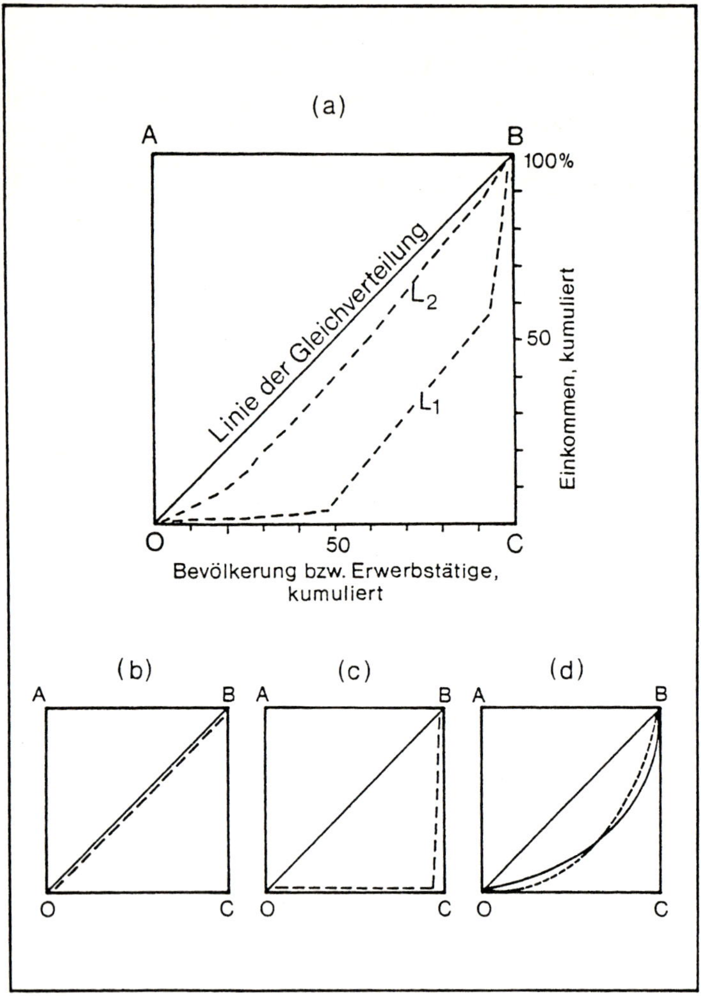

Abb. 3.7 Konzentrationskurven (Lorenzkurven)

Angewendet auf die in den Tabellen 3.5 und 3.6 angeführten Berechnungsbeispiele ergibt sich:

$T_1 = 0{,}192 \quad F_1 = 0{,}308 \qquad G_1 = 0{,}615$
$T_2 = 0{,}433 \quad F_2 = 0{,}067 \qquad G_2 = 0{,}135$

Der Gini-Koeffizient ist bei Gleichverteilung 0 und bei extremer Ungleichverteilung $\left(1 - \frac{P_n}{P}\right)$. In den vorliegenden Berechnungsbeispielen weist somit G_1 auf erheblich größere räumliche Einkommensunterschiede hin als G_2. Ein Nachteil des hochaggregierten Gini-Koeffizienten ist, daß er keine Aussagen über den Verlauf der Lorenzkurven zuläßt. In Abb. 3.7d sind zwei sich schneidende Lorenzkurven eingetragen, die einen unterschiedlichen Verlauf aufweisen und trotzdem identische Werte für G liefern, da beide Kurven die gleiche Konzentrationsfläche einschließen. Um zusätzliche Informationen zum Verlauf der Lorenzkurve zu erhalten, bietet es sich an, neben dem Gini-Koeffizienten zusätzlich den Einkommensanteil einzelner Bevölkerungsquantile (z.B. der unteren 20 Prozent der Bevölkerung) zu betrachten. Schließlich ist zu beachten, daß bei der Verwendung der Lorenzkurve und des Gini-Koeffizienten von homogenen Regionen ausgegangen wird. Bestehen innerhalb einer Region Einkommensunterschiede, dann wird der Gini-Koeffizient systematisch unterschätzt.

In der Regionalwissenschaft wurden Konzentrationsmaßstäbe entwickelt – u. a. von *E. M. Hoover* (1936), *P. S. Florence* (1948), *W. Isard* (1960) –, die speziell die Frage nach räumlichen Unterschieden in der Wirtschaftsstruktur zu beantworten versuchen. Im folgenden werden als Beispiele der Standortquotient, der Koeffizient der Lokalisierung und der Koeffizient der Spezialisierung vorgestellt. Diese Konzentrationsmaßstäbe beruhen auf der Kombination von Strukturmaßzahlen. Der *Standortquotient* SQ (location quotient) berechnet sich als Quotient von zwei Gliederungszahlen. Der Anteil der ökonomischen Aktivität des Wirtschaftsbereichs (Sektors) j im Teilraum i an der ökonomischen Aktivität des Wirtschaftsbereichs j im Gesamtraum wird in Beziehung gesetzt zum Anteil der ökonomischen Aktivität aller Wirtschaftsbereiche im Teilraum i an der ökonomischen Aktivität aller Wirtschaftsbereiche im Gesamtraum. Der Standortquotient ist wie folgt definiert:

$$SQ_{ij} = \frac{Y_{ij}}{\sum\limits_{i=1}^{n} Y_{ij}} : \frac{\sum\limits_{j=1}^{m} Y_{ij}}{\sum\limits_{i=1}^{n}\sum\limits_{j=1}^{m} Y_{ij}}$$

wobei:

Y_{ij} = Ökonomische Aktivität des Sektors j im Teilraum i

$\sum\limits_{i=1}^{n} Y_{ij}$ = Ökonomische Aktivität des Sektors j im Gesamtraum

$\sum\limits_{j=1}^{m} Y_{ij}$ = Ökonomische Aktivität aller Sektoren im Teilraum i

$\sum\limits_{i=1}^{n} \sum\limits_{j=1}^{m} Y_{ij}$ = Ökonomische Aktivität aller Sektoren im Gesamtraum.

Ausgehend von Tab. 3.3 und ergänzenden Daten für die neuen Bundesländer lassen sich für die 16 Teilräume (Bundesländer) und 7 Wirtschaftsbereiche nachfolgende Standortquotienten berechnen, wobei als Indikator für die ökonomische Aktivität die Bruttowertschöpfung des Jahres 1996 dient (vgl. Tab. 3.7).

Die theoretischen Grenzen der Standortquotienten sind Null und unendlich. Ein SQ von 1 besagt, daß in einem Teilraum i der Anteil des Wirtschaftsbereichs j genau dem Anteil dieses Wirtschaftsbereiches im Gesamtraum entspricht. Quotienten, die kleiner als 1 sind, weisen auf einen unterproportionalen und Quotienten, die größer als 1 sind, auf einen überproportionalen Besatz eines Wirtschaftsbereichs hin. Durch den Vergleich der Standortquotienten sämtlicher Teilräume und Wirtschaftsbereiche lassen sich nicht nur die Wirtschaftsstruktur eines Teilraumes, sondern auch die strukturellen Abweichungen der einzelnen Teilräume vom Gesamtraum verdeutlichen.

Der *Koeffizient der Lokalisierung* KL (coefficient of localisation) mißt den Grad der Konzentration der ökonomischen Aktivität *eines* Wirtschaftsbereichs (Sektors, Branche) innerhalb *aller* Teilräume, verglichen mit der Konzentration einer allgemeinen Bezugsgröße innerhalb derselben Teilräume. Im vorliegenden Fall dient wiederum die Bruttowertschöpfung aller Wirtschaftsbereiche als allgemeine Bezugsgröße. Der Koeffizient der Lokalisierung lautet:

$$KL_j = \frac{1}{2} \sum_{i=1}^{n} \left| \frac{Y_{ij}}{\sum_{i=1}^{n} Y_{ij}} - \frac{\sum_{j=1}^{m} Y_{ij}}{\sum_{i=1}^{n} \sum_{j=1}^{m} Y_{ij}} \right|$$

Für die in Tab. 3.3 ausgewiesenen 7 Wirtschaftsbereiche der Bundesrepublik Deutschland lassen sich für 1996 nachfolgende Koeffizienten der Lokalisierung berechnen:

$KL_{S1} = 0{,}23$ $KL_{S5} = 0{,}06$
$KL_{S2} = 0{,}16$ $KL_{S6} = 0{,}05$
$KL_{S3} = 0{,}06$ $KL_{S7} = 0{,}07$
$KL_{S4} = 0{,}05$

Die Grenzen der Koeffizienten der Lokalisierung sind 0 und 1. Ein KL von 0 bedeutet, daß die räumliche Verteilung des untersuchten

Tab. 3.7 Standortquotienten, berechnet auf Grundlage der Bruttowertschöpfung der Bundesrepublik Deutschland 1996 zu Marktpreisen

Teilräume i	Wirtschaftsbereiche j						
	1	2	3	4	5	6	7
1 Hamburg	0,27	0,52	0,62	0,55	1,54	1,31	0,67
2 Bremen	0,23	1,14	0,93	0,61	2,04	0,78	0,90
3 Berlin	0,17	0,62	0,78	1,34	0,84	1,05	1,38
4 Hessen	0,39	0,63	0,81	0,67	1,05	1,31	0,73
5 Nordrhein-Westfalen	0,63	1,34	1,09	0,75	1,11	0,94	0,98
6 Baden-Württemberg	1,02	0,74	1,33	0,83	0,82	0,95	0,84
7 Bayern	0,90	0,72	1,08	0,84	0,89	1,08	0,87
8 Rheinland-Pfalz	1,38	0,79	1,17	0,72	1,03	0,86	1,17
9 Niedersachsen	2,46	1,24	0,99	0,89	0,98	0,94	1,10
10 Saarland	0,26	1,76	0,99	0,80	1,09	0,96	1,04
11 Schleswig-Holstein	1,86	1,34	0,78	0,91	1,17	0,97	1,21
12 Brandenburg	1,83	1,61	0,76	2,60	0,75	0,74	1,47
13 Mecklenburg-Vorpommern	2,35	1,08	0,41	2,62	0,99	0,78	1,78
14 Sachsen	1,06	1,41	0,64	2,84	0,82	0,83	1,35
15 Sachsen-Anhalt	1,84	1,64	0,60	2,62	0,92	0,74	1,55
16 Thüringen	1,54	1,31	0,66	2,61	0,86	0,77	1,50

Quelle: *Niedersächsisches Landesamt für Statistik* (*A. Kraus* 1997, S. 456 f.)

Wirtschaftsbereichs genau der Verteilung der allgemeinen Bezugsgröße entspricht. Je größer der Koeffizient ist, desto höher ist der Grad der Konzentration eines Wirtschaftsbereichs in einem Teilraum.

Bislang wurde die ökonomische Aktivität aller Wirtschaftsbereiche als allgemeine Bezugsgröße verwendet. Bei der Wahl der Bevölkerung als Bezugsgröße spricht *W. Isard* (1960, S. 253) vom Koeffizienten der geographischen Assoziation; die geographische Distribution einer bestimmten Branche wird mit der geographischen Verteilung der Bevölkerung assoziiert. Bei der Verwendung ökonomischer Aktivitäten anderer Branchen als Bezugsgröße benutzt *P. S. Florence* (1948, S. 77) den Begriff „coefficient of linkage or geographical association". Mit Hilfe dieses Assoziationskoeffizienten läßt sich feststellen, welche Branchen vorwiegend im räumlichen Verbund auftreten; er lautet:

$$KL_{jk} = \frac{1}{2} \sum_{i=1}^{n} \left| \frac{Y_{ij}}{\sum\limits_{i=1}^{n} Y_{ij}} - \frac{Y_{ik}}{\sum\limits_{i=1}^{n} Y_{ik}} \right|$$

Der *Koeffizient der Spezialisierung* KS (coefficient of specialisation) mißt den Grad der Konzentration der ökonomischen Aktivität *aller* Wirtschaftsbereiche innerhalb *eines* bestimmten Teilraumes, verglichen mit der Konzentration einer allgemeinen Bezugsgröße innerhalb desselben Teilraumes. Der Koeffizient der Spezialisierung ist wie folgt definiert:

$$Ks_i = \frac{1}{2} \sum_{j=1}^{m} \left| \frac{Y_{ij}}{\sum\limits_{j=1}^{n} Y_{ij}} - \frac{\sum\limits_{j=1}^{m} Y_{ij}}{\sum\limits_{i=1}^{n} \sum\limits_{j=1}^{m} Y_{ij}} \right|$$

Mit Hilfe von Spezialisierungskoeffizienten lassen sich Aussagen machen über den Grad der strukturellen Einseitigkeit eines Teilraumes im Vergleich zum übergeordneten Gesamtraum. Im nachfolgenden Beispiel wird der Grad der Abweichung der Verteilung der Wirtschaftsbereiche in den 11 alten Bundesländern von der Verteilung der Wirtschaftsbereiche in der Bundesrepublik Deutschland berechnet.

$KS_{T1} = 0{,}18$	$KS_{T5} = 0{,}04$	$KS_{T9} = 0{,}05$
$KS_{T2} = 0{,}14$	$KS_{T6} = 0{,}07$	$KS_{T10} = 0{,}04$
$KS_{T3} = 0{,}07$	$KS_{T7} = 0{,}03$	$KS_{T11} = 0{,}09$
$KS_{T4} = 0{,}11$	$KS_{T8} = 0{,}07$	

Die Grenzen der Koeffizienten der Spezialisierung sind 0 und 1. Ein KS von 0 bedeutet, daß die Verteilung der Wirtschaftsbereiche innerhalb eines Teilraumes genau der Verteilung im übergeordneten Gesamtraum entspricht. Je mehr sich der Koeffizient dem Wert 1 nähert, desto stärker weicht die Wirtschaftsstruktur des Teilraumes von der des Gesamtraumes ab.

Die bislang vorgestellten Methoden der Strukturanalyse untersuchen die Verteilung ökonomischer Aktivitäten im Raum. Aussagen zur sektoralen Spezialisierung lassen sich jedoch auch aus den Interaktionen zwischen den Teilräumen eines Raumwirtschaftssystems gewinnen. Dies soll am Beispiel der internationalen Gütermobilität dargestellt werden. Als Ergänzung zur Strukturanalyse bieten *Maßzahlen der Außenhandelsspezialisierung* die Möglichkeit, Rückschlüsse auf die Wettbewerbsfähigkeit einzelner Wirtschaftsbereiche und somit auf die komparativen Vorteile eines Teilraumes zu ziehen. Als gebräuchlichste Methoden stehen die Analyse der relativen Weltmarktanteile (RWA-Analyse) sowie die Revealed Comparative Advantage (RCA)-Analyse im Vordergrund. Eine Diskussion dieser Methoden erfolgt bei *B. Gehrke* und *H. Grupp* (1994, S. 90 ff.), *H. Grupp* und *H. Legler* (1987, S. 136 ff.) sowie *Sachverständigenrat* (1993, S. 170 ff., S. 280). Als Illustration dienen hier Beispielrechnungen auf Basis von Außenhandelsdaten der führenden Industrieländer bei forschungs- und entwicklungsintensiven Waren[1] (Tab. 3.8).

[1] Die Abgrenzung von Spitzentechnik und höherwertiger Technik folgt der sogenannten ‚ISI-Liste forschungs- und entwicklungsintensiver Güter' (vgl. *BMBF* 1996, S. 10). Als Grundlage dient der Anteil der Aufwendungen für Forschung und Entwicklung (FuE) am Umsatz. Der Bereich Spitzentechnik umfaßt Güter mit einem F&E-Anteil am Umsatz von über 8,5 Prozent, der Bereich der höherwertigen Technik reicht von 3,5 bis 8,5 Prozent.

Tab. 3.8 Exporte und Importe FuE-intensiver Waren und verarbeiteter Industriewaren insgesamt für ausgewählte Industrieländer, 1994 (in Mio. US-Dollar)

	FuE-intensive Waren	Spitzen-technik	Höherwertige Technik	Industriewaren insgesamt
a) Exporte				
Deutschland	197 884	60 100	137 785	406 511
Frankreich	88 466	39 084	49 382	219 731
Großbritannien	84 619	38 644	45 975	186 346
USA	223 442	126 330	97 112	427 667
Japan	224 618	91 307	153 311	389 059
OECD	1 186 686	458 651	728 035	2 625 623
b) Importe				
Deutschland	124 240	54 561	69 679	325 774
Frankreich	83 236	33 970	49 266	205 913
Großbritanien	91 137	41 113	50 024	210 745
USA	289 135	114 106	175 028	600 739
Japan	65 834	33 384	32 450	192 495
OECD	1 026 568	413 298	613 270	2 492 158

Quelle: *OECD* (Foreign Trade by Commodities), unveröffentlichte Sonderauswertungen des *Niedersächsischen Instituts für Wirtschaftsforschung (NIW)*

Ein einfaches Maß für die Exportspezialisierung eines Teilraumes ist der *sektorale Weltmarktanteil*, der den Exportwert eines Teilraumes in einer Warengruppe mit dem Exportwert aller Teilräume in dieser Warengruppe in Beziehung setzt.

$$WA_{ij} = \frac{x_{ij}}{\sum_{i=1}^{n} x_{ij}} \cdot 100 \text{ mit}$$

WA_{ij} = Weltmarktanteil des Teilraumes i in der Warengruppe j
x_{ij} = Exportwert des Teilraumes i in der Warengruppe j

Absolute Weltmarktanteile sind jedoch nicht geeignet, sektorale Spezialisierungsmuster von Teilräumen mit unterschiedlichen Außenhandelsvolumina zu vergleichen. Zu diesem Zweck bietet es sich an, die sektoralen Weltmarktanteile mit dem Anteil der Warengruppen an den Gesamtexporten des Gesamtraumes in Beziehung zu setzen. Zur Berechnung dieses *Relativen Welthandelsanteils (RWA)* hat sich die folgende logarithmische Formel durchgesetzt, da sie als Ergebnis kontinuierliche, symmetrische und ungebundene Werte liefert:

$$RWA_{ij} = \ln \left(\frac{x_{ij}}{\sum_{j=1}^{m} x_{ij}} \Big/ \frac{\sum_{i=1}^{n} x_{ij}}{\sum_{i=1}^{n} \sum_{j=1}^{m} x_{ij}} \right) \cdot 100 \text{ mit}$$

RWA_{ij} = Relativer Welthandelsanteil des Teilraumes i in der Warengruppe j

x_{ij} = Exportwert des Teilraumes i in der Warengruppe j

Ein positiver (negativer) RWA-Wert zeigt an, daß der Exportanteil der Gütergruppe j an den Gesamtexporten des Teilraumes i größer (kleiner) ist als der Exportanteil dieser Warengruppe an den Exporten des Gesamtraumes. Der Teilraum i ist somit überdurchschnittlich (unterdurchschnittlich) auf den Export dieser Gütergruppe spezialisiert. Zur Illustration soll beispielhaft der relative Weltmarktanteil Deutschlands bei FuE-intensiven Waren berechnet werden.

$$RWA = \ln \left(\frac{197\,884}{406\,511} \Big/ \frac{1\,186\,686}{2\,625\,623} \right) \cdot 100$$

$$RWA = \ln \left(\frac{48{,}68\%}{45{,}20\%} \right) \cdot 100 = \ln 1{,}077 \cdot 100 = 0{,}074 \cdot 100 = 7{,}4$$

Der RWA-Wert normiert den Anteil FuE-intensiver Waren am deutschen Export verarbeiteter Industriewaren (48,68 Prozent) über den entsprechenden Anteil für alle OECD-Länder (45,2 Prozent). Der resultierende RWA-Wert von 7,4 läßt sich nun mit den Werten anderer Industrieländer vergleichen (Tab. 3.9). Es zeigt sich, daß Deutschland unter den wichtigsten Industrieländern eine mittlere Position bei FuE-intensiven Waren einnimmt. Bei differenzierter Betrachtung zeigt sich jedoch ein relativer Spezialisierungsnachteil im Bereich der

Tab. 3.9 Maßzahlen der Außenhandelsspezialisierung ausgewählter Industrieländer bei FuE-intensiven Waren, 1994

	FuE-intensive Waren	Spitzentechnik	Höherwertige Technik
a) RWA-Werte			
Deutschland	7,4	–16,7	20,1
Frankreich	–11,6	1,8	–21,0
Großbritannien	0,5	17,2	–11,7
USA	14,5	52,5	–20,0
Japan	33,0	29,5	35,1
b) NAP-Werte			
Deutschland	22,9	4,8	32,8
Frankreich	3,0	7,0	0,1
Großbritannien	–3,7	–3,1	–4,2
USA	–12,8	5,1	–28,6
Japan	57,6	46,5	65,1
c) RCA-Werte			
Deutschland	24,4	–12,5	46,0
Frankreich	–0,4	7,5	–6,3
Großbritannien	4,9	6,1	3,9
USA	8,2	44,2	–24,9
Japan	60,9	30,2	84,9

Spitzentechnik, dem ein relativer Spezialisierungsvorteil im Bereich der mittleren Technologien gegenübersteht.

Durch die Normierung über den Welthandelsanteil eines Teilraumes sind RWA-Werte für internationale Vergleiche von Spezialisierungsmustern besser geeignet als absolute Maßzahlen wie etwa sektorale Außenhandelssalden. Mit der Normierung geht jedoch auch ein Informationsverlust einher, so daß sich absolute Unterschiede zwischen Teilräumen nicht mehr erkennen lassen.

Bei der Interpretation von RWA-Werte ist zu beachten, daß die angezeigte Außenhandelsspezialisierung bei asymmetrisch wirkenden Handelshemmnissen nicht als Wettbewerbsfähigkeit der betreffenden Sektoren ausgelegt werden kann (vgl. *B. Gehrke*; *H. Grupp*, 1994, S. 91). Außerdem können sich sektorale Wettbewerbsvorteile nicht nur in überdurchschnittlichen Exportleistungen, sondern auch in unterdurchschnittlichen Importzahlen niederschlagen. Die RWA-Analyse als Maß der Exportspezialisierung läßt jedoch keine Aussage über die Wettbewerbsfähigkeit der importsubstituierenden Branchen zu. Maßzahlen der Außenhandelsspezialisierung sollten daher sowohl Import- als auch Exportdaten berücksichtigen.

Das einfachste Maß der Außenhandelsspezialisierung, das neben Ausfuhren auch Einfuhren berücksichtigt, ist die *sektorale Handelsbilanz*. Sie drückt die Differenz zwischen Exportwerten und Importwerten eines Teilraumes in einer Warengruppe aus:

$HB_{ij} = x_{ij} - m_{ij}$ mit

HB_{ij} = sektorale Handelsbilanz des Teilraumes i in Warengruppe j
x_{ij} = Exportwert des Teilraumes i in der Warengruppe j
m_{ij} = Importwert des Teilraumes i in der Warengruppe j

Die sektorale Handelsbilanz kombiniert die Ausfuhrleistung mit der Ausschöpfung der Möglichkeit, Importe durch inländische Produktion zu substituieren. Sie ist damit als Indikator für die Wettbewerbsfähigkeit einzelner Branchen besser geeignet als Maßzahlen, die nur Exportwerte berücksichtigen. Analog zum sektoralen Weltmarktanteil ist die Höhe dieser absoluten Salden jedoch vom relativen Handelsvolumen des Teilraumes abhängig.

Um das Ausmaß der Spezialisierung verschiedener Teilräume vergleichen zu können, bietet es sich an, die sektoralen Handelsbilanzen auf das Handelsvolumen (Exporte und Importe) eines Teilraumes in den entsprechenden Warengruppen zu beziehen. Das Ergebnis ist die *Nettoaußenhandelsposition* (NAP)

$$NAP_{ij} = \frac{x_{ij} - m_{ij}}{x_{ij} + m_{ij}} \cdot 100 \text{ mit}$$

NAP_{ij} = Nettoaußenhandelsposition des Teilraumes i in der Warengruppe j
x_{ij} = Exportwert des Teilraumes i in der Warengruppe j
m_{ij} = Importwert des Teilraumes i in der Warengruppe j

Die Nettoaußenhandelsposition normiert den Außenhandelssaldo einer Warengruppe über das Außenhandelsvolumen in diesem Sektor, so daß Vergleiche zwischen Teilräumen ermöglicht werden. Das NAP-Maß nimmt Werte zwischen –100 (nur Import) und +100 (nur

Export) an. Zur Illustration soll die Nettoaußenhandelsposition Deutschlands bei FuE-intensiven Waren berechnet werden:

$$NAP = \frac{197\,884 - 124\,240}{197\,884 + 124\,240} \cdot 100 = \frac{73\,644}{322\,124} \cdot 100 = 22{,}9$$

Die in Tab. 3.9 dargestellten NAP-Werte zeichnen ein günstigeres Bild für Deutschland als die RWA-Werte, was auf relative Spezialisierungsvorteile in den importsubstituierenden FuE-intensiven Branchen hinweist. Erneut sind die Spezialisierungsvorteile im Bereich der höherwertigen Technik klar erkennbar.

Alternativ zur Berechnung von Maßzahlen auf Saldenbasis läßt sich die Außenhandelsspezialisierung eines Teilraumes mit Hilfe *sektoraler Export-Import-Relationen* ausdrücken. Anstelle der Differenz wird hier der Quotient zwischen Export- und Importwerten gebildet.

$$EIR_{ij} = \frac{x_{ij}}{m_{ij}} \cdot 100 \text{ mit}$$

EIR_{ij} = Export-Import-Relation des Teilraumes i in der Warengruppe j
x_{ij} = Exportwert des Teilraumes i in der Warengruppe j
m_{ij} = Importwert des Teilraumes i in der Warengruppe j

Im Unterschied zu sektoralen Handelsbilanzen stellen Export-Import-Relationen bereits ein relatives Maß für die Außenhandelsspezialisierung dar und sind damit für internationale Vergleiche geeignet. Ein einfaches Beispiel verdeutlicht aber, daß sie nur absolute Wettbewerbsvorteile anzeigen können: Eine Export-Import-Relation von 110 zeigt die Spezialisierung eines Teilraumes in einer Warengruppe an. Liegt die Export-Import-Relation des Teilraumes für alle Sektoren aber bei 120, so zeigt der Wert von 110 mithin zwar einen absoluten, aber keinen komparativen Vorteil im Sinne *David Ricardos* an.

Das auf *Ricardo* zurückgehende Theorem der komparativen Kosten besagt, daß sich ein Land auf die Produktion und den Export solcher Güter spezialisiert, bei denen es über relative Kostenvorteile gegenüber anderen Ländern verfügt. Im Gegenzug importiert ein Land jene Waren aus dem Ausland, bei deren Herstellung es relative Kostennachteile aufweist (vgl. Band 1 Theorie, 7. Aufl. 1998, S. 123 ff.). Demzufolge müßte der Anteil von Waren, bei deren Herstellung ein Land über komparative Vorteile verfügt, im Export höher sein als im Import; der Anteil von Gütern, bei denen ein relativer Kostennachteil besteht, müßte hingegen im Import größer sein als im Export. Auf dieser Überlegung fußt die auf *B. Balassa* (1965) zurückgehende *Revealed Comparative Advantage (RCA)-Analyse*, indem sie die Export-Import-Relation einer Warengruppe mit der Export-Import-Relation aller Warengruppen eines Teilraumes in Beziehung setzt. Die RCA-Analyse erhebt den Anspruch, neben der Außenhandelsspezialisierung die in den Interaktionen mit anderen Teilräumen „enthüllten" komparativen Vorteile eines Teilraumes zu messen. Analog zur RWA-Analyse hat sich zur Berechnung von RCA-Werten in jüngerer Zeit die folgende logarithmische Darstellungsweise durchgesetzt:

$$RCA_{ij} = \ln \left(\frac{x_{ij}}{m_{ij}} \Big/ \frac{\sum_{j=1}^{m} x_{ij}}{\sum_{j=1}^{m} m_{ij}} \right) \cdot 100 \text{ mit}$$

RCA_{ij} = „enthüllter" Wettbewerbsvorteil des Teilraumes i in der Warengruppe j
x_{ij} = Exportwert des Teilraumes i in der Warengruppe j
m_{ij} = Importwert des Teilraumes i der Warengruppe j

Positive RCA-Werte bedeuten, daß die Außenhandelsdaten eines Teilraumes in der Branche j einen komparativen Vorteil „enthüllen". Ist die Branche j Nettoexporteur, so exportiert sie im Vergleich zur Gesamtheit aller Branchen relativ mehr. Ist die Branche j Nettoimporteur, so importiert sie im Vergleich zur Gesamtheit aller Branchen relativ wenig. Durch die Einbeziehung der Importe mißt der RCA-Wert also nicht nur die Exportleistung, sondern auch die Importsubstitution durch heimische Produkte. Als Ergebnis der Logarithmierung deuten positive RCA-Werte auf komparative Vorteile, negative Werte auf komparative Nachteile des Landes i in der Gütergruppe j hin. Je größer (kleiner) die RCA-Werte, desto größer die komparativen Vorteile (Nachteile).

Zur Illustration soll nun auf Grundlage der Daten in Tab. 3.8 beispielhaft der RCA-Wert Deutschlands bei FuE-intensiven Waren berechnet werden.

$$RCA = \ln \left(\frac{197\,884}{124\,240} / \frac{406\,511}{325\,774} \right) \cdot 100$$

$$RCA = \ln \left(\frac{159{,}28\%}{124{,}78\%} \right) \cdot 100 = \ln 1{,}276 \cdot 100 = 24{,}4$$

Die RCA-Werte in Tab. 3.9 zeigen für Deutschland ein ähnliches Spezialisierungsprofil wie die NAP-Werte. Durch die „doppelte Relativierung" sind RCA-Werte für internationale Vergleiche jedoch besser geeignet. So weisen Deutschland und die USA im Bereich der Spitzentechnik ähnliche NAP-Werte von 4,8 bzw. 5,1 auf. Dieses Ergebnis läßt jedoch den beträchtlichen Außenhandelsüberschuß Deutschlands sowie das chronische Defizit der USA bei Industriegütern insgesamt außer Betracht. Durch die Normierung über die Export-Import-Relation eines Teilraumes in allen Warengruppen korrigiert die RCA-Analyse dieses Bild: Trotz ähnlicher absoluter Vorteile deutet ein RCA-Wert von 44,2 für die USA auf einen komparativen Vorteil hin, während ein negativer RCA-Wert für Deutschland komparative Nachteile im Bereich der Spitzentechnologie vermuten läßt.

Insgesamt werden RCA-Werte als ein guter Indikator für die tatsächlichen komparativen Vorteile angesehen. Einen Überblick über die Grenzen der Aussagefähigkeit der RCA-Analyse gibt der *Sachverständigenrat* (1993, S. 172). Dabei ist vor allem auf den Unterschied zwischen den gemessenen „enthüllten" und den tatsächlichen komparativen Vorteilen hinzuweisen. Im Theorem der komparativen Kosten sind die tatsächlichen komparativen Wettbewerbsvorteile allein durch die realen Produktionskosten determiniert. Die der RCA-Analyse zugrundeliegenden realen Außenhandelsströme werden jedoch durch eine Reihe weiterer Faktoren beeinflußt. Dabei sind vor allem unterschiedliche Präferenzen und zyklische Schwankungen auf der Nachfrageseite sowie tarifäre und nichttarifäre Handelshemmnisse zu berücksichtigen. Sie bewirken, daß die „enthüllten" Spezialisierungsmuster in unterschiedlichem Ausmaß von den tatsächlichen komparativen Vorteilen abweichen. So kann es zu paradox anmutenden Ergebnissen kommen. *K. Löbbe* und *H. Döhrn* (1993, S. 85) errechnen beispielsweise einen der höchsten RCA-Werte für den durch Importkontingente geschützten deutschen Kohlenbergbau. Allgemein gilt daher, daß die RCA-Werte als Indikator für tatsächliche komparative Vorteile um so besser geeignet sind, je weniger der Außenhandel durch Handelshemmnisse verzerrt ist. Wie alle Indikatoren vermögen RCA-Werte das komplexe Phänomen der komparativen Wettbewerbsvorteile also nur unvollständig abzubilden (Partialität).

Schon *B. Balassa* wies darauf hin, daß die Aussagefähigkeit der RCA-Analyse durch die von der Statistik vorgegebenen Warengruppierungen begrenzt wird. Spezialisierungsmuster innerhalb einer Warengruppe der niedrigsten verwendeten Ebene können daher nicht erfaßt werden. Besonders deutlich werden die konzeptionellen Grenzen der RCA-Analyse bei intraindustriellen Spezialisierungsmustern, die sich nicht allein durch relative Kostenunterschiede erklären lassen. Insbesondere im Güteraustausch zwischen Industrieländern ist gegenwärtig jedoch eine relative Zunahme des intraindustriellen Handels zu beobachten, so daß das interindustrielle Spezialisierungsmuster zwischen diesen Ländern im Laufe der Zeit an Schärfe verliert; die sektoralen RCA-Werte gehen absolut zurück, und ihre Streuung nimmt zu (vgl. *B. Gehrke; H. Grupp* 1994, S. 94 f.). Aufgrund dieser Abhängigkeit vom Ausmaß des intraindustriellen Handels sind RCA-Werte lediglich als Maß für die relative Wettbewerbsfähigkeit von Sektoren verwendbar; ihre absolute Größe läßt sich dagegen nicht interpretieren (vgl. *K. Löbbe; H. Döhrn* 1993, S. 84.)

Allgemein gilt, daß Maßzahlen der Außenhandelsspezialisierung einen guten Ansatzpunkt zur Identifikation absoluter und komparativer Wettbewerbsvorteile von Volkswirtschaften in der internationalen Arbeitsteilung bieten. Da sie auf Außenhandelsdaten aufbauen, ist ihre Anwendbarkeit für die Analyse subnationaler Raumeinheiten jedoch stark eingeschränkt. Schließlich ist darauf hinzuweisen, daß die Aussagekraft der vorgestellten Maßzahlen mit zunehmender regionaler und sektoraler Desaggregation abnimmt.

3.1.3.2 Methoden der Wachstumsanalyse

Die bisher behandelten Methoden der Strukturanalyse (Strukturmaßzahlen, Verteilungsmaßzahlen) sind geeignet, interregionale Unterschiede im Entwicklungsstand quantitativ zu beschreiben. Im folgenden werden einfache Methoden der Wachstumsanalyse vorgestellt, die Veränderungen räumlicher Entwicklungsunterschiede in der Zeit erfassen. Grundsätzlich läßt bereits der Vergleich von zu verschiedenen Zeitpunkten (Stichtag, Jahr) berechneten Konzentrationsmaßstäben Aussagen über Veränderungen des räumlichen Konzentrationsgrades zu. Beispielsweise ermöglicht der optische Vergleich von Lorenzkurven, die räumliche Verteilungen zu verschiedenen Zeitpunkten darstellen, Rückschlüsse auf dynamische Veränderungen interregionaler Unterschiede. Zum zeitlichen Vergleich sozioökonomischer Aktivitäten einzelner Regionen werden bevorzugt *Meßzahlen* verwendet. Meßzahlen sind Verhältniszahlen, die solche Bestandsmassen zueinander ins Verhältnis setzen, die gleichartig (Unterschied zu Beziehungszahlen) und einander nicht untergeordnet (Unterschied zu Gliederungszahlen) sind. In Tab. 3.10 sind für die Bundesrepublik Deutschland die Zeitreihen des BIP in jeweiligen Preisen und des BIP in Preisen von 1991 für den Beobachtungszeitraum 1960-1996 eingetragen. Um die zeitliche Entwicklung zu verdeutlichen, sind die Ursprungsreihen in Meßzahlen umzuwandeln. Dies geschieht, indem die einzelnen Ursprungswerte auf einen festen oder gleitenden Basiswert bezogen werden; die Bezugsgröße wird in der Regel gleich 100 gesetzt. Meßzahlen zur festen Basis beziehen sich auf *einen* in der Zeitreihe vorkommenden Wert.

$$m^{t,0} = \frac{Y^t}{Y^0} \cdot 100$$

Y = Ursprungswert (z.B. BIP)
t = Beobachtungszeitpunkt
0 = Bezugszeitpunkt

Grundsätzlich kann bei Zeitreihen jeder Zeitpunkt als Bezugsgröße dienen. In Tab. 3.10 sind alternativ die Jahre 1960 bzw. 1996 als Basis gewählt. Bei Meßzahlen zur gleitenden Basis ist der jeweils folgende Ursprungswert der Zeitreihe auf den vorhergehenden zu beziehen.

$$m^{t,t-1} = \frac{Y^t}{Y^{t-1}} \cdot 100$$

Die Differenz zwischen den Meßzahlen zur gleitenden Basis und 100 ist identisch mit den jährlichen Wachstumsraten. Häufig verwendet in empirischen Untersuchungen wird die durchschnittliche jährliche Wachstumsrate zwischen einem Beobachtungszeitpunkt der Zeitreihe und einem Bezugszeitpunkt. Die durchschnittliche jährliche Wachstumsrate errechnet sich wie folgt:

$$r = \left(\sqrt[n]{\frac{Y^t}{Y^0}} - 1\right) \cdot 100 \text{ oder } r = \left(\left(\frac{Y^t}{Y^0}\right)^{\frac{1}{n}} - 1\right) \cdot 100$$

n = Anzahl der Zeitintervalle zwischen Y^0 und Y^t

Die n-te Wurzel läßt sich logarithmisch berechnen:

$$\sqrt[n]{\frac{Y^t}{Y^0}} = \frac{\lg Y^t - \lg Y^o}{n}$$

Im Berechnungsbeispiel der Tab. 3.10 beträgt für den Zeitraum 1986-1996 die durchschnittliche jährliche Zuwachsrate des BIP in jeweiligen Preisen 5,0 Prozent und des BIP in Preisen von 1991 2,4 Prozent.

Der Vorteil von Meßzahlen des zeitlichen Vergleichs ist, daß die Reduktion auf den Basiswert 100 Unterschiede in den relativen Veränderungen von verschiedenen Zeitreihen verdeutlicht (vgl. Tab. 3.10). Da Meßzahlen keine Dimension haben, werden auch Zeitreihen miteinander vergleichbar, die in unterschiedlichen Meßeinheiten (z. B. verschiedene Währungen, verschiedene, nicht in Geldeinheiten bewertbare gesellschaftliche Indikatoren) ausgewiesen sind.

Wachstumsunterschiede zwischen Raumeinheiten lassen sich mit Hilfe der *Shift-Analyse* quantitativ erfassen; daneben erhebt diese Methode den Anspruch, Hinweise über Ursachen des räumlich differenzierten Wirtschaftswachstums zu liefern. Die Shift-Analyse wurde von *E. S. Dunn jr.* (1959, 1960), *V. R. Fuchs* (1959) und *W. Zelinsky* (1958) in das Instrumentarium der Regionalanalyse aufgenommen. Nach *E. S. Dunn jr.* werden die räumlichen Unterschiede im wirtschaftlichen Wachstum durch den „Total Net Shift" (Gesamtnettoverschiebung) und deren Ursachen durch den „Net Differential Shift" (Standorteffekt) sowie den „Net Proportionality Shift" (Struktureffekt) gemessen.

Der Total Net Shift (TNS) ist die Differenz zwischen der tatsächlichen Veränderung der ökonomischen Aktivität eines Teilraumes während der Periode 0 bis t und der Veränderung, die sich ergeben hätte, wenn die ökonomische Aktivität in diesem Teilraum mit der Wachstumsrate des Gesamtraumes zugenommen hätte. Sie mißt den Grad der Abweichung des Wachstums des Teilraumes (z. B. Bundesland, Standort) von dem Wachstum der übergeordneten Bezugsgröße (z. B. Bundesrepublik Deutschland). Eine Gesamtnettoverschiebung größer (kleiner) Null bedeutet ein überproportionales (unterproportionales) Wachstum des Teilraumes gegenüber dem des Gesamtraumes. Die Gesamtnettoverschiebung setzt sich aus der Summe der Nettoverschiebungen der einzelnen Sektoren (Branchen) zusammen.

Verursacht wird die Gesamtnettoverschiebung durch unterschiedliches Sektorenwachstum in den einzelnen Teilräumen sowie durch Un-

Tab. 3.10 Meßzahlen des zeitlichen Vergleichs. Bundesrepublik Deutschland (alte Länder)

	BIP (in jeweiligen Preisen)	Meßzahlen mit fester Bezugsgröße		Meßzahlen mit gleitender Bezugsgröße	BIP (in Preisen von 1991)	Meßzahlen mit fester Bezugsgröße		Meßzahlen mit gleitender Bezugsgröße
Jahr	Mio DM	1960 = 100	1996 = 100	Vorjahr = 100	Mio. DM	1960 = 100	1996 = 100	Vorjahr = 100
1960	302 710	100,0	9,6		1 000 000	100,0	36,0	
1961	331 710	109,6	10,6	109,6	1 046 300	104,6	37,6	104,6
1962	360 780	119,2	11,5	108,8	1 095 100	109,5	39,4	104,7
1963	382 370	126,3	12,2	106,0	1 125 900	112,6	40,5	102,8
1964	420 180	138,8	13,4	109,9	1 200 900	120,1	43,2	106,7
1965	459 170	151,7	14,6	109,3	1 265 200	126,5	45,5	105,4
1966	488 230	161,3	15,5	106,3	1 300 500	130,1	46,8	102,8
1967	494 350	163,3	15,7	101,3	1 296 500	129,7	46,7	99,7
1968	533 280	176,2	17,0	107,9	1 367 200	136,7	49,2	105,5
1969	596 950	197,2	19,0	111,9	1 469 200	146,9	52,9	107,5
1970	675 300	223,1	21,5	113,1	1 543 200	154,3	55,5	105,0
1971	749 750	247,7	23,9	111,0	1 590 400	159,0	57,2	103,1
1972	823 120	271,9	26,2	109,8	1 658 000	165,8	59,7	104,3
1973	917 250	303,0	29,2	111,4	1 737 000	173,7	62,5	104,8
1974	983 930	325,0	31,3	107,3	1 740 400	174,0	62,6	100,2
1975	1 026 630	339,1	32,7	104,3	1 718 600	171,9	61,8	98,7
1976	1 120 500	370,2	35,6	109,1	1 810 100	181,0	65,1	105,3
1977	1 195 290	394,9	38,0	106,7	1 861 600	186,2	67,0	102,8
1978	1 283 550	424,0	40,8	107,4	1 917 400	191,7	69,0	103,0
1979	1 388 440	458,7	44,2	108,2	1 998 400	199,8	71,9	104,2

	BIP (in jeweiligen Preisen)	Meßzahlen mit fester Bezugsgröße		Meßzahlen mit gleitender Bezugsgröße	BIP (in Preisen von 1991)	Meßzahlen mit fester Bezugsgröße		Meßzahlen mit gleitender Bezugsgröße
Jahr	Mio. DM	1960 = 100	1996 = 100	Vorjahr = 100	Mio. DM	1960 = 100	1996 = 100	Vorjahr = 100
1980	1 472 040	486,3	46,8	106,0	2 018 000	201,8	72,6	101,0
1981	1 534 970	507,1	48,8	104,3	2 020 000	202,0	72,7	100,1
1982	1 588 090	524,6	50,5	103,5	2 001 000	200,1	72,0	99,1
1983	1 668 540	551,2	53,1	105,1	2 036 200	203,6	73,3	101,8
1984	1 750 890	578,4	55,7	104,9	2 093 500	209,4	75,3	102,8
1985	1 823 180	602,3	58,0	104,1	2 136 000	213,6	76,9	102,0
1986	1 925 290	636,0	61,3	105,6	2 186 100	218,6	78,7	102,3
1987	1 990 480	657,6	63,3	103,4	2 218 400	221,8	79,8	101,5
1988	2 095 980	692,4	66,7	105,3	2 301 000	230,1	82,8	103,7
1989	2 224 440	734,8	70,8	106,1	2 384 400	238,4	85,8	103,6
1990	2 417 830	798,7	76,9	108,7	2 520 400	252,0	90,7	105,7
1991	2 612 640	863,1	83,1	108,1	2 612 640	261,3	94,0	103,7
1992	2 772 000	915,7	88,2	106,1	2 676 000	267,6	96,3	102,4
1993	2 832 000	935,5	90,1	102,2	2 626 000	262,6	94,5	98,1
1994*	2 965 900	979,8	94,4	104,7	2 700 500	270,1	97,2	102,8
1995*	3 076 700	1 016,4	97,9	103,7	2 743 500	274,4	98,7	101,6
1996*	3 143 300	1 038,4	100,0	102,2	2 779 200	277,9	100,0	101,3

*)Vorläufige Ergebnisse

Quelle: *Statistisches Bundesamt* (Statistisches Jahrbuch 1996, Auskunft)

terschiede in der ökonomischen Ausgangsstruktur der Teilräume. Die Nettoverschiebung läßt sich folglich in eine Standort- und eine Strukturkomponente teilen. Der Net Differential Shift (NDS) ist die Differenz zwischen der tatsächlichen Veränderung der ökonomischen Aktivität eines Teilraumes während der Periode 0 bis t und der Veränderung, die sich ergeben hätte, wenn die Sektoren im Teilraum mit den entsprechenden Wachstumsraten des Gesamtraumes zugenommen hätten. Ein positiver (negativer) Standorteffekt deutet auf relative Standortvorteile (Standortnachteile) hin, die das Wachstum bestimmter Sektoren innerhalb eines Teilgebietes begünstigen (hemmen).

Der Net Proportionality Shift (NPS) ist die Differenz zwischen der Veränderung, die sich ergeben hätte, wenn die Sektoren im Teilraum mit den entsprechenden Wachstumsraten des Gesamtraumes zugenommen hätten, und der Veränderung, die sich eingestellt hätte, wenn alle Sektoren im Teilraum mit der Wachstumsrate des Gesamtraumes gewachsen wären. Der Struktureffekt eines Teilraumes ist um so positiver (negativer), je größer (kleiner) der Anteil der gesamtwirtschaftlich überdurchschnittlich wachsenden Sektoren ist.

In Tab. 3.11 wird die Methode der Shift-Analyse mathematisch dargestellt und in Tab. 3.12 ihre Berechnungsweise anhand eines Zahlenbeispiels erläutert. Unter Anwendung der angegebenen Formeln lassen sich für die einzelnen Bundesländer der Bundesrepublik Deutschland für den Zeitraum 1980 bis 1996 die Abweichungen ihrer Bruttowertschöpfung vom gesamtwirtschaftlichen Durchschnitt ermitteln. Die Vergleichbarkeit der Ergebnisse erhöht sich bei der Verwendung von prozentualen Veränderungen, da dann die unterschiedlichen Bevölkerungszahlen der Teilräume ausgeglichen werden. Man dividiert hierzu die Werte durch die Spaltensumme der jeweiligen Region zum Zeitpunkt t. Bei der Verwendung der Shift-Analyse ist es ausreichend, neben dem Total Net Shift allein den Net Differential Shift (bzw. den Net Proportionality Shift) zu berechnen; der NPS (bzw. NDS) ergibt sich als Residuum.

Die bislang behandelte Differenzmethode dominiert in der angelsächsischen Literatur. In deutschsprachigen Untersuchungen wird vielfach alternativ die von *H. Gerfin* (1964) entwickelte Indexmethode verwendet. Hierbei wird anstelle der Differenz zwischen effektiven und hypothetischen Größen deren Quotient gebildet. Der bei der Indexmethode berechnete Regionalfaktor gibt also das Verhältnis der Entwicklung des Teilraumes zur Entwicklung des Gesamtraumes an. Ein Regionalfaktor zwischen 0 und 1 weist darauf hin, daß sich der

Tab. 3.11 Mathematische Darstellung der Methode der Shift-Analyse

Periode 0					
Sektoren	Teilräume i				
j	1	2	i	n	$\sum_{i=1}^{n}$
1	Y^0_{11}	Y^0_{21}	Y^0_{i1}	Y^0_{n1}	$\sum_{i=1}^{n} Y^0_{i1}$
2	Y^0_{12}	Y^0_{22}	Y^0_{i2}	Y^0_{n2}	$\sum_{i=1}^{n} Y^0_{i2}$
j	Y^0_{1j}	Y^0_{2j}	Y^0_{ij}	Y^0_{nj}	$\sum_{i=1}^{n} Y^0_{ij}$
m	Y^0_{1m}	Y^0_{2m}	Y^0_{im}	Y^0_{nm}	$\sum_{i=1}^{n} Y^0_{im}$
$\sum_{j=1}^{m}$	$\sum_{j=1}^{m} Y^0_{1j}$	$\sum_{j=1}^{m} Y^0_{2j}$	$\sum_{j=1}^{m} Y^0_{ij}$	$\sum_{j=1}^{m} Y^0_{nj}$	$\sum_{i=1}^{n} \sum_{j=1}^{m} Y^0_{ij}$

Periode t					
Sektoren	Teilräume i				
j	1	2	i	n	$\sum_{i=1}^{n}$
1	Y^t_{11}	Y^t_{21}	Y^t_{i1}	Y^t_{n1}	$\sum_{i=1}^{n} Y^t_{i1}$
2	Y^t_{12}	Y^t_{22}	Y^t_{i2}	Y^t_{n2}	$\sum_{i=1}^{n} Y^t_{i2}$
j	Y^t_{1j}	Y^t_{2j}	Y^t_{ij}	Y^t_{nj}	$\sum_{i=1}^{n} Y^t_{ij}$
m	Y^t_{1m}	Y^t_{2m}	Y^t_{im}	Y^t_{nm}	$\sum_{i=1}^{n} Y^t_{im}$
$\sum_{j=1}^{m}$	$\sum_{j=1}^{m} Y^t_{1j}$	$\sum_{j=1}^{m} Y^t_{2j}$	$\sum_{j=1}^{m} Y^t_{ij}$	$\sum_{j=1}^{m} Y^t_{nj}$	$\sum_{i=1}^{n} \sum_{j=1}^{m} Y^t_{ij}$

DIFFERENZMETHODE

1. Total Net Shift (Gesamtnettoverschiebung)

$$= \sum_{j=1}^{m} Y_{ij}^{t} - \left(\frac{\sum_{i=1}^{n} \sum_{j=1}^{m} Y_{ij}^{t}}{\sum_{i=1}^{n} \sum_{j=1}^{m} Y_{ij}^{0}} \cdot \sum_{j=1}^{m} Y_{ij}^{0} \right)$$

2. Net Differential Shift (Standorteffekt)

$$= \sum_{j=1}^{m} Y_{ij}^{t} - \left(\sum_{j=1}^{m} \left(Y_{ij}^{0} \cdot \frac{\sum_{i=1}^{n} Y_{ij}^{t}}{\sum_{i=1}^{n} Y_{ij}^{0}} \right) \right)$$

3. Net Proportionality Shift (Struktureffekt)

$$= \sum_{j=1}^{m} \left(Y_{ij}^{0} \cdot \left(\frac{\sum_{i=1}^{n} Y_{ij}^{t}}{\sum_{i=1}^{n} Y_{ij}^{0}} - \frac{\sum_{j=1}^{m} \sum_{i=1}^{n} Y_{ij}^{t}}{\sum_{j=1}^{m} \sum_{i=1}^{n} Y_{ij}^{0}} \right) \right)$$

INDEXMETHODE

1. Regionalfaktor

$$= \frac{\sum_{j=1}^{m} Y_{ij}^{t}}{\sum_{j=1}^{m} Y_{ij}^{0}} : \frac{\sum_{i=1}^{n} \sum_{j=1}^{m} Y_{ij}^{t}}{\sum_{i=1}^{n} \sum_{j=1}^{m} Y_{ij}^{0}}$$

2. Standortfaktor

$$= \frac{\sum_{j=1}^{m} Y_{ij}^{t}}{\sum_{j=1}^{m} \left(Y_{ij}^{0} \cdot \frac{\sum_{i=1}^{n} Y_{ij}^{t}}{\sum_{i=1}^{n} Y_{ij}^{0}} \right)}$$

3. Strukturfaktor

$$= \frac{\sum_{j=1}^{m} \left(Y_{ij}^{0} \cdot \frac{\sum_{i=1}^{n} Y_{ij}^{t}}{\sum_{i=1}^{n} Y_{ij}^{0}} \right)}{\sum_{j=1}^{m} Y_{ij}^{0}} : \frac{\sum_{i=1}^{n} \sum_{j=1}^{m} Y_{ij}^{t}}{\sum_{i=1}^{n} \sum_{j=1}^{m} Y_{ij}^{0}}$$

Tab. 3.12 Shift-Analyse: Berechnet auf der Grundlage der Bruttowertschöpfung der Bundesrepublik Deutschland 1980 und 1996 (alte Länder) zu Marktpreisen, gegliedert nach 7 Wirtschaftsbereichen

a) Differenzmethode (absolute Veränderungen)

	1. HH	2. HB	3. B(W)	4. H	5. N-W	6. B-W	7. BY	8. R-P	9. NS	10. S	11. S-H
NDS	-12 084,3	-7 372,0	-4 901,3	19 104,6	-66 302,5	26 644,8	55 970,6	-10 196,1	4 959,7	-2 690,7	-3 132,8
NPS	8 398,3	- 474,5	997,7	15 942,5	- 9 970,0	-13 639,4	7 295,9	- 2 996,2	-6 523,1	-1 175,7	2 144,6
TNS	- 3 686,0	-7 846,5	-3 903,6	35 047,1	-76 272,5	13 005,4	63 266,5	-13 192,3	-1 563,4	-3 866,4	- 988,2

b) Differenzmethode (prozentuale Veränderungen)

	1. HH	2. HB	3. B(W)	4. H	5. N-W	6. B-W	7. BY	8. R-P	9. NS	10. S	11. S-H
NDS	-9,41	-19,55	- 4,74	5,69	- 8,82	5,41	9,67	-7,03	1,63	-6,42	- 2,93
NPS	6,54	- 1,26	0,96	4,75	- 1,33	-2,77	1,26	-2,07	-2,14	-2,80	2,00
TNS	-2,87	-20,81	- 3,78	10,44	-10,15	2,64	10,93	-9,10	-0,51	-9,22	- 0,93

c) Indexmethode

	1. HH	2. HB	3. B(W)	4. H	5. N-W	6. B-W	7. BY	8. R-P	9. NS	10. S	11. S-H
Standortf.	0,914	0,836	0,955	1,060	0,919	1,057	1,107	0,934	1,017	0,940	0,972
Strukturf.	1,064	0,990	1,009	1,053	0,988	0,972	1,014	0,981	0,979	0,974	1,020
Regionalf.	0,972	0,828	0,964	1,117	0,908	1,027	1,123	0,917	0,995	0,916	0,991

Datengrundlage: Tab. 3.3

Teilraum langsamer entwickelt hat als der Gesamtraum. Ist der Regionalfaktor größer als 1, so hat sich der Teilraum entsprechend überdurchschnittlich schnell entwickelt. Auch für den Strukturfaktor (abweichende Entwicklung des Teilraumes, der auf die Sektorstruktur zurückzuführen ist) und den Standortfaktor (abweichende Entwicklung, die mit dem Standort des Teilraumes erklärt wird) ergeben sich Werte zwischen 0 und unendlich, wobei der Wert 1 eine dem Gesamtraum entsprechende Entwicklung anzeigt. Dabei ist zu beachten, daß bei der angelsächsischen Variante der Shift-Analyse gilt: Total Net Shift = Net Differential Shift + Net Proportionality Shift. Wird die Indexmethode angewandt, lautet die Gleichung: Regionalfaktor = Standortfaktor x Strukturfaktor. Beide Berechnungsverfahren führen prinzipiell zu vergleichbaren Ergebnissen (vgl. Tab. 3.12).

Anhand der Ergebnisse der Shift-Analyse wird deutlich, daß sich in der Bundesrepublik Deutschland (alte Länder) zwischen 1980 und 1996 das Süd-Nord-Gefälle noch verstärkt hat. Die südlichen Bundesländer Bayern, Baden-Württemberg und Hessen weisen die höchsten prozentualen Total Net Shifts (bzw. Regionalfaktoren) auf, die vor allem durch relative Standortvorteile erklärt werden können. Die niedrigsten prozentualen Total Net Shifts (bzw. Regionalfaktoren) ergeben sich für Bremen, Nordrhein-Westfalen, Rheinland-Pfalz und das Saarland.

Grundsätzlich ist die Methode der Shift-Analyse als ein geeignetes Instrument zur Messung räumlicher Verteilungen und deren Veränderungen anzusehen. Allerdings hängt die Aussagekraft ihrer Ergebnisse entscheidend ab von der sachgemäßen Bestimmung der Untersuchungsperiode, der Regionsgrößen und der Sektorengliederung. Die Eignung der Shift-Analyse als Prognoseinstrument wird hingegen zunehmend in Zweifel gezogen (*H. D. Hoppen* 1975, *H. W. Richardson* 1978).

3.1.3.3 Mehr-Indikator-Methoden

Bisher wurden Methoden zur Analyse regionalökonomischer Daten mit Hilfe einzelner Indikatoren wie dem Bruttosozialprodukt oder der Bruttowertschöpfung vorgestellt. Viele raumwirtschaftliche Phänomene sind jedoch zu komplex, um sie mit einzelnen Variablen hinreichend beschreiben zu können. Eine Lösungsmöglichkeit besteht darin, mehrere Indikatoren zu einem synthetischen Index zusammenzufassen. Ein Beispiel ist der Entwicklungsstand von Regionen, der sich mit Hilfe von Einzelindikatoren allenfalls partiell erfassen läßt. Soll zur Beschreibung dieses mehrdimensionalen Phänomens etwa der ökonomische Indikator ‚Pro-Kopf-Einkommen' durch gesellschaftliche Indikatoren ergänzt werden, bietet sich die Aggregation einzelner Variablen zu einem komplexen Index an. Als Beispiel für einen solchen In dex soll hier der vom United Nations Development Programme (UNDP) jährlich publizierte *Human Development Index* (HDI) vorgestellt werden, der seit seiner erstmaligen Veröffentlichung 1990 wiederholt konzeptioneller und methodischer Kritik ausgesetzt war. Um Einzelindikatoren auszuwählen und zusammenzufassen, bedient sich die empirische Raumwirtschaftsforschung zudem häufig Methoden der multivariaten Statistik, vor allem der Faktorenanalyse und der Clusteranalyse. Beide Verfahren sind heute in handelsüblichen Statistikprogrammen (z.B. SPSS) integriert, so daß in der anschließenden Darstellung auf die Vorstellung konkreter Rechenschritte verzichtet wird. Vertiefende Einführungen mit Rechenbeispielen finden sich bei *G. Bahrenberg*, *E. Giese* und *J. Nipper* (1992), *J. Bortz* (1999) sowie *K. Backhaus*, *B. Erichsen*, *W. Plinke* und *R. Weiber* (1996).

• *Human Development Index*

Das Entwicklungsprogramm der Vereinten Nationen UNDP errechnet seit 1990 jährlich den *Human Development Index (HDI)* für die meisten Länder der Erde (1997: 175). Als Reaktion auf konzeptionelle und methodische Kritik wurde das Berechnungsverfahren bis 1994 mehrmals modifiziert; seitdem hat das UNDP jedoch auf grundlegende Änderungen verzichtet. Grundlage der folgenden Ausführungen ist die achte Auflage des *Human Development Report (UNDP 1997)*, in der die HDI-Werte für 1994 berechnet werden.

Der HDI stellt einen Versuch dar, das komplexe Phänomen der menschlichen Entwicklung mit Hilfe eines synthetischen Indikators zu erfassen. Unter „menschlicher Entwicklung" versteht das UNDP den Prozeß der Erweiterung menschlicher Wahlmöglichkeiten und der Entfaltung menschlicher Fähigkeiten (*UNDP* 1990, S. 10). Aus diesem Entwicklungsbegriff werden drei grundlegende Dimensionen abgeleitet:

(1) Langlebigkeit, gemessen durch die Lebenserwartung bei der Geburt.
(2) Bildungsstand, gemessen durch (2a) die Alphabetisierungsrate Erwachsener und (2b) die durchschnittliche Einschulungsrate (*combined enrolment ratio*) im primären, sekundären und tertiären Bildungsbereich. Bei der Aggregation dieser beiden Teilindikatoren erhält die Alphabetisierungsrate doppeltes Gewicht.

(3) Mittel zum Erreichen eines angemessenen Lebensstandards, gemessen am realen Pro-Kopf-Einkommen in Kaufkraftparitäten (KKP). Das UNDP betrachtet das Pro-Kopf-Einkommen zudem als indirekten Indikator für Befähigungen und Möglichkeiten, die in den beiden anderen Indikatoren nicht zum Ausdruck kommen.

Um die in verschiedenen Einheiten gemessenen Teilindikatoren zusammenfassen zu können, müssen ihre Werte zunächst standardisiert werden. Zu diesem Zweck definiert das UNDP für jeden Indikator Mindest- und Höchstwerte, die als Eckpunkte für die Transformation auf eine normierte Skala dienen. Bei den Teilindikatoren für den Bildungsstand sind dies jeweils 0 Prozent und 100 Prozent. Für die Lebenserwartung und das Pro-Kopf-Einkommen wurden bis 1993 die niedrigsten bzw. höchsten beobachteten Merkmalsausprägungen als Extrema benutzt. Um intertemporale Vergleiche zu ermöglichen, legte das UNDP 1994 die Extremwerte mit 25 und 85 Jahren für die Lebenserwartung sowie 100 und 40 000 US$ KKP für das Pro-Kopf-Einkommen fest. Diese Werte orientieren sich an den beobachteten Minima der letzten Jahrzehnte bzw. an den in der absehbaren Zukunft (ca. 30 Jahre) zu erwartenden Maxima (vgl. *UNDP* 1994, S. 92). Tab. 3.13 faßt die aus dem Konzept der „menschlichen Entwicklung" abgeleiteten Dimensionen, die ausgewählten Indikatoren und die festgelegten Extremwerte zusammen.

Tab. 3.13 Dimensionen und Teilindikatoren des Human Development Index

Dimension	Teilindikator	Einheit	Minimum	Maximum	Gewicht
Langlebigkeit	Lebenserwartung bei der Geburt	Jahre	25	85	1/3
Bildungsstand	Alphabetisierungsrate Erwachsener	Prozent	0	100	2/9
	durchschnittliche Einschulungsrate	Prozent	0	100	1/9
Lebensstandard	Pro-Kopf-Einkommen	US-$ KKP	100	40 000	1/3

Quelle: *UNDP (Human Development Report* 1997, S. 122).

Um den abnehmenden Grenznutzen höherer Einkommen zu berücksichtigen, wird der Indikator „Pro-Kopf-Einkommen zu KKP" vor der Standardisierung modifiziert. Als Grundlage dient dabei die Arbeit von *A. B. Atkinson* (1970), der den Nutzen W des Einkommens y definiert als

$$W(y) = \frac{1}{1-\varepsilon} \cdot y^{1-\varepsilon} \text{ mit}$$

W(y) = Nutzen (Wohlfahrt) des Einkommens
ε = Einkommenselastizität des Grenznutzens des Einkommens

Der Koeffizient ε drückt aus, wie sich der Nutzen einer zusätzlichen Einkommenseinheit verändert, wenn das Einkommen zu- oder abnimmt. Bei $\varepsilon = 0$ ist der Grenznutzen des Einkommens unabhängig vom Einkommensniveau. Das vom UNDP gewählte Verfahren zur Modifikation des Pro-Kopf-Einkommens läßt ε mit dem Pro-Kopf-Einkommen ansteigen. Zu diesem Zweck werden die Pro-Kopf-Einkommenswerte in Klassen eingeteilt, deren Grenzen ganzzahlige Vielfache des weltdurchschnittlichen Pro-Kopf-Einkommens y^* bilden. Dieser Schwellenwert liegt für 1994 bei 5 835 US-Dollar zu Kaufkraftparitäten. Für Länder mit einem unterdurchschnittlichen Pro-Kopf-Einkommen ($y_i < y^*$) wird $\varepsilon = 0$ gesetzt; hier wird also ein konstanter Grenznutzen unterstellt. Einkommen über dem Schwellenwert werden dagegen mit einem progressiv steigenden Zinssatz abdiskontiert. Für Einkommen zwischen y^* und $2y^*$ wird $\varepsilon = 1/2$, für Werte zwischen $2y^*$ und $3y^*$ wird $\varepsilon = 2/3$ festgelegt usw. Allgemein gilt:

$$\text{Wenn } \alpha y^* \leq y_i \leq (\alpha+1)\, y^*, \text{ dann } \varepsilon = \frac{\alpha}{\alpha+1}\,.$$

Daraus folgt für die Anpassung der Pro-Kopf-Einkommenswerte:

$$W(y_i) = y_i \qquad \text{für } 0 \leq y_i < y^*$$
$$W(y_i) = y^* + 2\,[(y_i - y^*)^{1/2}] \qquad \text{für } y^* \leq y_i < 2y^*$$
$$W(y_i) = y^* + 2\,(y^{*1/2}) + 3\,[(y_i - 2y^*)^{1/3}] \qquad \text{für } 2y^* \leq y_i < 3y^*$$
usw.

Der festgelegte Maximalwert von y_{max} = 40 000 US-$ KKP lag 1994 zwischen dem Sechs- und Siebenfachen des Schwellenwertes y^*. Er wird gemäß Formel auf $W(y_{max})$ = 6 154 US-$ (KKP) abdiskontiert, so daß der angepaßte Maximalwert um kaum mehr als fünf Prozent über dem Schwellenwert liegt.

$$W(y_{max}) = y^* + 2\,(y^{*1/2}) + 3\,(y^{*1/3}) + 4\,(y^{*1/4}) + 5\,(y^{*1/5}) + 6\,(y^{*1/6}) + 7\,[(y_i - 6y^*)^{1/7}] \quad \text{für } 6y^* < y_{max} \leq 7y^*$$

Mit Hilfe der festgesetzten Extremwerte wird nun jeder Wert eines Teilindikators j mit Hilfe der folgenden Formel linear auf eine von 0 bis 1 reichende Skala transformiert:

$$z_{ij} = \frac{x_{ij} - x_j^{min}}{x_j^{max} - x_j^{min}} \text{ mit}$$

z_{ij} = Teilindex für den Indikator j im Land i
x_{ij} = Merkmalsausprägung des Indikators j im Land i
x_j^{min} = festgelegter Minimalwert für den Indikator j
x_j^{max} = festgelegter Maximalwert für den Indikator j

Der HDI eines Landes ergibt sich schließlich aus dem arithmetischen Mittel der drei standardisierten Teilindikatoren:

$$HDI_i = \frac{1}{3} \sum_{j=1}^{3} z_{ij}$$

Als Zielabstandsmaß drückt der HDI aus, wie stark die Indikatorwerte x_{ij} im Durchschnitt von dem als Zielwert interpretierbaren Maximum abweichen, d.h. wie weit ein Land von einem bestimmten Zielwert der „menschlichen Entwicklung“ entfernt ist. Zur Illustration sollen beispielhaft die HDI-Werte für 1994 für ein Industrieland und ein Entwicklungsland berechnet werden. Tab. 3.14 enthält die Werte der Teilindikatoren.

Tab. 3.14 Werte der HDI-Teilindikatoren für Deutschland und Indien, 1994

	Lebenserwartung (Jahre)	Alphabetisierungsrate (Prozent)	Einschulungsrate (Prozent)	Pro-Kopf-Einkommen (US$ KKP)
Deutschland	76,3	99,0	81	19 675
Indien	61,3	51,2	56	1 348

Quelle: *UNDP* (*Human Development Report* 1997, S. 146 ff.)

Zunächst ist das Pro-Kopf-Einkommen zu modifizieren, um dem postulierten abnehmenden Grenznutzen gerecht zu werden:

Deutschland $W(y_D) = 5\,835 + 2\,(5\,835^{1/2}) + 3\,(5\,835^{1/3}) + 4\,[(19\,675 - 3 \cdot 5\,835)^{1/4}] = 6\,069$ US\$ KKP für $3y^* < y_D \leq 4y^*$

Indien $W(y_I) = y_I = 1\,348$ US\$ KKP für $y_I < y^*$

Da das Pro-Kopf-Einkommen Indiens unter dem Weltdurchschnitt liegt, wird es nicht abdiskontiert und geht voll in den HDI ein. Das Pro-Kopf-Einkommen Deutschlands sinkt dagegen auf weniger als ein Drittel des ursprünglichen Wertes. Nun werden die Variablenwerte auf 0/1-Skalen transformiert und die beiden Teilindizes des Bildungsstandes zusammengefaßt.

(1) Teilindex der Lebenserwartung

Deutschland $Z_{D1} = \frac{76{,}3 - 25}{85 - 25} = \frac{51{,}3}{60} = 0{,}855$

Indien $Z_{I1} = \frac{61{,}3 - 25}{85 - 25} = \frac{36{,}3}{60} = 0{,}605$

(2a) Teilindex der Alphabetisierungsrate

Deutschland $Z_{D2a} = \frac{99{,}0 - 0}{100 - 0} = \frac{99}{100} = 0{,}990$

Indien $Z_{I2a} = \frac{51{,}2 - 0}{100 - 0} = \frac{51{,}2}{100} = 0{,}512$

(2b) Teilindex der Einschulungsrate

Deutschland $Z_{D2b} = \frac{81 - 0}{100 - 0} = \frac{81}{100} = 0{,}810$

Indien $Z_{I2b} = \frac{56 - 0}{100 - 0} = \frac{56}{100} = 0{,}560$

(2) Teilindex des Bildungsstandes

Deutschland $z_{D2} = 2/3 \cdot 0{,}990 + 1/3 \cdot 0{,}810 = 0{,}930$

Indien $z_{I2} = 2/3 \cdot 0{,}512 + 1/3 \cdot 0{,}560 = 0{,}528$

(3) Teilindex des modifizierten Pro-Kopf-Einkommens

Deutschland $$Z_{D3} = \frac{6\,069 - 100}{6\,154 - 100} = \frac{5\,969}{6\,054} = 0{,}986$$

Indien $$Z_{I3} = \frac{1\,348 - 100}{6\,154 - 100} = \frac{1\,248}{6\,054} = 0{,}206$$

Der Human Development Index ergibt sich schließlich als arithmetisches Mittel der drei Teilindizes:

Deutschland $$HDI_D = \frac{1}{3}\sum_{j=1}^{n} z_{Dj} = \frac{1}{3}(0{,}855+0{,}930+0{,}986) = 0{,}924$$

Indien $$HDI_I = \frac{1}{3}\sum_{j=1}^{n} z_{Ij} = \frac{1}{3}(0{,}605+0{,}528+0{,}206) = 0{,}446$$

Das *UNDP* verwendet die HDI-Werte, um die Länder der Erde in eine Rangfolge nach dem realisierten Niveau der menschlichen Entwicklung zu bringen. Eine kardinale Interpretation wird dagegen abgelehnt. Mit den hier errechneten Werten belegt Deutschland den 19. Rang unter 175 Ländern, während Indien den 138. Rang einnimmt. Diese Rangplätze lassen sich mit den Positionen vergleichen, die beide Länder nach ihrem in Kaufkraftparitäten gemessenen Pro-Kopf-Einkommen einnehmen (Deutschland: 16.; Indien: 143.). Außerdem klassifiziert das HDI die Länder der Erde nach dem HDI in drei Gruppen: Ländern mit HDI-Werten über 0,8 wird ein hohes, Ländern zwischen 0,5 und 0,8 ein mittleres und Ländern unter 0,5 ein niedriges Niveau menschlicher Entwicklung zugewiesen. Die empirischen Ergebnisse werden in Kapitel 3.2.2.1 dargestellt und bewertet.

Die erste Veröffentlichung im Jahre 1990 entfachte eine lebhafte Debatte um den HDI. Dabei wurden neben der Datenbasis sowie der theoretischen und empirischen Fundierung des HDI auch die Sinnhaftigkeit der Aggregation einzelner Variablen zu komplexen Indikatoren kritisch hinterfragt. *T. N. Srinivasan* (1994, S. 240 f.) kritisiert Unzulänglichkeiten in der Datenbasis des HDI. Vor allem die Sozialindikatorwerte für Entwicklungsländer sind oft unvollständig, fehlerhaft oder stark veraltet. Unterschiedliche Definitionen schränken die internationale Vergleichbarkeit der Variable „Alphabetisierung“

ein, während die kombinierte Einschulungsrate eines Landes nichts über die Qualität der Ausbildung aussagt. Hinzu kommen methodische Probleme bei der Konvertierung des Pro-Kopf-Einkommens in Kaufkraftparitäten.

Von grundsätzlicher Natur ist der Einwand, der HDI beruhe auf einer Reihe von impliziten Annahmen und Werturteilen, die weder theoretisch noch empirisch gerechtfertigt werden könnten (vgl. *I. Nübler* 1995, S. 173). Folglich erscheinen Auswahl, Transformation und Gewichtung der Teilindikatoren willkürlich:

- Während die Limitationen des Pro-Kopf-Einkommens bereits in Kapitel 3.1.1.1 untersucht wurden, sind auch die verwendeten Sozialindikatoren mit konzeptionellen Mängeln behaftet. So mißt der Indikator Lebenserwartung lediglich die Quantität, nicht aber die Qualität des Lebens. Das *DIW* (1993, S. 302 f.) kritisiert die Verwendung der Alphabetisierungsrate, die jeder über ein Minimum an Lese- und Schreibkundigkeit hinausgehenden Bildung implizit einen Grenznutzen von Null unterstellt. Grundlegender ist dagegen der Einwand, daß wesentliche Dimensionen der menschlichen Entwicklung wie politische Freiheit keine Berücksichtigung fänden. Bei der Interpretation von HDI-Werten ist weiterhin zu berücksichtigen, daß sämtliche Teilindikatoren Durchschnittswerte sind, die Unterschiede zwischen Teilaggregaten (Regionen, Geschlechtern, sozialen Gruppen) nicht erkennen lassen. In Anerkennung dieses Mangels hat das UNDP für ausgewählte Länder disaggregierte HDI-Werte vorgelegt, diese jedoch nicht in den HDI integriert. So drückt der 1995 eingeführte *Gender-related Development Index* Unterschiede im HDI zwischen den Geschlechtern aus. Der Versuch einer Integration des Gini-Koeffizienten für die personelle Einkommensverteilung scheiterte jedoch an methodischen Problemen (vgl. *F. Nuscheler* 1997). Die Auswahl der Indikatoren ist jedoch nicht nur aus konzeptionellen, sondern auch aus methodischen Gründen umstritten. *T. N. Srinivasan* (1994, S. 240) hat errechnet, daß die Teilindikatoren des HDI mit Koeffizienten zwischen 0,729 und 0,871 untereinander hoch korreliert sind. Mit Hilfe einer Linearkombination der Teilindikatoren gelang es ihm, 88 Prozent der standardisierten Varianz zwischen den Variablen zu reproduzieren. Unter diesen Umständen muß der durch die Aggregation erzielte zusätzliche Informationsgewinn als gering eingeschätzt werden (vgl. *N. L. Hicks, P. Streeten* 1979, S. 576).
- Ein großer Teil der methodischen Kritik konzentriert sich auf die Transformation des Teilindikators „Pro-Kopf-Einkommen“. Selbst

wenn man die Prämisse abnehmender Grenznutzen des Einkommens akzeptiert, fällt es schwer nachzuvollziehen, daß unterdurchschnittliche Einkommen überhaupt nicht abgezinst werden, während oberhalb des Schwellenwertes ein Grenznutzen von nahezu Null unterstellt wird (vgl. *DIW* 1993, S. 301). Als Folge erzielt ein Drittel aller Länder Indexwerte des Pro-Kopf-Einkommens zwischen 0,95 und 1. *H. Trabold-Nübler* (1991, S. 240) zeigt, daß das gewählte Verfahren der Diskontierung über einen klassenweise abgestuften Grenznutzenkoeffizienten dem Konzept des abnehmenden Grenznutzens partiell widerspricht. Andererseits fehlt jede Begründung, warum die anderen Teilindikatoren linear transformiert werden. Auch wenn die Berücksichtigung abnehmender Grenznutzenverläufe für alle Teilindikatoren plausibel erscheint, würde dies den HDI jedoch noch weiter von den Anforderungen an einfache Konstruktion und Verständlichkeit entfernen. Ein allgemeines Problem ist, daß die Standardisierung von Daten stets mit einem Informationsverlust verbunden ist. So lassen die Indexwerte keine Rückschlüsse auf die absoluten Unterschiede zwischen Ländern zu.
- Schließlich wird bemängelt, daß die Teilindikatoren ungeachtet ihrer qualitativen Gewichte gleichgewichtig aggregiert werden (vgl. *F. Nuscheler* 1997, S. 5)

Eine charakteristische Schwäche komplexer Indizes ist die Partialität des HDI, dessen Teilindikatoren das komplexe Phänomen der menschlichen Entwicklung nur unvollkommen abzubilden vermögen. Dennoch wäre die Einbeziehung zusätzlicher Teilindikatoren aus Gründen der Interpretierbarkeit nicht unbedingt ratsam. *F. Nuscheler* (1997) empfiehlt statt der Konstruktion hochaggregierter Indizes die Auswahl weniger strategischer Leitindikatoren, die einfacher zu handhaben sind und einen höheren Informationsgehalt aufweisen. *R. Reichel* (1991, S. 65 f.) gelangt mit Hilfe einer regressionsanalytischen Untersuchung zu dem Schluß, der Entwicklungsstand eines Landes werde mit den Variablen „Pro-Kopf-Einkommen zu Kaufkraftparitäten“ und „Einkommensverteilung“ zuverlässig beschrieben.

Trotz vielfältiger methodischer und konzeptioneller Einwände ist die Verknüpfung des Pro-Kopf-Einkommen mit gesellschaftlichen Indikatoren im HDI zur Beschreibung des komplexen Phänomens der „menschlichen Entwicklung“ besser geeignet als der eindimensionale Indikator des Pro-Kopf-Einkommens. *P. Streeten* (1994, S. 235) beispielsweise sieht die größte Leistung des HDI darin, die noch größeren Schwächen anderer Entwicklungsindikatoren offengelegt zu haben.

• *Faktorenanalyse*

Die konzeptionellen und methodischen Schwächen des Human Development Index haben gezeigt, daß die Auswahl und Gewichtung von Indikatoren ein zentrales Problem bei der Analyse komplexer regionalökonomischer Phänomene darstellt. Welche direkt beobachtbaren Variablen sind in welchem Ausmaß geeignet, einen nicht direkt meßbaren Sachverhalt wie den Entwicklungsstand von Regionen zu repräsentieren? Wie lassen sich Variablen identifizieren, die den gleichen Sachverhalt beschreiben, um die Anzahl der Variablen durch Selektion oder Verdichtung zu verringern? Zur Beantwortung dieser Fragen steht der empirischen Regionalforschung die multivariate statistische Methode der *Faktorenanalyse* zur Verfügung.

Die Faktorenanalyse geht davon aus, daß ein Teil der Streuungen (Varianzen) verschiedener Variablen durch eine gemeinsame komplexe Größe (Faktor) erklärt werden kann. Darüber hinaus beschreibt jede Variable einen eigenständigen Sachverhalt. Der zu erklärende Varianzanteil (Kommunalität) wird zu Beginn des Verfahrens festgelegt bzw. geschätzt. Hierzu gibt es mehrere Möglichkeiten, die nicht ohne Einfluß auf das Ergebnis sind. Den Ausgangspunkt der Faktorenanalyse bildet eine Korrelationsmatrix, in der alle möglichen Korrelationskoeffizienten zwischen den Variablen eingetragen sind. Aus dieser Matrix gilt es nun einen Faktor zu extrahieren, der mit den Variablen maximal korreliert ist und damit den größtmöglichen Anteil ihrer Datenvarianz beschreibt. Weitere Faktoren werden extrahiert, bis die gewählte Kommunalität erreicht wird. Die extrahierten Faktoren sind damit abstrakte Konstrukte, die ausschließlich durch ihre Korrelation mit den Variablen definiert sind. Ihre inhaltliche Interpretation erfolgt mit Hilfe der Korrelationskoeffizienten der Faktoren mit den Variablen, den sogenannten Faktorladungen. Sie werden in eine Matrix eingetragen, in der sich der durch einen Faktor erklärte Varianzanteil durch Addition der quadrierten Faktorladungen bestimmen läßt. Die Faktorladungen geben darüber Aufschluß, wie gut eine einzelne Variable den zugrundeliegenden komplexen Sachverhalt repräsentiert und mit welchem Gewicht sie demzufolge in den Faktor eingeht. Im Idealfall repräsentieren die Faktoren Gruppen von Variablen mit ähnlicher Aussage. Unabhängig vom gewählten Extraktionsverfahren läßt sich jedoch aus der Gruppierung der Variablen nicht auf deren gemeinsame Ursachen schließen, die sich erst mit Hilfe einer Faktorenrotation ansatzweise identifizieren lassen.

Für regionalökonomische Fragestellungen sind oftmals weniger die Faktoren selbst als die Faktorenwerte interessant, mit denen anstelle der ursprünglichen Vielzahl von Variablen weitergearbeitet werden kann. So hat *B. J. L. Berry* (1960) aus 43 sozioökonomischen Indikatoren für 95 Länder der Erde zwei Faktoren extrahiert, den technologischen und den demographischen Index, die einen hohen Anteil der Datenvarianz erklären. *Berry* errechnet in der Folge die Faktorenwerte und stellt eine Rangfolge der Länder entsprechend ihrem Entwicklungsstand auf.

Die Faktorenanalyse leistet infolge der Datenreduktion einen wichtigen Beitrag zur Informationsverdichtung und erleichtert durch die Formulierung komplexer Indikatoren den internationalen Vergleich. Diese Verdichtung geht jedoch mit einem Informationsverlust einher, der den Maßnahmenbezug der komplexen Indikatoren erschwert: Die Ursachen regional differenzierter Faktorwerte lassen sich nicht mehr auf die maßgeblichen Teilindikatoren zurückführen. Schwierigkeiten bestehen weiterhin in der Interpretation der abstrakten Faktoren, die fundierte theoretische und empirische Kenntnisse voraussetzt. Kritisch anzumerken ist schließlich auch, daß das Ergebnis einer Faktorenanalyse stark von den Ausgangshypothesen, den ausgewählten Variablen und den Verfahrensentscheidungen abhängt. Aus pragmatischen Gründen bietet es sich daher zuweilen an, mehrere Faktorenanalysen durchzuführen und diejenige Lösung auszuwählen, deren Ergebnisse sich am besten interpretieren lassen. Aufgrund ihrer Verdichtungsfunktion dient die Faktorenanalyse in der regionalwissenschaftlichen Forschung häufig der Vorbereitung weiterer Analyseschritte. So ließe sich auf Basis der von *B. J. L. Berry* errechneten und als Entwicklungsstand interpretierten Faktorenwerte eine Regionalisierung vornehmen, d.h. eine Gruppierung von Ländern vergleichbaren Entwicklungsstandes. Die Faktorenanalyse ist jedoch kein Regionalisierungsverfahren, so daß zunächst objektive Kriterien zur Festlegung der Klassengrenzen festgelegt werden müßten. Die Bestimmung von Schwellenwerten erweist sich jedoch häufig als zu willkürlich, so daß es sich empfiehlt, die Ergebnisse der Faktorenanalyse der induktiven Clusteranalyse zu unterziehen.

- *Clusteranalyse*

Der Grundgedanke der *Clusteranalyse* besteht darin, eine Menge von Objekten (hier: Raumeinheiten) aufgrund bestimmter Merkmalsausprägungen zu möglichst homogenen Gruppen (Clustern) zusammenzufassen. Dabei spielt das Homogenitätsprinzip eine zentrale Rolle: Innerhalb eines Clusters sollen die Unterschiede in den Merkmalsausprägungen aller Objekte möglichst gering sein, während zwischen Objekten verschiedener Cluster möglichst wenig Ähnlichkeit bestehen sollte. Das Homogenitätsprinzip läßt sich mit Hilfe alternativer Proximitätsmaße operationalisieren, die die kumulierten Abweichungen der Merkmalsausprägungen aller möglichen Objektpaare messen. Aufgrund seiner Anschaulichkeit findet bei intervallskalierten metrischen Daten das Proximitätsmaß der Euklidischen Distanz häufig Verwendung:

$$d_{jk} = \sqrt{\sum_{i=1}^{m} (x_{ij} - x_{ik})^2} \quad \text{mit}$$

d_{jk} = Euklidische Distanz der Raumeinheiten j, k bei m Variablen
x_{ij} = Merkmalsausprägung der Variable i in Raumeinheit j
x_{ik} = Merkmalsausprägung der Variable i in Raumeinheit k

Auf der Grundlage des gewählten Proximitätsmaßes werden die Objekte zu Clustern gruppiert. Die hierzu verfügbaren Fusionsalgorithmen lassen sich in hierarchische und partitionierende Verfahren unterscheiden. Bei *hierarchischen Verfahren* bildet in der Ausgangssituation jedes der n Objekte ein eigenes Cluster. Im ersten Schritt werden nun die beiden Cluster fusioniert, die nach Maßgabe des gewählten Proximitätsmaßes am ähnlichsten sind. Dieser Prozeß wird wiederholt, bis schließlich alle Objekte in einem Cluster vereint sind. Analog ist eine hierarchische Disaggregation möglich, die mit einem Cluster beginnt und mit n Clustern endet. Mit jedem Schritt erhöht (vermindert) sich dabei der Grad der Übersichtlichkeit, wogegen der Informationsgehalt der Cluster abnimmt (zunimmt). In diesem Zielkonflikt ist die Anzahl der Cluster festzulegen. Dabei kann eine möglichst gleich große Klassenstärke angestrebt werden, wogegen Klassen mit nur einem oder sehr wenigen Objekten vermieden werden sollten. Im Sinne des Homogenitätsprinzips bietet es sich an, Clustergrenzen dort zu plazieren, wo das gewählte Proximitätsmaß diskontinuierlich ansteigt. Im Unterschied zu hierarchischen Gruppierungsverfahren gehen *partitionierende Verfahren* von einer gegebenen

Clusteranzahl aus und tauschen in einem iterativen Prozeß Objekte zwischen den Gruppen aus, bis das Proximitätsmaß sein Optimum erreicht.

Ähnlich wie bei der Faktorenanalyse hängen die Ergebnisse der Clusteranalyse maßgeblich von der Auswahl der Variablen, des Proximitätsmaßes sowie des Fusionsalgorithmus ab. Die Variablen sollten zweckorientiert ausgewählt werden, da eine „Allzweck-Regionalisierung" mit allen verfügbaren Variablen meist zu wenig sinnvollen Raumtypen führt (*G. Bahrenberg, E. Giese, J. Nipper* 1992, S. 307 ff.). Weiterhin beeinflußt die Auswahl des Proximitätsmaßes und des Fusionsalgorithmus maßgeblich das Analyseergebnis. Schließlich wird eine wesentliche Voraussetzung der Anwendbarkeit der Clusteranalyse, die stochastische Unabhängigkeit der Variablen, in der praktischen Anwendung selten erfüllt. Dadurch werden häufig korrelierte Variablen verwendet, was zu ungewollten Gewichtungen führt.

In der Praxis der empirischen Raumwirtschaftsforschung wird der Clusteranalyse oft eine Faktorenanalyse vorangestellt, um die Ausgangsvariablen zu filtern. Die Faktorenanalyse liefert stochastisch unabhängige Variablen, die im Idealfall die interessierenden Sachverhalte gut erfassen. Außerdem erleichtert die Verwendung komplexer Faktoren anstelle einer Vielzahl von Einzelvariablen die Interpretation der Cluster. *P. Bratzel* und *H. Müller* (1979a, b) nutzen die Vorzüge dieser Kombination für eine Klassifikation der Erde nach dem Entwicklungsstand. Zunächst führen sie eine Faktorenanalyse nach der Hauptkomponentenmethode durch. Aus 52 Variablen extrahieren sie einen Faktor, den sie als „Entwicklungsstand" interpretieren. Dieser Faktor erklärt 35 Prozent der Gesamtvarianz der Teilindikatoren. Nach Berechnung der Faktorenwerte werden 142 Länder mit Hilfe der Clusteranalyse in fünf bzw. acht Gruppen klassifiziert. *E. Giese* (1985) setzt sich methodisch und inhaltlich kritisch mit dieser Arbeit auseinander. Er bezweifelt, daß sich Unterentwicklung durch eine komplex definierte Größe beschreiben läßt, und kritisiert die Klassenbildung bei *P. Bratzel* und *H. Müller*, die nicht an gravierenden Einschnitten bei der Häufigkeitsverteilung orientiert sei. *E. Giese* gelangt in einer eigenen Faktoren- und Clusteranalyse zu einer Gliederung in drei Cluster. Er empfiehlt allgemein, anstelle von abstrakten Faktoren inhaltlich interpretierbare Stellvertreter-Variablen zu verwenden, die eine hohe Faktorladung aufweisen und damit geeignet sind, den zu erklärenden Sachverhalt zu repräsentieren.

3.1.3.4 Methoden der Wirkungsanalyse

Im Rahmen einer Kreislaufbetrachtung stehen oftmals die Wirkungen, die bestimmte ökonomische Aktivitäten auf regionalwirtschaftliche Zielvariablen wie Produktionswert, Wertschöpfung, Einkommen, Beschäftigung und Steueraufkommen ausüben, im Mittelpunkt des Interesses. Um die von einer zu untersuchenden wirtschaftlichen Aktivität ausgehenden zielvariablenrelevanten Effekte operationabel identifizieren und messen zu können, bedarf es zunächst einiger Annahmen über die grundlegenden Wirkungszusammenhänge.

Am Anfang der Überlegungen steht die Erkenntnis, daß ökonomische Aktivitäten sich in Veränderungen der regional- oder volkswirtschaftlichen Endnachfrage niederschlagen. Solche Endnachfrageveränderungen werden innerhalb der verschiedenen Ansätze der Wirkungsanalyse als exogen aufgefaßt, d.h. sie gehen in das jeweilige Modell als gegebene unabhängige Variable ein, deren Einfluß auf die abhängigen Variablen Produktion, Wertschöpfung, Beschäftigung, Einkommen und Steuereinnahmen ermittelt werden soll. So gesehen läßt sich die mit einer bestimmten ökonomischen Aktivität verbundene Endnachfrageausweitung, also beispielsweise Infrastrukturinvestitionen des Staates oder Konsumgüter- und Dienstleistungskäufe auswärtiger Teilnehmer und Besucher einer Großveranstaltung, als Anstoßpotential für Folgeeffekte auf nachgelagerten Wirkungsstufen begreifen. Solche Wirkungs- oder Inzidenzstufen sind in Abbildung 3.8 schematisch dargestellt.

Der Wert der aufgrund der exogenen Endnachfrage erzielten Umsätze ist bei einer Abgrenzung nach liefernden Bereichen identisch mit der Zunahme der sektoralen Bruttoproduktionswerte, d. h. mit dem Verkaufswert von Gütern und Dienstleistungen der einzelnen Wirtschaftsbereiche. Auf dieser ersten Wirkungsebene schlägt sich die primäre sektorale Inzidenz endnachfrageverursachter Produktionseffekte nieder. Solche Wirkungen werden auch als direkte Produktionseffekte bezeichnet.

In einer arbeitsteiligen Wirtschaft gehen in das gestiegene Produktionsergebnis eine erhöhte Bruttowertschöpfung (Summe der Faktoreinkommen) als originäre wirtschaftliche Leistung und der vermehrte Einsatz von Vorleistungen zuliefernder Bereiche ein. Neben den direkten Wertschöpfungseffekten entstehen dabei indirekte Produktionseffekte bei den Zuliefersektoren, die ihrerseits einen erhöhten Output an Vorprodukten bereitstellen müssen. Die Vorleistungsnach-

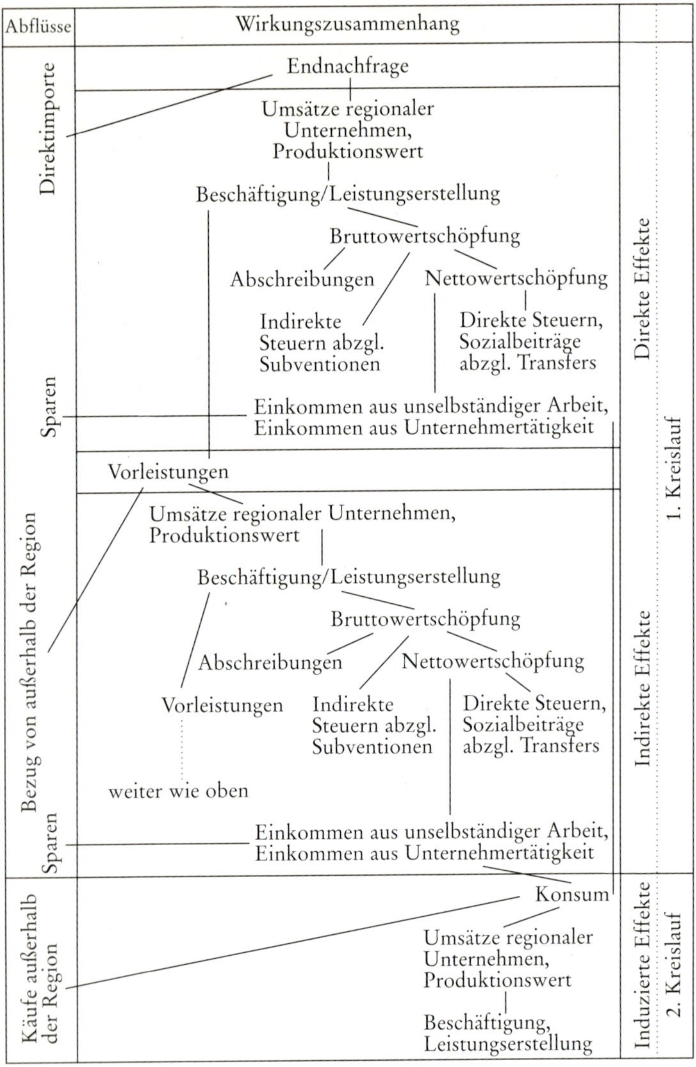

Abb. 3.8 Mehrstufige Wirkungszusammenhänge zwischen Endnachfrage und regionalwirtschaftlichen Zielvariablen

Quelle: *R. Sternberg, J. Kramer, A. Brandtner* 1990, S. 147

frage bildet damit das Anstoßpotential für weitere Wirkungsrunden mit erneuten (indirekten) Produktions- und Wertschöpfungseffekten, da auch die Vorleistungsproduzenten ihrerseits wiederum Vorleistungen für die Erstellung ihrer Produkte nachfragen. Die Verteilung indirekter Effekte auf die beteiligten Wirtschaftsbereiche wird als sekundäre sektorale Inzidenz bezeichnet.

Auf allen Inzidenzstufen erfordert ein gestiegenes Produktionsergebnis zugleich den vermehrten Einsatz der Produktionsfaktoren Kapital und Arbeit. Das Ausmaß der damit einhergehenden Beschäftigungseffekte ist abhängig vom Wert der jeweiligen sektoralen Arbeitskoeffizienten (Bruttoproduktion pro Beschäftigtem), der als Inverse der Arbeitsproduktivität angibt, welcher Arbeitseinsatz nötig ist, um einen bestimmten Produktionsoutput bereitzustellen (*R. Stäglin; R. Pirschner* 1976).

Die durch die Endnachfrageausweitung entstandene zusätzliche (direkte und indirekte) Bruttowertschöpfung ist die Schlüsselgröße zur Bestimmung der Wirkungen auf die Zielvariablen Einkommen und Steuereinnahmen. Steuereffekte entstehen – bilanztechnisch ausgedrückt – zum einen beim Übergang von der Brutto- zur Nettowertschöpfung. Die Differenz zwischen beiden Größen umfaßt die Faktorentgelte für den Produktionsfaktor Kapital (Abschreibungen) sowie die (um Subventionen bereinigten) indirekten Steuern. Zum anderen liegt auf der Ebene der Nettowertschöpfung ein zweiter Anknüpfungspunkt für fiskalische Effekte. Auf die im Zuge der Leistungserstellung und Beschäftigung entstandenen Bruttoeinkommen aus unselbständiger Arbeit und Unternehmertätigkeit werden direkte Steuern erhoben, die nach Abzug laufender Transfers zu zusätzlichen Einnahmen bei den Gebietskörperschaften führen (*H. Zimmermann, K. D. Henke* 1994).

Einkommenseffekte schließlich schlagen sich in einer Erhöhung der verbleibenden Größe, dem verfügbaren Einkommen der privaten Haushalte nieder. Von diesen Zusatz(netto)einkommen geht nun neben den oben beschriebenen produktionsbezogenen Effekten eine zweite Kreislaufwirkung aus. Sie wird dadurch hervorgerufen, daß – je nach Maßgabe der marginalen Konsumquote – ein Großteil der Nettoeinkommen für Verbrauchszwecke ausgegeben wird und sich so die Nachfrage in den konsumnahen Bereichen erhöht. Die von der Einkommensentstehung und -verwendung verursachten Wirkungen werden induzierte Effekte genannt (*J. Fischer* 1979).

Die einmal von der zusätzlichen Endnachfrage ausgelöste Reaktionskette verläuft theoretisch über unendlich viele Wirkungsrunden und Inzidenzstufen. Das Volumen der dabei auftretenden Effekte wird jedoch mit zunehmender Zahl der (hier als logische und nicht als zeitliche Sequenzen zu verstehenden) Folgerunden immer kleiner, so daß die kumulierten Wirkungen letztendlich einem Grenzwert zustreben. Der hypothetische Endpunkt der Wirkungskette ist dort erreicht, wo die indirekten und induzierten Effekte vollständig versickern, d.h. die Wechselbeziehungen zwischen Produktion, Vorleistungsnachfrage, Einkommen und Konsum kein neues Anstoßpotential mehr liefern. Der Gesamteffekt einer Endnachfrageausweitung bemißt sich in der Summe aller direkten, indirekten und induzierten Wirkungen auf die regionalwirtschaftlichen Zielvariablen.

Neben der zielvariablenspezifischen, wirkungsrundenbezogenen und sektoralen Inzidenz berührt eine weitere, besonders für wirtschaftsgeographische Fragestellungen bedeutsame Inzidenzebene die Raumwirksamkeit direkter, indirekter und induzierter Effekte in Bezug auf die Untersuchungsregion. Das Ausmaß, in dem die betrachteten Wirkungen innerhalb einer bestimmten Region auftreten, wird als regionale Inzidenz bezeichnet und ist abhängig von der Höhe der jeweiligen regionalen Abflußquoten (*K. D. Henke* 1975). Solche Abflüsse entstehen aus produktionsbezogener Sicht dadurch, daß die Unternehmen einen Teil ihrer Vorleistungen von außerhalb der Region beziehen. Damit werden diese Nachfrageströme mitsamt ihrer Folgewirkungen dem intraregionalen Kreislaufprozeß entzogen. Bei einer einkommensbezogenen Betrachtung bestimmt sich die regionale Inzidenz induzierter Effekte nach dem Anteil des privaten Verbrauchs, der auf Güter- und Dienstleistungskäufe außerhalb der Region entfällt.

Die Messung und Quantifizierung der oben aufgeführten Wirkungen spezifischer ökonomischer Aktivitäten basiert zunächst auf einer genauen Kenntnis der Höhe und Struktur damit einhergehender Endnachfrageausweitungen. Diese Informationen sind in aller Regel nur mit Hilfe primärstatistischer Erhebungen erhältlich. Im Rahmen solcher Erhebungen ist zu ermitteln, welche Geldbeträge auf der Basis der jeweiligen Marktpreise für welche Zwecke ausgegeben werden und welche Wirtschaftsbereiche von der Güter- und Dienstleistungsnachfrage profitieren. Weiter muß bekannt sein, an welchem Ort diese Nachfrage wirksam wird. Sind die Anforderungen an eine derart disaggregierte Datenbasis erfüllt, so läßt sich die zur Bewertung stehende ökonomische Aktivität in einen exogenen Endnachfragevektor direkter aktivitätsbedingter Umsätze überführen. Dieser Endnachfragevektor stellt alsdann die unabhängige Variable dar, mit deren Hilfe eine Quantifizierung regionalökonomischer Kreislaufwirkungen vorgenommen werden kann.

Ein Instrument zur Bestimmung einkommensinduzierter Kreislaufwirkungen ist die makroökonomische Multiplikatoranalyse. Die Grundüberlegung des Multiplikatortheorems besteht in der Annahme, daß die durch eine Endnachfrageausweitung entstandenen zusätzlichen aggregierten Einkommen in einer Region eine Konsumnachfrage schaffen, die über fortgesetzte Wirkungsrunden die regionale Wertschöpfung erhöht. Der Gesamteffekt überschreitet dabei in der Regel die Höhe des auslösenden Nachfragevolumens, so daß eine multiplikative Wirkung entsteht.

Für ein Eine-Region-Modell ohne Berücksichtigung der intersektoralen Verflechtungen läßt sich der Einkommensmultiplikator aus einem System von Bilanz- und Verhaltensgleichungen wie folgt ableiten (*F. Ortmann* 1973, S. 37):

$$Y = C + I + G + Ex - Im$$
$$C = C_a + cY_v$$
$$Im = Im_a + Im\ Y_v$$
$$Y_v = (1 - t)\ Y$$
$$N_a = C_a + I_a + G_a + Ex_a - Im_a$$

mit:

Y = Beiträge zum Bruttoinlandsprodukt
C = Privater Verbrauch
I = Private Investitionen (exogen gegeben als I_a)
G = Staatsnachfrage (exogen gegeben als G_a)
Ex = Export von Gütern und Dienstleistungen (exogen gegeben als Ex_a)
Im = Importe von Gütern und Dienstleistungen
C_a = autonomer privater Verbrauch
c = marginale Konsumquote
Y_v = verfügbares Einkommen der privaten Haushalte
Im_a = autonome Importe
m = marginale Importquote
t = Nettoabzugsquote aus direkten Steuern und Sozialabgaben abzüglich Transfers, bezogen auf das Bruttoinlandsprodukt
N_a = Summe der exogenen Nachfragekomponenten.

Aus diesem Gleichungssystem läßt sich eine gleichgewichtige Volkswirtschaft dann beschreiben als:

$$Y = \frac{1}{1 - (c - m)(1 - t)} N_a$$

Der Einkommensmultiplikator wird bestimmt durch Ableitung nach der exogenen Endnachfrage N_a als:

$$\frac{\delta Y}{\delta N_a} = K = \frac{1}{1 - (c - m)(1 - t)}$$

Es ist offensichtlich, daß eine Erhöhung der marginalen Konsumquote den Multiplikator ceteris paribus steigen läßt, ein Anstieg der marginalen Importneigung oder der Nettoabzugsquote ihn hingegen verkleinert.

Die Multiplikatoranalyse ist ein notwendiges, aber keineswegs hinreichendes Verfahren zur Bestimmung der Kreislaufwirkungen einer Endnachfrageausweitung. Sie gestattet lediglich Aussagen im Hinblick auf die Zielvariable Einkommen und läßt den gesamten Bereich produktionsbezogener Wirkungen unberücksichtigt. Neben den ihr zugrundeliegenden restriktiven Modellannahmen (vgl. *F. Ortmann* 1973 sowie *J. Fischer* 1979) geben praktische Schwierigkeiten bei der Ermittlung regionaler Importquoten sowie die Vernachlässigung der sektoralen Inzidenz Anlaß zu berechtigter Kritik. Diese Einwände machen bereits deutlich, daß die Multiplikatoranalyse zur Beantwortung regionalwirtschaftlicher Fragestellungen nur dann tauglich ist, wenn es gelingt, sie in ein zweites Verfahren der Wirkungsanalyse zu integrieren: den Input-Output-Ansatz.

Die Input-Output-Analyse erlaubt die Bestimmung der primären und sekundären Inzidenz von Kreislaufwirkungen in sektoraler, zielvariablenspezifischer und (mit Vorbehalt) regionaler Hinsicht. Als Rechensystem für projektspezifische Wirkungsanalysen ermöglicht sie die modellmäßige Auswertung untersuchungsobjektrelevanter Input-Output-Tabellen, „die von den Veränderungen ökonomischer Variablen ausgehenden Wirkungen zu quantifizieren, und zwar nicht isoliert, sondern unter Beachtung aller möglichen Anstoß-, Mitzieh- und Rückkoppelungseffekte bei den einzelnen Wirtschaftszweigen" (*R. Stäglin* 1985, S. 46 f.).

Die Grundlage der Analyse bildet als statistisches Ausgangsmaterial eine funktionell oder institutionell aggregierte Input-Output-Tabelle, die in Form eines in sich geschlossenen Rechenschemas die intersektoralen Güterströme räumlich und zeitlich abgegrenzt abbildet (*R. Stäglin* 1973). Innerhalb dieser Tabelle lassen sich drei Teilmatrizen unterscheiden (Abbildung 3.9): die Matrix der intersektoralen Vorleistungsverflechtung (Quadrant I), die Matrix der Lieferungen der Produktionssektoren an die Endnachfragekomponenten (Quadrant II) und die Matrix der Verteilung der primären Inputs auf die Produktionssektoren (Quadrant III).

Gesamtwirtschaftliche Input-Output-Tabellen für die Bundesrepublik Deutschland werden vom Statistischen Bundesamt (60 Sektoren, funktionelles Prinzip), vom Deutschen Institut für Wirtschaftsforschung (56 Sektoren, institutionelles Prinzip), vom Ifo-Institut für Wirtschaftsforschung (60 Sektoren, funktionelles Prinzip) sowie vom Rheinisch- Westfälischen Institut für Wirtschaftsforschung (49 Sektoren, funktionelles Prinzip) erstellt und veröffentlicht. Die darin erfaßten Transaktionen gliedern sich in intermediäre Inputs (Vorleistungen), primäre Inputs (Lohn- und Gewinneinkommen, Abschreibungen, Steuern, Importe), intermediäre Outputs (Zwischennachfrage) und autonome Outputs (Endnachfrage) und werden zu Ab-Werk-/Ab-Zoll-Preisen oder (in den Tabellen des Deutschen Instituts für Wirtschaftsforschung) zu Marktpreisen bewertet.

Für eine Wirkungsanalyse regionalökonomischer Effekte wäre prinzipiell das Vorhandensein regionaler Input-Output-Tabellen erforderlich, deren Aufstellung jedoch mit erheblichen methodischen und praktischen Schwierigkeiten verbunden ist (vgl. *G. Strassert* 1968 sowie *R. Stäglin* 1982). Für die meisten europäischen Regionen unterhalb der nationalen Maßstabsebene sind solche Tabellen nicht verfügbar, so daß bei den bisherigen Anwendungen der Input-Output-Analyse zumeist gesamtwirtschaftliche Tabellen benutzt und gegebenenfalls nach Maßgabe von Plausibilitätsüberlegungen sowie unter Auswertung regionaler Strukturkennziffern adaptiert werden.

Die überwiegende Mehrzahl der bislang auf der Basis eines Input-Output-Ansatzes durchgeführten Wirkungsanalysen greift auf ein vergleichsweise restriktives, dadurch aber auch gerade besonders operationables Modell zurück: das sogenannte offene statische Leontief-Modell. Es erklärt unter vereinfachenden Annahmen die direkten und indirekten Produktions-, Wertschöpfungs- und Beschäftigungseffekte einer bestimmten Endnachfrageänderung und dient somit der Quantifizierung der im Produktionskreislauf ausgelösten Multiplikatorwirkungen. Das Modell wird als offen bezeichnet, weil es endogene und

Output an / Input von		Produktionsbereiche 1	2	3	…	j	…	9	Zw. nachfrage	Endnachfragebereiche 1	2	…	5	End- nachfrage	Brutto prod.
Produktionsbereiche	1	x_{11}	x_{12}	x_{13}	…	x_{1j}	…	x_{19}	$x_{1\cdot}$	y_{11}	y_{12}	…	y_{15}	y_1	x_1
	2	x_{21}	x_{22}	x_{23}	…	x_{2j}	…	x_{29}	$x_{2\cdot}$	y_{21}	y_{22}	…	y_{25}	y_2	x_2
	3	x_{31}	x_{32}	x_{33}	…	x_{3j}	…	x_{39}	$x_{3\cdot}$	y_{31}	y_{32}	…	y_{35}	y_3	x_3
	·	·	·	·		·		·	·	·	·		·	·	·
	·	·	·	·	I	·		·	·	·	·	II	·	·	·
	·	·	·	·		·		·	·	·	·		·	·	·
	i	x_{i1}	x_{i2}	x_{i3}	…	x_{ij}	…	x_{i9}	$x_{i\cdot}$	y_{i1}	y_{i2}	…	y_{i5}	y_i	x_i
	·	·	·	·		·		·	·	·	·		·	·	·
	·	·	·	·		·		·	·	·	·		·	·	·
	·	·	·	·		·		·	·	·	·		·	·	·
	9	x_{91}	x_{92}	x_{93}	…	x_{9j}	…	x_{99}	$x_{9\cdot}$	y_{91}	y_{92}	…	y_{95}	y_9	x_9
Inl. Vorleistungen		$x_{\cdot 1}$	$x_{\cdot 2}$	$x_{\cdot 3}$		$x_{\cdot j}$		$x_{\cdot 9}$	$x_{\cdot}$	$y_{\cdot 1}$	$y_{\cdot 2}$	…	$y_{\cdot 5}$	$y_{\cdot}$	x
Bereiche der primären Inputs	1	p_{11}	p_{12}	p_{13}	…	p_{1j}	…	p_{19}	$p_{1\cdot}$						
	2	p_{21}	p_{22}	p_{23}	…	p_{2j}	…	p_{29}	$p_{2\cdot}$						
	·	·	·	·		·		·	·						
	·	·	·	·	III	·		·	·						
	·	·	·	·		·		·	·						
	5	p_{51}	p_{52}	p_{53}	…	p_{5j}	…	p_{59}	$p_{5\cdot}$						
Primäre Inputs		p_1	p_2	p_3	…	p_j	…	p_9	$p_{\cdot}$						
Bruttoprodukt on		x_1	x_2	x_3	…	x_j	…	x_9	x						

Abb. 3.9 Input-Output-Tabelle: Grundschema

Quelle: *R. Stäglin* 1973 (verändert)

exogene Sektoren unterscheidet. Endogene Sektoren sind die in der Vorleistungsmatrix erfaßten produzierenden Bereiche, denen eine linear-homogene und limitationale Produktionsfunktion (konstante Inputkoeffizienten) unterstellt wird. Exogene Sektoren sind die primären Inputs und die Endnachfragekomponenten als unabhängige Variablen, die nicht im Kreislaufschema erklärt, sondern autonom vorgegeben werden. Statisch ist das Modell deshalb, weil von einer zeitlichen Invarianz der Produktionskoeffizienten ausgegangen wird, die eine Berücksichtigung von Akzelerator- und Kapazitätseffekten nicht zuläßt (*J. Schumann* 1968; *R. Stäglin* 1973).

Unter Annahme der linear-homogenen und limitationalen Leontief-Produktionsfunktion

$$\chi_{ij} = a_{ij}\chi_j$$

läßt sich für den Produktionsbereich *i* folgende Bilanzgleichung aufstellen:

$$\sum_{j=1}^{n} a_{ij}\chi_j + y_i = \chi_j$$

mit:

χ_{ij} = Vorleistung des Sektors *i* an Sektor *j*
χ_j = Gesamtinput des Sektors *j*
$a_{ij} = \frac{\chi_{ij}}{\chi_j}$ = Inputkoeffizienten der Bezüge des Sektors *j* von *i*
y_i = Lieferungen des Sektors *i* an die Endnachfrage
χ_i = Bruttoproduktionswert des Sektors *i*

Für die gesamte Volkswirtschaft läßt sich ein System linearer Gleichungen formulieren, das in der gebräuchlichen Matrixschreibweise wie folgt definiert ist:

$$X = AX + Y$$

mit:

X = Spaltenvektor des technologisch abhängigen Gesamtoutputs (sektorale Bruttoproduktionswerte)
Y = Spaltenvektor der exogenen Endnachfrage
A = Quadratische Matrix der Inputkoeffizienten (intersektorale Vorleistungsverflechtung)

Die Lösung des offenen statischen Leontief-Modells, d. h. die Bestimmung der sektoralen Bruttoproduktionswerte bei exogener Endnachfrage und konstanten Inputkoeffizienten, ergibt sich durch die Auflösung des Gleichungssystems nach *X*:

$$X = (E - A)^{-1} \cdot Y = C \cdot Y$$

mit:

E = Einheitsmatrix
C = Inverse Leontief-Matrix

Die *Elemente* c_{ij} der Leontief-Matrix (inverse Koeffizienten) geben an, wie viele Einheiten Vorleistungsproduktion des Sektors *i* direkt und indirekt erforderlich sind, um eine Einheit exogener Endnachfrage nach Gütern des Sektors *j* zu befriedigen. Die Input-Output-Analyse ermöglicht also die Berechnung direkter und indirekter Produktionseffekte bei einer bestimmten vorgegebenen Endnachfrage. Zur Ableitung direkter und indirekter Wertschöpfungseffekte ist ein weiterer Rechenschritt notwendig, in dem eine Multiplikation der Inversen Leontief-Matrix mit der Matrix der primären Inputkoeffizienten vorgenommen wird (*R. Stäglin*; *R. Pirschner* 1976):

$$F = A_p \cdot C \cdot Y$$

mit:

A_p = Matrix der primären Inputkoeffizienten

Durch die Verkürzung der primären Inputs um Abschreibungen und indirekte Steuern können weiterhin die im Zuge der Wertschöpfung entstehenden Bruttoeinkommen aus unselbständiger Arbeit und aus Unternehmertätigkeit (Nettowertschöpfung) quantifiziert werden:

$$E = {}_{GW}A_P \cdot C \cdot Y$$

mit:

${}_{GW}A_P$ = verkürzte Matrix der primären Inputkoeffizienten für die Bruttoeinkommen

Die Transformation direkter und indirekter Produktionseffekte in Beschäftigtenzahlen erfolgt unter Einbezug der sektoralen Arbeitskoeffizienten (*R. Stäglin*, *R. Pirschner* 1976):

$$B = L \cdot C \cdot Y$$

mit:

L = Diagonalmatrix der sektoralen Arbeitskoeffizienten

Um sowohl produktions- wie auch einkommensbezogene Kreislaufwirkungen innerhalb eines geschlossenen Rechensystems ermitteln zu können, wird in erweiterten Ansätzen der Einkommensmultiplikator in das offene statische Leontief-Modell einbezogen. Ein solches Verfahren kommt einer teilweisen Endogenisierung des privaten Verbrauchs gleich. Die dazu erforderlichen Rechenoperationen lassen sich formal wie folgt darstellen (*R. Stäglin*; *R. Pirschner* 1976): Bezeichnet c_0 den exogenen Konsumanstoß, der durch die vorgegebene Endnachfrage induziert wird, so läßt sich die gesuchte Änderung des privaten Verbrauchs in der ersten Wirkungsrunde beschreiben als

$$c_1 = \omega_1 \cdot \omega_2 \cdot A_P \cdot (E\text{-}A)^{-1} \cdot Y = R \cdot c_0$$

mit

ω_1 = Vektor der marginalen Verbrauchsstruktur der privaten Haushalte

ω_2 = Vektor der marginalen Konsumquoten der primären Inputs (für Abschreibungen, Steuern und Importe = 0)

R = $w_1 \cdot w_2 \cdot A_p \cdot (E\text{-}A)^{-1} = w_1 \cdot w_2 \cdot F$

c_0 = Y

Der durch die exogene Endnachfrage über alle Wirkungsrunden induzierte private Verbrauch stellt sich allgemein dar als:

$$c_r = R \cdot c_{t-1} = R^2 \cdot c_{t-2} = R^n \cdot c_{t\ n}$$

Dieser iterative Prozeß drückt sich aus in der Potenzreihe:

$$\sum_{t=0}^{\infty} c_t = (E + R + R^2 + \dots) \cdot c_0 = (E - R)^{-1} \cdot c_0$$

mit:

$(E - R)^{-1}$ = Matrix der Verbrauchsmultiplikatoren

Bezeichnet nun die Matrix $(E - R)^{-1}$ die private Konsumnachfrage nach Gütern des Sektors i, die durch eine Einheit exogener Endnachfrage nach Gütern des Sektors j ausgelöst wird (Einkommenseffekt), und läßt sich der vorleistungsinduzierte Produktionseffekt (wie oben hergeleitet) durch die Matrix $(E\text{-}A)^{-1}$ beschreiben, so ergibt sich der gesuchte Gesamteffekt (Produktions- und Einkommenseffekt) als:

$$X = (E - A)^{-1}(E - R)^{-1} \cdot Y = (E - Z)^{-1} \cdot Y$$

mit

$Z = A + w_1 \cdot w_2 \cdot A_p$

$(E - Z)^{-1}$ = erweiterte inverse Matrix; sie gibt die direkten multiplikatorinduzierten und indirekten Produktionseffekte je Einheit Endnachfrage an.

Die Input-Output-Analyse auf der Grundlage des offenen statischen Leontief-Modells ist trotz ihrer restriktiven Annahmen eine durchaus geeignete und vor allem vergleichsweise einfach handhabbare Methode der kurzfristigen Wirkungsanalyse. Werden die empirisch ermittelten aktivitätsbedingten Umsätze in einen Spaltenvektor der direkten exogenen Endnachfrage transformiert, so können besonders bei Vorliegen regionaler Input-Output-Tabellen und unter Einbeziehung des Einkommensmultiplikators relativ verläßliche Aussagen über quantitative Veränderungen der regionalwirtschaftlichen Zielvariablen getroffen werden. Die prognostische Bedeutung projektspezifischer Input-Output-Studien für die regionale Wirtschaftspolitik liegt darin, daß solche Untersuchungen die durch die jeweilige Aktivität hervorgerufenen ökonomischen Effekte „in Form eines Planspiels bereits vorher abgreifbar" machen (*R. Stäglin* 1985, S. 63).

Exkurs: Konkrete Berechnung regionalökonomischer Wirkungen am Beispiel der Messen in Hannover

Mit seiner innerhalb Europas größten Flächenkapazität und vor allem aufgrund der alljährlich hier stattfindenden und weltweit beachteten beiden Messen INDUSTRIE und CeBIT gehört der Messeplatz Hannover zu den wichtigsten bundesdeutschen und europäischen Messestandorten. Die in Hannover stattfindenden Messen und Ausstellungen ziehen mit ihrem hohen Anteil an internationalen Veranstaltungen zahlreiche auswärtige Besucher, Aussteller und Standbeschäftigte an, die Güter und Dienstleistungen in der Region nachfragen. Diese messebedingte Endnachfrage stellt für Hannover fraglos einen bedeutenden Wirtschaftsfaktor dar, dessen Ausmaß mit

Hilfe einer regionalökonomischen Wirkungsanalyse quantifiziert werden kann. Eine solche Wirkungsanalyse wurde vom Geographischen Institut der Universität Hannover für die Jahre 1990 und 1991 durchgeführt (*R. Sternberg*, *J.Kramer* 1991; *L. Schätzl*, *J. Kramer*, *R. Sternberg* 1993). Hierbei wurde der von diesem für die Region bedeutsamsten Typus von Großveranstaltungen ausgehende ökonomische Impuls quantitativ, d. h. in Kaufkraftzufluß-, Wertschöpfungs- und Beschäftigungskategorien, erforscht. Sicherlich vorhandene, jedoch schwer „rechenbare" Austrahlungs- und Imageeffekte blieben mithin außer Betracht. Methodischer Ansatz und Ergebnisse der für das Jahr 1991 durchgeführten Untersuchung sind im folgenden dokumentiert.

Zur Bestimmung der messebedingten exogenen Endnachfrage (Kaufkraftzufluß), deren Kenntnis die Grundlage für alle weitergehenden Rechenoperationen bildet, waren umfangreiche primärstatistische Erhebungen erforderlich. Dazu wurden insgesamt 19 000 standardisierte Befragungen von Besuchern, Standbeschäftigten und Ausstellern zu deren messebedingtem Ausgabeverhalten durchgeführt. Im Rahmen der persönlichen (Besucher) und schriftlichen (Aussteller und Standbeschäftigte) Interviews wurden sowohl die Art der getätigten Ausgaben erfragt als auch die Region, in der die jeweiligen Güter und Dienstleistungen nachgefragt wurden. Als räumlicher Bezugsrahmen diente ein Drei-Regionen-Modell, das zwischen den Ausgaben in der Stadt Hannover, im Landkreis Hannover sowie im übrigen Niedersachsen differenzierte.

Die empirischen Erhebungen fanden während der drei internationalen Messen INDUSTRIE, CeBIT und LIGNA sowie auf der regionalen Verbrauchsgüterausstellung INFA statt. Tab. 3.15 gibt einen Überblick über die primärstatistische Datenbasis und deren absoluten und relativen Stichprobenumfang.

Mit Hilfe der gewonnenen Daten wurden die Stichprobenergebnisse anschließend auf die Grundgesamtheit der primärstatistisch erfaßten Messen hochgerechnet. Insgesamt gingen jedoch elf im Jahre 1991 veranstaltete Messen und Ausstellungen in die Berechnungen ein. Es waren dies die internationalen Messen INDUSTRIE, CeBIT, DOMOTEX, BIOTECHNIKA, ITMA und LIGNA sowie die Regionalveranstaltungen ABF, Kunst- und Antiquitätenmesse, Huhn und Schwein, INFA sowie Pferd und Jagd. Daher mußte das Ausgabeverhalten der auswärtigen Beteiligten an den nicht primärstatistisch analysierten Messen DOMOTEX, ITMA und BIOTECHNICA anhand

Tab. 3.15 Primärstatistische Datenbasis: absoluter und relativer Stichprobenumfang

Zielgruppe		CeBIT[2]	INDUSTRIE[2]	LIGNA[3]	INFA[3]
Besucher	absolut	2 979	4 223	2 028	2 015
	relativ[1]	0,4	0,9	2,0	0,8
Standbeschäftigte[4]	absolut	1 314	1 469	1 653	633
	relativ[1]	2,6	3,0	14,5	
Aussteller	absolut	716	907	683	529
	relativ[1]	15,6	14,1	52,5	56,3

[1] in v. H. der Grundgesamtheit
[2] Befragungen 1990
[3] Befragungen 1991
[4] nur Standbeschäftigte von außerhalb der Region Hannover

Quelle: *L. Schätzl, J. Kramer, R. Sternberg* 1993, S. 102

der aus den LIGNA-Daten ermittelten statistisch signifikanten Bestimmungsfaktoren ökonometrisch geschätzt werden. Dies geschah unter Zuhilfenahme des folgenden Algorithmus:

$$\text{Ausgaben}_{ij} = \frac{GG \cdot P_{ij} \cdot DM_{ij} \cdot D}{SP}$$

mit:

GG = Anzahl der Personen in der jeweiligen Grundgesamtheit (Besucher, Aussteller, Standbeschäftigte)
P_{ij} = Anzahl der Personen in der Stichprobe mit Ausgaben für die Ausgabenart *i* in der Region *j*
DM_{ij} = Durchschnittliche Ausgaben je Tag und Besucher für die Ausgabenart *i* in der Region *j* in DM
D = Mittlere Aufenthaltsdauer der Beteiligten in Tagen
SP = Anzahl der Personen in der jeweiligen Teilstichprobe (Besucher, Aussteller, Standbeschäftigte).

Die Ausgabenhöhe und -struktur der hannoverschen Besucher von zehn der insgesamt berücksichtigten elf Veranstaltungen konnte mit Hilfe einer Befragung regionsansässiger Besucher der INDUSTRIE-Messe approximiert werden. Allein für die regionale Verbrauchsgüterausstellung INFA, bei der sich das Ausgabeverhalten der Besucher deutlich von dem anderer Messen unterscheidet (außergewöhnlich hohe Ausgaben für Einkäufe), wurde eigens eine gesonderte Befragung durchgeführt.

Die breite empirische Datenbasis der Untersuchung ermöglicht es, in einem ersten Schritt sowohl die regionale als auch die sektorale Inzidenz des mit den hannoverschen Messen verbundenen Kaufkraftzuflusses zuverlässig genau zu quantifizieren. In einem zweiten Schritt können alsdann auch indirekte und induzierte (multiplikative) Effekte der unmittelbar messebedingten Endnachfrage im Rahmen einer um die Einbeziehung des Einkommensmultiplikators erweiterten Input-Output-Analyse bestimmt werden. Die Gesamtwirkungen der in Hannover veranstalteten Messen und Ausstellungen auf die regionalökonomischen Zielvariablen Produktion, Wertschöpfung und Beschäftigung lassen zusammenschauend die Bedeutung dieser Form von Großveranstaltungen für die Wirtschaftsleistung der Region erkennen und mit jenem Nachfrageimpuls vergleichen, der an anderen Messestandorten durch diese spezifische ökonomische Aktivität verursacht wird.

In einem ersten Schritt wird zunächst der messebedingte Kaufkraftzufluß in seiner regionalen und sektoralen Verteilung quantifiziert. Im Jahre 1991 bewirkten die in Zusammenhang mit den hannoverschen Messen getätigten Ausgaben aller Beteiligten einen Kaufkraftzufluß von insgesamt mehr als 752 Mio. DM (Tab. 3.16). Dieser Summe hinzuzufügen sind die in 1991 getätigten Umsatzerlöse der Unternehmensgruppe Deutsche Messe AG, welche sich im Veranstaltungsjahr auf 402 Mio. DM beliefen. Um Doppelzählungen zu vermeiden, wurden diese Umsätze um einige mit primärstatistisch erfaßten Ausgabekategorien korrespondierenden Erlösgruppen saldiert, so daß der verbleibende, von der Messegesellschaft erwirtschaftete Produktionswert einen Nettoeffekt von rund 346 Mio. DM auswies. Der gesamte von messebedingten ökonomischen Aktivitäten herrührende Kaufkraftzufluß beziffert sich damit auf annähernd 1,1 Mrd. DM, wovon mit 879 Mio. DM der größte Teil innerhalb der Stadt Hannover wirksam wurde. Von der nach Maßgabe der empirischen Erhebungen errechneten Zusatznachfrage (ohne Umsatzerlöse der Deutschen Messe AG) verblieben etwa 533 Mio. DM in der Stadt Hannover, rund 115 Mio. DM entfielen auf den Landkreis Hannover und weitere knapp 104 Mio. DM flossen ins übrige Niedersachsen.

Neben einer trennscharfen regionalen Zuschlüsselung dieses Ausgabenstroms läßt das durch eine differenzierte Form der Befragung ge-

Tab. 3.16 Messebedingter Kaufkraftzufluß nach regionaler Verteilung (in 1000 DM, zu Preisen von 1990)

Kaufkraftzufluß	Stadt Hannover	Landkreis Hannover	Übriges Nieder-sachsen	Insgesamt
Primärstatistisch erfaßte Ausgaben von Besuchern, Standbeschäftigten und Ausstellern	533 257	115 333	103 618	752 208
Nicht primärstatistisch erfaßte bereinigte Umsatzerlöse der Deutschen Messe AG	345 873			345 873
Gesamter messebedingter Kaufkraftzufluß	879 130	115 333	103 618	1 098 081

Quelle: *L. Schätzl, J. Kramer, R. Sternberg* 1993, S. 102

wonnene Datenmaterial eine weitergehende Untergliederung der messeinduzierten Endnachfrage nach Beteiligtengruppen sowie nach einzelnen Ausgabearten zu. So trugen die Besucherausgaben zu 48 Prozent, die Ausgaben der ausstellenden Unternehmen zu 27 Prozent und die der Standbeschäftigten zu 25 Prozent zum Gesamteffekt bei. Dieses Verhältnis gestaltet sich jedoch durchaus unterschiedlich für die drei betrachteten Bezugsregionen. Gemessen an den einzelnen Ausgabearten haben in allen drei Untersuchungsregionen die Übernachtungsausgaben für Privatunterkünfte sowie für Hotels und Pensionen das größte Gewicht. Die regionale Verteilung der Übernachtungshäufigkeiten konzentriert sich im Großraum Hannover (Stadt und Landkreis), reicht jedoch darüber hinaus bis weit in die östlichen und südlichen Landesteile Niedersachsens. Bei einer Betrachtung des Kaufkraftzuflusses für die Stadt Hannover (Tab. 3.17) zeigt sich, daß hier neben den Übernachtungsausgaben (24 Prozent) auch anderen Ausgabenposten wie den Aufwendungen für diverse Dienstleistungen (17 Prozent), für Verpflegung auf dem Messegelände und Bewirtung und Unterhaltung außerhalb des Messegeländes (jeweils 15 Prozent) eine hohe Bedeutung zukommt.

Der Kaufkraftzufluß für den Landkreis Hannover wird hingegen mit 61 Prozent ganz eindeutig von den Übernachtungsausgaben dominiert. Andere Ausgaben, wie die gezahlten Entgelte für aus dem

Tab. 3.17 Kaufkraftzufluß der Stadt Hannover nach Beteiligten und Ausgabearten (zu Preisen von 1990)

Ausgabeart	Besucher	Standbeschäftigte	Aussteller	Insgesamt	
	1000 DM	1000 DM	1000 DM	1000 DM	%
Übernachtungen gesamt	84 485	45 963	–	130 448	24
– Privatunterkunft (bezahlt)	29 010	28 812	–	57 822	11
– Hotel, Pension	55 475	17 151	–	72 626	13
Verpflegung etc. auf Messegelände	59 184	18 819	–	78 003	15
Bewirtung, Unterhaltung außerhalb Messegelände	56 772	25 782	–	82 554	15
ÖPNV	3 377	1 295	–	4 672	1
Privat-PKW	10 793	12 846	–	23 639	4
Leihwagen	2 821	1 474	–	4 295	1
Taxi	5 004	2 247	–	7 251	2
Theater, Oper, Konzert	1 198	880	–	2 078	0
Einkäufe	37 567	4 835	–	42 402	8
Standpersonal aus Stadt bzw. Landkreis Hannover			14 428	14 428	3
Public Relations			55 623	55 623	10
Dienstleistungen[1]			87 864	87 864	17
alle Ausgaben	261 201	114 141	157 915	533 257	100

[1] Handwerker, Reinigung, Speditionen etc.

Quelle: *L. Schätzl, J. Kramer, R. Sternberg* 1993, S. 103

Landkreis rekrutiertes Aushilfsstandpersonal (14 Prozent) sowie Bewirtungs- und Unterhaltungsaufwendungen (10 Prozent), sind als vergleichsweise nachrangig einzustufen. Auch im übrigen Niedersachsen sind die Übernachtungsausgaben noch für etwa die Hälfte des messebedingten Kaufkraftzuflusses verantwortlich (vgl. *L. Schätzl, J. Kramer, R. Sternberg* 1993, S. 104).

Auf der Grundlage des primärstatistisch ermittelten Kaufkraftzuflusses lassen sich in einem zweiten Analyseabschnitt die direkten und indirekten regionalökonomischen Wirkungen quantifizieren. Zur Berechnung der aufgrund volkswirtschaftlicher Kreislaufzusammenhänge auftretenden mittelbar messebedingten Folgeeffekte wurde eine Input-Output-Analyse durchgeführt. Als Analyserahmen wurde ein offenes statisches Leontief-Modell zugrundegelegt und um die Integration des Einkommensmultiplikators erweitert. Als sekundärstatistische Datenbasis dienen die aktuellen Input-Output-Tabellen des Statistischen Bundesamtes für das Jahr 1988.

Zum Zwecke der Quantifizierung der messebedingten Gesamtwirkungen auf die regionalwirtschaftlichen Zielvariablen Produktion, Wertschöpfung und Beschäftigung wurde der primärstatistisch ermittelte Kaufkraftzufluß zusammen mit den bereinigten Umsätzen der Messegesellschaft in einen Spaltenvektor der direkten exogenen Endnachfrage gemäß der Nomenklatur der Input-Output-Tabellen transformiert und anschließend auf die Preisbasis des Jahres 1988 deflationiert. Durch eine Multiplikation mit der inversen erweiterten Leontief-Matrix konnten auf diese Weise sowohl direkte als auch indirekte und induzierte veranstaltungsbedingte Wirkungen unmittelbar in Produktions-, Wertschöpfungs- und Beschäftigungseffekte übersetzt werden.

Das unter Einbezug regionaler Messen und der Ausgaben ortsansässiger Beteiligter festgestellte veranstaltungsbedingte Anstoßpotential beläuft sich im Jahr 1991 auf insgesamt 1,017 Mrd. DM, wovon 999,1 Mio. DM (in Preisen von 1988) im Inland nachfragewirksam werden. Die vom Vorleistungskreislauf verursachten multiplikativen Wirkungen betragen 1,571 Mrd. DM (Produktionsmultiplikator = 1,55). Unter Hinzunahme des Einkommensmultiplikators als jenem Nachfragevektor, der die teilweise Wiederverausgabung im Produktionskreislauf entstandener verfügbarer Einkommen der privaten Haushalte für Konsumzwecke beschreibt, ergibt sich demgegenüber ein gesamtwirtschaftlicher vorleistungs- und einkommensinduzierter Produktionseffekt von 2,371 Mrd. DM (erweiterter Produktionsmultiplikator = 2,33). An dieser Summe haben die Dienstleistungssektoren einen Anteil von 68 Prozent (gegenüber 87 Prozent der direkten Wirkungen). Die Ergebnisse der Input-Output-Analyse belegen eindrucksvoll, daß das Gaststätten- und Beherbergungsgewerbe als einer der Schlüsselsektoren der messespezifischen Nachfrage seinen Umsatz (Produktionswert), über beide Wirkungsebenen gerechnet, multiplikatorbedingt nicht nennenswert erhöhen kann. So entfallen auf diesen Bereich zwar ein knappes Drittel aller direkten, aber lediglich 20 Prozent (vorleistungsinduziert) bzw. 14 Prozent (vorleistungs- und einkommensinduziert) der gesamten Produktionswirkungen. Überproportionale Multiplikatorwirkungen schlagen sich indessen in der Grundstofferzeugenden Industrie (hier besonders die Bereiche Energie und Mineralöl), im Handel und Verkehr sowie in der Nahrungs- und Genußmittelbranche nieder (vgl. Tab. 3.18).

Die messeabhängigen Umsätze führen zu direkten Wertschöpfungsbeiträgen in Höhe von etwa 618 Mio. DM. Unter Berücksichtigung der Multiplikatoreffekte wird eine Bruttowertschöpfung von insgesamt 904 Mio. DM (vorleistungsinduziert) bzw. gut 1,319 Mrd. DM (vorleistungs- und einkommensinduziert) erwirtschaftet (Wertschöpfungsmultiplikator = 0,89, erweiterter Wertschöpfungsmultiplikator = 1,30). Das Hauptgewicht liegt hierbei durchgängig über alle Wirkungsebenen und weitaus stärker als bei den Produktionseffekten auf den Dienstleistungssektoren.

Das zur Befriedigung der messebedingten Endnachfrage direkt erforderliche Beschäftigungsvolumen umfaßt etwa 6 900 Personenjahre (Arbeitsproduktivitäten von 1988). Direkt und indirekt sind rund 10 400 (vorleistungsinduziert) bzw. 15 900 (vorleistungs- und einkommensinduziert) Arbeitsplätze vom Messegeschehen abhängig. Von überragender Bedeutung sind dabei die Auswirkungen auf das Gaststätten- und Beherbergungsgewerbe, das mit 53 Prozent an den direkten und mit 36 Prozent bzw. (im erweiterten Multiplikatoransatz) mit 26 Prozent an den gesamten Beschäftigungseffekten partizipiert. Weiter treten bei den übrigen privaten Dienstleistungen, im Handel sowie im Handwerks- und Baubereich spürbare Beschäftigungsimpulse auf (vgl. *L. Schätzl, J. Kramer, R. Sternberg* 1993, S. 107 f.).

Die Regionalisierung direkter Produktions-, Wertschöpfungs und Beschäftigungseffekte für einige von der messebedingten Endnachfrage maßgeblich betroffenen Sektoren läßt sich auf der Grundlage der durchgeführten primärstatistischen Erhebungen hinreichend genau vornehmen. Ungleich schwieriger dagegen ist eine Ermittlung der Raumwirksamkeit indirekter Wirkungen. Hierfür wäre prinzipiell die Verfügbarkeit regionaler Input-Output-Tabellen einschließlich einer abgesicherten Datenbasis für die räumliche Zuordnung von Konsumaktivitäten der privaten Haushalte erforderlich. Solche sekundärstatistischen Quellen existieren für Niedersachsen sowie für die Stadt und

Tab. 3.18 Produktionseffekte (in 1000 DM, zu Preisen von 1988)

Wirtschaftsbereiche	Direkt	Direkt und indirekt vorl.-induziert	Direkt und indirekt vorl.- u. eink.-induziert
Land- und Forstwirtschaft, Fischerei	0	25 537	52 235
Energie, Wasser, Bergbau	6 754	44 742	84 787
Chemie, Erdöl	26 327	59 641	103 653
Steine u. Erden, Baustoffe, Feinkeramik, Glas	0	11 611	17 607
Eisen, Stahl u. NE-Metalle	0	11 223	21 623
Stahl- u. Maschinenbau, ADV-Einrichtungen, Fahrzeugbau	0	14 020	53 553
Elektrotechnik, Feinmechanik, EBM	3 522	22 840	45 945
Holz, Papier, Druck	334	25 268	54 402
Leder, Textilien, Bekleidung	3 550	7 704	29 943
Nahrungs- u. Genußmittel, Getränke	14 816	88 156	173 858
Hoch- und Tiefbau, Ausbau	77 708	112 626	126 603
Handel	20 128	49 789	149 589
Verkehr	22 713	50 771	77 389
Nachrichtenwesen	8 149	18 902	36 076
Gaststätten- und Beherbergungsgewerbe	307 684	315 575	342 926
Übrige marktbestimmte Dienstleistungen	507 406	691 321	961 143
Nichtmarktbestimmte Dienstleistungen	0	21 535	39 921
Insgesamt	999 091	1 571 262	2 371 254
Direktimporte	17 484		

Produktionsmultiplikator = 1,55 (vorleistungsinduziert)
Produktionsmultiplikator = 2,33 (vorleistungs- und einkommensinduziert)

Quelle: *L. Schätzl, J. Kramer, R. Sternberg* 1993, S. 106

den Landkreis Hannover jedoch nicht. Daher beruht die Abschätzung der regionalen Inzidenz der für die Volkswirtschaft der Bundesrepublik Deutschland errechneten Multiplikatoreffekte auf einer Reihe von Plausibilitätsüberlegungen, in die vornehmlich Auswertungen regionsspezifischer sektoraler Umsatz- und Beschäftigungskennziffern Eingang fanden.

Die primäre Inzidenz der Messenachfrage für die Landeshauptstadt Hannover erweist sich in den allermeisten der hauptsächlich betroffenen Sektoren als hoch (Tab. 3.19). Bedeutsame Kaufkraftabflüsse in den Landkreis und das übrige Niedersachsen verzeichnet das Gaststätten- und Beherbergungsgewerbe (28 Prozent aller direkten Wirkungen in diesem Bereich). Aufgrund des erheblichen Anteils dieses Sektors insbesondere an den direkten wie auch an den gesamten Beschäftigungseffekten ist ein Volumen von über 1 000 Personenjahren, welches außerhalb der Stadt unmittelbar vom Messegeschehen abhängt, absolut gesehen allerdings beträchtlich. Immerhin sind dies 15 Prozent aller direkten und 10 Prozent (vorleistungsinduziert) bzw. 6 Prozent (vorleistungs- und einkommensinduziert) aller gesamten Beschäftigungseffekte. Über alle Wirtschaftsbereiche gerechnet und nach Maßgabe der unter Auswertung regionaler Strukturkennziffern approximierten Multiplikatoren ergibt sich für die Stadt Hannover unter Berücksichtigung der vorleistungsinduzierten Wirkungen ein direkter und indirekter messeverursachter Produktionseffekt von rund 900 Mio. DM (Umsatz) mit einem korrespondierenden Wertschöpfungsbeitrag von etwa 500 Mio. DM und einem Beschäftigungsvolumen von gut 6 000 Personenjahren.

Bei der Quantifizierung der sowohl im Produktions- als auch im Einkommenskreislauf verursachten gesamten multiplikativen Wirkungen läßt sich für die Festlegung regionaler Einkommensmultiplikatoren die These unterstellen, daß sich das räumliche Ausbreitungsmuster konsumptiver Ausgaben nicht signifikant von jenem produktionsbezogener Wirkungen unterscheidet. Daher erscheinen produktions- und einkommensinduzierte Multiplikatorwerte für die Landeshauptstadt in Höhe von 1,6 (Umsatz) bzw. 0,8 (Wertschöpfung) und 11,0 (Beschäftigung) plausibel. Bezogen auf das zugrundegelegte messebedingte Nachfragevolumen bedeutet dies für die Stadt einen Produktionseffekt von rund 1,6 Mrd. DM, einen Wertschöpfungsbeitrag von 800 Mio. DM sowie eine Beschäftigungswirkung im Ausmaß von etwa 11 000 Personenjahren.

In Bezug auf die direkten Effekte ist unschwer erkennbar, daß sich die aus der Stadt Hannover abfließende Nachfrage – abgesehen vom Sektor übrige marktbestimmte Dienstleistungen (ohne Handel, Verkehr und Gaststätten- und Beherbergungsgewerbe) – in weit stärke-

Tab. 3.19 Regionale Inzidenz direkter messebedingter Produktions-, Wertschöpfungs- und Beschäftigungseffekte für ausgewählte Wirtschaftssektoren (Preise und Arbeitsproduktivitäten von 1988)

Wirtschaftssektoren	Zielvariablen	Stadt Hannover	Landkreis Hannover	Übriges Niedersachsen
Baugewerbe	Anteil an der Endnachfrage[1]	83	4	13
	Produktion[2]	64 498	3 108	10 102
	Wertschöpfung[2]	31 539	1 520	4 940
	Beschäftigung[3]	583	28	91
Handel	Anteil an der Endnachfrage	81	7	12
	Produktion	16 304	1 409	2 415
	Wertschöpfung	11 419	987	1 692
	Beschäftigung	241	21	36
Verkehr	Anteil an der Endnachfrage	87	4	9
	Produktion	19 760	909	2 044
	Wertschöpfung	10 967	504	1 135
	Beschäftigung	131	6	14
Gaststätten- und Beherbergungsgewerbe	Anteil an der Endnachfrage	72	11	17
	Produktion	221 532	33 845	52 306
	Wertschöpfung	102 791	15 704	24 270
	Beschäftigung	2 658	406	628

[1] in v.H. [2] in 1000 DM [3] in Personenjahren

Quelle: *L. Schätzl, J. Kramer, R. Sternberg* 1993, S. 110

rem Maße im übrigen Niedersachsen niederschlägt als im Landkreis Hannover (Tab. 3.19). Dieses Ergebnis belegt, daß der Landkreis (mit Ausnahme komparativer Vorteile aufgrund seiner dienstleistungsgeprägten Sektorstruktur) mangels entsprechender Angebotskapazitäten nicht in der Lage ist, seine räumlichen Fühlungsvorteile ausreichend für sich nutzbar zu machen.

Die Abschätzung der regionalen Inzidenz vorleistungs- und einkommensinduzierter Multiplikatorwirkungen für das Land Niedersachsen innerhalb des Analyserahmens der zweiten Modellvariante ist mit erheblichen statistischen und methodischen Unwägbarkeiten verbunden, die es opportun erscheinen lassen, auf eine Detailspezifikation einzelner Effekte, welche de facto jeder abgesicherten Grundlage entbehren müßte, zu verzichten. Statt dessen wird – unter der Annahme, daß Niedersachsen aufgrund komparativer Vorteile in einigen von den einkommensinduzierten Wirkungen profitierenden Bereichen (so etwa in der Nahrungs- und Genußmittelindustrie) zur Absorption eines Großteils der multiplikatorbedingten Nachfrage beiträgt – überschlagsmäßig von einem Produktionsmultiplikator von 2,0, einem Wertschöpfungsmultiplikator von 1,0 sowie von einem Beschäftigungsmultiplikator in der Höhe von 12,5 ausgegangen. Diese Werte entsprechen jenen vergleichbarer Studien (vgl. z. B. *Ifo-Institut für Wirtschaftsforschung* 1990). Bezogen auf das exogene Endnachfragevolumen bedeutet dies für Niedersachsen einen Gesamteffekt in der Größenordnung von 2 Mrd. DM (Umsatz) bzw. 1 Mrd. DM (Wertschöpfung). Die daraus ableitbare Beschäftigungswirkung beläuft sich auf etwa 12 500 Personenjahre.

Abschließend läßt sich auf der Grundlage der durchgeführten Wirkungsanalyse die ökonomische Bedeutung der Messen für den Wirtschaftsraum Hannover bewerten. Im Jahre 1988 wurde in der Landeshauptstadt Hannover eine (unbereinigte) Bruttowertschöpfung von rund 30 Mrd. DM erwirtschaftet. Daran gemessen sind nach unseren Berechnungen etwa 2,5 Prozent der Wirtschaftsleistung der Stadt messeverursacht. Der Anteil der messebedingten Nachfrage an Umsatz und Beschäftigung im hannoverschen Gaststätten- und Beherbergungsgewerbe (Datenbasis: Fortschreibung der Handels- und Gaststättenzählung) liegt in der Größenordnung von 35 Prozent (Umsatz) bzw. 30 Prozent (Beschäftigung). Im Landkreis Hannover ist das Messegeschäft mit rund 12 Prozent am Umsatz und mit etwa 8 Prozent an der Beschäftigung in Hotels und Gaststätten beteiligt. Im Lichte dieser Ergebnisse dokumentiert sich auf eindrucksvolle Weise die herausragende ökonomische Bedeutung der Messen für den Wirtschaftsraum Hannover.

Die bislang vorgestellten Verfahren erfassen ökonomische Wirkungen, d.h. Produktions-, Beschäftigungs-, Wertschöpfungs-, Einkommens- und fiskalische Effekte. Insbesondere bei großen Investitionsvorhaben (z.B. Flughäfen, U-Bahnen, Olympiaden, Weltausstellungen) wäre es notwendig, ihre gesellschaftlichen Wohlfahrtswirkungen, ihren „sozialen Nettonutzen" zu kennen. Ein geeignetes Verfahren zur Ermittlung des sozialen Nutzens und der sozialen Kosten von öffentlichen Maßnahmen stellt die *Nutzen-Kosten-Analyse* dar.

Nutzen-Kosten-Analysen gehen der Frage nach, ob sich durch eine öffentliche Maßnahme eine sog. „Pareto-Verbesserung" erreichen läßt. Dabei wird in der Literatur als Bewertungsmaßstab für öffentliche Maßnahmen zwischen einer tatsächlichen und einer potentiellen Paretoverbesserung unterschieden. Der italienische Nationalökonom *Vilfredo Pareto* stellte 1896 das Kriterium auf, wonach eine politische Maßnahme dann als gesellschaftlich wünschenswert anzusehen ist, wenn dadurch zumindest einige Gesellschaftsmitglieder ihre Wohlfahrtsposition verbessern können, ohne daß andere Wohlfahrtseinbußen erleiden. Gibt es als Folge politischer Eingriffe sowohl „Gewinner" als auch „Verlierer", so ist dieses Kriterium verletzt, d.h. es tritt keine tatsächliche Paretoverbesserung ein. Ein Pareto-Optimum ist bei einem Zustand erreicht, in dem es nicht mehr möglich ist, für einzelne Gesellschaftsmitglieder Wohlfahrtsgewinne zu realisieren, ohne daß andere Wohlfahrtsbeeinträchtigungen hinnehmen müssen.

N. Kaldor und *J. R. Hicks* haben diesen Ansatz erweitert und schlagen als Bewertungskriterium nicht eine tatsächliche, sondern eine potentielle Paretoverbesserung vor. Danach ist eine öffentliche Maßnahme bereits dann positiv zu bewerten, wenn der Nutzenzuwachs, den die „Gewinner" erzielen, diese in die Lage versetzt, die „Verlierer" in der Höhe ihrer Nutzeneinbuße zu entschädigen. Eine Maßnahme wird also dann als profitabel angesehen, wenn ihr aggregierter Nutzen (Wohlfahrtsgewinne) die aggregierten Kosten (Wohlfahrtsverluste) übersteigt (vgl. *R. E. Just* et al. 1982).

Da die persönliche Wertschätzung für ein öffentliches Gut nicht über den Marktpreis meßbar ist, gilt es Methoden zu entwickeln, die geeignet sind, individuelle Wohlfahrtsgewinne und individuelle Wohlfahrtsverluste zu identifizieren, zu monetarisieren und zu bilanzieren, d.h. die Zahlungsbereitschaft der „Gewinner" und die Kompensationsforderungen der „Verlierer" zu ermitteln. Das in empirischen Untersuchungen eingesetzte methodische Instrumentarium der monetären Bewertung öffentlicher Güter gliedert sich in indirekte Bewertungsverfahren und in direkte Monetarisierungsansätze. Die indirekten Verfahren versuchen, aus der Nachfrage nach privaten Gütern Rückschlüsse auf die Nachfrage nach öffentlichen Gütern zu ziehen. Einen solchen indirekten Bewertungsansatz stellt die Defensivkostenmethode dar. Nachfolgendes Beispiel erläutert die Vorgehensweise dieser Methode. Der Neubau einer Eisenbahnstrecke führt zu einer erhöhten Lärmbelästigung der Anlieger und veranlaßt diese, Lärmschutzfenster einzubauen. Haushalte nehmen also kompensatorische Aufwendungen vor, um den Verlust von Konsummöglichkeiten des öffentlichen Gutes Ruhe auszugleichen. Die Kosten für den Einbau der Schallschutzfenster sind in der Terminologie dieses Ansatzes die defensiven Kosten eines Haushalts zur Vermeidung der Lärmbelastung; sie werden als Maß verwendet für die Zahlungsbereitschaft eines Haushalts für das öffentliche Gut Ruhe.

Bei den direkten Bewertungsverfahren werden Bürger nach ihrer persönlichen Zahlungsbereitschaft bzw. nach ihren Kompensationsforderungen für eine veränderte Angebotsmenge eines öffentlichen Gutes befragt. Die mit Hilfe besonders strukturierter Repräsentativinterviews ermittelten Geldbeträge lassen sich dann auf die Grundgesamtheit hochrechnen. Die bisherigen Anwendungsschwerpunkte direkter Verfahren liegen in der Bewertung von Veränderungen der Qualität von Umwelt und Natur. Die Ergebnisse dieser empirischen Untersuchungen zeigen, daß die geäußerten Kompensationsforderungen die bekundeten Zahlungsbereitschaften um ein Vielfaches überschreiten. Individuen bewerten demnach einen potentiellen Wohlfahrtsverlust subjektiv höher als einen potentiellen Wohlfahrtsgewinn in gleicher Höhe.

Trotz erheblicher methodischer Schwierigkeiten ist es nach dem heutigen Stand der Forschung grundsätzlich möglich, die nicht über Marktpreise beobachtbaren Nutzen und Kosten zu messen. Wegen ihrer hohen Bedeutung sollten bei Entscheidungen über große öffentliche Investitionsvorhaben diese Effekte in Nutzen-Kosten-Analysen Berücksichtigung finden (vgl. *J. Kramer* 1993).

Abschließend ist darauf hinzuweisen, daß die in Kapitel 3.1.3 vorgestellten Methoden der Struktur-, Wachstums- und Wirkungsanalyse einen Beitrag leisten zur Deskription räumlicher Unterschiede im Entwicklungsstand und in der Entwicklungsdynamik sowie der Wirkungen ökonomischer Aktivitäten. Die Methoden besitzen weder einen Erklärungswert noch liefern sie eine Normenbegründung. Explikate oder normative Aussagen sind nur in Verbindung mit den Erkenntnissen der Theorienbildung bzw. mit den gesellschaftlichen Zielsetzungen möglich (*D. Storbeck* 1969).

Literaturübersicht Kapitel 3.1.3

Ausführlich behandelt werden statistische Maßzahlen (z. B. Gliederungszahlen, Beziehungszahlen, Meßzahlen, Streuungsmaße, Konzentrationsmaße) in den Lehrbüchern zur Statistik. Als leicht verständliche Einführungen werden empfohlen:

Bahrenberg, G.; Giese, E.; Nipper, J., 1999: Statistische Methoden in der Geographie. Bd. 1. Univariate und bivariate Statistik. (4. Aufl.). Stuttgart. Teubner Studienbücher der Geographie.

Bahrenberg, G.; Giese, E.; Nipper, J., 1992: Statistische Methoden in der Geographie. Bd. 2. Multivariate Statistik. (2. Aufl.). Stuttgart. Teubner Studienbücher der Geographie.

Esenwein-Rothe, I., 1976: Die Methoden der Wirtschaftsstatistik. Bd. 1. Göttingen. UTB 559, Kapitel 3, 4.

Kellerer, H., 1966: Statistik. In: *Hax, K.*; *Wessels, T.* (Hrsg.), 1966: Handbuch der Wirtschaftswissenschaften. Bd. 2. (2. Auflage). Köln, Opladen. S. 385-465.

Pfanzagl, J., 1983: Allgemeine Methodenlehre der Statistik I. Elementare Methoden unter besonderer Berücksichtigung der Anwendungen in den Wirtschafts- und Sozialwissenschaften. (6. Aufl.) Berlin, New York. Sammlung Göschen. Band 2046.

Einen Überblick über Anwendungsmöglichkeiten und Weiterentwicklungen dieser statistischen Verfahren zur Lösung regionalwissenschaftlicher Fragestellungen vermitteln:

Bratzel, P.; Müller, H.; 1979: Regionalisierung der Erde nach ihrem Entwicklungsstand, In: Geographische Rundschau 31. S. 131-135.

Giese, E. 1985: Klassifikation der Erde nach ihrem Entwicklungsstand. In Geographische Rundschau 37. S. 164-175.

Isard, W., 1960: Methods of Regional Analysis: an Introduction to Regional Science. Cambridge/Mass., London. Kapitel 7.

Klemmer, P. 1973: Die Shift-Analyse als Instrument der Regionalforschung. In: Forschungsbericht des Arbeitskreises „Methoden der empirischen Regionalforschung" der Akademie für Raumforschung und Landesplanung. S. 117-130. Hannover.

Müller, J. H., 1976: Methoden zur regionalen Analyse und Prognose. Hannover. Taschenbücher zur Raumplanung. Bd. 1. (2. Aufl.). Hannover. Kapitel B.

Storbeck, D., 1969: Zur Methodik und Problematik von Maßstäben der regionalen Konzentration. In: Raumforschung und Raumordnung. 27. Jg. S. 214-221.

Als Einführung in die Methoden der Wirkungsanalyse eignen sich:

Fischer J., 1979: Regionalwirtschaftliche Wirkungen öffentlicher Ausgaben. Frankfurt a. M., Zürich.
Ortmann, F., 1973: Überlegungen zur regionalpolitischen Anwendbarkeit des Multiplikatorkonzeptes. Tübingen.
Stäglin, R, 1973: Methodische und rechnerische Grundlagen der Input-Output-Analyse. In: *Krengel, R.* (Hrsg.), 1973: Aufstellung und Analyse von Input-Output-Tabellen, S. 27-54. Göttingen.
Stäglin, R; Pirschner, R., 1976: Weiterentwicklung der Input-Output-Rechnung als Instrument der Arbeitsmarktanalyse. Beiträge zur Arbeitsmarkt- und Berufsforschung, Heft 3, Nürnberg.

3.2 Empirische Analyse ökonomischer Raumsysteme unterschiedlicher Maßstabsgröße

3.2.1 Weltwirtschaftliche Entwicklungstendenzen („Megatrends")

Auf allen Maßstabsebenen lassen sich dynamische Veränderungen ökonomischer Raumsysteme feststellen. Es ist Aufgabe einer problemorientierten Wirtschaftsgeographie, in Forschung und Lehre einen Beitrag zum Verständnis dieses raumwirtschaftlichen Strukturwandels zu leisten. Auf der mondialen Maßstabsebene ist die *Globalisierung* als übergeordneter Entwicklungstrend anzusehen, deren Auswirkungen auf allen nachgeordneten räumlichen Ebenen spürbar sind. Als weitere maßgebliche Determinanten des raumwirtschaftlichen Differenzierungsprozesses werden die *Regionalisierung* sowie die *Systemtransformation* ehemaliger Zentralverwaltungswirtschaften diskutiert.

- *Globalisierung*

Der Begriff der *Globalisierung* bezeichnet den Prozeß der zunehmenden weltweiten Vernetzung ökonomischer Aktivitäten (Produktion, Konsum) durch die Mobilität von Gütern und Produktionsfaktoren, vor allem von Kapital und technischem Wissen. Die Zunahme weltwirtschaftlicher Verflechtungen ist kein neues Phänomen: Bereits in der zweiten Hälfte des 19. Jahrhunderts expandierte der Welthandel stark und erreichte vor dem Ersten Weltkrieg rund 12 Prozent der

Tab. 3.20: Weltexportquote (Anteil des Welthandels an der Weltproduktion) 1850-1993, in Prozent

1850*	1880*	1913*	1950	1973	1985	1993
5,1	9,8	11,9	7,1	11,7	14,5	17,1

*) Nur OECD-Länder

Quelle: *Weltbank* 1995a

Weltproduktion. Nach der folgenden Desintegrationsphase wurde eine vergleichbare Weltexportquote erst in den 70er Jahren wieder erreicht (Tab. 3.20). Für die Entwicklung seit dem Zweiten Weltkrieg lassen sich vier Phasen der Globalisierung unterscheiden, die tendenziell aufeinander aufbauen, aber auch als simultan ablaufende Prozesse angesehen werden können:

1. *Globalisierung der Gütermärkte*: Bereits seit den 50er Jahren wächst der Welthandel schneller als die Weltproduktion, was als Ausweitung der internationalen Arbeitsteilung gedeutet werden kann. Zwischen 1950 und 1993 hat sich die Weltexportquote mehr als verdoppelt.
2. *Globalisierung der Produktion*: In den 70er Jahren kam es unter dem Schlagwort der "neuen internationalen Arbeitsteilung" zunehmend zu Verlagerungen standardisierter industrieller Aktivitäten aus den Industrieländern in ausgewählte Entwicklungsländer. Einigen dieser Länder gelang es, durch die Integration in die internationale Arbeitsteilung ihren Einkommensrückstand zu verringern und zu Schwellenländern aufzusteigen.
3. *Globalisierung der Produktionssysteme*: In den 80er Jahren erreichte die Globalisierung eine neue Qualität durch die zunehmende internationale Vernetzung von Produktionsprozessen und produktionsorientierten Dienstleistungen. Neue Produktions- und Kommunikationstechnologien ermöglichen es *multinationalen Unternehmen*, ihre Wertschöpfungsketten zunehmend räumlich aufzuspalten, um sie in weltumspannenden Netzwerken von Tochterunternehmen, Zweigbetrieben, Joint Ventures, strategischen Allianzen und anderen Kooperationsformen neu zu organisieren. Im Unterschied zur zweiten Phase sind hierfür nicht allein Kostenvorteile ausschlaggebend; im Streben nach technologischer Systemführerschaft suchen die Unternehmen die Nähe zu den Märk-

ten sowie Zugang zu technischem Wissen, Humankapital, Zulieferbeziehungen und hochrangigen produktionsorientierten Dienstleistungen. Nach Schätzungen der Vereinten Nationen repräsentiert der Austausch von Vor- und Zwischenprodukten innerhalb solcher Netzwerke bereits rund ein Drittel des Welthandelsvolumens (*UNCTAD* 1996, S. 103). Die dritte Phase ist gekennzeichnet durch das rasche Wachstum der ausländischen Direktinvestitionen, deren Volumen sich zwischen 1985 und 1990 vervierfachte und damit schneller expandierte als die Weltproduktion und der Welthandel (Tab. 3.21).

4. *Globalisierung der Finanzmärkte*: Zu Beginn der 90er Jahre schließlich entwickelte sich die Mobilität des Portfoliokapitals (Kredite, Anleihen, Aktien) zur dynamischsten Komponente im Globalisierungsprozeß. Die Umsätze auf den internationalen Devisenmärkten werden für 1998 auf rund 1,5 Bio. US-Dollar pro Tag geschätzt. Ein zunehmender Anteil davon fließt in Erwartung hoher Renditen in aufstrebende Schwellen- und Transformationsländer. Vielen dieser sogenannten „emerging markets" fehlen jedoch die institutionellen und politischen Voraussetzungen, umfangreiche Zu- und Abflüsse von Portfoliokapital zu bewältigen. Die hohe Mobilität des Portfoliokapitals ermöglicht spekulative Attacken gegen fest angebundene Währungen, die in Mexiko 1995, Südostasien 1997/98 und Rußland 1998 Währungskrisen auslösten. Um die Volatilität des internationalen Finanzsystems („Kasino-Kapitalismus") zu begrenzen, verlangen Globalisierungskritiker die Kontrolle spekulativer Devisenbewegungen in Form von Kapitalverkehrskontrollen oder Kapitalverkehrssteuern (Tobin-Steuern).

Tab. 3.21: Entwicklung von Produktion, Welthandel, Direktinvestitionen und Finanzmärkten (1972 = 100)

	1972	1975	1980	1985	1990	1995
Produktion*	100	148	273	421	603	806
Exporte*	100	209	484	468	852	1 277
Direktinvestitionen	100	165	363	397	1 599	1 780
Finanzmärkte**	100	206	591	1 319	1 835	4 226

*) in jeweiligen Preisen
**) Anleihen auf den internationalen Kapitalmärkten

Quelle: *Institut der Deutschen Wirtschaft* (*G. Fels* 1997)

Um die Zunahme der internationalen Verflechtungen zu erklären, werden im wesentlichen drei interdependente Ursachenkomplexe herangezogen:

Erstens haben technische Fortschritte im Transportwesen sowie in der Informations- und Kommunikationstechnologie zu einem stetigen Rückgang der Raumüberwindungskosten geführt. So sanken die Kosten für einen Passagierflug zwischen 1930 und 1990 real um drei Viertel. In Preisen von 1990 ausgedrückt kostete ein Telefongespräch zwischen New York und London 1930 245 US-Dollar und 1950 noch immer 53 US-Dollar. Bis 1990 war der Preis auf 3,32 US-Dollar gesunken (*G. Hufbauer* 1991, S. 26 f.).

Zweitens ist seit dem Zweiten Weltkrieg eine sukzessive Liberalisierung des Welthandels zu beobachten. Im Rahmen des 1995 in der Welthandelsorganisation WTO aufgegangenen Allgemeinen Zoll- und Handelsabkommens GATT wurden seit 1947 zunächst die Einfuhrzölle und später auch nichttarifäre Handelshemmnisse schrittweise abgebaut. So sank der durchschnittliche Zollsatz der Industrieländer zwischen 1947 und 1994 von etwa 40 Prozent auf 4,3 Prozent (*H. Siebert* 1997a, S. 216). Nach dem Zusammenbruch des Weltwährungssystems von Bretton Woods 1973 wurde auch der internationale Kapitalverkehr zunehmend dereguliert. Schließlich beschleunigten die seit den 80er Jahren verstärkten nationalen Privatisierungs- und Deregulierungsbemühungen den weltwirtschaftlichen Integrationsprozeß.

Drittens integrierte die weltweite Diffusion marktwirtschaftlicher Wirtschaftsordnungen neue Wettbewerber in die internationale Arbeitsteilung. Seit Anfang der 70er Jahre vollzogen immer mehr Entwicklungsländer einen entwicklungspolitischen Strategiewandel von der importsubstituierenden Industrialisierung zur Strategie der Weltmarktintegration (vgl. Band 3 Politik, 3. Auflage 1994, Kap. 4.2.2). In Südostasien gelang es einer Reihe von Entwicklungsländern, über Jahrzehnte überdurchschnittliche Wachstumsraten zu erzielen und schließlich zu Schwellenländern aufzusteigen. Kapitel 3.2.3.1 behandelt die Wachstumsregion Südostasien und arbeitet am Beispiel ausgewählter Länder den Zusammenhang zwischen dem sektoralen und dem regionalen Strukturwandel heraus. Als Folge ihrer außenwirtschaftlichen Öffnung konnte die Gruppe der Entwicklungsländer ihren Welthandelsanteil zwischen 1975 und 1995 von 12,1 Prozent auf 23,3 Prozent nahezu verdoppeln (*H. Siebert* 1997a, S. 17). Seit Ende der 80er Jahre öffnen sich zunehmend auch ehemalige Zentralverwaltungswirtschaften (z.B. osteuropäische Staaten, China, Vietnam) dem Weltmarkt.

Während über die Ursachen der Globalisierung weitgehend Einvernehmen herrscht, werden die Konsequenzen der zunehmenden weltweiten Vernetzung kontrovers diskutiert:

Infolge der vertieften internationalen Arbeitsteilung sind *erstens* Wohlfahrtsgewinne für das mondiale Wirtschaftssystem zu erwarten: Durch die verbesserte weltweite Allokation der Produktionsfaktoren steigt deren Produktivität und damit das Pro-Kopf-Einkommen der Welt insgesamt. Der Markterweiterungseffekt ermöglicht es Unternehmen, verstärkt von zunehmenden Skalenerträgen (Economies of scale) zu profitieren. Hinzu kommen dynamische Effekte wie Effizienzgewinne und zunehmender Innovationsdruck durch intensiveren Wettbewerb sowie Anreize zur Ausweitung des Kapitalstocks durch den Import von Investitionsgütern (Akkumulationseffekt, vgl. *R. Baldwin* et al. 1997; *H. Siebert* 1997a, S. 173 ff.).

Zweitens ist eine Intensivierung des Wettbewerbs auf drei Ebenen zu beobachten (*H. Siebert* 1996a, 1997a):

- zwischen Unternehmen, die miteinander auf den internationalen Gütermärkten konkurrieren;
- zwischen immobilen Produktionsfaktoren (v.a. Arbeitskräften), die über komplexe Mechanismen der Güter- und Faktormobilität mit immobilen Faktoren in anderen Teilen der Welt im Wettbewerb stehen;
- zwischen Raumwirtschaftssystemen unterschiedlicher Maßstabsebenen. Im *Standortwettbewerb* konkurrieren kontinentale, nationale und subnationale Wirtschaftsräume auf den internationalen Faktormärkten um mobile Produktionsfaktoren (Kapital, technisches Wissen). Beispielhaft für diesen Wettbewerb ist der „Kampf der Triade" zwischen den drei Makroregionen der Weltwirtschaft (europäischer, amerikanischer und asiatischer Wirtschaftsraum; vgl. *L. C. Thurow* 1992).

Im Standortwettbewerb müssen die in einem Wirtschaftsraum gebundenen immobilen Produktionsfaktoren bestrebt sein, mobile Produktionsfaktoren (externe Wachstumsdeterminanten) zu attrahieren oder deren Abwanderung zu unterbinden, um ihre Einkommenschancen möglichst günstig zu gestalten. So steigert der Zustrom von mobilem Kapital und technischem Wissen in eine Region beispielsweise die Produktivität des immobilen Faktors Arbeit und erhöht dessen Entgelt, den Reallohn. Standortwettbewerb ist also ein Wettbewerb der immobilen um die mobilen Produktionsfaktoren (vgl. *H. Giersch* 1989; *H. Siebert* 1997a, S. 178).

In diesem Zusammenhang läßt sich die Fähigkeit, den immobilen Faktoren im Standortwettbewerb dauerhaft ein hohes Einkommens und Beschäftigungsniveau zu sichern, als *Wettbewerbsfähigkeit* von Raumwirtschaftssystemen interpretieren. Die Wettbewerbsfähigkeit läßt sich messen durch das Bruttoinlandsprodukt pro Kopf, dessen Höhe durch drei Komponenten bestimmt wird (vgl. *Europäische Kommission* 1998b, 1999):

$$\frac{y}{p} = \frac{y}{e} \cdot \frac{e}{p_e} \cdot \frac{p_e}{p} \text{ mit}$$

y Bruttoinlandsprodukt
p Bevölkerung
e Beschäftigung
p_e Bevölkerung im erwerbsfähigen Alter

Die erste Komponente ist das Bruttoinlandsprodukt je Beschäftigten, das unter Vernachlässigung der geleisteten Arbeitsstunden als Arbeitsproduktivität interpretiert werden kann. Daneben wird die Wettbewerbsfähigkeit von der Beschäftigungsquote bestimmt. Der Anteil der Erwerbstätigen an der Gesamtbevölkerung im erwerbsfähigen Alter spiegelt die Fähigkeit eines Raumwirtschaftssystems wider, das regionsinterne Humankapital zu mobilisieren. Die dritte Komponente bildet der Anteil der Bevölkerung im erwerbsfähigen Alter, deren Einfluß auf regionale Variationen im Bruttoinlandsprodukt pro Kopf jedoch gering ist. Ein Raumwirtschaftssystem ist also wettbewerbsfähig, wenn es ein hohes Produktivitätsniveau und einen hohen Beschäftigungsstand aufweist.

Der zunehmende Standortwettbewerb und die Reallokation mobiler Produktionsfaktoren beschleunigt *drittens* den raumwirtschaftlichen Strukturwandel. Die Wohlfahrtsgewinne an Einkommen und Beschäftigung sind ungleich verteilt: Zu den „Gewinnern" der Globalisierung zählen Wirtschaftsräume unterschiedlicher Maßstabsebenen, die den Strukturwandel erfolgreich bewältigen und sich entsprechend ihrer komparativen Vorteile im internationalen Standortwettbewerb positionieren. Wirtschaftsräume, die sich dem beschleunigten Strukturwandel durch Protektionismus zu entziehen versuchen, müssen eine dauerhafte Erosion ihrer Wettbewerbsfähigkeit und damit ihrer Einkommens- und Beschäftigungschancen in Kauf nehmen.

Viertens wird argumentiert, daß die wirtschaftspolitischen Gestaltungsspielräume auf der nationalen und subnationalen Ebene als Folge der Globalisierung abnehmen, da sich mobile Produktionsfaktoren adverser politischer Eingriffe durch Abwanderung entziehen können. Es kommt zu einer „Abstimmung mit den Füßen" im Sinne von *C. Tiebout* (1956) über die Qualität der Wirtschaftspolitik. Einige Autoren wie *R. B. Reich* (1991) oder *K. Ohmae* (1995) halten daher den Nationalstaat als Gestaltungsebene für obsolet. Es gilt jedoch zu bedenken, daß die komparativen Vorteile von Raumwirtschaftssystemen im Standortwettbewerb nur zum Teil durch ihre Ausstattung mit immobilen Produktionsfaktoren (internen Wachstumsdeterminanten) determiniert sind. Die Wettbewerbsfähigkeit von Wirtschaftsräumen ist vielmehr gestaltbar durch

- die Bereitstellung öffentlicher Güter, etwa durch Investitionen in die physische Infrastruktur, Humankapital, Grundlagenforschung oder Umweltschutz (*Infrastrukturwettbewerb*);
- die Besteuerung von immobilen und mobilen Produktionsfaktoren, die zur Finanzierung der öffentlichen Güter notwendig ist (*Steuerwettbewerb*);
- die Ausgestaltung institutioneller Regelungen, welche die Rahmenbedingungen für ökonomische Aktivitäten definieren. Zu den Gestaltungsparametern des *Institutionenwettbewerbs* zählen unter anderem die Verfassung und Rechtsordnung, die Konstitution der Arbeitsmärkte sowie der Bildungs-, Sozial- und Gesundheitssysteme usw. Sie können bis hin zur Abgrenzung von Staat und Wirtschaft reichen.

• *Regionalisierung*

Die Zunahme der internationalen Verflechtungen ging mit weltwirtschaftlichen Strukturveränderungen einher. Nach dem zweiten Weltkrieg besaßen die USA eine Vormachtstellung in der Weltwirtschaft. Noch 1960 vereinten sie 43,2 Prozent des Weltsozialprodukts auf sich. Bis 1997 war dieser Anteil auf 25,7 Prozent gesunken. Während die USA an weltwirtschaftlichem Gewicht verloren, gewannen der europäische und der asiatisch-pazifische Wirtschaftsraum an Bedeutung. Aus der einst monozentrischen Weltwirtschaft entwickelte sich eine polyzentrische Struktur mit den drei Makroregionen der „Triade" (*K. Ohmae* 1985) als Gravitationszentren: Nordamerika, die Europäische Union und der asiatisch-pazifische Wirtschaftsraum erwirtschafteten 1994 jeweils etwa ein Viertel des Weltsozialprodukts und bestritten zusammen 72 Prozent des Welthandels.

Innerhalb und zwischen diesen drei Großräumen läßt sich eine Polarisierung der Handels- und Investitionsströme beobachten. Diese *Regionalisierung* wird teilweise von der Mikroebene der Unternehmen aus gesteuert, wie das Beispiel des asiatisch-pazifischen Wirtschaftsraumes zeigt. In anderen Fällen liegen der Regionalisierung politische Integrationsbemühungen zugrunde (vgl. *H. Nuhn* 1997). Dabei vereinbaren Gruppen von Ländern eine wechselseitige außenhandelspolitische Vorzugsbehandlung, die Nichtmitglieder gegenüber Mitgliedern diskriminiert. Regionale Integrationsprojekte sind nach Art. XXIV des Allgemeinen Zoll- und Handelsabkommens GATT vom Prinzip der Meistbegünstigung ausgenommen, das die Gleichbehandlung aller Handelspartner fordert. Mit ansteigendem Integrationsgrad wird unterschieden zwischen den Integrationsformen der Präferenzzone, der Freihandelszone, der Zollunion, dem gemeinsamen Markt, der Wirtschaftsunion und der politischen Union (vgl. Band 3 Politik, 3. Auflage 1994, S. 100 f.). Zwischen 1947 und 1994 wurden dem GATT 108 solcher regionalen Abkommen gemeldet, davon allein 33 zwischen 1990 und 1994; substantielle Integrationserfolge können jedoch nur wenige von ihnen vorweisen. Das älteste und bislang am weitesten fortgeschrittene Integrationsprojekt ist die Europäische Union (EU), die ihren Ursprung in der 1958 mit sechs Mitgliedern gegründeten Europäischen Wirtschaftsgemeinschaft hat. Seit 1995 umfaßt die EU 15 Mitglieder und erreichte mit der Einführung des Euro als Gemeinschaftswährung zum 1. Januar 1999 den Status einer Wirtschafts- und Währungsunion. Bis etwa 2004 wird die Osterweiterung der EU um die ersten neuen Marktwirtschaften Mitteleuropas angestrebt.

Beispiele für jüngere supranationale Integrationsprojekte sind

- der Verband Südostasiatischer Staaten (ASEAN). Ziel des 1967 gegründeten ASEAN ist die wirtschaftliche, soziale und kulturelle Zusammenarbeit der heute neun Mitgliedstaaten. Die Integrationsfortschritte auf ökonomischem und institutionellen Gebiet sind jedoch bislang gering (vgl. Band 3 Politik, Kapitel 4.3.3). Zwischen sechs Mitgliedern soll bis 2002 eine Freihandelszone für Industrieprodukte entstehen.
- die asiatisch-pazifische wirtschaftliche Zusammenarbeit (APEC). Der 1989 gegründeten APEC gehören neben den USA, Kanada,

Australien, Neuseeland, Japan, China und Rußland 14 weitere Staaten an. 1996 formulierte diese Gruppierung das Ziel, durch den schrittweisen Abbau der Binnenzölle bis 2020 eine Freihandelszone zu errichten.

- der „Gemeinsame Markt des Südens" MERCOSUR, zu dem sich 1991 Argentinien, Brasilien, Paraguay und Uruguay zusammenschlossen. Chile ist durch ein Freihandelsabkommen eingebunden.
- die nordamerikanische Freihandelszone NAFTA, die 1994 zwischen den USA, Kanada und Mexiko in Kraft trat. Langfristig wird eine Integration von NAFTA und MERCOSUR zu einer gesamtamerikanischen Freihandelszone (Free Trade Area of the Americas, FTAA) angestrebt.
- das zentraleuropäische Freihandelsabkommen CEFTA, das 1993 zwischen den sog. Visegrad-Staaten Polen, Ungarn, der Tschechischen Republik und der Slowakischen Republik geschlossen wurde. Der wechselseitige Abbau von Handelshemmnissen, dem sich Slowenien 1996 anschloß, dient der Vorbereitung des von den Mitgliedern angestrebten Beitritts zur EU.

Darüber hinaus bestehen Überlegungen, die EU und die NAFTA zu einer transatlantischen Freihandelszone (TAFTA) zu verbinden. Die Erwartungen zur zukünftigen Entwicklung des Regionalismus sind geteilt. Pessimisten warnen vor einer nach innen gerichteten Entwicklung, die das Weltwirtschaftssystem in gegeneinander abgeschottete supranationale Blöcke zerfallen läßt. Das optimistische Szenario sieht Handelsblöcke als Zwischenschritt auf dem Wege zu einem weltweiten Freihandelsregime an. Wie sich regionale Disparitäten im Verlauf des supranationalen Integrationsprozesses verändern, wird in Kapitel 3.2.3.2 am Beispiel der Europäischen Union dargestellt.

- *Systemtransformation*

Mit dem Zusammenbruch der sozialistischen Planwirtschaften Ende der 80er Jahre trat ein Drittel der Weltbevölkerung neu in den internationalen Standortwettbewerb ein. Fast alle ehemaligen Zentralverwaltungswirtschaften bemühen sich seitdem um eine *Systemtransformation* von der Plan- zur Marktwirtschaft. Ungeachtet aller länderspezifischen Besonderheiten lassen sich drei grundlegende Aufgabenbereiche unterscheiden, die im Zuge der Systemtransformation zu bewältigen sind:

Erstens ist ein breiter politischer und gesellschaftlicher Konsens herzustellen über die Grundzüge, die Lastenverteilung und den zeitlichen Ablauf der Reformen. Dabei ist zwischen Konzepten des schlagartigen Übergangs („Schocktherapie") und gradualistischen Transformationsansätzen zu unterscheiden. *Zweitens* gilt es, geeignete institutionelle Rahmenbedingungen für die Entfaltung privatwirtschaftlicher Initiative zu schaffen. Hierzu zählen die Ordnung der Güter- und Faktormärkte, eine funktionierende Rechts-, Geld- und Eigentumsordnung und der Aufbau einer leistungsfähigen staatlichen Administration sowie nichtstaatlicher Institutionen wie Gewerkschaften oder Unternehmensverbänden. Der *dritte* Aufgabenbereich umfaßt die reale Anpassung der Volkswirtschaft. Produktion, Investition und Beschäftigung sind von den Bedingungen zentraler Planung auf die dezentralen Koordinationsmechanismen einer Marktwirtschaft umzustellen. Es wird allgemein erwartet, daß Volkswirtschaften in der Systemtransformation zunächst einen drastischen Rückgang von Produktion und Beschäftigung hinnehmen müssen (Transformationskrise). Mit dem erfolgreichen Aufbau marktwirtschaftlicher Strukturen schwenken die Volkswirtschaften dann auf einen höheren Wachstumspfad ein (J-Kurven-Effekt).

Bislang ist es nicht gelungen, eine geschlossene und allgemein anerkannte Theorie der Systemtransformation zu entwickeln. Es ist daher sinnvoll, zwischen vier praktizierten Transformationsmodellen zu unterscheiden:

- Das asiatische Modell einer „sozialistischen Marktwirtschaft". Ziel der politischen Führung in der Volksrepublik China und der Volksrepublik Vietnam ist es, im politischen Bereich die kommunistische Diktatur zu erhalten, auf ökonomischem Gebiet zwar noch am Primat der zentralen Lenkung der Wirtschaft festzuhalten, zunehmend aber marktwirtschaftliche Elemente in das Wirtschaftssystem einzuführen.
- Das postsowjetische Modell. Auch ein Jahrzehnt nach ihrem Zerfall läßt sich in den Nachfolgestaaten der UdSSR kein klares Konzept für eine politische Erneuerung und eine ökonomische Systemtransformation erkennen. Die Europäische Bank für Wiederaufbau und Entwicklung beklagt willkürliche und diskriminierende Steuersysteme sowie Korruption in der öffentlichen Verwaltung (*EBWE* 1997). Im August 1998 stürzte Rußland zudem in eine schwere Wirtschaftskrise, für die Beobachter Defizite im Aufbau marktwirtschaftlicher Institutionen verantwortlich machen. Das Bruttoinlandsprodukt war 1998 um 40 Prozent und die Industrieproduktion um 50 Prozent niedriger als 1991. Mit einer auf fast 200

Mrd. US-Dollar verdoppelten Staatsverschuldung steht Rußland am Rande der Zahlungsunfähigkeit, während wesentliche Teile der erwirtschafteten Verkaufserlöse und Unternehmensgewinne illegal ins Ausland transferiert werden, anstatt in die Betriebe zurückzufließen (*A. Polkowski* 1999).

- Das Reformmodell Osteuropas. Die sog. Reformstaaten Mittel- und Osteuropas haben ihre Gesellschaftssysteme grundlegend demokratisiert. Auf ökonomischem Gebiet versuchen sie, im wesentlichen mit endogenen Ressourcen, tragfähige marktwirtschaftliche Strukturen aufzubauen.
- Der Sonderfall Ostdeutschland. Die fünf neuen Bundesländer einschließlich Ost-Berlins sind gemäß Artikel 23 des Grundgesetzes der Bundesrepublik Deutschland beigetreten und wurden damit auch in die Europäische Union integriert. Mit dem Tag der deutschen Vereinigung (3.10.1990) wurde das politische, soziale und ökonomische System der Bundesrepublik auf das Beitrittsgebiet ausgedehnt. Substantielle Transferzahlungen von West- nach Ostdeutschland fördern diese rasche Systemtransformation. Nach anfänglich hohen Wachstumsraten kam der Aufholprozeß Mitte der 90er Jahre jedoch zum Erliegen, als das Wachstum der ostdeutschen Wirtschaft zum Teil sogar hinter das der alten Bundesländer zurückfiel.

In den Kapiteln Wachstumsregion Südostasien (3.2.3.1) und Transformationsregion Mittel- und Osteuropa (3.2.3.3) werden Grundzüge der Transformationsbemühungen in Vietnam, in Ostdeutschland sowie in ausgewählten Ländern Mittel- und Osteuropas behandelt.

Vor dem Hintergrund der weltwirtschaftlichen Entwicklungstendenzen Globalisierung, Regionalisierung und Systemtransformation ist zunächst der raumwirtschaftliche Differenzierungsprozeß auf der mondialen Maßstabsebene zu untersuchen. Kapitel 3.2.2 beschreibt die Struktur und die Veränderung sozioökonomischer Disparitäten im Weltmaßstab. Besondere Berücksichtigung finden dabei die Einkommensdisparitäten zwischen Industrie- und Entwicklungsländern sowie die Position der Bundesrepublik Deutschland im internationalen Standortwettbewerb. In Kapitel 3.2.3 werden schließlich die Auswirkungen globaler Entwicklungstendenzen (Weltmarktintegration, regionale Integration, Systemtransformation) auf den raumwirtschaftlichen Differenzierungsprozeß auf der kontinentalen, nationalen und subnationalen Ebene dargestellt.

3.2.2 Mondiale Maßstabsebene

Für die Welt, die als interdependentes Raumsystem zu verstehen ist, werden zunächst in Kap. 3.2.2.1 Ausmaß und Dynamik von Disparitäten in der sozioökonomischen Entwicklung beschrieben. Die festgestellten Disparitäten im sozioökonomischen Entwicklungsstand und in der Entwicklungsdynamik lassen sich erklären aus der räumlich unterschiedlichen Verteilung und Mobilisierung interner Determinanten sowie der Wirkung externer Wachstumsdeterminanten. Kap. 3.2.2.2 behandelt exemplarisch einige jener Determinanten, die den weltwirtschaftlichen Differenzierungsprozeß nachhaltig beeinflussen.

3.2.2.1 Disparitäten in der sozioökonomischen Entwicklung

Im Zeitraum 1965-1997 wuchs die Weltbevölkerung von 3,3 Mrd. auf 5,8 Mrd. Menschen an, das entspricht einer durchschnittlichen jährlichen Wachstumsrate von 1,8 Prozent. Das reale Bruttoinlandsprodukt erhöhte sich im gleichen Zeitraum um durchschnittlich 3,6 Prozent und betrug 1997 28,2 Bio. US-Dollar. Daraus ergibt sich ein mittleres Wachstum des weltweiten Pro-Kopf-Einkommens von jährlich 1,7 Prozent auf rund 4 800 US-Dollar. Diese errechnete Verbesserung des materiellen Wohlstands der Weltbevölkerung sagt nichts darüber aus, daß obige langfristige Wachstumsprozesse räumlich differenziert ablaufen. Für alle Länder der Erde mit über einer Million Einwohner ist für 1994 in Abb. 3.10 die Bevölkerungsgröße und in Abb. 3.11 das Bruttosozialprodukt zu Marktpreisen dargestellt. Allein der optische Vergleich der absoluten Größen in beiden Karten zeigt die Diskrepanz in der räumlichen Verteilung von Bevölkerungspotential und Wirtschaftskraft. Beispielsweise leben in den zwei volkreichsten Staaten der Erde, in der Volksrepublik China und in Indien, zusammen 38 Prozent der Weltbevölkerung; ihr Anteil am Bruttosozialprodukt liegt bei 3,7 Prozent. Die USA hingegen erstellte, bei einem Bevölkerungsanteil von 4,7 Prozent, fast 27 Prozent des Weltsozialprodukts. Die Konzentrationskurve (Abb. 3.12), in der für alle Länder der Erde mit über einer Million Einwohnern auf der Abszisse die kumulierten Prozentanteile der Bevölkerung und auf der Ordinate die kumulierten Prozentanteile des Bruttosozialprodukts zu Marktpreisen abgetragen sind, verdeutlicht die extrem ungleiche Einkommensverteilung in der Welt. Auf drei Viertel der Weltbevölkerung entfielen lediglich 11 Prozent, auf das ärmste Drittel sogar nur 2

Prozent des Bruttosozialprodukts. Die Länder mit dem niedrigsten Pro-Kopf-Einkommen liegen, wie aus Abb. 3.13 zu ersehen ist, in Afrika sowie in Asien. Die höchsten Pro-Kopf-Einkommen erzielten die westlichen Industriestaaten und einige Mitglieder der OPEC sowie die Stadtstaaten Hongkong und Singapur in Südostasien. Die disparitäre Einkommensverteilung veranschaulicht auch folgender Vergleich: Der gewogene Durchschnitt des Pro-Kopf-Einkommens der sieben führenden Industrienationen (G7: Deutschland, Frankreich, Großbritannien, Italien, Japan, Kanada, USA) war 1977 61mal so hoch wie der der sieben einkommensschwächsten Länder; bis 1997 stieg diese Relation auf 232 : 1 an. In Abb. 3.14 werden die Pro-Kopf-Einkommenswerte nicht wie in Abb. 3.13 in eine Weltkarte eingetragen, die die Länder entsprechend ihrer arealen Ausdehnung zeigt, sondern zur Bevölkerungsgröße in Beziehung gesetzt. Sehr deutlich tritt die Armut in den bevölkerungsreichen Ländern Asiens (z. B. Pakistan, Indien, Bangladesch, China, Indonesien) hervor.

Zur Frage, wie sich die Einkommensdisparitäten im Weltmaßstab unter den Bedingungen der Globalisierung langfristig verändern, werden in der ökonomischen Wachstumstheorie zwei gegensätzliche Thesen diskutiert. Während die Konvergenzthese eine Angleichung der Wirtschaftskraft unterschiedlich entwickelter Regionen erwartet, sagt die Divergenzthese eine weitere Auseinanderentwicklung voraus (vgl. *R. J. Barro, X. Sala-i-Martin* 1995; *C. Molitor* 1997, S. 325 ff.).

Die *Konvergenzthese* fußt auf der Annahme der neoklassischen Außenhandelstheorie, daß die freie Mobilität von Gütern, Dienstleistungen und Produktionsfaktoren unter bestimmten restriktiven Voraussetzungen zum vollständigen Ausgleich der Faktorpreise und damit der Pro-Kopf-Einkommen zwischen den Ländern führt (vgl. Band 1 Theorie, 7. Auflage 1998, S. 130 ff.). Als entscheidende Wachstumsdeterminante gilt dabei die Akkumulation des Produktionsfaktors Kapital. Während der Kapitalbestand einer Volkswirtschaft im Laufe der sozioökonomischen Entwicklung immer weiter aufgestockt wird, leistet jede zusätzliche Einheit Kapital einen geringeren Wachstumsbeitrag als die vorhergehende Einheit. Die Grenzproduktivität des Kapitals nimmt ab. Folglich müßten weniger entwickelte Länder mit einem niedrigen Kapitalstock eine höhere Grenzproduktivität und damit höhere Wachstumsraten aufweisen als entwickelte Volkswirtschaften. Mobiles Kapital strömt dorthin, wo es die höchste Grenzproduktivität erzielt, bis die eingangs bestehenden Produktivitäts- und Einkommensunterschiede in einem Gleichgewichtszu-

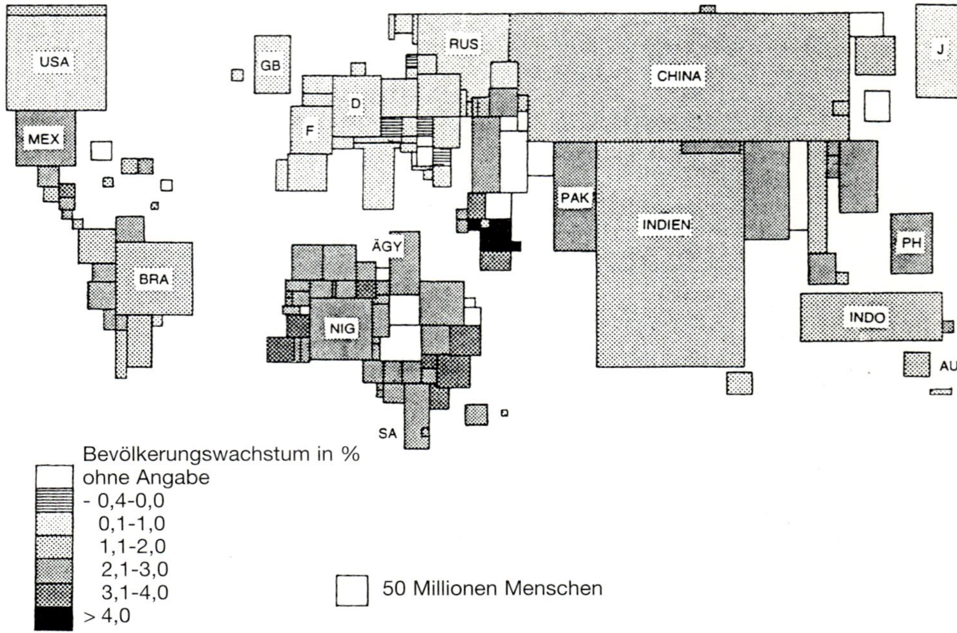

Abb. 3.10 Bevölkerungsgröße 1995 und Bevölkerungswachstum 1980-1995 in Ländern mit mehr als einer Million Einwohner

Quelle: *Weltbank* (Weltentwicklungsbericht 1997)

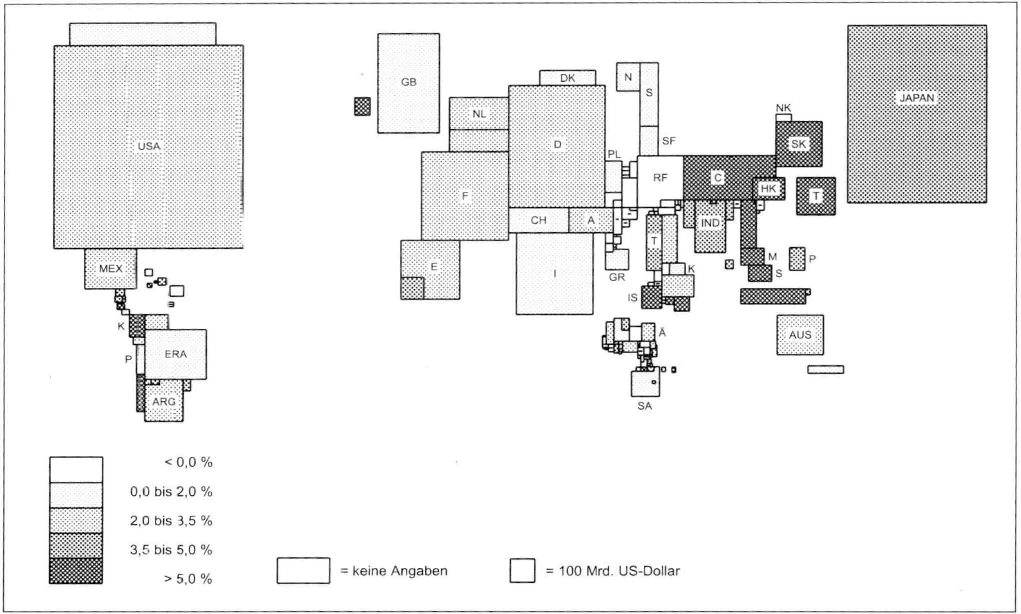

Abb. 3.11 Bruttosozialprodukt zu Marktpreisen, 1994, und reale Wachstumsraten, 1985-1994, Länder mit über einer Million Einwohner

Quelle: *Weltbank* (Weltentwicklungsbericht 1996, The World Bank Atlas 1996)

stand („Steady state") nivelliert sind. Der Entwicklungsrückstand verringert sich durch das schnellere Wachstum der weniger entwickelten Regionen; ein solcher Aufholprozeß wird als Beta-Konvergenz bezeichnet. Ein alternatives Konvergenzmaß stellt die mit Hilfe der gewogenen Standardabweichung gemessene Streuung der Pro-Kopf-Einkommen im Zeitablauf dar, die sogenannte Sigma-Konvergenz. Eine abnehmende Standardabweichung ist nach diesem Konzept gleichbedeutend mit einer Konvergenz der Pro-Kopf-Einkommen. Die Globalisierung beschleunigt diese Aufholprozesse, wenn es den weniger entwickelten Ländern gelingt, mobile Produktionsfaktoren (Kapital, technisches Wissen) zu attrahieren, deren Grenzproduktivität angesichts der dort vorherrschenden Knappheiten relativ hoch ist. Der Zugang zu den internationalen Faktormärkten verbessert also die Chancen der ärmeren Länder, ihren Einkommensrückstand gegenüber den Industrieländern zu verringern.

In der von *R. Solow* (1956) begründeten neoklassischen Wachstumstheorie wird die Aussage des beschriebenen Faktorpreisausgleichsmechanismus modifiziert: Nur Länder mit ähnlichen Faktorausstattungen und Technologien streben langfristig identischen Pro-Kopf-Einkommen entgegen. Sie konvergieren zu einem Gleichgewichtswachstum, das nur vom exogen bestimmten technischen Fortschritt abhängt. Innerhalb eines solchen „Konvergenzklubs" (*W. Baumol* 1986) findet ein absoluter Konvergenzprozeß statt. Länder mit sehr unterschiedlichen Ausgangsbedingungen streben dagegen nicht dem gleichen „Steady state" entgegen. Sie gehören verschiedenen Konvergenzklubs an, in denen jene Länder am schnellsten wachsen, die am weitesten von ihrem Gleichgewicht entfernt sind (bedingte bzw. konditionale Konvergenz). Legt man unterschiedliche Faktorausstattungen und Technologien zugrunde, ist demnach auch langfristig nicht mit einer Angleichung der Pro-Kopf-Einkommen in Industrie- und Entwicklungsländern zu rechnen.

Vertreter der *Divergenzthese* stützen sich auf polarisationstheoretische Überlegungen (vgl. Band 1 Theorie, 7. Auflage 1998, Kap. 2.3.5) sowie auf Argumente der sog. neuen Wachstumstheorie. Jüngeren Polarisationsmodellen zufolge profitieren die etablierten Wirtschaftszentren durch externe Ersparnisse sowie durch die unvollständige räumliche Wissensdiffusion von der Globalisierung. Die Bündelung von Humankapital und technischem Wissen in den Zentren kann einen kumulativen Prozeß auslösen, wenn sich neue Unternehmen in den Zentren niederlassen, um diese Agglomerationsvorteile zu nutzen. Innovative Unternehmen wandern zunehmend in die Zentren ab, während standardisierte Wirtschaftsaktivitäten mit geringem Wachstumspotential in den weniger entwickelten Ländern verbleiben. Die Einkommensunterschiede zwischen den Zentren der Weltwirtschaft und der Peripherie verschärfen sich (vgl. *P. Nunnenkamp* 1997, S. 191). Zu ähnlichen Aussagen gelangen Vertreter der neuen Wachstumstheorie, die einige offensichtlich realitätsferne Annahmen neoklassischer Wachstumsmodelle aufgeben. So können externe Effekte bei der Akkumulation von Produktionsfaktoren (insbesondere Humankapital und technisches Wissen, aber auch Sachkapital) trotz weiterhin abnehmender privater Grenzerträge zu konstanten oder sogar steigenden gesellschaftlichen Grenzerträgen führen, die eine Konvergenz der Pro-Kopf-Einkommen verhindern können.

Eine Integration von Konvergenz- und Divergenzthese leisten *P. R. Krugman* und *A. J. Venables* (1995). Im Mittelpunkt ihres Modells stehen Agglomerationsvorteile sowie abnehmende Transport- und Kommunikationskosten. Sinken die Kosten der Raumüberwindung unter einen bestimmten Wert, setzt der Güteraustausch zwischen den Ländern ein und eine internationale Arbeitsteilung entwickelt sich. Externe Ersparnisse durch die räumliche Nähe wirtschaftlicher Aktivitäten führen zur Herausbildung von Zentrum-Peripherie-Strukturen – die Einkommensdisparitäten im Weltmaßstab nehmen zu. Im Zeitablauf läßt der technische Fortschritt im Transport- und Kommunikationssektor die Raumüberwindungskosten weiter absinken, so daß die relative Bedeutung von Agglomerationsvorteilen abnimmt. Länder mit niedrigem Entwicklungsstand und Lohnniveau profitieren von diesen zentrifugalen Tendenzen, indem sie arbeitsintensive ökonomische Aktivitäten aus den entwickelten Ländern abziehen und so ihren Entwicklungsrückstand verringern. Im Zuge der Globalisierung der Weltwirtschaft wird daher zunächst eine Divergenz, später jedoch eine Konvergenz der realen Pro-Kopf-Einkommen erwartet. Es ist nun anhand der vorliegenden Daten empirisch zu überprüfen, ob auf der mondialen Maßstabsebene Konvergenz- oder Divergenzprozesse überwiegen.

Abb. 3.12 weist auf eine Zunahme der Einkommensdisparitäten auf mondialer Maßstabsebene hin. Während der Verlauf der beiden Konzentrationskurven der Jahre 1960 und 1977 keine signifikanten Veränderungen erkennen läßt, zeigen die Konzentrationskurven von 1989 und 1994 eine deutliche Verschlechterung der Einkommensverteilung. Folgende Verteilungsmaßzahlen bestätigen dieses Ergebnis:

Die Standardabweichung des logarithmierten Pro-Kopf-Einkommens stieg nach Berechnungen der *Weltbank* zwischen 1960 und 1990 von 0,86 auf 1,1 an (Sigma-Divergenz; *L. Pritchett* 1996, S. 39), und auch der Gini-Koeffizient des Pro-Kopf-Einkommens nahm von 0,66 (1965) über 0,68 (1980) bis 0,74 (1994) zu (*UNCTAD* 1997, S. 81).

Der Vergleich der Höhe des Pro-Kopf-Bruttosozialprodukts (1994) mit der durchschnittlichen jährlichen Zuwachsrate des realen Pro-Kopf-Einkommens (1965 bis 1994) der 92 in Abb. 3.15 dargestellten Länder bestätigt diese Ergebnisse. Im Beobachtungszeitraum besteht praktisch keine Korrelation zwischen der Höhe und dem Wachstum des Pro-Kopf-Einkommens, d.h. es ist keine Beta-Konvergenz nachweisbar. Für die fünf ausgewiesenen Ländergruppen lassen sich jedoch Unterschiede erkennen, wobei diese innerhalb der Ländergruppen größer sind als zwischen ihnen. Für die ehemaligen Staatshandelsländer Osteuropas sind keine Wachstumsraten ausgewiesen.

Die Mehrzahl der wirtschaftlich hochentwickelten westlichen Industrieländer erreichte im Zeitraum 1965-1994 einen durchschnittlichen Anstieg des realen Pro-Kopf-Einkommens von 1,5 bis 4,0 Prozent. Vergleichbare Wachstumsraten erzielten sonst im wesentlichen nur die Länder Asiens, von denen Singapur und Südkorea Wachstumsraten von mehr als 6 Prozent realisieren konnten. In den verbleibenden drei Gruppen lagen die Wachstumsraten zwischen plus 5,5 und minus 4 Prozent. Allein in Afrika hatten 12 Staaten im Durchschnitt negative Wachstumsraten, und das über einen Zeitraum von 29 Jahren. Zwar lagen viele Entwicklungsländer über dem Weltdurchschnitt, jedoch ist dabei folgendes zu beachten: Selbst wenn es beispielsweise Thailand gelänge, das Wachstumstempo der Vergangenheit (im Durchschnitt 8,6 Prozent zwischen 1985 und 1994) auch in Zukunft beizubehalten, würde das Land erst in 29 Jahren zum Einkommensniveau der USA des Jahres 1994 aufschließen und erst nach 35 Jahren gleichziehen, wenn bis dahin die USA mit der durchschnittlichen Wachstumsrate der Zeit von 1985 bis 1994 (1,3 Prozent) weiterwachsen würde. Daraus ergibt sich, daß selbst Länder mit einer hohen durchschnittlichen Wachstumsrate des Pro-Kopf-Einkommens für viele Jahre hinter den Industrieländern zurückbleiben, wenn sie einen niedrigen absoluten Ausgangswert besitzen. Entscheidend für eine Annäherung der Pro-Kopf-Werte zwischen Entwicklungs- und Industrieländern und damit für eine Verringerung der weltweiten Disparitäten ist die absolute Zunahme pro Kopf und Jahr. Dies ver-

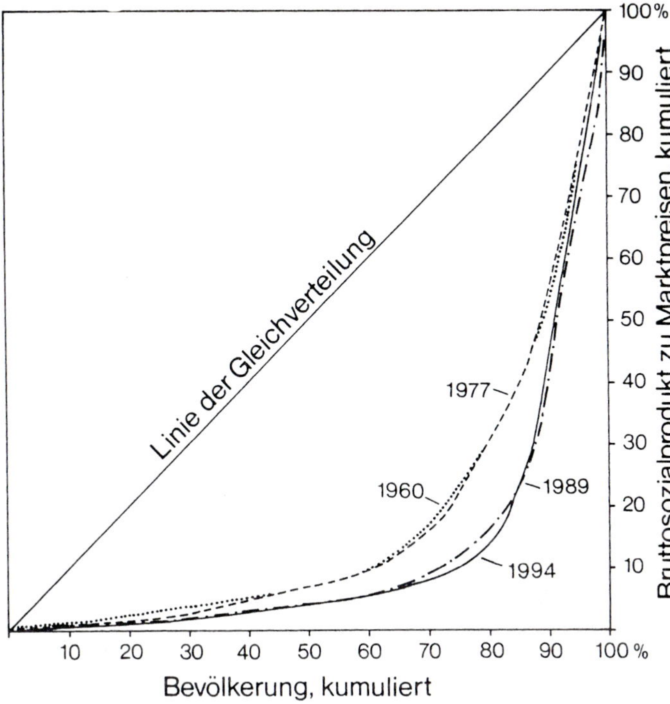

Abb. 3.12 Konzentrationskurven 1960, 1977, 1989, 1994; Länder mit über einer Million Einwohner

Quelle: *Weltbank* (Weltentwicklungsbericht, div. Jg.)

deutlichen die beiden Kurven in Abb. 3.15, die für zwei Werte die absolute Zunahme des Pro-Kopf-Einkommens pro Jahr in Abhängigkeit von der absoluten Höhe des Pro-Kopf-Bruttosozialprodukts und der durchschnittlichen realen Wachstumsrate darstellen[1]. Sie zeigen, daß sich der Abstand zwischen den meisten Industrieländern und allen anderen Ländern der Erde zwischen 1965 und 1994 im Durchschnitt ständig vergrößerte. Lediglich die fünf Länder Hongkong,

[1] Die hier und im folgenden verwendeten Ländergruppierungen sind am Ende des Kapitels 3.2.2 wiedergegeben.

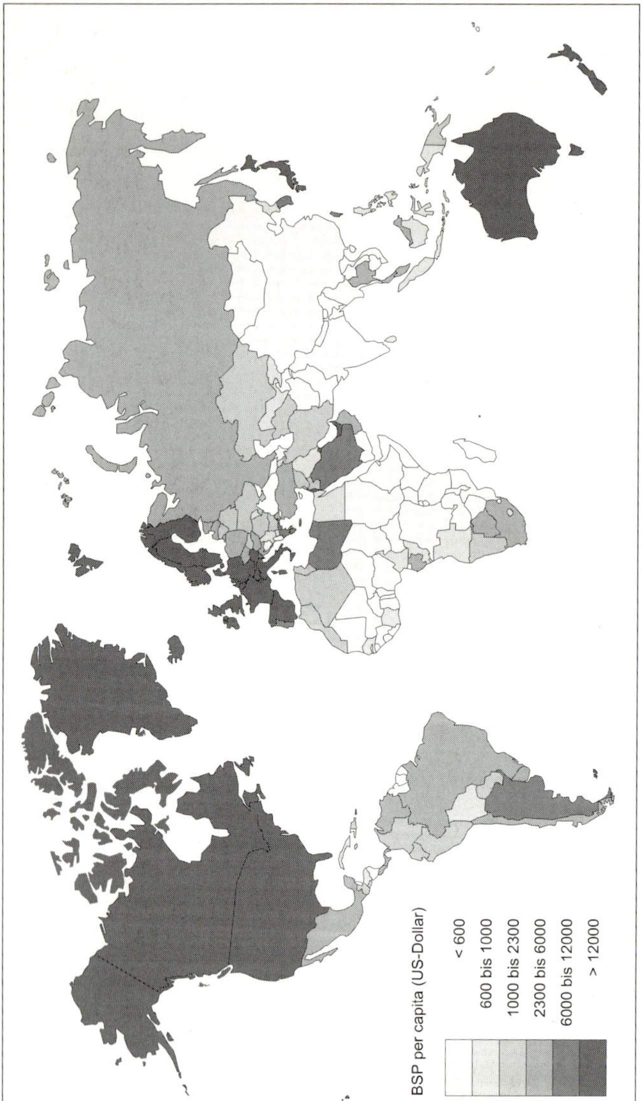

Abb. 3.13 Pro-Kopf-Bruttosozialprodukt zu Marktpreisen, 1994
Quelle: *Weltbank* (Weltentwicklungsbericht 1996)

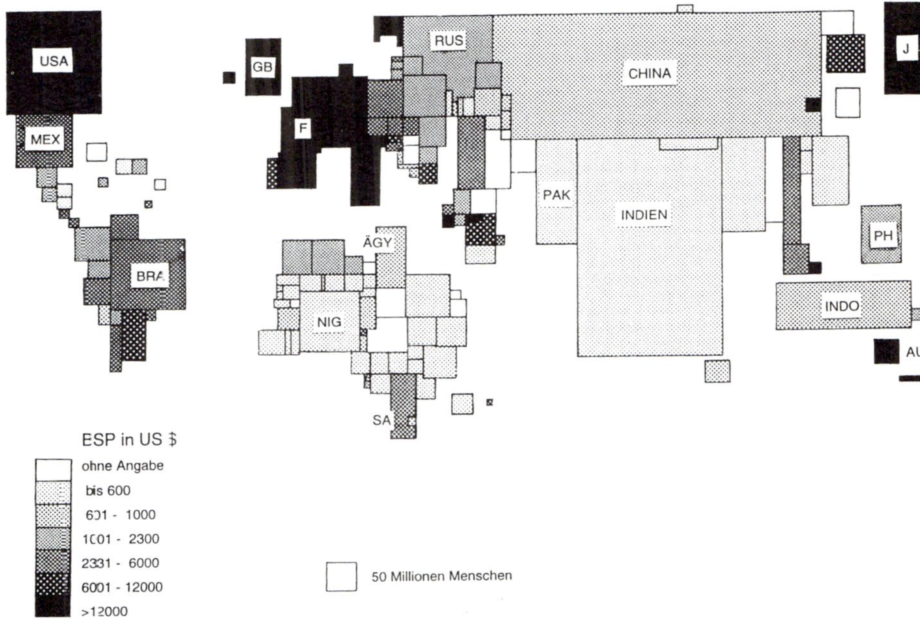

Abb. 3.14 Bevölkerungsgröße und Pro-Kopf-Bruttosozialprodukt zu Marktpreisen 1995
Quelle: *Weltbank* (Weltentwicklungsbericht 1997)

Singapur, Südkorea, Oman und Saudi-Arabien konnten bei dieser dramatischen Entwicklung mithalten.

Empirische Analysen zur langfristigen Entwicklung von regionalen Disparitäten in der sozioökonomischen Entwicklung bedienen sich überwiegend regressionsanalytischer Verfahren. Sie untersuchen analog zu Abb. 3.15 den Zusammenhang zwischen dem Pro-Kopf-Einkommen im Basisjahr als unabhängiger Variable und dessen Wachstum im Beobachtungszeitraum als abhängiger Variable[1]. Ist dieser Zusammenhang

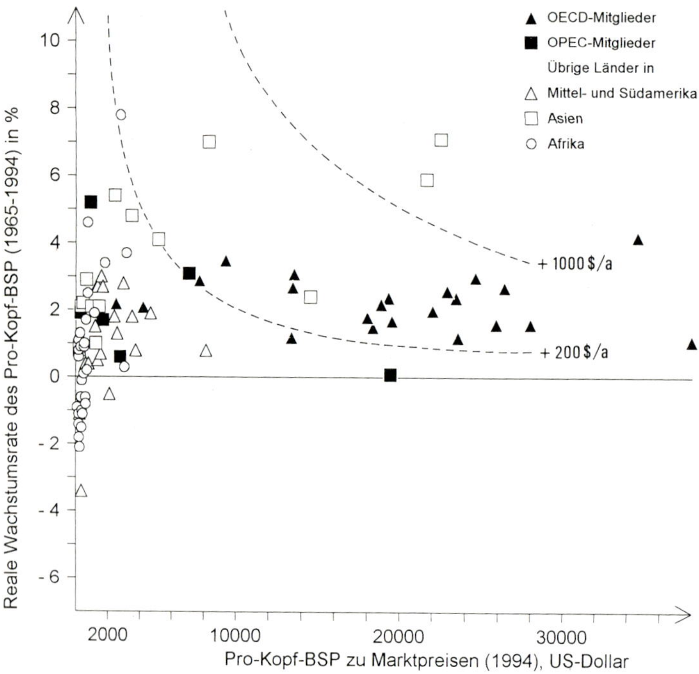

Abb. 3.15 Beziehungen zwischen Pro-Kopf-Bruttosozialprodukt zu Marktpreisen, 1994, und durchschnittliche jährliche Zuwachsrate des realen Pro-Kopf-Einkommens, 1965-1994, 92 Länder mit über einer Millionen Einwohner

Quelle: *Weltbank* (Weltentwicklungsbericht 1987, 1996)

[1] Eine umfassende Einführung in die Regressionsanalyse findet sich bei *G. Bahrenberg*, *E. Giese* und *J. Nipper* (1999, S. 135 ff.).

negativ, wachsen arme Länder schneller als reiche – die Unterschiede im Pro-Kopf-Einkommen verringern sich, es liegt Beta-Konvergenz vor. *R. J. Barro* und *X. Sala-i-Martin* (1995, S. 420 ff.) konnten in ihrer Analyse aller Länder auf der mondialen Maßstabsebene jedoch keine Konvergenz nachweisen. Die vorliegenden Ergebnisse deuten dagegen auf einen Zusammenhang zwischen dem Grad der Integration von Regionen durch Güter- und Faktormobilität und ihrer realwirtschaftlichen Konvergenz hin. Während die Konvergenzthese auf der subnationalen Ebene sowie für Gruppen relativ homogener und integrierter Länder (Konvergenzklubs) Bestätigung findet, nehmen die Einkommensdisparitäten zwischen armen und reichen Ländern weiter zu.

R. Barro und *X. Sala-i-Martin* (1995, S. 382-413) errechneten für subnationale Gebietseinheiten in den USA (1880-1990), Japan (1930-1990) und in der Europäischen Union (1950-1990) Konvergenzraten von zwei bis drei Prozent. Das bedeutet, daß in jedem Jahr durchschnittlich zwei bis drei Prozent der im Vorjahr bestehenden Einkommensunterschiede abgebaut werden. Damit sind die eingangs bestehenden Disparitäten nach 25 bis 35 Jahren zur Hälfte eingeebnet. Entsprechend dem neoklassischen Wachstumsmodell kommt es in diesem Konvergenzszenario lediglich zu einer asymptotischen Annäherung der Einkommensniveaus; ein Überholen („Leapfrogging") ist dagegen nicht möglich. Zwischen Gruppen homogener Volkswirtschaften laufen diese Konvergenzprozesse deutlich langsamer ab als auf der nationalen Ebene. Eine Untersuchung der OECD-Staaten für den Zeitraum von 1870 bis 1993 ermittelte eine Konvergenzrate von nur einem Prozent (vgl. *H. Siebert* 1997a, S. 110 f.). In Integrationsräumen schließlich verlaufen Konvergenzprozesse zwar langsamer als auf subnationaler Ebene, aber schneller als zwischen nicht integrierten Volkswirtschaften. *I. P. Thomas* (1995) ermittelte für die Staaten der Europäischen Union eine jahresdurchschnittliche Konvergenzrate von 1,6 Prozent zwischen 1975 und 1992.

Trotz der in Kapitel 3.1.1 ausführlich diskutierten meßtechnischen, definitorischen und wohlfahrtstheoretischen Schwächen der Volkswirtschaftlichen Gesamtrechnung verdeutlichen die bislang vorgestellten empirischen Ergebnisse die im Weltmaßstab bestehenden und sich weiter verschärfenden extremen Disparitäten in der ökonomischen Leistungskraft. Die Ergebnisse lassen auch die generelle Aussage zu, daß zwischen den Ländern der Erde gravierende Unterschiede im materiellen Wohlstand bestehen und daß es nur wenigen Entwicklungsländern gelingt, den Einkommensrückstand gegenüber den Industrieländern zu verringern; für die meisten Länder verschärfen sich die Einkommensdisparitäten besorgniserregend, legt man die Werte der Industrieländer als Zielgröße an. Zur Beschreibung der internationalen Unterschiede in der sozioökonomischen Entwicklung ist es notwendig, zusätzlich die Zusammensetzung des Volkseinkommens darzustellen und in einem weiteren Schritt Indikatoren aus der gesellschaftlichen Berichterstattung in die Untersuchung einzubeziehen.

Für viele Länder der Erde liegen Daten zur Einkommensentstehung sowie zur personellen und regionalen Einkommensverteilung vor. Wie bereits behandelt, werden die von den Wirtschaftssektoren produzierten Güter und bereitgestellten Dienstleistungen im Bruttoinlandsprodukt zu Marktpreisen erfaßt. In Abb. 3.16 sind für 99 Länder die prozentualen Beiträge der Wirtschaftssektoren – gegliedert in primärer Sektor (Landwirtschaft, Forstwirtschaft, Fischerei), sekundärer Sektor (Bergbau, Industrie, Baugewerbe, Energiewirtschaft) und tertiärer Sektor (alle übrigen Wirtschaftsbereiche) – zum Bruttoinlandsprodukt 1994 dargestellt. Aus der Lage der Länder im Strukturdreieck lassen sich Rückschlüsse auf das Entwicklungsstadium ziehen. Für die in der Abbildung ausgewiesenen Ländergruppen sind charakteristische Verteilungsmuster erkennbar. Die westlichen Industrieländer kennzeichnen niedrige Anteilswerte der Agrarwirtschaft und hohe Anteile des tertiären Sektors, die in der Regel die Anteile des sekundären Sektors übersteigen. Ähnlich hohe Anteile des tertiären Sektors besitzen die meisten Länder Mittel- und Südamerikas, die innerhalb ihrer Ländergruppe – vergleichbar mit den westlichen Industrieländern – die geringsten Unterschiede in der Sektoralstruktur aufweisen.

Sehr inhomogen ist dagegen die Gruppe der OPEC-Mitglieder, welche im wesentlichen nur die Förderung großer Mengen an Erdöl gemeinsam haben, und die Länder Asiens, die durch ihre geographische Lage eine Gruppe bilden, ansonsten aber durch unterschiedliche Kulturen, Werte und Entwicklungsstände gekennzeichnet sind. Trotz größerer Unterschiede lassen sich bei der Mehrzahl der afrikanischen Länder überproportionale Anteile des primären Sektors feststellen, die überwiegend zu Lasten der Industrie gehen. Die Gruppe der sich im Übergang zur Marktwirtschaft befindenden ehemaligen Zentralverwaltungswirtschaften ist durch ein großes Gewicht des sekundären Sektors gekennzeichnet, wogegen der tertiäre Sektor relativ schwach ausgeprägt ist. Die Sektoralstruktur der Transformationsländer ist jedoch durch Jahrzehnte der bürokratischen Zuteilung verzerrt: Vor allem die Schwerindustrie wurde beträchtlich aufgebläht, während

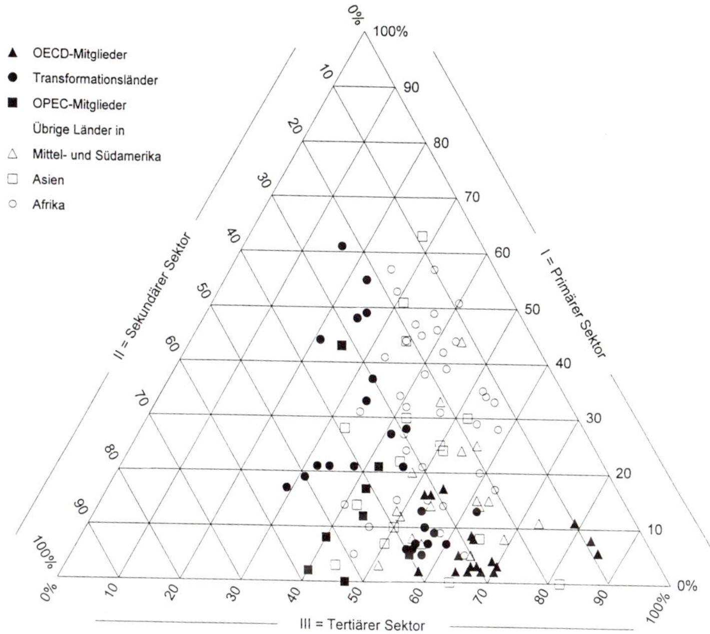

Abb. 3.16 Anteil der Wirtschaftssektoren am Bruttoinlandsprodukt zu Marktpreisen, 1994; 116 Länder mit über einer Million Einwohner
Quelle: *Weltbank* (Weltentwicklungsbericht 1996)

weite Teile des tertiären Sektors, der marxistischen Ideologie entsprechend, vernachlässigt wurden.

Werden die Anteile der Sektoren am Bruttoinlandsprodukt mit dem Pro-Kopf-Einkommen in Beziehung gesetzt, so läßt sich generalisierend festhalten, daß mit zunehmendem Pro-Kopf-Einkommen der Anteil des Agrarsektors abnimmt (Abb. 3.17) und der Anteil des sekundären Sektors zunächst ansteigt, aber mit der späteren Zunahme des tertiären Sektors wieder leicht zurückgeht (vgl. Band 1 Theorie, 7. Auflage 1998, Kap. 2.3.6).

Aber auch innerhalb der Sektoren verändert sich die Struktur mit dem Pro-Kopf-Einkommen. In Abb. 3.18 ist dies für zwei charakteristische Wirtschaftsbereiche dargestellt. Ein deutliches Muster wird erkennbar: Bei niedrigen Pro-Kopf-Einkommen liegt der Anteil der

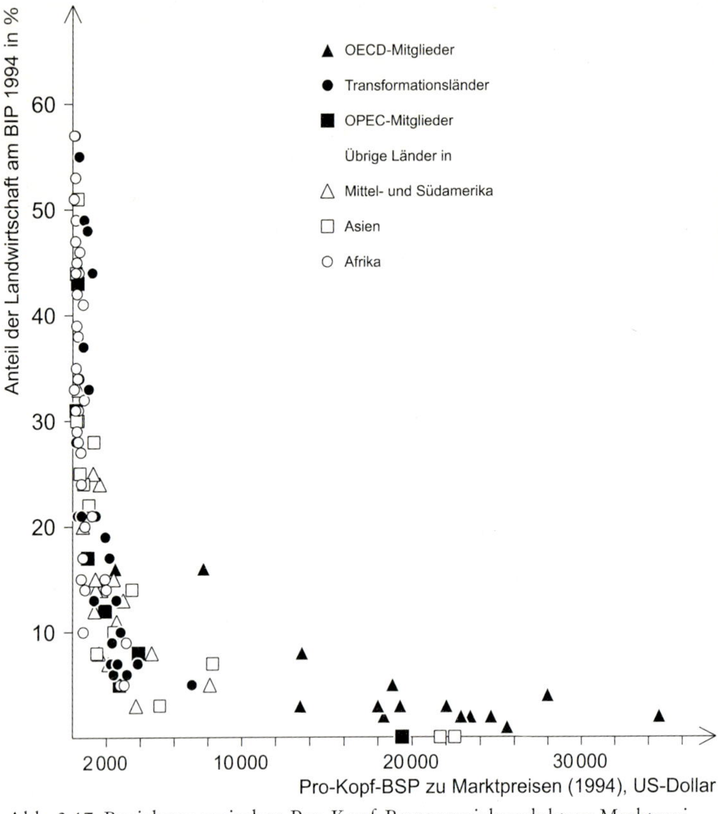

Abb. 3.17 Beziehung zwischen Pro-Kopf-Bruttosozialprodukt zu Marktpreisen und Anteil des Agrarsektors am Bruttoinlandsprodukt, 1994; 114 Länder mit über einer Million Einwohner

Quelle: *Weltbank* (Weltentwicklungsbericht 1996)

Wirtschaftszweige Textilien und Bekleidung an der Wertschöpfung des Verarbeitenden Gewerbes überwiegend zwischen fünf und zwanzig Prozent, bei hohen Einkommensanteilen unter zehn Prozent. Für die Wirtschaftszweige Maschinenbau, Elektrotechnik und Fahrzeuge ergibt sich, verallgemeinernd betrachtet, ein entgegengesetztes Muster. Bei niedrigen Pro-Kopf-Einkommen ist der Anteil an der Wert-

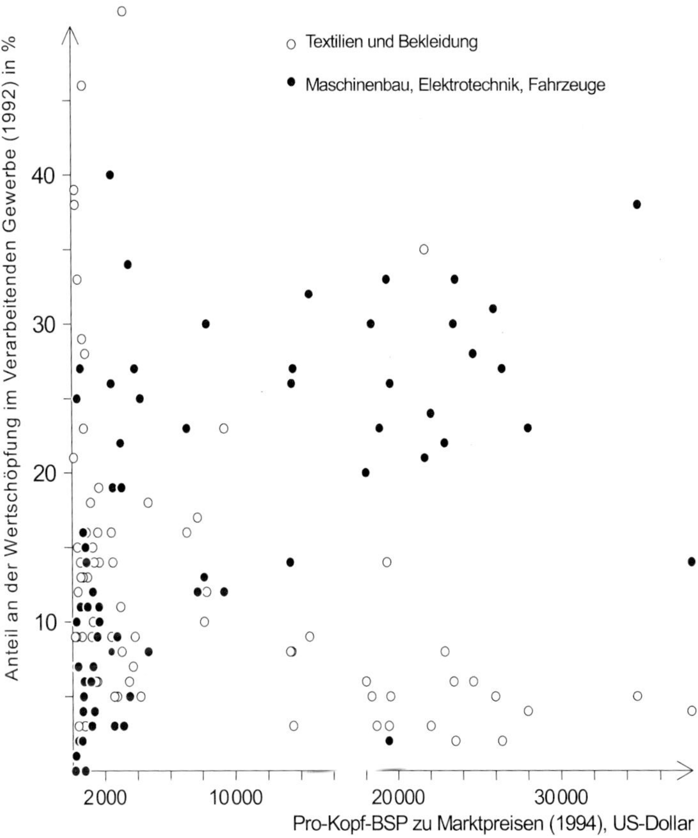

Abb. 3.18 Beziehung zwischen Pro-Kopf-Bruttosozialprodukt zu Marktpreisen 1994 und Anteil ausgewählter Wirtschaftszweige an der Wertschöpfung im Verarbeitenden Gewerbe 1992; 71 Länder mit über einer Million Einwohner

Quelle: *Weltbank* (Weltentwicklungsbericht 1995, 1996)

schöpfung breit gestreut mit einem Schwerpunkt bei niedrigen Anteilen. Bei Pro-Kopf-Einkommen oberhalb von 10 000 Dollar liegt der Anteil in fast allen Fällen über 20 Prozent.

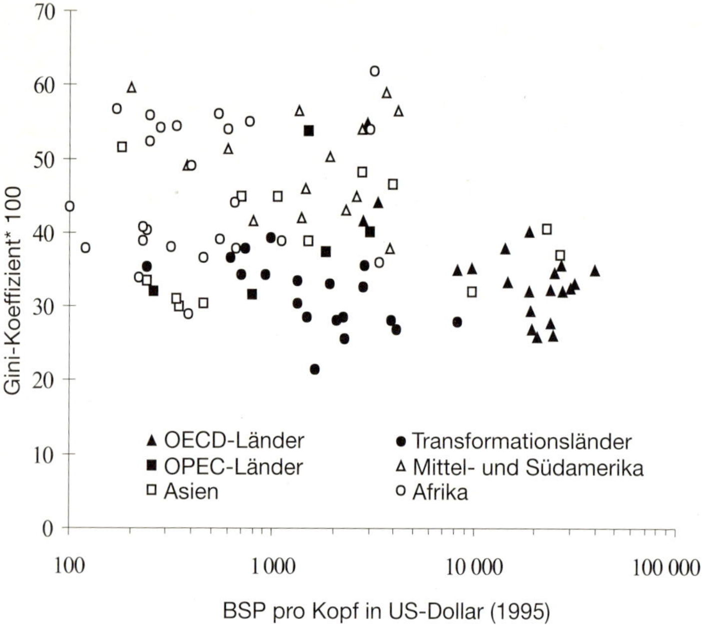

Abb. 3.19 Beziehung zwischen Bruttosozialprodukt pro Kopf, 1995, und personeller Einkommensverteilung gemessen am Gini-Koeffizienten, Erhebungsjahre zwischen 1981 und 1995; 98 Länder; Einkommensskala logarithmiert

Quelle: *Weltbank* (Weltentwicklungsbericht 1997), *Weltbank*-Datenbank (vgl. *K. Deininger*, *L. Squire* 1996)

Bei internationalen Wohlstandsvergleichen ist die innerhalb der einzelnen Länder bestehende Verteilung des Volkseinkommens auf Einzelpersonen bzw. Personengruppen (*personelle Einkommensverteilung*) zu berücksichtigen. Der Grad der Einkommenskonzentration wird mittels des Konzentrationsmaßes nach Gini (G) dargestellt. Im Falle völliger Gleichverteilung ist der Gini-Koeffizient 0; mit zunehmender Ungleichverteilung strebt er gegen 1 (vgl. Kapitel 3.1.3.1). In Abb. 3.19 ist für 98 Länder der Gini-Koeffizient eingezeichnet, überwiegend basierend auf der Verteilung der Haushaltseinkommen. Es wird deutlich, daß die Mehrzahl der westlichen Industrieländer relativ niedrige Gini-Koeffizienten zwischen 0,26 und 0,42 aufweisen. Innerhalb dieser Gruppe ließ sich vor allem in Großbritannien und in den USA in den 80er Jahren eine Zunahme dieses Konzentrationsmaßes um neun bzw. drei Prozentpunkte beobachten. Für Westdeutschland blieb der Gini-Koeffizient der Haushaltsnettoeinkommen in den 80er Jahren relativ konstant, nahm jedoch seit 1991 leicht zu und betrug 1995 0,32 bzw. 0,29 bei Gewichtung entsprechend der Haushaltsgröße (*I. Becker* 1997, S. 692).

Unter Ökonomen ist umstritten, ob und in welchem Ausmaß zunehmende personelle Einkommensdisparitäten in den Industrieländern eine Folge der fortschreitenden weltwirtschaftlichen Integration darstellen (*Globalisierungs-Hypothese*). Nach dem in der neoklassischen Außenhandelstheorie beschriebenen Faktorpreisausgleichsmechanismus (vgl. Band 1 Theorie, 7. Auflage 1998, S. 126 f.) ist zu erwarten, daß die Löhne geringqualifizierter Arbeitnehmer in Industrie- und Entwicklungsländern im internationalen Wettbewerb konvergieren, was für die betroffenen Beschäftigten in den Industrieländern Realeinkommensverluste zur Folge hätte. Der theoretische und empirische Gehalt dieser Erklärung wird jedoch in Zweifel gezogen (vgl. *P. R. Krugman* 1994a, S. 120 f.; *L. C. Thurow* 1996, S. 166 ff.; *J. Bhagwati* 1997, S. 38 ff.). Als alternativer Erklärungsansatz wird vor allem der technische Fortschritt herangezogen. Die *Technologie-Hypothese* besagt, daß die Beschleunigung des technischen Fortschritts vor allem im Bereich der Mikroelektronik seit den 70er Jahren verstärkt die Substitution niedrigqualifizierter Arbeit durch Kapital ermöglicht. In Industrieländern sinkt demzufolge die Nachfrage nach niedrigqualifizierter Arbeit, während die Nachfrage nach höherqualifizierter Arbeit steigt. Diese Entwicklung bewirkt in Ländern mit flexiblen Arbeitsmärkten eine Zunahme der personellen Einkommensdisparitäten, während in Ländern mit starren Arbeitsmärkten die Arbeitslosigkeit gering qualifizierter Beschäftigter zunimmt.

Die ehemaligen Zentralverwaltungswirtschaften Osteuropas waren traditionell durch sehr geringe Gini-Koeffizienten um 0,25 gekennzeichnet. Seit dem Zusammenbruch der planwirtschaftlichen Strukturen ist hier jedoch eine rasche Zunahme der Einkommensdisparitäten sowie eine Annäherung an das Niveau westlicher Industrieländer zu beobachten. In den Entwicklungsländern sind die Gini-Koeffizienten insgesamt höher, weisen aber eine größere Variationsbreite auf. Gini-Koeffizienten von zum Teil über 0,6 lassen sich in Afrika südlich der Sahara beobachten sowie in Lateinamerika, wo sich die Einkommensdisparitäten in den 80er Jahren vor dem Hintergrund der Schuldenkrise noch verstärkten. Die Mehrzahl der asiatischen Entwicklungsländer ist dagegen durch geringere Einkommensunterschiede geprägt; ihre Gini-Koeffizienten bewegen sich im Bereich derer der westlichen Industrieländer. Beim internationalen Vergleich der Gini-Koeffizienten ist zu beachten, daß die Einkommensstatistiken der Länder große Unterschiede aufweisen hinsichtlich des verwendeten Einkommensbegriffs, des Berechnungsverfahrens und der Qualität der Stichprobenerhebungen.

Zur Veränderung der personellen Einkommensdisparitäten im langfristigen sozioökonomischen Entwicklungsprozeß stellte *S. Kuznets* (1955) die Hypothese auf, daß die Einkommensdisparitäten im Zuge des Transformationsprozesses von der Agrar- zur Industrie- und Dienstleistungsgesellschaft in der Anfangsphase der Industrialisierung zunächst zunehmen. Mit fortschreitender Entwicklung kommt es jedoch zu einer Stabilisierung und später zu einer Abnahme der Einkommensunterschiede. Dieser umgekehrt U-förmige Zusammenhang zwischen Pro-Kopf-Einkommen und Einkommensverteilung wurde aus Zeitreihenanalysen für die USA, England und Deutschland abgeleitet. *S. Kuznets* erklärt diesen Zusammenhang mit Hilfe eines Migrationsmodells, in dem Arbeitskräfte im Zuge der Industrialisierung vom Agrarsektor in den urban-industriellen Sektor abwandern. Der agrarische Sektor ist gekennzeichnet durch ökonomische Stagnation und eine relativ gleichmäßige Einkommensverteilung, während der industrielle Sektor aufgrund seiner größeren Produktivität ein höheres, aber zunächst ungleichmäßig verteiltes Pro-Kopf-Einkommen aufweist. Im Laufe der sozioökonomischen Entwicklung bildet sich damit eine dualistische Wirtschaftsstruktur heraus, in der große Einkommensanteile auf eine kleine Oberschicht konzentriert sind. Erst in einem fortgeschrittenen Entwicklungsstadium wird durch die vollständige Absorption der Arbeitskräfte im nichtagrarischen Sektor sowie durch die Einrichtung staatlicher Umverteilungsmechanismen (Steuern und Transferzahlungen) ein Abbau der personellen Einkommensdisparitäten erwartet.

Zur Überprüfung der Kuznets-Hypothese wurde eine Vielzahl von Querschnittanalysen angefertigt, die in Abhängigkeit von der Datengrundlage und der gewählten Methodik zu unterschiedlichen, aber überwiegend positiven Ergebnissen gelangten (u.a. *I. Adelman, C. T. Morris* 1973; *F. Paukert* 1973; *M. S. Ahluwalia* 1974, 1976; *W. Loehr* 1981). Läßt man den Sonderfall der Transformationsländer außer Betracht, spricht auch die in Abb. 3.19 dargestellte Querschnittanalyse für Kuznets' Hypothese: Die Gini-Koeffizienten sind in Ländern mit hohem und in Ländern mit sehr geringem Pro-Kopf-

Einkommen am niedrigsten, während Länder mit geringem und mittlerem Einkommen die größten personellen Einkommensdisparitäten aufweisen. Als aggregiertes Verteilungsmaß ist der Gini-Koeffizient durch die Betrachtung der Einkommensanteile bestimmter Bevölkerungsgruppen zu ergänzen. Abb. 3.20 zeigt, daß mit ansteigendem Pro-Kopf-Einkommen der Einkommensanteil der unteren 40 Prozent zunächst abnimmt, später jedoch wieder ansteigt. Umgekehrt erhöht sich der Einkommensanteil der oberen 20 Prozent der Einkommensbezieher in der Frühphase des Entwicklungsprozesses, um bei höherem Pro-Kopf-Einkommen wieder abzunehmen. Ein grundlegendes Problem dieser Betrachtungsweise ist jedoch darin zu sehen, daß aus Querschnittanalysen allenfalls annäherungsweise auf einen langfristigen temporalen Zusammenhang geschlossen werden kann.

Die bislang umfassendste Zusammenstellung von Daten zur Einkommensverteilung durch die *Weltbank* ermöglicht erstmals Längsschnittanalysen zur Kuznets-Hypothese für eine größere Anzahl von Ländern (vgl. *K. Deininger*, *L. Squire* 1996, 1997). Die Autoren fanden in rund 90 Prozent der 58 untersuchten Länder keine Bestätigung für den von Kuznets formulierten Zusammenhang. Sie weisen jedoch darauf hin, daß der betrachtete Zeithorizont von 30 Jahren möglicherweise nicht ausreicht, um den vollständigen Verlauf einer Kuznets-Kurve darzustellen. Untersuchungen über noch längere Zeiträume liegen bislang nur für einzelne Länder vor. So weist eine Analyse für die USA auf einen zyklischen Zusammenhang zwischen wirtschaftlicher Entwicklung und personeller Einkommensverteilung hin, der sich mit Hilfe technologischer und politischer Faktoren erklären läßt (*J. Williamson, P. H. Lindert* 1980; *B. J. L. Berry* et al. 1995). Die Autoren identifizieren in der zweihundertjährigen Wirtschaftsgeschichte der USA vier lange Wellen der wirtschaftlichen Entwicklung (Kondratieff-Zyklen; vgl. Band 1 Theorie, 7. Auflage 1998, Kap. 2.3.9.2). Das gehäufte Auftreten von grundlegenden technischen Neuerungen (Basisinnovationen) zu Beginn einer langen Welle beschleunigt den sozioökonomischen Strukturwandel und zieht zunehmende Disparitäten in der personellen Einkommensverteilung nach sich. Die Einkommensdisparitäten nehmen für etwa ein Jahrzehnt zu, bevor die fortschreitende Diffusion der neuen Technologien durch das Wirtschafts- und Gesellschaftssystem im Verbund mit verstärkten staatlichen Transferleistungen wieder zum Abbau der Ungleichgewichte beitragen.

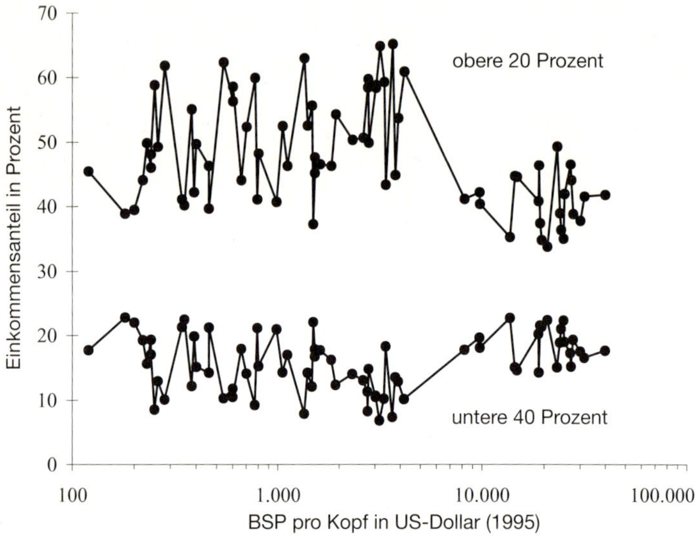

Abb. 3.20 Beziehung zwischen Bruttosozialprodukt pro Kopf, 1995, und Einkommensanteil der oberen 20 Prozent und der unteren 40 Prozent der Einkommensbezieher, verschiedene Jahre zwischen 1981 und 1995; Querschnittanalyse für 72 Länder (ohne Transformationsländer), Einkommensskala logarithmiert

Quelle: *Weltbank* (Weltentwicklungsbericht 1997), *Weltbank*-Datenbank (vgl. *K. Deininger, L. Squire* 1996)

Zum Zusammenhang zwischen personeller Einkommensverteilung und Wirtschaftswachstum finden sich in der Literatur gegensätzliche Auffassungen. Als Vertreter der keynesianischen Wachstumstheorie sieht *N. Kaldor* (1978) eine ungleiche Einkommensverteilung als Voraussetzung für hohe Wachstumsraten an. Er begründet diese Auffassung mit der höheren marginalen Sparneigung der oberen Einkommensgruppen, die den Großteil der nationalen Ersparnisbildung leisten, während die Armen ihr Einkommen im wesentlichen für Konsumzwecke verausgaben. Eine Umverteilung zugunsten der Armen würde die Spar- und Investitionstätigkeit vermindern und damit wachstumshemmend wirken. Jüngere Studien kommen dagegen überwiegend zu dem Schluß, daß eine ungleiche Einkommensverteilung ein Wachstumshemmnis darstellt (vgl. *A. Alesina, R. Perotti* 1994; *A. Alesina, D. Rodrik* 1994; *T. Persson, G. Tabellini* 1994). Diese Auffassung wird von den Erfahrungen einiger südostasiatischer Entwicklungsländer gestützt, denen es gelungen ist, mit hohen Wachstumsraten innerhalb von drei Jahrzehnten zu Schwellenländern aufzusteigen (vgl. Kap. 3.2.3.1), ohne daß die personellen Einkommensdisparitäten signifikant zunahmen. In mehreren Fällen ging der Gini-Koeffizient sogar zurück. Als wesentlichen Erklärungsfaktor identifizieren *N. Birdsall* et al. (1995) den Zugang zu Vermögenswerten für breite Bevölkerungsgruppen, vor allem zu Ausbildung und beruflicher Qualifikation. Dabei verstärken sich die Akkumulation von Humankapital, der Abbau von Einkommensdisparitäten und wirtschaftliches Wachstum gegenseitig. Die Bildung von Humankapital wird von Vertretern neuerer Theorien des endogenen Wachstums als wesentliche Wachstumsdeterminante angesehen (vgl. *R. Nelson*, *E. Phelps* 1966; *P. M. Romer* 1990, 1993).

Neben der personellen Einkommensverteilung ist bei internationalen Wohlstandsvergleichen auch die *regionale Einkommensverteilung* zu berücksichtigen. Dabei stehen zwei Fragestellungen im Mittelpunkt des Interesses. Erstens: Bestehen zwischen Ländern unterschiedlichen Entwicklungsstandes Unterschiede im Ausmaß ihrer regionalen Disparitäten? Zweitens: Wie verändern sich die regionalen Disparitäten innerhalb eines Landes im Verlauf des langfristigen Entwicklungsprozesses? *J. G. Williamson* (1965, S. 3-84) stellte die Hypothese auf, daß die regionalen Ungleichgewichte in den Frühstadien nationaler Entwicklung zunehmen, sich im weiteren Entwicklungsverlauf auf hohem Niveau stabilisieren und bei Erreichung eines reiferen Entwicklungsstadiums wieder abnehmen. Mittels Querschnitt- und Zeitreihenanalysen versucht *Williamson* diese Hypothese empirisch zu belegen. In einer Querschnittanalyse wird für 24 Länder das Ausmaß großräumlicher Disparitäten im Pro-Kopf-Einkommen mit Hilfe des gewogenen Variationskoeffizienten Vg bestimmt. Die Volkswirtschaften werden zunächst entsprechend dem Klassifikationsschema von *S. Kuznets* (1956/57, S. 1-111) sieben Klassen unterschiedlichen Entwicklungsstandes zugeordnet. Die berechneten gewogenen Variationskoeffizienten, die sich auf Daten aus den 50er Jahren beziehen, zeigen als Tendenz, daß die regionalen Einkommensdisparitäten in den hochentwickelten Ländern (z. B. Großbritannien, Vereinigte Staaten, Bundesrepublik Deutschland) relativ niedrig sind, in den Volkswirtschaften mittleren Entwicklungsstandes (z. B. Brasilien, Kolumbien, Spanien) erheblich höher ausfallen und in den noch weniger entwickelten Ländern (z. B. Indien) wiederum vergleichsweise gering sind. In Zeitreihenanalysen untersucht *Williamson* für mehrere Länder die langfristige Beziehung zwischen regionalen Disparitäten im Pro-Kopf-Einkommen und wirtschaftlicher Entwicklung. Die Ungleichgewichte sind wiederum mit Hilfe des gewogenen Variationskoeffizienten dargestellt. Überzeugend gelang es für die Vereinigten Staaten, den säkularen Entwicklungsverlauf von einer Konvergenz der regionalen Einkommensverteilung über eine Divergenz zu einer erneuten Konvergenz auf höherem Entwicklungsniveau nachzuweisen. Sowohl die Querschnitt- als auch die Längsschnittanalysen ergeben einen glockenförmigen Verlauf („umgekehrtes U") der Beziehung zwischen Entwicklungsstand und regionalen Disparitäten. Daraus zieht *Williamson* den Schluß, daß im Zeitablauf die Entwicklungsländer dem Pfad räumlicher Differenzierungsprozesse der Industrieländer folgen.

Die "Williamson-Hypothese" und der Aussagewert ihrer empirischen Überprüfung sind in der Literatur umstritten. Die wesentlichen Kritikpunkte lassen sich wie folgt zusammenfassen:

- Eine theoretische Begründung des Zusammenhangs zwischen regionalen Disparitäten und Entwicklungsverlauf wird nicht geleistet.
- Regionale Wohlfahrt läßt sich mit dem Indikator Pro-Kopf-Einkommen nur unvollkommen beschreiben (vgl. Kapitel 3.1.1).
- Die Vergleichbarkeit der Ergebnisse der Querschnittanalyse ist eingeschränkt, da in den untersuchten Ländern der Berechnung der Regionaleinkommen unterschiedliche Einkommenskonzepte zugrunde liegen und da die Wahl der Regionsgrößen und der Regionalisierungsverfahren nicht nach einheitlichen Kriterien erfolgt (*K. D. Klages* 1975, S. 34 f.).
- *O. Therkildsen* (1978) weist auf Schwächen der angewandten statistischen Methoden hin. Veränderungen der regionalen Gliederung, der personellen Einkommensverteilung oder der Höhe des nationalen Pro-Kopf-Einkommens können den numerischen Wert des Variationskoeffizienten beeinflussen, ohne daß sich das Ausmaß der regionalen Disparitäten verändert.
- Sehr engagiert in Zweifel gezogen wird die These von der Übertragbarkeit der für westliche Industrieländer gewonnenen Ergebnisse der Zeitreihenanalysen auf die Situation der heutigen Entwicklungsländer. Hervorgehoben werden die unterschiedlichen Ursachen und Ausgangsbedingungen des räumlichen Differenzierungsprozesses in den Entwicklungsländern sowie der fehlende repräsentative Charakter der empirischen Basis der von *Williamson*

durchgeführten Querschnitt- und Längsschnittanalysen (*A. C. Gilbert*, *D. E. Goodman* 1976, S. 113-141).

Die Studie von *Williamson* hat eine größere Zahl empirischer Untersuchungen über das regionale Wirtschaftswachstum angeregt, und zwar für Länder unterschiedlichen Entwicklungsstandes. Trotz der auch hier geltenden begrenzten Vergleichbarkeit der einzelnen Länderstudien – z. B. aufgrund von Unterschieden bezüglich der verwendeten Einkommenskonzepte, der Regionalabgrenzungen, der Länge der Zeitreihen – lassen die Untersuchungsergebnisse nachfolgende generelle Aussage zu. Für einige Industrieländer liegen Zeitreihenanalysen vor, die sich als Bestätigung der *Williamson*-Hypothese interpretieren lassen. Beispielsweise konnten *F. Lo*, *K. Salih* und *M. Douglass* (1978), die in Japan den räumlichen Entwicklungsprozeß im Zeitraum 1956 bis 1970 untersuchten, anhand verschiedener Indikatoren (regionale und personelle Einkommensverteilung, Stadtgrößenverteilung) empirisch belegen, daß Anfang der 60er Jahre eine Umkehr von der räumlichen Polarisation zur Dezentralisation eintrat. Über die Identifikation der Bedingungen, die in Japan den Wendepunkt in der räumlichen Entwicklung bewirkten (Vollbeschäftigung, Agglomerationsnachteile der Industrie in der Zentralregion, interregionale Komplementäreffekte, hochentwickelte Organisationsstrukturen der Wirtschaft), gelangten die Autoren zu der Schlußfolgerung, daß in Entwicklungsländern in voraussehbarer Zeit kein spontaner Polarization-Reversal-Prozeß zu erwarten ist (vgl. Band 1 Theorie, 7. Auflage 1998, S. 171 ff.).

Tatsächlich liegen für eine größere Zahl von Entwicklungsländern Fallstudien vor, die eine Zunahme der regionalen Einkommensdisparitäten empirisch nachweisen. Moderne wirtschaftliche Aktivitäten bleiben weitgehend auf wenige Zentren mit hoher Standortgunst beschränkt. Diese räumliche Konzentration der Produktivkräfte führt zu Einkommensungleichgewichten zwischen den meist industriell geprägten Zentren und der überwiegend agrarisch strukturierten Peripherie, d. h. zu interregionalen Disparitäten. Eine der Folgen dieser Entwicklung ist ein Ansteigen der Migration aus der Peripherie in die urban-industriellen Zentren. Der geringe Beschäftigungseffekt der vorwiegend kapitalintensiven Industrie und die Tatsache, daß sich die Zuwanderung an den erwarteten, nicht aber an den realen Beschäftigungs- und Einkommensmöglichkeiten orientiert, bewirkt auch innerhalb der Zentralregionen eine Verschlechterung der materiellen Lebensbedingungen eines großen Teils der Bevölkerung; zu den interregionalen treten intraregionale Disparitäten. Allerdings konnte für einige Schwellenländer eine Umkehr des räumlichen Konzentrationsprozesses nachgewiesen werden. Beispielsweise belegen empirische Untersuchungen von *K. Koschatzky* (1987) für West-Malaysia Ansätze einer intra- und interregionalen Dezentralisation. Ausführlicher behandelt Kapitel 3.2.3 Fragen der regionalen Einkommensverteilung und des raumwirtschaftlichen Strukturwandels am Beispiel der Wachstumsregion Südostasien und des Integrationsraums Westeuropa.

Wie in Kapitel 3.1.1.1 gezeigt wurde, empfiehlt sich bei internationalen Einkommensvergleichen die Verwendung von *Kaufkraftparitäten* als Umrechnungsbasis, da sich bei der Umrechnung mit amtlichen Wechselkursen gravierende Verzerrungen ergeben können. Das *Ifo-Institut für Wirtschaftsforschung* führte einen Vergleich der beiden alternativen Umrechnungsmethoden für 155 Länder durch (*D. Strack* et al. 1997). In dieser Analyse dient der gewogene Variationskoeffizient des Pro-Kopf-Bruttoinlandsprodukts als Indikator für Einkommensdisparitäten auf mondialer Maßstabsebene (vgl. Kapitel 3.1.3.1). Wie die in Tab. 3.22 dargestellten Ergebnisse zeigen, geht der Variationskoeffizient bei der Umrechnung auf Basis von Kaufkraftparitäten von 186 auf 117 deutlich zurück. Durch die Umrechnung mit amtlichen Wechselkursen werden die Einkommensdisparitäten also überzeichnet. Während sich für die westlichen Industrieländer auf Basis von Kaufkraftparitäten im Mittel ein um 12 Prozent niedrigeres Pro-Kopf-Einkommen ergibt, weisen einige der ärmsten Länder der Erde beim Pro-Kopf-Einkommen nach Kaufkraftparitäten bis zu zehnfache Werte auf. Allgemein gilt, daß das nach Wechselkursen umgerechnete Pro-Kopf-Einkommen der Entwicklungs- und Transformationsländer mit einem durchschnittlichen Faktor von 2,0 bis 3,5 gewichtet werden muß, um die reale Kaufkraft des Einkommens ermessen zu können.

Unabhängig von der Ländergruppe zeigt Abb. 3.21, daß die amtlichen Wechselkurse bis zu einem Pro-Kopf-Einkommen von etwa 20 000 US-Dollar gegenüber den Kaufkraftparitäten unterbewertet sind. Hier liegen die Datenpunkte mit wenigen Ausnahmen oberhalb der Winkelhalbierenden WK = KKP. Bei Ländern mit einem höheren Pro-Kopf-Einkommen ist dagegen eine Überbewertung zu beobachten; die Mehrzahl der Datenpunkte befindet sich unterhalb der Winkelhalbierenden. Trotz dieser Verzerrungen durch amtliche Wechselkurse lassen sich auch auf Basis von Kaufkraftparitäten beträchtliche

Tab. 3.22: Bruttoinlandsprodukt pro Kopf 1994 in US-Dollar nach Ländergruppen, alternative Umrechungsmethoden

a) Umrechnung nach Wechselkursen

Ländergruppe	gewogenes arithmetisches Mittel (1)	gewogene Standard-abweichung (2)	Variations-Koeffizient (3) = (2) / (1) · 100	Anzahl Länder (4)
Alle Länder	4 793	8 912	185,9	155
Westliche Industrieländer	23 319	7 568	32,5	27
Transformationsländer	923	807	87,4	27
OPEC-Mitglieder	1 340	1 919	143,2	12
Übrige Länder				
– Mittel- und Südamerika	3 216	1 761	54,8	25
– Asien	959	2 221	231,7	23
– Afrika	352	347	98,6	41

b) Umrechnung nach Kaufkraftparitäten

Ländergruppe	gewogenes arithmetisches Mittel (5)	gewogene Standard-abweichung (6)	Variations-Koeffizient (7) = (6) / (5) · 100	WK/KKP (8) = (5) / (1)
Alle Länder	6 099	7 091	116,3	1,27
Westliche Industrieländer	20 498	5 246	25,6	0,88
Transformationsländer	3 294	918	27,9	3,57
OPEC-Mitglieder	4 241	2 677	63,1	3,17
Übrige Länder				
– Mittel- und Südamerika	6 330	1 717	27,1	1,97
– Asien	2 552	2 982	116,8	2,66
– Afrika	1 298	1 054	81,3	3,69

Quelle: *Ifo-Institut für Wirtschaftsforschung* (*D. Strack* et al. 1997); eigene Berechnungen

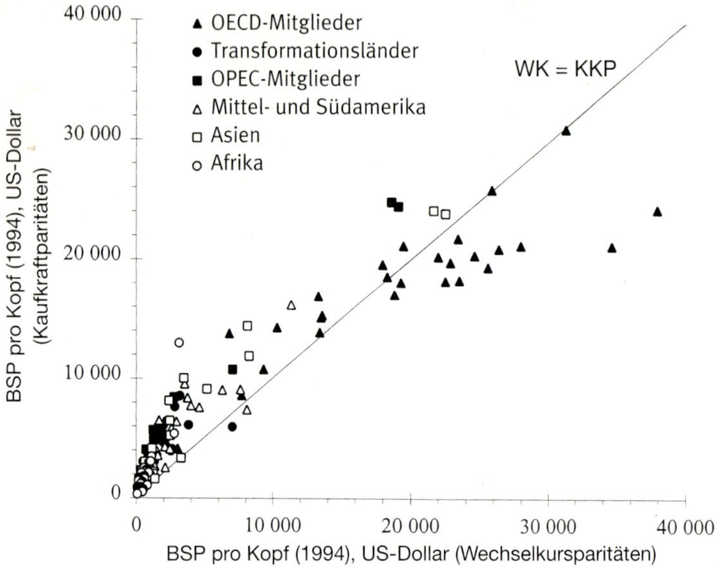

Abb. 3.21 Beziehung zwischen Pro-Kopf-Bruttosozialprodukt, 1994, umgerechnet nach amtlichen Wechselkursen, und Pro-Kopf-Bruttosozialprodukt zu Kaufkraftparitäten, 1994; 151 Länder

Quelle: *Ifo-Institut für Wirtschaftsforschung* (*D. Strack* et al. 1997, S. 10 ff.)

Einkommensdisparitäten auf der mondialen Maßstabsebene ermitteln. Auch die Rangordnung der Länder verändert sich bei Verwendung von Kaufkraftparitäten nur geringfügig.

Die systematische Überschätzung der Einkommensdisparitäten zwischen Industrieländern und Entwicklungsländern auf Basis amtlicher Wechselkurse läßt sich mit dem ungleichgewichtigen Produktivitätswachstum handelbarer und nicht handelbarer Güter und Dienstleistungen erklären (*B. Balassa* 1964; *P. A. Samuelson* 1964). Die *Balassa-Samuelson-These* geht davon aus, daß der Anteil der nicht handelbaren Güter in Entwicklungsländern wesentlich größer ist als in Industrieländern. Im Laufe des sozioökonomischen Entwicklungsprozesses lassen sich bei der Produktion handelbarer Güter größere Produktivitätszuwächse realisieren als bei der Herstellung nicht handelbarer Güter, so daß die relativen Produktivitätsnachteile von Entwicklungsländern bei nicht handelbaren Gütern deutlich geringer ausgeprägt sind. Nicht handelbare Güter können folglich in Entwicklungsländern relativ preisgünstig angeboten werden. Ihr Angebot senkt das relative Preisniveau bzw. steigert die Kaufkraft im Vergleich mit den Industrieländern, ohne jedoch den Wechselkurs zu beeinflussen. Es ist daher zu erwarten, daß die marktbestimmten Wechselkurse von Entwicklungsländern gemessen an den jeweiligen Kaufkraftparitäten tendenziell unterbewertet sind.

Die Umrechnung von Sozialproduktdaten auf Basis von Kaufkraftparitäten stellt heute ein weithin anerkanntes Verfahren für internationale Einkommensvergleiche dar. Es ist jedoch zu berücksichtigen, daß die Qualität der nach Kaufkraftparitäten umgerechneten Einkommensdaten nicht nur von der zugrundeliegenden Volkswirtschaftlichen Gesamtrechnung, sondern auch von der Qualität der zur Ermittlung der Kaufkraftparitäten durchgeführten Preisvergleiche abhängt. In einer Vielzahl von Ländern fehlt jedoch eine hinreichend detaillierte amtliche Preisstatistik, so daß auf vereinfachte Erhebungssysteme und Schätzverfahren wie die Regressionsanalyse zurückgegriffen werden muß. Grundsätzlich stellt sich das Problem, bei starken Unterschieden in den Nachfragestrukturen identische Warenkörbe in den verschiedenen Ländern zu vergleichen. Ist beispielsweise der Preis von Maniokwurzeln, die am Straßenrand verkauft werden, mit dem Preis von Kartoffeln im Supermarkt vergleichbar? Ein ähnliches Problem tritt bei der Gewichtung der Gütermengen auf, die mit den ermittelten Preisen zu bewerten sind. *R. Summers* und *A. Heston* (1996, S. 297) rechnen daher mit einer Fehlerquote von 5 bis 10 Prozent bei Vergleichen zwischen Ländern mit hohem Einkommen. Bei Vergleichen zwischen reichen und armen Ländern wird eine Fehlerquote in doppelter Höhe erwartet.

In Kapitel 3.1.1 wurde darauf hingewiesen, daß für eine umfassende gesellschaftliche Gesamtrechnung bislang ein der Volkswirtschaftlichen Gesamtrechnung vergleichbarer theoretischer Bezugsrahmen fehlt. Um im Weltmaßstab neben den Unterschieden in der ökonomischen Leistungskraft und im ökonomischen Wohlstand auch Disparitäten in der sozioökonomischen Entwicklung offenlegen zu können, werden in der Literatur grundsätzlich zwei Wege beschritten. Eine Möglichkeit ist – je nach der zu behandelnden Fragestellung –, einzelne gesellschaftliche Indikatoren in Verbindung mit ökonomischen Indikatoren oder unabhängig davon zu untersuchen. Als zweiter Weg bietet sich der Versuch an, alle ökonomischen und gesellschaftlichen Indikatoren zu einem oder mehreren Entwicklungsindikatoren zusammenzufassen. Beide Möglichkeiten sollen an ausgewählten Beispielen verdeutlicht werden. Zwischen einigen in Tab. 3.1 aufgelisteten Indikatoren und dem Pro-Kopf-BSP besteht ein sehr enger Zusammenhang. Beispielsweise ist die in Abb. 3.22 dargestellte Beziehung zwischen dem Energieverbrauch pro Kopf der Bevölkerung und dem Bruttosozialprodukt pro Kopf weitgehend linear. Obwohl die Länder der Erde Unterschiede aufweisen bezüglich der Ausstattung mit Energieträgern, der Energiekosten, der klimatischen Bedingungen, der Verbrauchsmentalität etc., läßt sich generell sagen: Je höher ihr Pro-Kopf-Einkommen, desto höher ist auch ihr Pro-Kopf-Energieverbrauch.

Bei einer Reihe von gesellschaftlichen Indikatoren erscheint eine differenziertere Betrachtung notwendig. Als Beispiel wird in Abb. 3.23 die Beziehung zwischen dem Pro-Kopf-BSP und der Säuglingssterblichkeit pro 1000 Lebendgeburten herausgegriffen. Grundsätzlich gilt auch hier: Je höher das Pro-Kopf-Einkommen eines Landes, desto niedriger der Anteil der Kinder, die im ersten Lebensjahr sterben. Bei genauerer Betrachtung der Lage der Länder im Koordinatensystem lassen sich zwei ergänzende Feststellungen treffen. Erstens: Die Säuglingssterblichkeit ist in Ländern mit vergleichbar niedrigem Pro-Kopf-Einkommen sehr unterschiedlich. Zweitens: Nach Erreichen eines bestimmten Einkommensniveaus führt ein weiterer Anstieg des Pro-Kopf-Einkommens zu keiner nachhaltigen Verminderung der Säuglingssterblichkeit. Daraus kann gefolgert werden, daß das Ausmaß, in dem das Wirtschaftswachstum einen Beitrag zur Verminderung der Säuglingssterblichkeit leistet, nicht zuletzt von der Fähigkeit und Bereitschaft der Gesellschaft abhängt, die Gesundheitsversorgung der Bevölkerung zu verbessern, und daß Entwicklungsländer bereits vor Erreichen des Einkommensniveaus der Industrieländer in wichtigen Lebensbereichen einen vergleichbaren Entwicklungsstand erzielen können (*D. M. Smith* 1977, S. 205).

Eine weitere Möglichkeit ist ein Vergleich des Pro-Kopf-BSP mit dem seit 1990 jährlich vom *„United Nations Development Programme (UNDP)"* herausgegebenen *„Human Development Index (HDI)"*, dessen Konzept und Berechnung in Kapitel 3.1.3.3 ausführlich diskutiert wurden. In Abb. 3.24 wird deutlich, daß beim HDI Länder mit niedrigem Pro-Kopf-Einkommen große Unterschiede aufweisen und viele davon ein mittleres Niveau erreichen. Länder mit hohem Pro-Kopf-Einkommen weisen ohne Ausnahme hohe HDI-

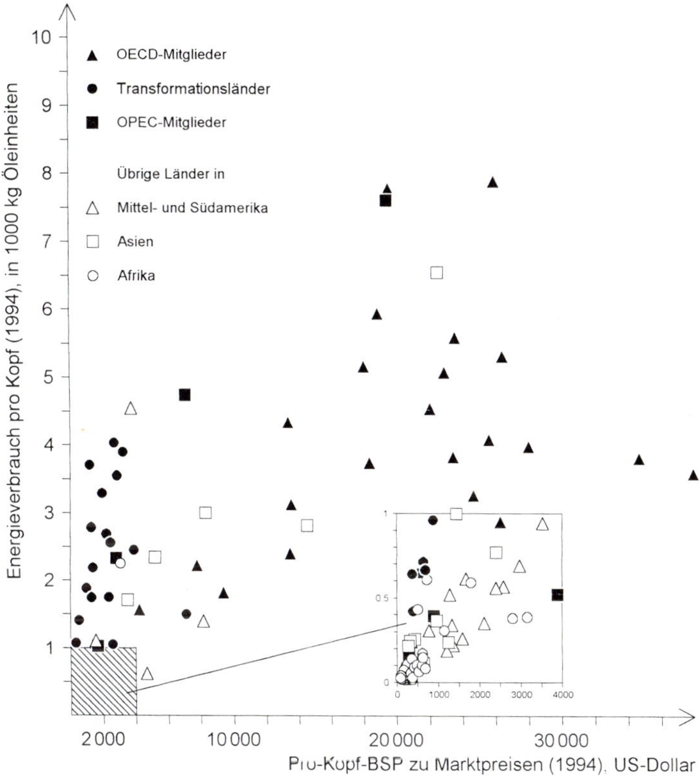

Abb. 3.22 Beziehung zwischen Pro-Kopf-Bruttosozialprodukt und Energieverbrauch pro Kopf in 1 000 kg Öleinheiten, 1994, 122 Länder mit über einer Million Einwohner

Quelle: *Weltbank* (Weltentwicklungsbericht 1996)

Werte auf, und mit der gleichen Regelmäßigkeit erreichen Länder mit mittlerem Pro-Kopf-Einkommen ein mittleres bis hohes HDI-Niveau. Ein Vergleich von Länderranglisten nach dem Pro-Kopf-Einkommen, wie sie die *Weltbank* jährlich in ihrem Weltentwicklungsbericht erstellt, und dem HDI zeigt jedoch charakteristische regionale

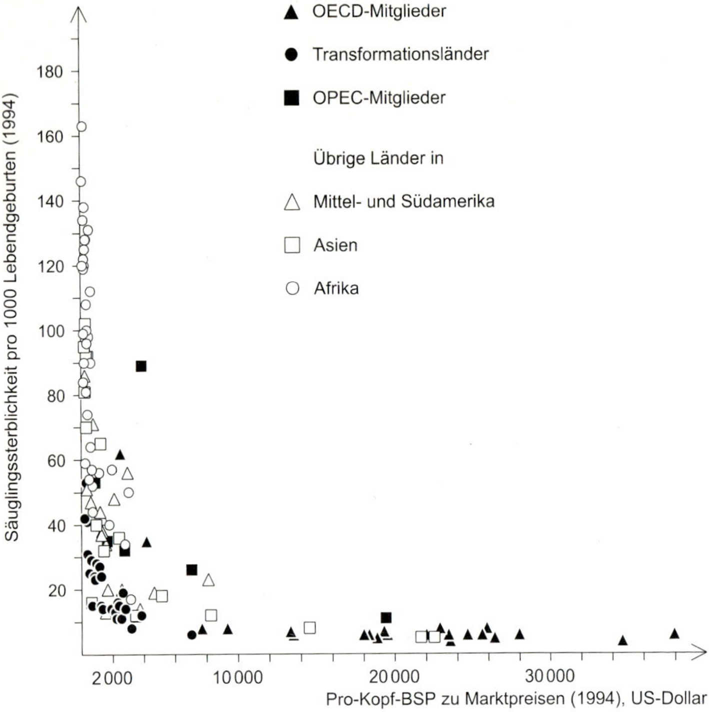

Abb. 3.23 Beziehung zwischen Pro-Kopf-Bruttosozialprodukt und Säuglingssterblichkeit pro 1 000 Lebendgeburten, 1994, 127 Länder mit über einer Million Einwohner

Quelle: *Weltbank* (Weltentwicklungsbericht 1996)

Unterschiede. Vergleichsweise schlecht schneiden beispielsweise die vom Erdölexport abhängigen Länder beim HDI ab. Da sie relativ hohe Pro-Kopf-Einkommen aufweisen, ergeben sich für Quatar, Kuwait, Gabun und Oman Rangdifferenzen zwischen -45 und -40. Umgekehrt nehmen die (ehemals) sozialistischen Staaten sowie die karibischen Inselstaaten, die über ein gut entwickeltes Bildungs- und Gesundheitswesen verfügen, beim HDI höhere Rangplätze ein als beim Pro-Kopf-Einkommen. So rangiert Costa Rica auf Rang 31 noch vor Portugal, da es höhere Werte bei der Lebenserwartung und

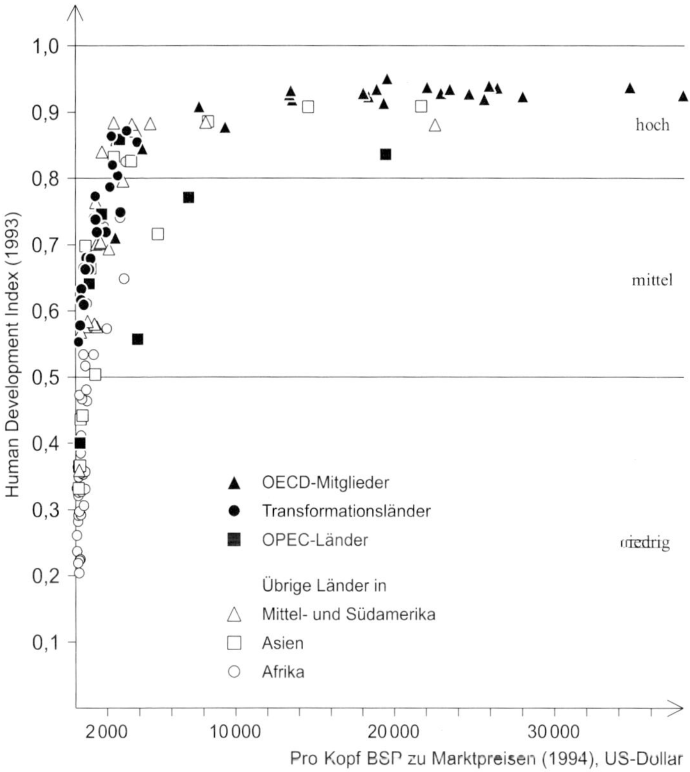

Abb. 3.24 Beziehung zwischen Pro-Kopf-Bruttosozialprodukt, 1994, und Human Development Index, 1993; 128 Länder mit über einer Million Einwohner

Quelle: *Weltbank* (Weltentwicklungsbericht 1996), *UNDP* (Human Development Report 1996)

bei der Alphabetisierung ausweist. Das *Deutsche Institut für Wirtschaftsforschung* (*DIW* 1993, S. 300-303) sieht in den relativ guten Werten der Transformationsländer, die trotz ihrer niedrigen bis mittleren Pro-Kopf-Einkommen mittlere bis hohe HDI-Werte erreichen, einen Widerspruch zu der zu beobachtenden Transformationskrise. Es macht hierfür Konstruktionsmängel im HDI verantwortlich, vor allem die starke Abdiskontierung überdurchschnittlicher Pro-Kopf-Einkommenswerte und die Verwendung der Alphabetisierungsrate als Teilindikator. Das *DIW* schlägt daher vor, keinen abnehmenden Grenznutzen zusätzlichen Einkommens oberhalb des vom *UNDP* gewählten Schwellenwertes anzunehmen und den Bildungsstand über die durchschnittliche Anzahl der absolvierten Schuljahre zu messen. Ziel dieser Modifikationen ist es, durch eine stärkere Berücksichtigung der Entwicklungsunterschiede den realen Verhältnissen näherzukommen.

Die Abzinsung überdurchschnittlicher Einkommen sowie die Skalierung aller Werte zwischen 0 und 1 beeinflußt in hohem Maße das Verteilungsmuster der Indexwerte in Abb. 3.24. Eine stärkere Berücksichtigung höherer Einkommenswerte würde den „Knick" in der Verteilung nach unten verschieben und ihn weniger deutlich in Erscheinung treten lassen. Auch oberhalb des Schwellenwertes für das reale BIP zu Kaufkraftparitäten wäre in Ländern mit hohem Einkommen noch eine „Entwicklung" möglich. *H. Trabold-Nübler* (1991, S. 240 ff.) stellt deshalb einen modifizierten HDI vor, begrüßt aber grundsätzlich das Bemühen des *UNDP* um einen Entwicklungsindikator, der soziale und wirtschaftliche Indikatoren verbindet.

Einen Ansatz zur Erweiterung ökonomischer und gesellschaftlicher Entwicklungsindikatoren um die ökologische Dimension stellt das in Kapitel 3.1.1.1 vorgestellte Konzept des *Nationalvermögens* dar. Aus den drei Komponenten Naturkapital, Sachkapital und Humankapital errechnete die *Weltbank* auf der Basis von 192 Ländern für 1990 einen weltweiten Durchschnittswert des Nationalvermögens von 86 000 US-Dollar pro Kopf (*Weltbank* 1995b; *I. Serageldin* 1996). Bei der Verteilung des Nationalvermögens treten jedoch deutliche Disparitäten zwischen Industrie- und Entwicklungsländern zutage. Die Gruppe der Industrieländer vereint lediglich 16 Prozent der Weltbevölkerung, aber 79,6 Prozent des weltweiten Kapitalstocks auf sich. Rohstoffexportierende Entwicklungsländer repräsentieren einen ähnlichen Bevölkerungsanteil, verfügen aber nur über 4,6 Prozent der weltweiten Ressourcen. Den restlichen Entwicklungsländern, in denen rund 70 Prozent der Weltbevölkerung leben, stehen nur 15,9 Prozent des Sach-, Natur- und Humankapitals zur Verfügung.

Die weltweiten Disparitäten in der Ausstattung mit Sach-, Natur- und Humankapital kommen zudem in der Spannweite des Pro-Kopf-Nationalvermögens von 1 400 US-Dollar bis 835 000 US-Dollar zum Ausdruck (Abb. 3.25). Die höchsten Pro-Kopf-Werte erzielen bevölkerungsarme, aber ressourcenreiche Länder wie Kanada oder Australien sowie Länder mit relativ großen Humanressourcen wie Luxemburg, die Schweiz oder Japan. Alle westlichen Industrienationen weisen hohe Werte auf ebenso wie die Gruppe der erdölexportierenden Länder. Am unteren Ende der Skala befinden sich ressourcenarme, bevölkerungsreiche und politisch instabile Länder wie Äthiopien, Nepal, Burundi, Malawi oder Uganda. Ein Vergleich mit den nach Pro-Kopf-Einkommen oder Human Development Index erstellten Ranglisten zeigt, daß beim Nationalvermögen vor allem rohstoffreiche Länder höhere Rangplätze erreichen. Aufgrund der gewählten Methodik besteht jedoch ein enger Zusammenhang zwischen dem Pro-Kopf-Nationalvermögen und dem Bruttosozialprodukt pro Kopf.

Überraschende Ergebnisse liefert die Struktur des weltweiten Kapitalstocks. Nach den Berechnungen der *Weltbank* werden weltweit 64 Prozent des Nationalvermögens vom Humankapital gebildet, 20 Prozent vom Naturvermögen und nur 16 Prozent vom Sachkapital. Auch hier lassen sich großräumige Variationen erkennen (Tab. 3.23):

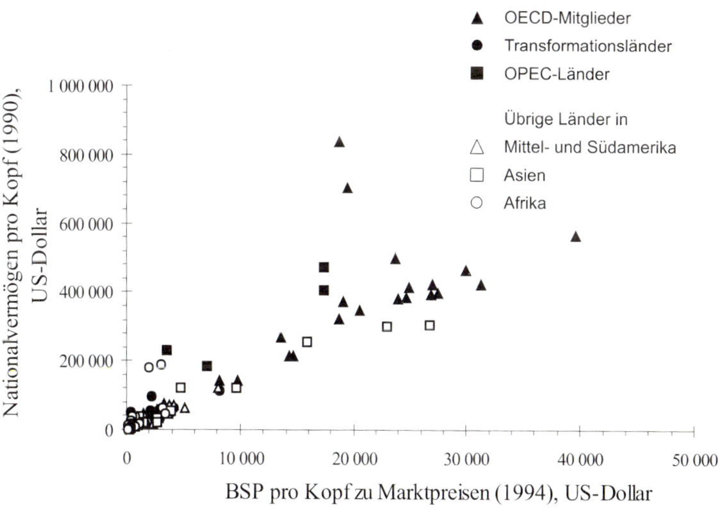

Abb. 3.25 Beziehung zwischen Pro-Kopf-Bruttosozialprodukt, 1994, und Nationalvermögen nach Berechnung der Weltbank; 135 Länder über eine Million Einwohner

Quelle: *I. Serageldin* 1996; *Weltbank* (Weltentwicklungsbericht 1996)

Tab. 3.23: Zusammensetzung des Nationalvermögens nach Regionen, 1990

	Humankapital	Naturkapital	Sachkapital
Welt	64%	20%	16%
Länder mit hohem Einkommen	67%	17%	16%
Entwicklungsländer			
Afrika südl. Sahara	31%	52%	17%
Ost-/Südafrika	33%	52%	14%
Westafrika	25%	50%	25%
Indien, China	73%	9%	18%
Übriges Asien	75%	12%	13%
Ostasien, Pazifik	75%	12%	13%
Südasien	76%	9%	16%
Lateinamerika, Karibik	50%	35%	15%
Mittlerer Osten, Nordafrika	39%	32%	29%
Osteuropa	41%	34%	16%

Quelle: *Weltbank* 1995b, S. 63

Die relative Bedeutung des Naturkapitals ist in Afrika am größten, während es in den dicht bevölkerten Ländern Südasiens und in China nur eine untergeordnete Rolle spielt. Mit rund drei Vierteln des Nationalvermögens stellt dort wie in den westlichen Industrieländern das Humankapital die dominierende Komponente dar.

Die *Weltbank* räumt ein, daß die ermittelten Zahlen auf einer Reihe von Schätzungen beruhen und daher mit Hilfe von Länderstudien vertieft werden müssen. Weiterhin wird die Verwendung von Devisenkursen bei der Umrechnung der nationalen Vermögenspositionen in US-Dollar bemängelt. Ein grundsätzliches Problem ist in der monetären Bewertung des Naturkapitals zu sehen. So errechnen die *Global Environment Facility* und das *World Resources Institute* mit Hilfe eines physischen Naturkapital-Index eine grundlegend andere Verteilung des weltweiten Naturkapitals. Bei dieser nicht-monetären Betrachtung entfallen rund 78 Prozent des Naturkapitals auf Entwicklungsländer, auf monetärer Basis jedoch nur 32 Prozent (*E. Rodenburg* et al. 1995).

3.2.2.2 Interne und externe Wachstumsdeterminanten

Die im Weltmaßstab bestehenden sozioökonomischen Disparitäten sind eine empirisch belegbare Tatsache (vgl. Kapitel 3.2.2.1). Im folgenden wird der Versuch unternommen, die gravierenden Entwicklungsunterschiede insbesondere zwischen den Industrie- und den Entwicklungsländern zu erklären, erstens als Folge einer unterschiedlichen Ausstattung mit internen Wachstumsdeterminanten (natürliches Bevölkerungswachstum, Kapitalakkumulation, natürliche Ressourcen, technischer Fortschritt) und zweitens als Folge des praktizierten Systems der internationalen Wirtschaftsbeziehungen, d. h. der Wirkungen von Faktorwanderungen sowie von Güter- und Leistungsbewegungen. Aus Platzgründen müssen die vorgestellten empirischen Beispiele sehr knapp gehalten und auf Entwicklungen der jüngsten Vergangenheit und Gegenwart konzentriert werden.

Im Bereich der *internen Wachstumsdeterminanten* bestehen zwischen Industrie- und Entwicklungsländern beim *natürlichen Bevölkerungswachstum* deutliche Unterschiede. In Abb. 3.26 a sind für 121 Länder mit über einer Million Einwohner die Sterberate, die Geburtenrate und die daraus resultierende natürliche Bevölkerungszunahme dargestellt. Die Querschnittanalyse des Jahres 1993 zeigt für die westlichen Industrieländer (mit der Ausnahme Südafrika) und die Reformländer Osteuropas ein als Folge der niedrigen Geburtenrate bei gleichzeitig niedriger Sterberate geringes natürliches Bevölkerungswachstum von unter 1,0 Prozent. Das natürliche Bevölkerungswachstum der Entwicklungsländer weist eine große Bandbreite auf, die etwa von 1,0 bis 4,0 Prozent reicht; in der Mehrzahl der Länder liegen die Werte zwischen 2,0 und 3,5 Prozent. Aus Abb. 3.26 a ist zu ersehen, daß die Sterbe- und Geburtenrate in den beobachteten Entwicklungsländern sehr unterschiedlich sind. Während die meisten Länder Afrikas eine hohe Sterberate kennzeichnet, ist sie in vielen Ländern Asiens und Lateinamerikas bis auf das Niveau der Industrieländer gesunken. In den Entwicklungsländern liegt die Geburtenrate in der Regel ebenfalls bei hohen Werten. Niedrige Werte von 1,5 Prozent und weniger erreichen lediglich einige Länder in Asien und Lateinamerika (Singapur, Hongkong, Südkorea, VR China, Sri Lanka, Thailand, Argentinien, Chile, Jamaika) sowie der Inselstaat Mauritius in Afrika.

Nach obiger Querschnittanalyse wird in Abb. 3.26 b mittels Zeitreihenanalysen die langfristige Veränderung des natürlichen Bevölkewachstums am Beispiel eines Industrielandes, England mit Wales, und eines Entwicklungslandes, Sri Lanka, dargestellt. Der Bevölkerungszyklus von England und Wales durchläuft im Beobachtungszeitraum 1750-1993 mehrere Phasen. Die vorindustrielle Ausgangssituation des

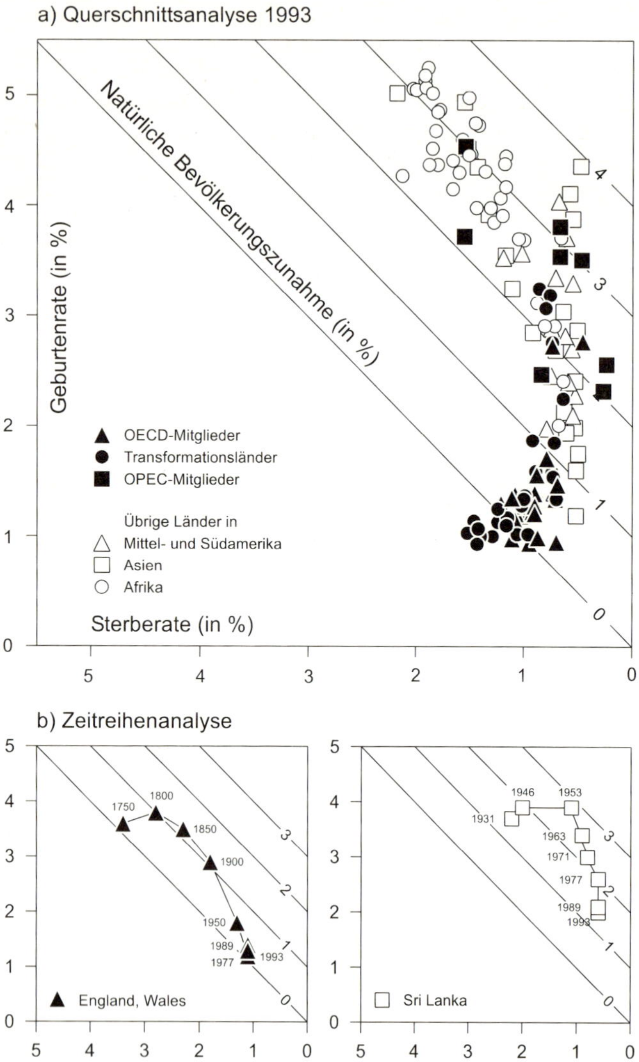

Abb. 3.26 Natürliches Bevölkerungswachstum, Querschnitts- und Zeitreihenanalyse

Quelle: *United Nations* 1996 (Demographic Yearbook 1994)

Jahres 1750 ist durch eine hohe Sterbe- und Geburtenrate und ein geringes natürliches Bevölkerungswachstum gekennzeichnet. In der Frühphase der Industrialisierung läßt sich ein Absinken der Sterberate erkennen, das zurückzuführen ist auf im eigenen Land entwickelten technischen Fortschritt im Bereich der Medizin und Hygiene sowie auf eine verbesserte Nahrungsmittelversorgung der Bevölkerung. Da die Geburtenrate noch über ein Jahrhundert auf hohem Niveau verharrte, erlebten England und Wales in dieser demographischen Phase ein rasches Bevölkerungswachstum. In der zweiten Hälfte des 19. Jahrhunderts sank auch die Geburtenrate, und zwar stärker als die Sterberate; das natürliche Bevölkerungswachstum verlangsamte sich. Der Rückgang der Geburtenrate ist unter anderem eine Funktion des erhöhten Lebensstandards, des verbesserten Sozialsystems sowie der veränderten Wertvorstellungen und Verhaltensweisen des Menschen. Die letzte Phase des Bevölkerungszyklus ist durch eine niedrige Sterbe- und Geburtenrate sowie durch annäherndes Nullwachstum der Bevölkerung charakterisiert. In einem Zeitraum von mehr als zwei Jahrhunderten vollzog sich in England und Wales ein demographischer Übergang von einem Bevölkerungsgleichgewicht mit hohen Sterbe- und Geburtenraten über ein Stadium ungleichgewichtiger Entwicklung mit starkem Bevölkerungswachstum zu einer erneuten Gleichgewichtssituation mit niedrigen Sterbe- und Geburtenraten. Der Rückgang der Sterbe- und Geburtenraten läßt sich als Reaktion der Bevölkerung auf zumeist endogen verursachte Veränderungen der medizinischen, ökonomischen und sozialen Verhältnisse interpretieren. Auch für andere Industrieländer können vergleichbare Bevölkerungszyklen empirisch nachgewiesen werden.

Es ist nun die Frage zu diskutieren, ob das beschriebene Schema des demographischen Übergangs auch für heutige Entwicklungsländer Gültigkeit besitzt. Als Beispiel wird Sri Lanka herausgegriffen, das mit einem Pro-Kopf-Einkommen von 800 US-Dollar (1997) zu den ärmeren Ländern der Erde zählt. In Abb. 3.26b ist für den Zeitraum 1931-1993 die Veränderung von Sterberate, Geburtenrate und natürlicher Bevölkerungszunahme dargestellt. Das demographische Verlaufsdiagramm zeigt zwischen 1946 und 1953 einen drastischen Rückgang der Sterberate. Da die Geburtenrate konstant blieb, schnellte in nur sieben Jahren die Rate der natürlichen Bevölkerungszunahme von 1,8 auf 2,8 Prozent empor. Die abnehmende Sterberate ist das sichtbare Ergebnis einer nach dem Zweiten Weltkrieg mit ausländischer Hilfe durchgeführten Bekämpfung der Malaria und des

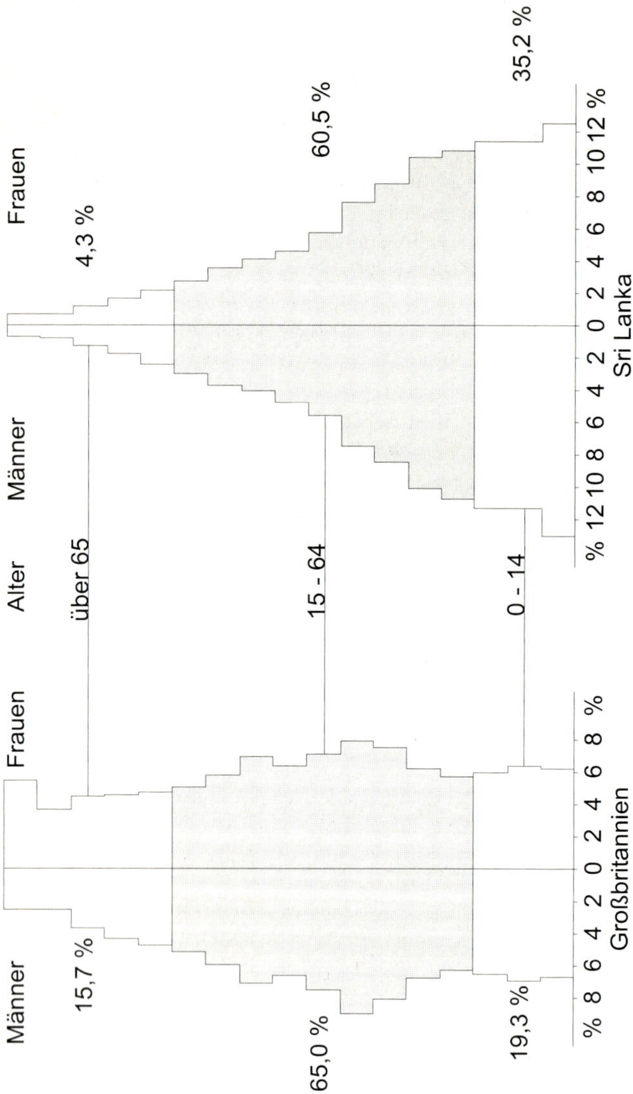

Abb. 3.27 Altersaufbau der Bevölkerung von Großbritannien und Sri Lanka, 1996
Quelle: *United Nations* 1999 (Demographic Yearbook 1997, S. 178 ff.)

Ausbaus eines staatlichen Gesundheitswesens. Nach 1953 führte eine kontinuierlich abnehmende Geburtenrate in Verbindung mit einer langsamer sinkenden Sterberate zu einer Verminderung der Wachstumsrate der Bevölkerung auf 1,5 Prozent im Jahre 1993. Ein Grund für den Rückgang der Geburtenrate ist in den wiederum mit ausländischer (schwedischer) Unterstützung vorgenommenen Programmen der Familienplanung zu suchen (*M. Domrös* 1976, S. 127 ff.; *A. Kinch* 1966).

Trotz erheblicher regionaler Unterschiede im langfristigen Verlauf des natürlichen Bevölkerungswachstums erscheinen Grundzüge des Modells des demographischen Übergangs auch für Entwicklungsländer anwendbar (*G. Sandner*, *H.-A. Steger* 1973, S. 49 ff.). Allerdings weist die demographische Entwicklung der Entwicklungsländer gegenüber den heutigen Industrieländern grundlegende Unterschiede auf:

- Der Abstand zwischen der Sterbe- und Geburtenrate und damit das natürliche Bevölkerungswachstum ist größer.
- In den wenigen Ländern, die einen demographischen Übergang abgeschlossen haben, vollzog sich dieser in einem kürzeren Zeitraum.
- Viele Entwicklungsländer haben bis heute den Übergang in die letzte Phase noch nicht erreicht. Ihre Geburtenrate bleibt auf hohem Niveau, die Sterberate hingegen ist, in vielen Fällen durch exogen eingeführte medizinische und hygienische Fortschritte, stark zurückgegangen. Gleichzeitig fand keine oder nur eine geringe sozioökonomische Entwicklung statt, was eine Veränderung des generativen Verhaltens in den meisten Fällen verhinderte (vgl. *H.-R. Hemmer* 1988, S. 278 ff., *J. Bähr* 1997, S. 248 ff.).
- Eine jüngere Studie des Worldwatch-Instituts kommt zu dem Ergebnis, daß etliche Entwicklungsländer nicht nur in der zweiten Phase hohen Bevölkerungswachstums verharren, sondern sogar in die durch hohe Geburten- und Sterberaten gekennzeichnete prätransformative Phase zurückfallen (*L. R. Brown*; *G. Gardner*; *B. Halweil* 1999). Als Ursache für den in vielen Entwicklungsländern zu beobachtenden erneuten Anstieg der Sterberaten gilt vor allem die Ausbreitung der Immunschwächekrankheit AIDS. Während die HIV-Infektionsraten in den Industrieländern unter 1 Prozent liegen, betragen sie in einigen Ländern Afrikas südlich der Sahara bis zu 25 Prozent. Als weitere das natürliche Bevölkerungswachstum limitierende Ursachenkomplexe werden der Rückgang des welt-

weiten Trinkwasserangebots sowie der landwirtschaftlichen Nutzfläche pro Kopf angesehen.

- Die sinkende Geburtenrate in einigen Entwicklungsländern ist nicht die Folge eines sozioökonomischen Fortschritts, sondern dirigistischer bevölkerungspolitischer Eingriffe des Staates.

Es gilt nun die Beziehung zwischen Bevölkerungs- und Wirtschaftswachstum herzustellen. Das gegenwärtige Produktionspotential einer Region wird von der Qualität und Quantität des vorhandenen Produktionsfaktors Arbeit und das künftige Produktionspotential von der Veränderung des Arbeitskräftebestandes beeinflußt. Im Jahre 1997 waren im Durchschnitt in den Industrieländern 67 Prozent und in den Ländern mit niedrigem Einkommen 57 Prozent der Bevölkerung im arbeitsfähigen Alter von 15 bis 64 Jahren; d. h. der Anteil der noch nicht bzw. nicht mehr Erwerbsfähigen an der Gesamtbevölkerung war in den Ländern mit niedrigem Einkommen mit 43 Prozent deutlich höher als in den Industrieländern mit 33 Prozent (*Weltbank*: Weltentwicklungsbericht 1998/99, S. 195). Während sich in der Mehrzahl der Industrieländer die Anteile der Altersgruppen unter 15 Jahre und über 65 Jahre um 20 Prozent bzw. zwischen 10 und 15 Prozent bewegten, lag in den meisten Entwicklungsländern der Anteile der Jugendlichen unter 15 Jahre um 40 Prozent und darüber sowie der Anteil der über 65jährigen unter 5 Prozent (*United Nations* 1999, S. 197, S. 146 ff.). Die Unterschiede im Altersaufbau der Bevölkerung zeigt Abb. 3.27 am Beispiel von Großbritannien und von Sri Lanka.

Aus der bestehenden Struktur des Altersaufbaus läßt sich die künftige Bevölkerungsdynamik ableiten. In den Industrieländern scheidet ein immer größer werdender Anteil der Bevölkerung aus Altersgründen aus dem Erwerbsprozeß aus; die angemessene Versorgung dieser wirtschaftlich nicht mehr aktiven Bevölkerung wird zu einer zentralen sozialen Aufgabe. In den Entwicklungsländern führt die Bevölkerungsexplosion mit einer zeitlichen Verzögerung zu einer starken Vermehrung des Arbeitskräftepotentials. Die Frage nach den Auswirkungen dieser demographischen Veränderung auf das Wirtschaftswachstum wird in der Literatur unterschiedlich beantwortet. *A. O. Hirschman* (1958, S. 176 ff.) weist auf die Möglichkeit hin, daß langfristig gesehen der Bevölkerungsanstieg in Entwicklungsländern eine wachstumsfördernde Wirkung besitzt. Ausgangspunkt seiner Argumentationskette ist eine durch rasches Bevölkerungswachstum verursachte Verringerung des Lebensstandards. Auf die Einbußen reagieren die Menschen mit Gegenmaßnahmen; bislang nicht genutzte Produktionsfaktoren kommen zum Einsatz und technischer Fortschritt bewirkt eine verbesserte Faktorallokation sowie einen Produktivitätsanstieg. *Hirschman* erwartet, daß der Reaktionsmechanismus das Pro-Kopf-Einkommen nicht nur auf das Ausgangsniveau, sondern darüber hinaus ansteigen läßt. Dieser Argumentation wird entgegengehalten, daß viele Entwicklungsländer nicht über ausreichende bislang ungenutzte Bestände an Kapital und natürlichen Ressourcen (Rohstoffe, landwirtschaftliche Nutzfläche) verfügen, um den Zuwachs an erwerbsfähigen Personen effizient einzusetzen. Auch wird darauf hingewiesen, daß bei den gegebenen ökonomischen und gesellschaftlichen Rahmenbedingungen der Entstehung, Durchsetzung und Verbreitung neuen technischen Wissens enge Grenzen gesetzt sind. Die Folge fehlender Komplementärfaktoren zur Arbeit ist Unterbeschäftigung und Arbeitslosigkeit; in vielen Entwicklungsländern liegt die offene und verdeckte Arbeitslosigkeit bei 40 bis 50 Prozent. Nach vorherrschender Meinung wirkt die Bevölkerungsexplosion wachstumshemmend (*H.-R. Hemmer* 1988, S. 288 f.).

Zur Klärung der Frage, inwiefern Unterschiede in der Ausstattung mit internen Wachstumsdeterminanten die Entwicklungsdisparitäten zwischen Industrie- und Entwicklungsländern mitverursachen, sind folglich neben dem natürlichen Bevölkerungswachstum und der damit verbundenen Veränderung des Arbeitskräftepotentials die Komplementärfaktoren Kapital, natürliche Ressourcen und technischer Fortschritt in die Betrachtung einzubeziehen. Die Kapitalbildung ist eine wesentliche Voraussetzung für Wirtschaftswachstum und für die Beschäftigung des Arbeitskräftepotentials. Hier interessieren die Unterschiede in der *regionsinternen Kapitalakkumulation* zwischen Industrie- und Entwicklungsländern. Nach dem Weltentwicklungsbericht 1998/99 der *Weltbank* betrug im Jahre 1997 der Anteil der Bruttoinlandsersparnisse am Bruttoinlandsprodukt in den westlichen Industrieländern 21 Prozent, in den Entwicklungsländern mit einem Pro-Kopf-Einkommen von über 785 US-Dollar 25 Prozent und in den Entwicklungsländern mit einem Pro-Kopf-Einkommen von 785 US-Dollar und darunter 18 Prozent (ohne Indien nur 14 Prozent). Die entsprechenden gewogenen Durchschnittswerte lagen 1960 bei 22, 20 bzw. 11 Prozent. Die Sparquote der Länder mit einem niedrigen Pro-Kopf-Einkommen lag 1994 noch um 10 Prozentpunkte höher bei 28 Prozent. Diese Veränderung beruht auf einem statistischen Effekt: China, das 1997 eine Sparquote von 40 Prozent aufwies, stieg nach der Weltbank-Klassifikation in die Gruppe der Länder mit mittlerem Einkommen auf.

Es sind also vor allem die Entwicklungsländer mit niedrigem Einkommen, die eine vergleichsweise geringe regionsinterne Kapitalakkumulation aufweisen. Dabei ist zu berücksichtigen, daß in den Entwicklungsländern ein hoher Investitionsbedarf besteht zum Auf- und Ausbau der materiellen, personellen und institutionellen Infrastruktur. Dies gilt insbesondere für den Bildungsbereich, da – wie ausgeführt – etwa 40 Prozent der Bevölkerung jünger als 15 Jahre ist. Die Humankapitalinvestitionen, die eine lange Ausreifungszeit benötigen, sind als notwendige Voraussetzung anzusehen, um direkt produktive Sachkapitalinvestitionen vornehmen zu können. Aufgrund unzureichender Kapitalbildung sind viele Entwicklungsländer nicht in der Lage, ihr Humankapitaldefizit zu verringern; damit einher gehen ein Mangel an qualifizierten Facharbeitern, Verwaltungsangestellten und an Führungskräften sowie eine geringe Arbeitsproduktivität. Zudem können bei unzureichender Kapitalakkumulation nicht genügend Sachkapitalinvestitionen durchgeführt werden, um das rasch wachsende Arbeitspotential effizient in den Produktionsprozeß zu integrieren, und um eine für die Befriedigung der Grundbedürfnisse der Bevölkerung ausreichende Güterproduktion sicherzustellen. Für viele insbesondere der armen Entwicklungsländer mit hohem Bevölkerungswachstum stellt der Kapitalmangel einen wichtigen Entwicklungsengpaß dar. Eine ausführliche Diskussion der Ursachen und Folgen der unzureichenden Kapitalbildung der Entwicklungsländer findet sich bei *H.-R. Hemmer* (1988, S. 140-187).

Das regionale Entwicklungspotential wird von der Ausstattung mit *natürlichen Ressourcen* beeinflußt; hierzu zählen die landwirtschaftlich nutzbare Fläche und die Rohstoffvorkommen.

Landwirtschaftlich nutzbarer Boden ist eine wichtige Grundlage für die Nahrungsmittelproduktion. In Tab. 3.24 sind für 92 Entwicklungsländer die genutzten Ackerflächen für 1988/90, die prognostizierte Ausdehnung der ackerbaulichen Nutzfläche bis zum Jahr 2010 und die Reserven an ackerbaulich nutzbaren Landflächen dargestellt. Insgesamt werden von der Landfläche der Erde 11 Prozent (1,5 Mrd. ha) als Ackerland genutzt, hinzu kommen 24 Prozent Weideland. Jedoch ist fruchtbarer Boden regional unterschiedlich verteilt. Gerade in den Entwicklungsländern bestehen mit über 1,7 Mrd. ha noch große Reserven an ackerbaulich nutzbaren Flächen, die auch innerhalb dieser Ländergruppe regional stark variieren (*Stiftung Entwick-*

Tab. 3.24 Ackerbauliche Nutzfläche in Entwicklungsländern, Mio. ha

Regionen	Genutzte Ackerflächen 1988/90	Ausdehnung der ackerbaulich nutzbaren Landflächen 1988/90-2010	Reserven an ackerbaulich nutzbaren Landflächen 2010
92 Entwicklungsländer	759	92	1 725
Naher Osten/ Nordafrika	77	4	13
Afrika südl. Sahara	213	42	754
Asien (ohne China)	279	19	116
Lateinamerika/Karibik	190	27	842

Quelle: *N. Alexandratos* 1995, S. 162 f.

lung und Frieden 1991, S. 235). Wie Tab. 3.24 zeigt, sind in Asien, im Nahen Osten sowie in Nordafrika die Landreserven fast völlig erschöpft, während in Lateinamerika und in Afrika südlich der Sahara noch Landreserven bestehen. Die zukünftig mögliche Ausdehnung der Agrarflächen ist ein Netto-Prozeß, in dem neue Flächen für die landwirtschaftliche Nutzung erschlossen werden, andere Flächen aber zeitweise oder für immer aus der Nutzung fallen. Auch wird darauf hingewiesen, daß die bis zum Jahr 2010 noch zur Verfügung stehenden ackerbaulich nutzbaren Landflächen nur auf den ersten Blick ein beträchtliches Produktionspotential besitzen. Das hat folgende Gründe:

- Die Reserven sind auf einige Lander stark konzentriert (z. B. auf Brasilien und die Demokratische Republik Kongo),
- die meisten Reserven haben Böden geringer Qualität, einige eignen sich nur für Baumfrüchte,
- andere haben unsichere Niederschlagsverhältnisse,
- fast alle hängen vom Einsatz bestehender oder neuer Technologien ab.

Ebenfalls ist die Art der potentiellen Flächen zu berücksichtigen. Viele sind heute noch mit Wald (insbesondere Regenwald) bestandene Flächen, die in der Regel eine empfindliche ökologische Balance sowie an Struktur und pflanzenverfügbaren Nährstoffen arme Böden aufweisen (*N. Alexandratos* 1995, S. 152.). Die ungleiche Verteilung der Landreserven hat dazu geführt, daß einige Länder aus der Sicht der Landreserven ihre Tragfähigkeitsgrenze bereits überschritten (Niger, Kenia, Nigeria, Uganda, Senegal und Burkina Faso) bzw. die kritische Phase erreicht haben (Zimbabwe, Ghana und Mali) (*G. M. Higgins* et al. 1982 in *D. J. Mahar* 1988, S. 66). Die Tragfähigkeit einer Region ist definiert als die maximale Anzahl von Menschen, die auf unbestimmte Zeit in dieser Region leben können, ohne die Basis natürlicher Ressourcen so zu beeinträchtigen, daß die maximal mögliche Zahl der Menschen in der Zukunft zurückgeht. Im Gegensatz zu festen Tragfähigkeitsgrößen in der Natur ist der Mensch jedoch in der Lage, z. B. durch Technologie und Handel, die Tragfähigkeit einer Region erheblich zu erhöhen. Das zeigt insbesondere die Entwicklung der Schwellenländer in den 80er Jahren, die nur ein begrenztes areales Potential besitzen und eine hohe Bevölkerungsdichte aufweisen (*R. Muscat* 1985, S. 2). Doch hat diese Möglichkeit ebenfalls Grenzen, was eine Verringerung des Bevölkerungswachstums früher oder später notwendig macht (*R. Ledec et al.* 1985, S. 42 und 85). Umgekehrt kann die Tragfähigkeit oft durch ineffiziente Nutzung der Ressourcen nicht ausgeschöpft werden. So führen zum Beispiel ungleiche Landbesitzverhältnisse zu einer suboptimalen Nutzung der Landreserven bzw. teilweise zu einer Übernutzung der Flächen, was die Tragfähigkeit verringert (*United Nations* 1984, S. 79). Die extensive Zerstörung der Umwelt ist eine weitere Ursache sinkender Tragfähigkeit, welche im Zusammenhang mit steigenden Bevölkerungszahlen bei sinkendem Pro-Kopf-Einkommen (als Ursache und Folge) in einigen Teilen Afrikas südlich der Sahara bereits zum Erreichen bzw. Überschreiten der Tragfähigkeit geführt hat (*D. J. Mahar* 1988, S. 66). Insgesamt nimmt weltweit die natürlich gegebene Tragfähigkeit durch nicht angepaßte Nutzung oder Übernutzung ab. Der Verlust an Boden durch Erosion übersteigt die natürliche Humusbildung. Am stärksten davon betroffen sind die Entwicklungsländer. Erosion, Bodenauslaugung, Versalzung, Versandung und Überwässerung führen weltweit zu einem jährlichen Totalverlust von 5 bis 7 Mio. ha produktiver Landfläche, das entspricht nahezu 0,5 Prozent der gesamten landwirtschaftlich genutzten Flächen (*FAO* 1996, S. 30). Etwa 300 Millionen Menschen sind vom regionalen Rückgang landwirtschaftlicher Flächen betroffen (*Stiftung Entwicklung und Frieden* 1991, S. 236 ff.). Zusätzlich liegen auch unter vergleichbaren Bedingungen die Hektarerträge in den Entwicklungsländern deutlich unter denen der westlichen Industrieländer. Um die Nahrungsmittelversorgung der Entwicklungsländer, deren Bevölkerung auch in Zukunft weiter wächst, zu verbessern, müssen neben dem Schutz und der Erhaltung der gegenwärtig genutzten Böden auch Anstrengungen bei der Steigerung der Hektarerträge unternommen werden. Hierfür sind jedoch, wie die Erfahrung lehrt, neben einem verstärkten Kapitaleinsatz qualifizierte Fachkräfte und neue (angepaßte) Technologien notwendig.

Auch die Verfügungsmacht über *Rohstoffvorkommen* kann das regionale Wirtschaftswachstum begünstigen. Dies trifft insbesondere für *Primärenergieträger* zu. Dabei ist zwischen den unter gegebenen technischen Möglichkeiten wirtschaftlich gewinnbaren Vorkommen (Reserven) und den darüber hinaus geologisch nachgewiesenen oder vermuteten Vorkommen (Ressourcen) zu unterscheiden. So haben die Reserven der meisten bergbaulich zu gewinnenden Rohstoffe in den 70er und frühen 80er Jahren trotz fortschreitendem Ressourcenabbau zugenommen, da zugleich die Preise anstiegen sowie die Abbautechniken verbessert und neue Lagerstätten erforscht wurden.

Die weltweit gewinnbaren Reserven betragen derzeit ca. 1 200 Mrd. Tonnen Steinkohleneinheiten (SKE), die zusätzlich vorhandenen Ressourcen belaufen sich auf etwa 10 200 t SKE. Die Lebensdauer dieser Reserven ist je nach Primärenergieträger unterschiedlich: Gleichbleibenden Verbrauch und konstante Technologie vorausgesetzt, reichen die wirtschaftlich gewinnbaren Kohlenreserven 185 Jahre (statische Reichweite). Die Reserven an Erdgas und Erdöl sind dagegen schon nach 64 bzw. 44 Jahren erschöpft (*W. Stahl* 1998).

Angesichts des Bevölkerungswachstums und des steigenden Lebensstandards in den spät industrialisierenden Schwellen- und Entwicklungsländern wird der Energiebedarf in der Zwischenzeit jedoch zunehmen. Eine konservative Prognose des Weltenergierates (*WEC* 1993) geht davon aus, daß sich der Gesamt-Energieverbrauch der Welt zwischen 1990 und 2050 auf fast 30 Mrd. SKE mehr als verdoppeln wird. Trotz eines zunehmenden Anteils erneuerbarer Energien müssen die fossilen Energierohstoffe den Großteil des zusätzlichen Primärenergiebedarfs befriedigen. Dies wirft zwei Probleme auf: Erstens wird die Reichweite der Reserven weiter reduziert, und zweitens sind die Nutzungsmöglichkeiten der fossilen Energieträger begrenzt, da energiebedingte Spurengasemissionen wie CO_2 zu globaler Klimaerwärmung führen können.

Tab. 3.25 Sichere, wirtschaftlich und technisch gewinnbare Reserven wichtiger Primärenergieträger, 1997

Primär-energieträger	Welt	OECD-Länder	Transforma-tionsländer	OPEC-Länder	Mittel- und Südamerika	übrige Länder in Asien und Pazifik	Afrika	Quelle
	absolut	in Prozent						
Steinkohle	515 Mrd. t SKE[1]	36,1	38,4	0,3	1,0	13,4	10,9	a
Braunkohle	511 Mrd. t							
	255 Mrd. t SKE	50,0	42,2	6,1	0,9	0,8	0,0	a
Kohle insgesamt	771 Mrd. t SKE	40,7	39,6	2,2	1,0	9,2	7,3	a
Erdöl	141 Mrd. t							
	211 Mrd t. SKE	9,1	9,0	77,5	1,5	2,1	0,8	a
Erdgas	144 Bio. cbm							
	170 Mrd. t SKE	9,7	40,6	43,5	1,6	4,4	0,2	a
Uran	2,34 Mio. t[2]							
	32,7 Mrd. t SKE							
	53,8 Mrd. t SKE[3]	43,5	30,6	1,3	6,6	0,0	18,0	b
Primärenergieverbrauch	12,7 Mrd. t SKE	54,7	24,0	6,5	3,6	9,0	2,2	a
Bevölkerung	5,892 Mrd.	17,3	29,0	9,6	6,5	28,5	9,0	c

1 SKE = Steinkohleeinheit ($29{,}3 \cdot 10^9$ J)
2 gewinnbar bis 80 US$ je kg Uran
3 inkl. Recycling durch Wiederaufbereitung

Quellen: a) *British Petroleum Company* 1998; b) *OECD* 1998; c) *Weltbank* (Weltentwicklungsbericht 1998/99)

Das geschätzte Potential erneuerbarer Energien entspricht zwar in etwa dem gegenwärtigen Weltenergiebedarf (*Bundesanstalt für Geowissenschaften und Rohstoffe* 1989, S. 19). Während Wasserkraft rund 6 Prozent des weltweiten Primärenergiebedarfs deckt, ist der Anteil der sogenannten „New Renewables" (Solarenergie, Wind, Erdwärme, Biomasse) an der kommerziellen Energieproduktion aber mit knapp 2 Prozent noch gering. Nach Projektionen des Weltenergierates kann dieser Anteil bis zum Jahr 2020 auf 4 Prozent bzw. bei starker politischer Förderung bis auf 12 Prozent ansteigen (*World Energy Council* 1993, S. 60).

In Tab. 3.25 sind für die wichtigsten nicht erneuerbaren Primärenergieträger Steinkohle, Braunkohle, Erdöl, Erdgas sowie Uran neben dem Umfang der sicheren, wirtschaftlich und technisch gewinnbaren Reserven der Erde die Anteile einzelner Ländergruppen an den Vorräten dargestellt. Die Tabelle zeigt die günstige Reservesituation der westlichen Industrieländer und der Transformationsländer bei Kohle und Uran. Von den Entwicklungsländern besitzen die Mitglieder der OPEC bei Erdöl eine dominierende Position; auch ihr Anteil an den Erdgasreserven der Erde ist hoch. Die übrigen Entwicklungsländer, in denen 44 Prozent der Weltbevölkerung leben, weisen ein relativ geringes Potential an Energiereserven auf, das zudem auf wenige Länder konzentriert ist. So vereinen Südafrika und Indien nahezu die gesamten sicheren, wirtschaftlich gewinnbaren Steinkohlenreserven ihrer Ländergruppen auf sich. Von den Weltvorräten an wichtigen *mineralischen Rohstoffen* befindet sich im Durchschnitt ein Drittel in den Entwicklungsländern; lediglich bei Kupfer, Zinn, Nickel, Bauxit und Phosphat erreichen sie überdurchschnittliche Anteilswerte (*M. Tietzel* 1977, S. 30). Insgesamt erzielen rund 80 Entwicklungsländer mehr als die Hälfte ihrer Exporteinnahmen mit Rohstoffen. Einige Länder sind sogar weitgehend vom Export eines einzelnen mineralischen Rohstoffs abhängig, beispielsweise Guinea, Jamaika (Bauxit) oder Sambia (Kupfer).

Insgesamt läßt sich festhalten, daß es zwar einigen erdölexportierenden Entwicklungsländern gelungen ist, über die Ausfuhr natürlicher Ressourcen ein hohes Pro-Kopf-Einkommen zu erzielen, daß für die meisten Entwicklungsländer jedoch aufgrund ihrer unzureichenden Ausstattung mit Rohstoffen die Möglichkeit einer vom Bergbausektor ausgehenden Wirtschaftsentwicklung entfällt. Aber selbst wenn Rohstoffvorkommen vorhanden sind, fehlt es oftmals an inländischem Sachkapital und an technischem Wissen, um die natürlichen Ressourcen zu erschließen.

Vor dem Hintergrund des zunehmenden Standortwettbewerbs gewinnt der *technische Fortschritt* als interne Wachstumsdeterminante an Bedeutung. Dies gilt insbesondere für die hochentwickelten Industrieländer der Triade, deren Produktivitätsvorsprung nicht zuletzt auf der kontinuierlichen Entwicklung und Anwendung neuer Produkte und Technologien beruht. Um ihre relative Wettbewerbsposition zu sichern oder zu verbessern, müssen diese Länder stetig neues technisches Wissen generieren (*First mover*-Strategie) oder importiertes Wissen rasch in markttaugliche Anwendungen umsetzen (*Fast follower*-Strategie).

Bei der Messung des technischen Fortschritts ist zwischen Input-, Throughput- und Outputindikatoren zu unterscheiden (vgl. *H. Grupp; U. Schmoch* 1991, S. 1576 f.; *B. Gehrke, H. Grupp* 1994, S. 123). Nachfolgend werden als Inputs in den Entstehungsprozeß des technischen Wissens die finanziellen Aufwendungen in Forschung und Entwicklung (FuE) sowie die Zahl der in diesem Bereich tätigen Wissenschaftler und Ingenieure betrachtet. Als Throughput-Indikator findet das technische Ergebnis dieses Prozesses in der Zahl der gewährten Patente Ausdruck, während Output-Indikatoren wie die Außenhandelsspezialisierung auf Hochtechnologieprodukte die ökonomische Inwertsetzung des technischen Fortschritts anzeigen (vgl. Kap. 3.1.3.1). Einen weitergehenden Überblick über alternative Meßmethoden bietet *H. Grupp* (1997).

Internationale Vergleiche von Technologieindikatoren werden durch die mangelhafte Datenlage vor allem für Entwicklungsländer erschwert. Die umfangreichste Sammlung von Daten zu den FuE-Aufwendungen umfaßt 87 Länder und bezieht sich auf verschiedene Jahre zwischen 1985 und 1996 (*UNESCO* 1998). Auf dieser Basis errechnen sich FuE-Aufwendungen von insgesamt 550 Mrd. US-Dollar. Davon entfallen 85,5 Prozent auf die OECD-Länder, darunter ein Viertel auf Nordamerika (Kanada, USA, Mexiko) sowie jeweils ein Drittel auf Japan und die EU. Die Transformationsländer vereinen 9,9 Prozent der Aufwendungen auf sich, während lediglich 4,4 Prozent der Mittel in Entwicklungsländern aufgewandt werden. Auf Afrika (inkl. Südafrika) entfallen nur 0,2 Prozent der weltweiten FuE-Aufwendungen. Bei den relativen FuE-Anstrengungen – bezogen auf das Bruttoinlandsprodukt – liegen ebenfalls die OECD-Länder an der Spitze. In Schweden wurde 1995 mit FuE-Aufwendungen in Höhe von 3,0 Prozent des BIP der höchste Wert erreicht, gefolgt von den Kernländern der Triade: Japan mit 2,8 Prozent, die USA mit 2,6 Prozent und Deutschland mit 2,3 Prozent (*OECD* 1997, S. 116). In den letzten Jahren ist es einigen Schwellenländern insbesondere aus dem asiatischen Raum gelungen, der Spitzengruppe der forschungsintensiv produzierenden Volkswirtschaften nahezukommen. Zu diesen Ländern zählen Südkorea, Israel, Taiwan und Singapur. Die hohen FuE-Anstrengungen dieser Aufhol-Länder bedeuten jedoch nicht, daß das technologische Wissen dort bereits mit dem in den hochentwickelten Industrieländern erreichten Niveau konkurrieren kann (*BMBF* 1999, S. 81).

Für verschiedene Jahre zwischen 1985 und 1996 ermittelt die *UNESCO* auf der Basis von 90 Ländern insgesamt 4,6 Mio. in FuE tätige Wissenschaftler und Ingenieure. Ihre Konzentration auf die westlichen Industrieländer ist mit 59,4 Prozent geringer als die der Aufwendungen, liegt aber noch immer deutlich über dem Anteil der OECD-Länder an der Weltbevölkerung von nur 16,9 Prozent. Fast 30 Prozent entfallen auf die Transformationsländer, deren hoher Besatz mit qualifiziertem FuE-Personal noch zu Zeiten der Zentralverwaltungswirtschaft aus ideologischen Motiven aufgebaut wurde. Auf die Entwicklungsländer entfallen schließlich rund 9 Prozent des FuE-Personals, davon zwei Drittel auf den asiatisch-pazifischen Raum. Die Sonderstellung der Schwellenländer des asiatischen Raumes innerhalb der Gruppe der Entwicklungsländer macht sich auch in diesen Zahlen bemerkbar.

Da Inventionen das Ergebnis eines nicht zuletzt von der Höhe der eingesetzten finanziellen und personellen Ressourcen abhängigen Suchprozesses sind, führen interregionale Unterschiede in den Forschungsaufwendungen zu einer ungleichen Verteilung der Neuerungen. Das technische Ergebnis dieses Prozesses findet in der Zahl der angemeldeten und gewährten Patente Ausdruck. Patente sind Schutzrechte, die technische Erfindungen vor Nachahmung schützen und dem Inventor die ausschließliche kommerzielle Verwertung garantieren sollen. Bei Vergleichen von Patentdaten ist auf internationale Unterschiede im Patentverhalten hinzuweisen. *H. Grupp* und *U. Schmoch* (1999) weisen dies anhand der Patentstrategien ausgewählter multinationaler Unternehmen exemplarisch nach. Nicht alles neue Wissen ist patentierbar, und patentfähige Erfindungen werden zum Teil etwa aus Gründen der Geheimhaltung überhaupt nicht zum Patent angemeldet. Dennoch bietet die Patentstatistik einen ersten Einblick in die räumliche Verteilung neu entstehenden Wissens. Das technologische Gefälle zwischen Industrie- und Entwicklungsländern kommt hier noch deutlicher zum Ausdruck als bei den Inputindikatoren.

1995 wurden in 100 Ländern rund 678 000 Patente gewährt (*World Intellectual Property Organization* 1997a). Über 80 Prozent der Schutzrechte gingen an Bewerber aus nur sechs Ländern (Japan, USA, Deutschland, Frankreich, Großbritannien und Rußland). Auf die Gruppe der westlichen Industrieländer entfielen 93,1 Prozent der gewährten Patente, darunter 36,4 Prozent auf die 15 Länder der Europäischen Union sowie jeweils rund ein Viertel auf Nordamerika und Japan. 5 Prozent der Patente wurden an Bewerber aus Transformationsländern vergeben, und nur 1,7 Prozent gingen an Entwicklungsländer. Dabei ist ein Großteil der Patente der Entwicklungsländer im Besitz von Tochterunternehmen multinationaler Gesellschaften, die in den Entwicklungsländern registriert sind.

Zur Beurteilung der technologischen Leistungsfähigkeit der führenden Industrieländer findet die Anzahl weltmarktrelevanter Triadepatente als Indikator Verwendung. Hierunter versteht man Patente, die zusätzlich zum Inland in mindestens zwei Auslandsmärkten in verschiedenen Regionen der Triade (USA-Europa-Japan) angemeldet werden (*BMBF* 1999, S. 70 f.). Bei der Triadepatentintensität nahm Deutschland 1996 mit 216 Triadepatenten auf eine Million Erwerbspersonen den ersten Rang ein vor Japan und den USA mit 206 bzw. 161 Patenten. Der für die internationale Wettbewerbsfähigkeit ausschlaggebende Aspekt – die Realisierung der technischen FuE-Ergebnisse am Markt oder in der Produktion (Produkt- bzw. Prozeßinnovation) – wird von diesem Throughput-Indikator jedoch nicht berücksichtigt.

Bei der beschriebenen internationalen Verteilung der Forschungsaktivitäten ist zu erwarten, daß sich die Suche nach neuem technischen Wissen primär an der Problemstruktur der Industrieländer orientiert und daß die Forschungsergebnisse vor allem für deren Probleme Lösungen anbieten. Forschungen, die den spezifischen Bedürfnissen der Entwicklungsländer Rechnung tragen und angepaßte Technologien entwickeln, werden nur in begrenztem Umfang durchgeführt.

Zusammenfassend gilt, daß zwischen den Industrieländern und den Entwicklungsländern tiefgreifende Ungleichgewichte in der Ausstattung mit internen Wachstumsdeterminanten bestehen. Als wichtige entwicklungshemmende Faktoren der Entwicklungsländer lassen sich das hohe Bevölkerungswachstum identifizieren in Verbindung mit einem extremen Defizit an technischem Wissen und bei vielen Ländern einer unzureichenden Kapitalbildung und einer begrenzten Verfügbarkeit über natürliche Ressourcen.

Es ist im folgenden zu prüfen, inwiefern neben den beschriebenen Unterschieden in der Ausstattung und der Nutzung interner Determinanten auch *externe Wachstumsdeterminanten* die Entstehung und Veränderung sozioökonomischer Disparitäten zwischen den Industrie- und den Entwicklungsländern mit verursachen. Ist der Entwicklungsrückstand der Entwicklungsländer die Folge ihrer noch unzureichenden Integration in die Weltwirtschaft, oder werden durch die Struktur und die Wirkung der zwischen Industrie- und Entwicklungsländern bereits bestehenden Interaktionen die Ungleichgewichte hervorgerufen oder verstärkt? Die internationalen Verflechtungen und insbesondere ihre Auswirkungen auf das Wirtschaftswachstum der Entwicklungsländer werden am Beispiel der mobilen Produktionsfaktoren Arbeit, Kapital, technisches Wissen sowie der Mobilität von Gütern und Dienstleistungen dargestellt.

Schätzungen der Vereinten Nationen zufolge hat sich der Bestand an grenzüberschreitenden Migranten von 1965 bis 1995 von 76 Mio. auf rund 125 Mio. Menschen erhöht. Etwa 2,3 Prozent der Weltbevölkerung lebte 1995 außerhalb ihrer Heimatländer. Darunter befanden sich neben legalen und irregulären Arbeitsmigranten auch Menschen auf der Flucht vor Krieg und politischer Verfolgung. Die Anzahl der legalen Arbeitsmigranten (Kontraktarbeiter, Gastarbeiter und deren Familienangehörige) wird auf 70 bis 85 Mio. geschätzt. Hinzu kommen mindestens 10 Mio. irreguläre Migranten, die illegal einreisen oder nach Ablauf ihrer Aufenthaltsbefugnisse in dem jeweiligen Zielland bleiben. Von ihnen befinden sich allein 4 Mio. in den USA und etwa 3 Mio. in Westeuropa (*Stiftung Entwicklung und Frieden* 1997, S. 98 ff). Die Zahl der anerkannten Flüchtlinge schließlich betrug nach Angaben des UN-Hochkommissariats für Flüchtlinge 1993 über 18 Mio., ging dann aber bis Anfang 1997 auf rund 13 Mio. zurück (UNHCR 1997).

Zielregionen der intra- und interkontinentalen Arbeitsmigranten sind vor allem die westlichen Industrieländer, aber auch die dynamischen Entwicklungs- und Schwellenländer Südostasiens, die bevölkerungsarmen Golfstaaten, die Küstenregionen Westafrikas sowie allgemein die Grenzregionen zwischen Ländern mit unterschiedlichem Entwicklungsniveau. In der Folge sollen die Ursachen der *internationalen Arbeitskräftemobilität* (legale und irreguläre Migranten) sowie ihre Auswirkungen in den Herkunfts- und Zielregionen herausgearbeitet werden. Nicht behandelt werden Flüchtlingsströme, deren Ursachen vorrangig im außerökonomischen Bereich angesiedelt sind.

Zur Erklärung der internationalen Arbeitsmigration lassen sich sechs interdependente Ursachenkomplexe unterscheiden (*Stiftung Entwicklung und Frieden* 1997, S. 104 f.):

1. Globale und regionale Einkommensdisparitäten: Ökonomische Theorien betrachten interregionale Lohn- bzw. Einkommensdisparitäten vielfach als zentrale Determinante von Wanderungsprozessen (vgl. Band 1 Theorie, 7. Auflage 1998, S. 100 ff.). Durch Globalisierungs- und Marginalisierungsprozesse verstärkt, üben besonders die industrialisierten Länder mit besseren Verdienstmöglichkeiten eine Sogwirkung auf die weniger entwickelten Länder aus.
2. Bevölkerungsdruck: Nach Schätzungen des *International Labour Office* (1986) wuchs die Bevölkerung im erwerbsfähigen Alter in den Entwicklungsländern zwischen 1970 und 1990 um 59 Prozent, in den Industrieländern aber nur um 23 Prozent. Für den Zeitraum von 1990 bis 2010 werden Wachstumsraten von 41 Prozent in Entwicklungsländern gegenüber 9 Prozent in Industrieländern erwartet. Reicht das Wirtschaftswachstum in den Entwicklungsländern nicht aus, um die junge Bevölkerung produktiv zu absorbieren, ist zunehmender Migrationsdruck die Folge.
3. Umweltkatastrophen: Der zunehmende Bevölkerungsdruck hat in vielen Entwicklungsländern einen sich selbst verstärkenden Prozeß ökologischer Zerstörung ausgelöst. Dürren und Überschwemmungen zwingen immer mehr Menschen, ihren traditionellen Lebensraum aufzugeben und als Umweltflüchtlinge („*Ecomigrants*") in andere Länder umzusiedeln.
4. Globalisierung der Arbeitsmärkte: Als Folge der Globalisierung der Güter- und Kapitalmärkte bildet sich in ersten Ansätzen auch ein Weltmarkt für Arbeit heraus. Vor allem die Zunahme interregionaler Wanderungen deutet darauf hin, daß die internationale Arbeitskräftemobilität dem Globalisierungstrend von Güter-, Dienstleistungs- und Kapitalströmen folgt. Dabei sind zwei Trends zu unterscheiden: *Erstens* betrifft diese Entwicklung gering qualifizierte ausländische Arbeitskräfte, wie sie in Deutschland vorrangig im Baugewerbe, in der Landwirtschaft oder im Hotel- und Gaststättengewerbe Beschäftigung finden. *Zweitens* läßt sich heute ein kleiner, aber zunehmender Anteil der internationalen Arbeits-

kräftemobilität innerhalb von multinationalen Unternehmen beobachten. So stieg die Anzahl solcher Zuwanderungsfälle in den USA zwischen 1981 und 1994 um das 2,5fache auf knapp 100 000 Personen jährlich. Der internationale Austausch hochqualifizierter Arbeitskräfte (Wissenschaftler, Ingenieure, Manager) dient dem Transfer spezifischen Know-hows zwischen kooperierenden Unternehmen bzw. Betriebsstätten eines Unternehmens (*J. Salt 1997; T. Straubhaar*, *A. Wolter* 1997).

5. Technischer Fortschritt: Neben sinkenden Raumüberwindungskosten durch technische Neuerungen im Transportwesen fördert auch die globale Vernetzung durch neue Informations- und Kommunikationstechnologien internationale Wanderungsbewegungen, indem Migrationsanreize an potentielle Migranten übermittelt werden.
6. Arbeitslosigkeit: Schätzungen zufolge hat weltweit etwa eine halbe Milliarde Menschen keine geregelte Arbeit mit regelmäßigem Einkommen. In vielen Entwicklungsländern liegt die offene und verdeckte Arbeitslosigkeit bei 40 bis 50 Prozent. Der Arbeitslosigkeit wird daher als Schubkraft der Migration eine größere Bedeutung beigemessen als der Erwartung höherer Einkommen.

Zwischen Industrie- und Entwicklungsländern besteht ein grundlegender, historisch bedingter Unterschied hinsichtlich der Möglichkeit der Massenauswanderung. Aus den heutigen Industrieländern Europas sind allein zwischen 1820 und 1940 etwa 55 bis 60 Millionen Menschen in überseeische Länder ausgewandert. Diese Massenauswanderung verlief räumlich und zeitlich differenziert; die wichtigsten Herkunftsgebiete waren zunächst die nordwesteuropäischen Länder, insbesondere Großbritannien und Irland, es folgten Deutschland, Italien und andere süd-, südost- und osteuropäische Länder. Die Zielgebiete der Wanderung waren dünnbesiedelte Räume mit zumeist gemäßigtem Klima vornehmlich in Nordamerika, aber auch im südlichen Teil Lateinamerikas, in Nord- und Südafrika sowie in Australien (*F. Thistlethwaite* 1972; *W. Kuls* 1993, S. 176 ff.; *J. Bähr* 1997, S. 305 ff.). Die europäische Auswanderung nach Übersee vollzog sich im wesentlichen in einer Periode, die gekennzeichnet ist durch ein hohes natürliches Bevölkerungswachstum und durch den Übergang von der Agrar- zur Industriegesellschaft, in einer Phase also, in der die Substitution arbeitsintensiver durch kapitalintensive Technologien vor allem im Agrarsektor Arbeitskräfte freisetzte. Die heutigen Entwicklungsländer in Asien, Afrika und Lateinamerika besitzen, nicht zuletzt wegen der praktizierten Zuzugsbeschränkungen in den potentiellen Einwanderungsländern, keine vergleichbaren Möglichkeiten der Kompensation des hohen natürlichen Bevölkerungswachstums durch Massenauswanderung. Sie sind gezwungen, den größten Teil des Arbeitskräftepotentials in den inländischen Wirtschaftsprozeß zu integrieren.

Am Beispiel der Arbeitsmigration aus Entwicklungs- in Industrieländer sollen nun die Auswirkungen internationaler Arbeitskräftemobilität auf Herkunfts- und Zielregion diskutiert werden. Arbeitsmigration ist ein selektiver Prozeß, dessen Akteure häufig jung und überdurchschnittlich qualifiziert sind. Diese als „Brain Drain" bezeichnete Abwanderung von wissenschaftlichen, technischen und kaufmännischen Fachkräften verschärft das Humankapitaldefizit, das in vielen Entwicklungsländern ein wesentliches Entwicklungshemmnis darstellt. In vielen Ländern sind Wissenschaftler, Techniker und Ingenieure arbeitslos oder unterbeschäftigt, weil sich das Bildungssystem schneller entwickelte als die Absorptionsfähigkeit der Wirtschaft. Zwischen 1960 und 1985 sind etwa eine Million Facharbeiter und Akademiker (überwiegend Wissenschaftler, Ingenieure, Ärzte, Lehrer) aus Entwicklungsländern in die Industrieländer abgewandert. Mitte der 90er Jahre kostet der „Brain Drain" allein die afrikanischen Entwicklungsländern rund 20.000 hochqualifizierte Arbeitskräfte pro Jahr; in einzelnen Ländern ging nahezu die Hälfte des Ausgangsbestands verloren (*H. Körner* 1998, S. 27). Bei geschätzten Ausbildungskosten von durchschnittlich 60 000 US-Dollar pro Person errechnen sich Humankapitalinvestitionen von 60 Mrd. US-Dollar, die den Ländern der Dritten Welt für ihre wirtschaftliche Entwicklung nicht mehr zur Verfügung stehen. Diesen Humankapitalabfluß können auch die Überweisungen von Arbeitseinkommen der Migranten in ihre Heimatländer nur teilweise kompensieren, obwohl sie nach Schätzungen des Internationalen Währungsfonds mit etwa 70 Mrd. US-Dollar pro Jahr höher sind als die öffentliche Entwicklungshilfe (55 Mrd. US-Dollar) und in einzelnen Fällen eine bedeutende Devisenquelle darstellen können. Einige Entwicklungsländer fördern explizit oder implizit die Auswanderung von Arbeitskräften, um ihre Zahlungsbilanz und den nationalen Arbeitsmarkt zu entlasten. Diese Strategie ist jedoch entwicklungspolitisch fragwürdig, lenkt sie doch von notwendigen Strukturanpassungen zur Lösung der Arbeitsmarktprobleme ab. Positive Effekte können sich unter Umständen ergeben, wenn Arbeitsmigranten im Ausland Humankapital akkumulieren und später in ihre Heimat zurückkehren („Reverse Brain Drain" oder „Brain Gain"), wie die Bedeutung von Rückkehrern aus den USA für den Aufbau der indischen Software-Industrie illustriert.

Kritiker in den Industrieländern befürchten, daß die Zuwanderung von Arbeitskräften aus Entwicklungsländern für gering qualifizierte einheimische Arbeitskräfte sinkende Reallöhne oder sogar den Verlust ihrer Arbeitsplätze bedeutet. Diese Gefahr ist um so größer, je stärker die Zuwanderer einheimische Arbeitskräfte substituieren. Nach Schätzungen der *Weltbank* verrichten jedoch 70 Prozent der Arbeitsmigranten ungelernte körperliche Tätigkeiten, die von einheimischen Arbeitskräften abgelehnt werden. Zuwanderer sind also überwiegend komplementär zu einheimischen Arbeitskräften und schließen strukturelle Lücken im Arbeitsmarkt des Ziellandes (Weltentwicklungsbericht 1995, S. 79). Eine empirische Untersuchung des Rheinisch-Westfälischen Instituts für Wirtschaftsforschung belegt diese Aussage für Deutschland. Die Ergebnisse dieser Studie entkräften auch die populäre Vorstellung, Immigranten stellten eine Belastung für das deutsche Sozialsystem dar. Das Gegenteil ist der Fall: Einwanderer tragen durch ihre Steuer- und Beitragszahlungen die öffentlichen Güter und Leistungen in hohem Maße mit, nehmen sie aber aus Unkenntnis, Scheu oder kultureller Zurückhaltung nur unterdurchschnittlich in Anspruch (*H.-D. von Löffelholz, G. Köpp* 1998). Der Zustrom gering qualifizierter junger Arbeitskräfte senkt zudem die Produktionskosten für Unternehmen und trägt zur Verbesserung der Altersstruktur im Gastland bei. Projektionen zufolge würde die Bevölkerung der Europäischen Union (Gebietsstand von 1990) ohne Nettozuwanderung von 344 Mio. (1990) auf 333 Mio. (2020) zurückgehen. Dies hätte bei unveränderter Erwerbsneigung einen Rückgang des Arbeitskräftepotentials von 157 Mio. auf 144 Mio. Personen zur Folge. Um die demographische Lücke im Arbeitskraftepotential zu schließen, wäre ein jahresdurchschnittlicher Zuwanderungsüberschuß von 933 000 Personen erforderlich (*Institut der Deutschen Wirtschaft* 1993). In einzelnen Fällen können Migranten zudem durch den „Import" unternehmerischer Traditionen zur wirtschaftlichen Dynamik des Gastlandes beitragen, wie die Bedeutung der Auslandschinesen im Entwicklungsprozeß einiger südostasiatischer Schwellenländer zeigt.

Internationale Organisationen erwarten einen wachsenden Migrationsdruck aus den Armutsregionen der Welt, wo sich die Schubkräfte der Migration verstärken. Gleichzeitig verschärfen die Zielländer ihre Zuwanderungskontrollen und gehen zu einer restriktiveren Handhabung des Asylrechts über. Multilaterale Lösungsvorschläge, wie die in den 70er Jahren diskutierte Migrationssteuer, die den Entwicklungsländern die externen Kosten des Ressourcenabflusses ersetzen sollte (vgl. *J. N. Bhagwati* 1983, S. 53 ff.), müssen heute angesichts der fortschreitenden Liberalisierung der Weltwirtschaft als unrealistisch angesehen werden. Anstatt sich gegenüber Zuwanderung aus Entwicklungsländern abzuschotten und Immigranten in die Illegalität abzudrängen, sollten die Industrieländer die substitutiven Austauschbeziehungen zwischen der Güter-, Kapital- und Arbeitsmobilität zur Bekämpfung der Migrationsursachen nutzen. Der Transfer von Kapital und Technologie in Entwicklungsländer verbessert die Beschäftigungsmöglichkeiten der dortigen Arbeitskräfte und trägt ebenso zum Abbau des Migrationsdrucks bei wie die vollständige Öffnung der Gütermärkte der Industrieländer für die Exporte der Entwicklungsländer: „Wenn Güter ausgetauscht werden und wenn Kapital wandert, können die Menschen bleiben“ (*H. Siebert* 1995, S. 409).

Wie bereits aufgeführt, hängt der Kapitalbestand einer Region neben der regionsinternen Kapitalakkumulation noch von der interregionalen Kapitalmobilität ab. Es sind daher die *internationalen Kapitalverflechtungen* in die Untersuchung einzubeziehen. Kapitalströme setzen sich zusammen aus privaten Darlehen, Portfolio-Investitionen, Übertragungen, Direktinvestitionen sowie öffentlichen Mitteln (Entwicklungshilfe, Kredite, Schenkungen). Die folgenden Ausführungen beschränken sich auf die für den langfristigen raumwirtschaftlichen Strukturwandel maßgeblichen Direktinvestitionen.

Der Internationale Währungsfonds und die Organisation für Wirtschaftliche Zusammenarbeit und Entwicklung verstehen unter Direktinvestitionen grenzüberschreitende Investitionen mit dem Ziel, einen dauerhaften Einfluß auf ein Unternehmen in einem anderen Land zu schaffen. Damit verbunden ist eine langfristige Beziehung zwischen dem Investor und dem Investitionsobjekt (*IMF* 1993, 1995; *OECD* 1996). Zu den Direktinvestitionen zählen

- die Gründung ausländischer Tochterunternehmen oder Zweigniederlassungen;
- der Erwerb von Beteiligungen an ausländischen Unternehmen in maßgeblichem Umfang, der einen Einfluß auf die Geschäftsführung ermöglicht;
- der Transfer von Mitteln an Tochterunternehmen, Zweigniederlassungen oder an ausländische Unternehmen, an denen bereits eine maßgebliche Kapitalbeteiligung besteht.

In ihrer längerfristigen strategischen Motivation unterscheiden sich Direktinvestitionen von Portfolioinvestitionen, die kurz- und mittelfristigen Renditeerwartungen folgen und nicht primär der Einflußnahme auf die Unternehmensleitung dienen. Die wichtigsten Einflußfaktoren von Portfolioinvestitionen sind internationale Zinsdifferenzen sowie Erwartungen über die Änderungen von Wertpapierkursen und Währungsparitäten (*G. Dieckheuer* 1998, S. 516).

Ob ein Land für ausländische Direktinvestitionen attraktiv ist oder nicht, hängt von politischen und ökonomischen Determinanten ab. Als notwendige Voraussetzung ist die makroökonomische, politische und soziale Stabilität des Ziellandes anzusehen sowie das Vertrauen in die Fortdauer dieser Situation. Zu den politischen Rahmenbedingungen zählen weiterhin eine angemessene und effektive Wirtschaftspolitik, eine offene und weltmarktorientierte Handels- und Industriepolitik sowie eine stabile und vorhersagbare Politik gegenüber Direktinvestitionen, deren Regelwerk fair und transparent gestaltet ist (vgl. *OECD* 1989a, S. 18 ff.). Hinzu kommen unterschiedliche Maßnahmen der Investitionsförderung, mit denen potentielle Zielländer im Standortwettbewerb international mobiles Sachkapital zu attrahieren versuchen (vgl. Kapitel 3.2.1). Sind die politischen Rahmenbedingungen vorhanden, entscheiden die ökonomischen Determinanten über die Wahl des ausländischen Standorts (*UNCTAD* 1998, S. 91). Sie lassen sich nach dem vorherrschenden Investitionsmotiv gruppieren in:

a) input- bzw. beschaffungsorientierte Motive
- Rohstoffausstattung,
- Verfügbarkeit billiger, gering qualifizierter Arbeitskräfte,
- Verfügbarkeit ausgebildeter Arbeitskräfte,
- Zugang zu technischem Wissen und anderen geschaffenen Werten (z.B. Markennamen, Agglomerationsvorteile), verkörpert in Arbeitskräften, Unternehmen oder Clustern von Unternehmen,
- physische Infrastruktur (Verkehr, Energieversorgung, Telekommunikation);

b) markt- bzw. absatzorientierte Motive
- Größe bzw. Kaufkraft des Binnenmarktes, abhängig von Bevölkerung, Pro-Kopf-Einkommen und personeller Einkommensverteilung,
- Marktwachstum,
- Zugang zu regionalen und globalen Märkten,
- länderspezifische Nachfragemerkmale (Präferenzen),
- Wettbewerbssituation bzw. Marktform;

c) kosten- bzw. effizienzorientierte Motive
- Kosten der oben genannten Ressourcen und Werte sowie weiterer Inputs (Transport, Kommunikation usw.) und Zwischenprodukte,
- Reduzierung des Einflusses von Wechselkursschwankungen,
- Etablierung in einem supranationalen Integrationsraum, etwa um regionale Unternehmensnetzwerke aufzubauen.

Internationale Vergleiche von Direktinvestitionsstatistiken weisen zum Teil erhebliche Diskrepanzen in den erfaßten Strömen auf. Als Gründe für diese Abweichungen nennt die *Deutsche Bundesbank* (1997c, S. 80 ff.) vor allem die unterschiedlichen Erhebungssysteme sowie die international nicht einheitliche Abgrenzung der grenzüberschreitenden Direktinvestitionen. Ein bedeutender Unterschied ist in der Zuordnung kurzfristiger Geldströme innerhalb multinationaler Unternehmen zu sehen, die in ausländischen Statistiken teilweise unter den Direktinvestitionen ausgewiesen, in der deutschen Zahlungsbilanzstatistik aber dem „übrigen Kapitalverkehr" zugeordnet werden.

Bei der Bestimmung der Attraktivität von Wirtschaftsstandorten für Direktinvestitionen ist außerdem zu bedenken, daß Zahlungsbilanzdaten lediglich finanzielle Verflechtungen erfassen. Genaue Rückschlüsse auf realwirtschaftliche Aktivitäten wie z.B. Sachinvestitionen ausländischer Unternehmen lassen sich hieraus nicht ableiten. So werden Direktinvestitionen häufig mit der Neuansiedlung von Betrieben auf der „grünen Wiese" verbunden. Diese traditionelle Form des Kapitaltransfers hat jedoch seit Anfang der 80er Jahre stark an Bedeutung verloren. 1997 wurden bereits 58 Prozent der weltweiten neuen Direktinvestitionen in der Form von Beteiligungen und Übernahmen getätigt, mit zunehmender Tendenz in den 90er Jahren (UNCTAD 1998, S. 19 ff.). Im Extremfall kann dies lediglich einen Wechsel der Eigentumsverhältnisse bedeuten, ohne daß eine reale Investition vorgenommen oder ein zusätzlicher Arbeitsplatz geschaffen wird. Ein Anstieg der Direktinvestitionen ist somit nicht zwangsläufig mit zusätzlichen realen Investitionen im Ausland verbunden; andererseits kann ein Direktinvestitionsunternehmen auch ohne Kapitalzufuhr durch die ausländische Muttergesellschaft Sachinvestitionen tätigen, indem es die benötigten Mittel am Kapitalmarkt des Gastlandes aufnimmt (*T. Jost* 1997, S. 2 f.). Ungeachtet dieser Limitationen vermitteln die verfügbaren amtlichen Statistiken jedoch aussagekräftige Größenvorstellungen über regionale Verteilungen und Entwicklungstendenzen.

1980 stellten *M. Feldstein* und *C. Horioka* die Hypothese auf, daß die Kapitalmärkte in Bezug auf Realkapital segmentiert seien. Inländische Investitionen werden weitestgehend aus inländischen Ersparnissen getätigt, während den internationalen Kapitalmärkten nur die Funktion eines Spitzenausgleichs zukommt. Im Zuge der Globalisierung haben die internationalen Kapitalmärkte seitdem an Bedeutung gewonnen. Mitte der 80er Jahre begannen die Direktinvestitionen schneller zu wachsen als das Weltsozialprodukt und der Welthandel und wurden zur dynamischsten Komponente im Globalisierungsprozeß. Die gesamten Bestände an Direktinvestitionen im Ausland verzeichneten seit 1986 durchweg zweistellige jährliche Zuwachsraten und erreichten 1997 rund 3,5 Bio. US-Dollar. Im gleichen Jahr erreichten die weltweiten Direktinvestitionsströme mit gut 400 Mrd. US-Dollar ein Rekordniveau. Die Dynamik der internationalen Direktinvestitionen reflektiert die Globalisierung der Produktionssysteme durch multinationale Unternehmen (vgl. Kapitel 3.2.1). Die *UNCTAD* (1998) schätzt, daß Mitte der 90er Jahre weltweit 53 000 multinationale Unternehmen über mindestens 450 000 ausländische Tochterunternehmen verfügen, die rund ein Drittel der Weltexporte auf sich vereinen und 7 Prozent des weltweiten Bruttosozialprodukts erwirtschaften. Ausländische Tochterunternehmen setzten 1997 etwa 9,5 Bio. US-Dollar um, das entspricht dem 1,5fachen des Welthandelsvolumens. Zur Versorgung ausländischer Märkte sind Direktinvestitionen für multinationale Unternehmen somit bereits bedeutender als Exporte.

Die Herkunft der internationalen Direktinvestitionen weist eine extreme räumliche Konzentration auf. Trotz eines relativen Bedeutungsrückgangs stammten 1997 noch immer 90 Prozent der globalen Direktinvestitionsbestände im Ausland aus Industrieländern. Innerhalb dieser Gruppe haben die USA zu Lasten der EU an Bedeutung verloren. Während die in den USA beheimateten multinationalen Unternehmen sich schon früh zu internationalisieren begannen, setzte dieser Prozeß bei den europäischen Unternehmen erst später ein, so daß die europäischen Direktinvestitionsbestände im Ausland im Durchschnitt jünger sind (vgl. *P. Dicken* 1998, S. 42 ff.). Die Herkunft der bedeutendsten multinationalen Unternehmen unterstreicht die Dominanz der Industrieländer. Von den 100 Unternehmen mit dem größten Auslandsvermögen hatten 1996 98 ihren Sitz in Industrieländern, darunter 46 in Westeuropa, 32 in Nordamerika sowie 20 im asiatisch-pazifischen Raum. Allein fünf der sechs bedeutsamsten Aus-

Tab. 3.26: Regionalstruktur der weltweiten Direktinvestitionsbestände in Prozent, 1985 und 1997

	Herkunftsgebiete 1985	Herkunftsgebiete 1997	Zielgebiete 1985	Zielgebiete 1997
Industrieländer	95,7	90,2	72,3	68,0
Westeuropa	44,4	50,4	33,6	36,9
darunter EU	40,6	45,1	31,2	34,6
USA	36,4	25,6	24,4	20,9
Japan	6,4	8,0	0,6	1,0
sonstige	8,5	6,2	13,7	9,2
Transformationsländer[1]	–	0,2	–	1,8
Entwicklungsländer	4,3	9,7	27,7	30,2
Lateinamerika, Karibik	1,1	1,0	10,1	10,9
Asien, Pazifik	2,3	8,2	14,5	17,3
Afrika	0,9	0,5	3,1	1,9
Welt	100,0	100,0	100,0	100,0

1) Nur Mittel- und Osteuropa

Quelle: *UNCTAD* 1998 (World Investment Report 1998, S. 5)

landsinvestoren sind in den USA beheimatet. Das Auslandsvermögen des größten Auslandsinvestors, der US-amerikanischen *General Electric Corporation*, war mit 82,8 Mrd. US-Dollar größer als das der 24 bedeutendsten multinationalen Unternehmen aus Entwicklungsländern zusammen (*UNCTAD* 1998, S. 36 f.).

Ungeachtet ihrer noch geringen Bedeutung treten jedoch auch zunehmend multinationale Unternehmen aus Entwicklungsländern in Erscheinung. Von den 50 nach dem Auslandsvermögen bedeutendsten Unternehmen aus Entwicklungsländern stammten 1996 30 aus dem asiatisch-pazifischen Wirtschaftsraum und 16 aus Lateinamerika und der Karibik (ebd., S. 47 ff.). Die sechs wichtigsten Herkunftsländer (Hongkong, Singapur, Taiwan, China, Südkorea und Malaysia) vereinen allein 79 Prozent des gesamten Direktinvestitionsbestands aus Entwicklungsländern auf sich. Daß die Entwicklungsländer ihren Anteil zwischen 1985 und 1997 verdoppeln konnte, ist also in erster Linie Unternehmen aus den südostasiatischen Schwellenländern zuzuschreiben. Direktinvestitionen aus den übrigen Entwicklungs- und Transformationsländern spielen nach wie vor eine marginale Rolle.

Auch die Zielgebiete der internationalen Investitionsströme sind räumlich konzentriert. 1997 entfielen zwei Drittel der gesamten Direktinvestitionsbestände aus dem Ausland auf Westeuropa und die USA. Der überwiegende Teil der grenzüberschreitenden Direktinvestitionen findet somit zwischen den Industrieländern statt. Der Bedeutungsgewinn der Europäischen Union wird überwiegend der supranationalen Integration zugeschrieben. Die Realisierung des Europäischen Binnenmarktes Ende 1992 erhöhte die Attraktivität dieses Wirtschaftsraumes durch den Abbau interner Handelshemmnissen (Markterweiterungseffekt), schürte aber auch Befürchtungen einer zunehmenden handelspolitischen Abschottung nach außen („Festung Europa"). In der Summe führten beide Effekte bereits im Vorfeld des Binnenmarktes zu einer Zunahme ausländischer Direktinvestitionen (vgl. *K. Aristotelous, S. Fountas* 1996; *J. H. Dunning* 1997).

In den Transformationsländern Mittel- und Osteuropas waren Investitionen westlicher privater Kapitalgeber vor Beginn der 90er Jahre kaum möglich. Bis 1997 gelang es diesen Reformländern, ihren Anteil an den weltweiten Direktinvestitionsbeständen auf 1,8 Prozent erhöhen. Der überwiegende Anteil dieses Zuwachses entfällt jedoch auf wenige Länder, die ihre Transformationsaufgaben bislang am erfolgreichsten bewältigen konnten (Ungarn, Polen, Tschechische Republik). Waren hier anfangs fast ausschließlich inputorientierte Direktinvestitionen anzutreffen, so werden die Reformländer zunehmend auch als Absatzmärkte für ausländische Investoren interessant. Den Direktinvestitionen kommt im Transformationsprozeß eine besondere Bedeutung zu. Die Kapitalzuflüsse fördern den Strukturwandel durch Technologietransfer, stärken das Vertrauen in den Reformprozeß und tragen dazu bei, die externe Verschuldung niedrig zu halten (*Deutsche Bundesbank* 1999c, S. 67).

Der Anteil der Entwicklungsländer lag Mitte der 50er Jahre noch bei 40 bis 50 Prozent. In den 80er Jahren bewirkten die gravierende Schuldensituation vieler Entwicklungsländer und ihre oftmals restriktive Politik gegenüber international mobilem Kapital einen Rückgang der zufließenden Direktinvestitionen. Technologische Innovationen führten gleichfalls zu einer sinkenden Attraktivität von Direktinvestitionen in Entwicklungsländern, indem sie die Kapitalintensität vieler Herstellungsprozesse erhöhten (vgl. *OECD* 1989a, S. 18 und 39 ff.). Bis 1985 sank der Anteil der Entwicklungsländer auf rund ein Viertel der ausländischen Investitionsbestände. Erst in den 90er Jahren verbesserte sich diese Situation. Zwischen 1991 und 1997 konnten die Entwicklungsländer ihren Anteil an den weltweiten Direktinvestitionszuflüssen von 21 auf 37 Prozent erhöhen, so daß sich ihr Anteil an den weltweiten Beständen auf 30 Prozent erholen konnte. Die *Weltbank* (1998, S. 19) macht für diese positive Entwicklung verbesserte Rahmenbedingungen verantwortlich. Hierzu zählen weltweit sinkende Transport- und Kommunikationskosten sowie günstige Wachstums- und Exportbedingungen in den wichtigsten Zielländern. Viele Entwicklungsländer haben in diesem Zeitraum Liberalisierungs- und Privatisierungsbemühungen unternommen und wesentliche Restriktionen gegenüber ausländischen Direktinvestitionen abgebaut. Dies ist eine notwendige, aber nicht hinreichende Bedingung für die Attrahierung mobilen Kapitals.

Innerhalb der Entwicklungsländer ist daher eine zunehmende Konzentration der Auslandsinvestitionen auf relativ wenige Anlageländer festzustellen. 1997 entfielen drei Viertel des Direktinvestitionsbestandes in Entwicklungsländern auf nur 15 Länder. Die Zunahme der ausländischen Direktinvestitionen in Entwicklungsländern konzentrierte sich zwischen 1985 und 1997 auf wenige Länder Asiens: China, Singapur, Malaysia, Hongkong, Thailand und Taiwan vereinten 1997 bereits 12 Prozent des weltweiten Bestands auf sich. Besonders beeindruckend ist dabei der Aufstieg Chinas: 1980 als Standort ausländischer Direktinvestitionen noch praktisch unbedeutend, nahm die Volksrepublik 1997 beim absoluten Bestand bereits den dritten Rang hinter den USA und Großbritannien ein. Die Mitte 1997 in Südostasien einsetzende Währungskrise führte zu einem massiven Abfluß von Portfoliokapital; Sachkapital ist jedoch ex post weitgehend immobil. Die Zuflüsse von Direktinvestitionen in die fünf am stärksten betroffenen Länder (Indonesien, Malaysia, Philippinen, Südkorea, Thailand) erreichten 1997 mit 6,4 Mrd. US-Dollar noch immer das Vorjahresniveau (*Weltbank* 1998a, S. 10).

Der Anteil Lateinamerikas und der Karibik stabilisierte sich nach einem Rückgang in den 80er Jahren. Innerhalb der Region entfielen 1997 rund 46 Prozent des Bestandes ausländischer Direktinvestitionen auf Brasilien. Ein weiteres Drittel verteilte sich auf die nachfolgenden Länder Argentinien, Bermuda und Chile. Mexiko, das 1994 in die OECD aufgenommen wurde, konnte seinen Direktinvestitionsbestand aus dem Ausland seit 1980 mehr als verzehnfachen. Als Folge der hier durchgeführten Stabilisierungs- und Strukturanpassungsmaßnahmen sowie der regionalen Integration mit den USA und Kanada in der Nordamerikanischen Freihandelszone (NAFTA) 1994 hat Mexiko erheblich an Attraktivität gewonnen und lag 1997 in der

Länderrangliste der absoluten ausländischen Direktinvestitionsbestände bereits vor Italien, der Schweiz oder Schweden (vgl. *S. Bea* 1995).

Die Bedeutung Afrikas ging zwischen 1985 und 1997 weiter zurück. Die gesamten Direktinvestitionsbestände des Kontinents waren 1997 geringer als die eines einzelnen südostasiatischen Schwellenlandes, nämlich Malaysia. Innerhalb des Kontinents konzentrierten sich drei Viertel des Bestandes ausländischer Direktinvestitionen auf Südafrika (18 Prozent) und auf die erdölexportierenden Länder Nigeria, Ägypten, Tunesien, Angola, Algerien, Kamerun, Gabun und die Republik Kongo. Zahlreiche der am wenigsten entwickelten Länder haben überhaupt keine ausländischen Direktinvestitionen zu verzeichnen. Ihnen fehlen noch immer die Grundvoraussetzungen für die Anwerbung von international mobilem Kapital. Als wesentliche Hemmnisse werden politische Konflikte, meist kleine Märkte mit niedrigen Wachstumsraten, unzureichende Infrastruktur, hohe Verschuldung, geringe Reformfortschritte sowie ein niedriges Ausbildungsniveau und geringe technische Fähigkeiten genannt. Infolge der geringen Arbeitsproduktivität gilt Afrika als eine der weltweit teuersten Produktionsregionen, obwohl die Lohnkosten sehr niedrig sind (*R. Kappel* 1997). Ohne entsprechende Reformmaßnahmen ist daher zu befürchten, daß der afrikanische Kontinent mit Ausnahme von Südafrika auch weiterhin vom Zufluß ausländischen Kapitals ausgeschlossen bleibt.

Die Bedeutung ausländischer Direktinvestitionen für die Zielregion läßt sich abschätzen, wenn man ihren Wert mit der regionsinternen Kapitalbildung in Beziehung setzt. Weltweit entsprachen die ausländischen Direktinvestitionsströme Mitte der 90er Jahre 5,6 Prozent der Bruttoanlageinvestitionen. In den Entwicklungsländern lag dieser Quotient mit rund 8 Prozent doppelt so hoch wie in den Industrieländern. Entwicklungsländer sind zur Ausweitung ihres Kapitalstocks also in besonderem Maße auf ausländische Direktinvestitionen angewiesen. Innerhalb dieser Ländergruppe bestehen jedoch ausgeprägte regionale Unterschiede. Entsprachen die ausländischen Direktinvestitionen in Lateinamerika und in der Karibik 13 Prozent der Bruttoanlageinvestitionen, machten sie in den Entwicklungsländern Asiens und Afrikas nur 7 Prozent aus. Die relative Bedeutung der Direktinvestitionen ist somit für Afrika größer und für Asien geringer, als die absoluten Bestände vermuten lassen. Auch innerhalb dieser Regionen bestehen gravierende Unterschiede in der relativen Bedeutung ausländischer Direktinvestitionen; in einzelnen Ländern wie Botswana, Nigeria oder Singapur entsprechen sie mehr als 30 Prozent der internen Kapitalbildung *(UNCTAD* 1998).

Nach dem Überblick über die Struktur der globalen Kapitalströme ist auf entwicklungspolitische Effekte der Direktinvestitionen ausländischer Unternehmen in Entwicklungsländern einzugehen. Als mögliche positive Wirkungen lassen sich anführen:

- Ausländische Direktinvestitionen erhöhen den Kapitalbestand und damit das Produktionspotential in den Anlageländern. Durch den Kapitalzufluß ergibt sich für Entwicklungsländer mit unzureichender interner Kapitalbildung zumindest die Möglichkeit, diesen Entwicklungsengpaß zu überwinden.
- Die mit ausländischem Kapital errichteten Unternehmen vermehren das Volkseinkommen, und zwar durch jenen Teil ihrer Wertschöpfung, der beispielsweise in Form von Löhnen und Gehältern für heimische Arbeitskräfte, von reinvestierten Gewinnen, von Steuern und Abgaben dem Entwicklungsland erhalten bleibt. Das Volkseinkommen erhöht sich auch über Komplementäreffekte, die Auslandsinvestitionen in anderen inländischen Wirtschaftsbereichen hervorrufen, etwa durch die Weiterverarbeitung des Outputs in heimischen Anschlußindustrien oder durch die Nachfrage nach im Inland produzierten Gütern und Dienstleistungen. Der Umfang dieser induzierten Investitionen ist abhängig von branchenspezifischen Gegebenheiten wie der Verflechtungsintensität mit vor- und nachgelagerten Wirtschaftsbereichen und vom erreichten Entwicklungsstand.
- Mit Auslandsinvestitionen ist in der Regel die Übernahme neuer Produktionsverfahren sowie moderner Management- und Marketingmethoden verbunden. Bislang haben die Entwicklungsländer einen Großteil ihres technischen Wissens in Verbindung mit ausländischen Direktinvestitionen erworben.

Als mögliche negative Wirkungen werden in der Literatur genannt:

- In den Entwicklungsländern verbleibt nicht die gesamte Wertschöpfung der Auslandsunternehmen. Ein Teil der Gewinne sowie der an ausländische Arbeitskräfte bezahlten Löhne und Gehälter wird ins Ausland transferiert. Vor allem während der Periode kolonialer Abhängigkeit beeinträchtigte ein massiver Kapitalabfluß die für die wirtschaftliche Entwicklung notwendige Kapitalakkumulation. Außerdem ist zu beachten, daß teilweise die durch ausländische Direktinvestitionen ausgelösten komplementären Investitionen in den Industrieländern durchgeführt werden.

- Vielfach verdrängen ausländische Unternehmen die heimischen Produzenten aus traditionellen Absatzmärkten. Dies führt dann zu Arbeitslosigkeit, wenn der Beschäftigungseffekt der Auslandsunternehmen geringer ist als der Freisetzungseffekt in den heimischen Produktionsstätten und wenn für diese freigesetzten Arbeitskräfte keine alternativen Beschäftigungsmöglichkeiten bestehen. Ein klassisches Beispiel ist die Verdrängung des arbeitsintensiven Produktionshandwerks durch wettbewerbsfähigere kapitalintensive Industriebetriebe.
- Ausländische Direktinvestitionen können zu ökonomischer und politischer Abhängigkeit führen. In vielen Entwicklungsländern sind strategisch bedeutende Industriezweige ganz oder überwiegend in der Hand ausländischer Unternehmen. Hier zeigt sich für die Entwicklungsländer ein wirtschaftspolitischer Zielkonflikt. Ein Gewinntransfer an die Muttergesellschaften wirkt wachstumshemmend, die Reinvestition der Gewinne im Inland fördert zwar das Wirtschaftswachstum, erhöht aber gleichzeitig die Abhängigkeit des Entwicklungslandes von den ausländischen Kapitalgebern.
- Anhänger der Imperialismus- und Dependencia-Theorie vertreten die Ansicht, daß unter den gegebenen Bedingungen Auslandsinvestitionen die Unterentwicklung verursachen, da sie eine eigenständige Kapitalbildung verhindern (*P. A. Baran* 1957).

Nach Ansicht von *H.-R. Hemmer* (1988, S. 248-256) ist eine Bilanzierung der entwicklungsfördernden und entwicklungshemmenden Effekte von Auslandsinvestitionen nur nach sorgfältiger Analyse der direkten und indirekten Auswirkungen der einzelnen Investitionsmaßnahmen möglich.

Wie bereits gezeigt wurde, vollzieht sich der Großteil der internationalen Kapitalverflechtungen noch immer zwischen Industrieländern. Der Standortwettbewerb um international mobiles Kapital ist also zwischen den hochentwickelten Volkswirtschaften besonders intensiv. Die internationalen Kapitalverflechtungen der Bundesrepublik Deutschland, d. h. die Entwicklung und Zusammensetzung des Bestandes an deutschen Direktinvestitionen im Ausland und an ausländischen Direktinvestitionen in der Bundesrepublik Deutschland, sollen anhand von Erhebungen der *Deutschen Bundesbank* (1999c,d) genauer untersucht werden.

Im Zeitraum von 1977 bis 1997 hat sich der Bestand der deutschen Direktinvestitionen im Ausland weitgehend parallel zum internationalen Trend von 52 Mrd. DM auf 544 Mrd. DM verzehnfacht, was einer durchschnittlichen jährlichen Zuwachsrate von 12,5 Prozent entspricht. Dieser Bestand setzt sich zusammen aus 503 Mrd. DM unmittelbaren Direktinvestitionen (abzüglich der Direktinvestitionen bei abhängigen Holdinggesellschaften im Ausland) und 41 Mrd. DM mittelbaren Direktinvestitionen von Holdinggesellschaften, die im Ausland ansässig sind, sich aber im Mehrheitsbesitz von Inländern befinden. Ende 1997 wiesen rund 23 000 ausländische Unternehmen mit 3 Mio. Beschäftigten eine direkte oder indirekte deutsche Kapitalbeteiligung auf. Auch die jährlichen Ströme deutscher Direktinvestitionen ins Ausland wuchsen in den 90er Jahren weiter an und erreichten 1998 das Rekordniveau von 121 Mrd. DM. Von diesem Wert entfallen rund 50 Mrd. auf eine einzelne Transaktion: die Fusion der Daimler-Benz AG mit dem US-amerikanischen Automobilhersteller Chrysler (*Deutsche Bundesbank* 1999b; *Institut der Deutschen Wirtschaft* 1999).

Von den gesamten Auslandsinvestitionen der deutschen Wirtschaft entfielen bis 1997 84,6 Prozent auf westliche Industrieländer. 49,3 Prozent der Direktinvestitionen wurden in den Ländern der Europäischen Union getätigt. Dieser Anteil erhöhte sich besonders zwischen 1988 und 1992 in der Vorbereitungsphase auf den europäischen Binnenmarkt, als sich die deutschen Direktinvestitionen in den europäischen Partnerländern verdoppelten (*Deutsche Bundesbank* 1997a, S. 68). Diese Entwicklung ging zu Lasten des Anteils der USA, auf die 1997 26,4 Prozent des deutschen Direktinvestitionsbestandes im Ausland entfiel. Japan spielt als Investitionsziel für deutsche Unternehmen dagegen keine signifikante Rolle. An Bedeutung gewonnen haben die Transformationsländer Osteuropas und Asiens, deren Anteil an den deutschen Auslandsinvestitionen zwischen 1990 und 1997 von 0,2 Prozent auf 5,4 Prozent zunahm. Auf die OPEC-Staaten entfielen 0,4 Prozent und auf die übrigen Entwicklungsländer 9,6 Prozent der Investitionen. Innerhalb der Entwicklungsländer sind die deutschen Direktinvestitionen jedoch ungleich verteilt: Mit 6,3 Prozent entfiel der größte Anteil auf Lateinamerika und die Karibik, während die deutschen Unternehmen in den dynamischen Märkten des asiatischen Wirtschaftsraumes unterrepräsentiert sind; hierhin flossen zwar fast 18 Prozent der weltweiten Direktinvestitionen, aber nur 2,5 Prozent der Auslandsinvestitionen deutscher Unternehmen. Zu vernachlässigen ist die Bedeutung der nicht erdölexportierenden Länder Afrikas, die lediglich 0,7 Prozent der deutschen Auslandsinvestitionen beherbergen. Läßt man Südafrika außer Betracht, liegt dieser Anteil sogar nur bei 0,1 Prozent.

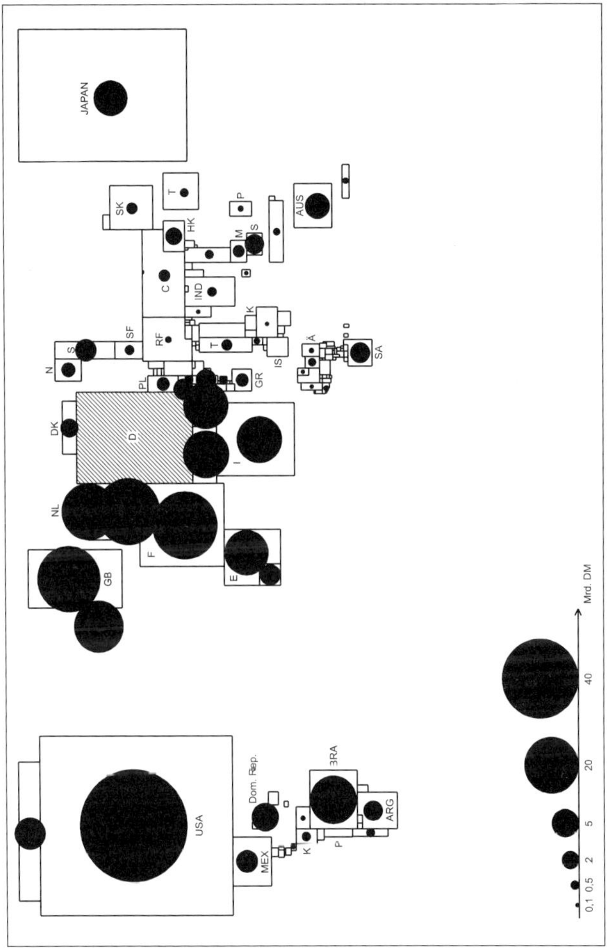

Abb. 3.28 Direktinvestitionsbestand der Bundesrepublik Deutschland in wichtigen Anlageländern, Ende 1994. Ein Investitionsbestand von weniger als 0,1 Mrd. DM pro Land wurde nicht dargestellt.

Quelle: *Deutsche Bundesbank* 1996a

Die wichtigsten Zielländer der deutschen Direktinvestitionen bis Ende 1994 sind in Abb. 3.28 dargestellt; in der Grundkarte entspricht die Größe der Länder der absoluten Höhe des Bruttosozialprodukts zu Marktpreisen (vgl. Abb. 3.11). Die Karte zeigt eine räumliche Konzentration der deutschen Investitionsbestände in wenigen Anlageländern. Die Investitionsschwerpunkte der deutschen Wirtschaft waren die USA, die Nachbarländer in Westeuropa und in den Entwicklungsländern Brasilien; 30 Prozent der deutschen Investitionsbestände in allen Entwicklungsländern entfielen 1997 allein auf Brasilien sowie zusammen 44 Prozent auf Mexiko, Argentinien, die Kaiman-Inseln, Singapur, Südafrika und Hongkong. Eine Besonderheit stellen in dieser Aufzählung die Kaiman-Inseln dar. Der westkaribische Inselstaat, der keine direkten Steuern erhebt, hat sich zu einem Offshore-Banken- und Finanzzentrum entwickelt, in dem ungefähr 30 000 ausländische Firmen registriert sind. Das entspricht etwa einer Registrierung je Einwohner (*Weltbank* 1996, S. 27).

Kritiker des Globalisierungsprozesses interpretieren die zunehmenden Direktinvestitionen deutscher Unternehmen im Ausland häufig als Export von Arbeitsplätzen in Länder mit geringeren Lohnkosten sowie niedrigeren Sozial- und Umweltstandards. Eine vom *ifo Institut für Wirtschaftsforschung* 1995 bei über 1000 Unternehmen durchgeführte Umfrage bestätigte jedoch Absatzerwägungen als vorrangige Motive für deutsche Investitionen im Ausland. Insbesondere die Erschließung neuer Märkte wurde von rund 70 Prozent der antwortenden Unternehmen als sehr wichtig angegeben. Die Sicherung bestehender Märkte und das Wachstum des Auslandsmarktes wurden von jeweils der Hälfte der Unternehmen als sehr wichtig bezeichnet. Erst an vierter bzw. fünfter Stelle folgten die inputorientierten Motive Lohnkosten und Besteuerung (*R. Köddermann, M. Wilhelm* 1996, S. 132 ff.). Weitere Umfragen bestätigen dieses Ergebnis. Die Bedeutung absatzorientierter Motive wird zudem untermauert durch die Beobachtungen, daß sich die deutsche Direktinvestitionen im Ausland parallel zu den Exporten entwickelt haben und auch in ihrer Regionalstruktur mit den Ausfuhren weitgehend identisch sind (*Deutsche Bundesbank* 1997a, S. 66). Direktinvestitionen im Ausland steigern die Wettbewerbsfähigkeit deutscher Unternehmen durch die Erschließung neuer Märkte und die Verbesserung ihrer Kostenstrukturen. Auf diese Weise leisten sie einen Beitrag, die bestehenden Arbeitsplätze dieser Unternehmen im Heimatland zu sichern.

Der Bestand unmittelbarer ausländischer Direktinvestitionen in der Bundesrepublik Deutschland verdoppelte sich zwischen 1984 und 1990 von 85 Mrd. DM auf 179 Mrd. DM, das entspricht einer durchschnittlichen jährlichen Wachstumsrate von 13,2 Prozent. Nach der Wiedervereinigung Deutschlands wurde allgemein ein beschleunigter Anstieg der ausländischen Direktinvestitionen erwartet. Statt dessen stieg der Bestand ausländischer Direktinvestitionen in Deutschland zwischen 1990 und 1997 im Jahresmittel nur noch um 9,3 Prozent auf 333 Mrd. DM an. Nach allen statistischen Quellen ist der erwartete Vereinigungsimpuls im Bereich der ausländischen Direktinvestitionen damit weitgehend ausgeblieben (*Deutsche Bundesbank* 1997a, S. 74). Der Bestand unmittelbarer und mittelbarer, d.h. über abhängige inländische Holdinggesellschaften bestehender ausländischer Direktinvestitionen fällt durch den statistischen Effekt der Konsolidierung niedriger aus und belief sich Ende 1997 auf 274 Mrd. DM. Legt man statt der deutschen Zahlungsbilanzstatistik die Daten der Investorenländer zugrunde, stellt sich die Position Deutschlands als Empfängerland für ausländische Direktinvestitionen jedoch deutlich besser dar. Wie eingangs erläutert, sind methodische Unterschiede in der Abgrenzung und Erfassung von Direktinvestitionen für die Abweichungen in den internationalen Statistiken verantwortlich.

Ende 1997 verfügten rund 10 500 deutsche Unternehmen mit 1,5 Mio. Beschäftigten über eine direkte oder indirekte ausländische Kapitalbeteiligung. Von dem Bestand unmittelbarer und mittelbarer ausländischer Direktinvestitionen in Deutschland entfielen 1997 95,9 Prozent auf Unternehmen aus Industrieländern, darunter 51,6 Prozent auf andere EU-Länder, 24,8 Prozent auf die USA und 5,6 Prozent auf Japan. Das ausländische Unternehmensvermögen konzentrierte sich zudem auf wenige Herkunftsländer. Allein die sechs wichtigsten Kapitalgeber (USA, Niederlande, Schweiz, Frankreich, Vereinigtes Königreich, Japan) vereinten 80 Prozent der ausländischen Direktinvestitionen auf sich. 1,0 Prozent des ausländischen Investitionsbestands in Deutschland stammten aus den Transformationsländern Osteuropas und Asiens und 0,9 Prozent aus Mitgliedsländern der OPEC. Investitionen aus Entwicklungsländern machten 2,2 Prozent des Bestandes aus. Von den Zuflüssen aus Entwicklungsländern kamen zwei Drittel aus dem asiatisch-pazifischen Raum sowie ein weiteres Drittel aus Lateinamerika und der Karibik. Afrika spielt dagegen als Herkunftsland von Direktinvestitionen in Deutschland keine Rolle.

Die Motive ausländischer Direktinvestitionen in Deutschland sind analog zu den deutschen Direktinvestitionen im Ausland vorrangig marktorientiert. Neben den dominanten Faktoren Markterschließung, Marktsicherung und Marktwachstum spielen jedoch auch immaterielle Vermögenswerte, die gute Ausstattung mit Humankapital und Infrastruktur sowie die Anwesenheit von Konkurrenz eine gewisse Rolle (*R. Köddermann, M. Wilhelm* 1996, S. 154 ff.).

Zur Beurteilung der Wettbewerbsfähigkeit des Wirtschaftsstandorts Deutschland wird häufig der Saldo aus ausländischen Direktinvestitionen in Deutschland und den deutschen Direktinvestitionen im Ausland herangezogen. Ausländische Direktinvestitionen gelten als Beleg für die Qualität des Standorts, während deutsche Direktinvestitionen im Ausland zum Teil unzureichenden Standortbedingungen im Inland angelastet werden. Nach dem Zweiten Weltkrieg bis Ende der 70er Jahre übertraf der Bestand ausländischer Direktinvestitionen in Deutschland den Bestand deutscher Direktinvestitionen im Ausland. Das hatte seine Ursachen vor allem in der Beschlagnahme deutschen Auslandsvermögens während des Zweiten Weltkriegs, im hohen inländischen Kapitalbedarf für den Wiederaufbau der Wirtschaft und in der noch geringen einzel- und gesamtwirtschaftlichen Kapitalbildung.

In den 80er Jahren hingegen drehte sich dieses Verhältnis um. Zwischen 1984 und 1990 überstiegen die deutschen Direktinvestitionen im Ausland die ausländischen Direktinvestitionen in Deutschland relativ konstant um 40 Mrd. DM. Noch 1990 stand einem deutschen Direktinvestitionsbestand im Ausland von 222 Mrd. DM ein Bestand ausländischer Direktinvestitionen in Deutschland von 179 Mrd. DM gegenüber (unmittelbare Direktinvestitionen). Besonders zwischen 1987 und 1990 erfolgte eine starke Expansion deutscher Direktinvestitionen, was die *Deutsche Bundesbank* insbesondere auf die gute Wirtschaftslage in den Hauptanlageländern und auf die Vorbereitungen auf den Europäischen Binnenmarkt zurückführt. Weitere Gründe sind die Globalisierungs- und Diversifizierungsbestrebungen der Unternehmen sowie die Verbreiterung ihres Fundaments im Ausland, was zu einer großen Zahl von Firmenaufkäufen im Ausland führte. In den 90er Jahren vergrößerte sich der Negativsaldo in der deutschen Bilanz unmittelbarer Direktinvestitionsbestände deutlich. Bis 1997 wuchs das Defizit auf 170 Mrd. DM an. Die deutsche Direktinvestitionsbilanz ist gegenüber den meisten anderen Industrieländern negativ. Nur die Niederlande, die Schweiz, Japan, Schweden, Finnland und Südkorea investierten bis 1997 mehr in Deutschland, als sie Direktinvestitionen aus Deutschland erhalten haben.

Die Umkehr und der wachsende Negativsaldo in der Direktinvestitionsbilanz wird häufig als Indikator für die verschlechterte Position Deutschlands im internationalen Standortwettbewerb gedeutet. Als Ursachen hierfür werden in der sogenannten Standortdebatte vor allem hohe Lohnkosten, die zwischen 1992 und 1995 zu beobachtende Aufwertung der D-Mark, die im internationalen Maßstab hohe

Steuer- und Abgabenbelastung der Unternehmen sowie die Regulierungsdichte der deutschen Wirtschaft genannt. Hierzu zählen Investitionshemmnisse, die sich aus administrativen Regulierungen und gesetzlichen Auflagen oder aus langwierigen Genehmigungsverfahren ergeben können. In diesem Zusammenhang ist auch auf allgemeine politische Widerstände hinzuweisen, beispielsweise gegen Produkt- und Verfahrensinnovationen im Bereich der Bio- und Gentechnologie. In Kombination mit marktorientierten Motiven veranlaßten diese Faktoren deutsche Unternehmen in den 90er Jahren, ihre Produktion zum Teil ins Ausland zu verlagern; gleichzeitig haben sie ausländische Unternehmen von einem stärkeren Engagement in Deutschland abgehalten (*Deutsche Bundesbank* 1997a, S. 69). Es bleibt schließlich anzumerken, daß die Möglichkeit ausländischer Investoren zum Erwerb von Beteiligungen, Übernahmen und Fusionen durch den im internationalen Maßstab geringen Anteil von börsennotierten Kapitalgesellschaften in Deutschland eingeschränkt wird (*Deutsche Bundesbank* 1999c, S. 60 f.).

Wie bereits dargestellt, sind die Inventionen international ungleich verteilt. Die daraus resultierenden Unterschiede im Wissensstand lassen sich durch die *Mobilität des technischen Wissens* abbauen. Der internationale Technologietransfer erfolgt in der Regel durch Außenhandel, insbesondere im Wege der Lieferung von Investitionsgütern oder schlüsselfertigen Produktionsanlagen, durch private Direktinvestitionen oder durch den Verkauf von Patenten und Lizenzen. Außenhandel und Direktinvestitionen werden an anderer Stelle behandelt. Nachfolgende Ausführungen beschränken sich auf den internationalen Patent- und Lizenzverkehr.

Das Volumen des internationalen Patent- und Lizenzverkehrs ist zwischen 1986 und 1996 stark angestiegen. Die Einnahmen der Industrieländer für Patente und Lizenzen vervierfachten sich auf 52,6 Mrd. US-Dollar, während die Ausgaben um das 3,5fache auf 43,7 Mrd. US-Dollar anwuchsen (*Deutsche Bundesbank* 1996b, 1998). Dieser Zuwachs entspricht ungefähr der Entwicklung der internationalen Direktinvestitionen im gleichen Zeitraum (vgl. Tab. 3.21) und wurde vor allem durch die Zunahme internationaler Unternehmensverflechtungen beeinflußt. Unternehmen reagieren auf kürzere Produktzyklen und die hohe Kostenintensität der Forschung mit verstärkter Zusammenarbeit und einem intensiveren grenzüberschreitenden Austausch von technischem Wissen. Dabei hat sich auf seiten der Industrieländer ein struktureller Überschuß herausgebildet; insbesondere die

Tab. 3.27 Einnahmen und Ausgaben ausgewählter Industrieländer für Patente und Lizenzen in Mio. US-Dollar, 1996

Land	Einnahmen	Ausgaben	Saldo
USA	29 970	7 320	+ 22 650
Japan	6 680	9 830	– 3 150
Verein. Königreich	4 730	3 630	+ 1 100
Deutschland	3 320	5 870	– 2 550
Niederlande	2 361	2 852	– 491
Frankreich	1 860	2 627	– 767
Schweden	997	1 006	– 9
Norwegen	729	942	– 213
Belgien/Luxemburg	683	1 197	– 514
Italien	381	1 027	– 646
Australien	251	1 089	– 838
Spanien	238	1 424	– 1 186

Quelle: *Deutsche Bundesbank* 1998a

Schwellenländer und in zunehmendem Maße die Transformationsländer sind in ihrem Entwicklungsprozeß auf den Import technischen Wissens angewiesen.

Für die wichtigsten westlichen Industrieländer liegen Angaben vor über deren Einnahmen und Ausgaben für Patente und Lizenzen. Die in Tabelle 3.27 dargestellten Zahlungsströme lassen Rückschlüsse zu auf Umfang und Richtung des internationalen Transfers von Technologie. Der mit Abstand bedeutendste Verkäufer von technischem Wissen sind die USA. Ihrem erheblichen Aktivsaldo stehen die negativen Patentbilanzen der meisten anderen Industrieländer gegenüber. Als Verkäufer folgen den USA mit einigem Abstand Japan, die Niederlande, Großbritannien und Deutschland. Die wichtigsten Käufer von technischem Wissen sind Japan, die USA und Deutschland.

Im Patent- und Lizenzverkehr mit dem Ausland weist Deutschland ein strukturelles Defizit auf (*Deutsche Bundesbank* 1992, S. 33-51; 1996a,b; 1998). Im Zeitraum von 1978 bis 1997 haben sich die Einnahmen der deutschen Wirtschaft für Patente, Erfindungen und Verfahren von 0,9 auf 4,0 Mrd. DM und die Ausgaben von 2,0 auf 5,0 Mrd. DM erhöht. Das Defizit vergrößerte sich zwischen 1978 und 1991 von 1,0 auf 2,8 Mrd. DM, reduzierte sich zwischen 1995 und 1997 jedoch wieder von 2,6 auf 1,0 Mrd. DM.

Den Ausgabenüberschuß in der Patent- und Lizenzbilanz verursachten Unternehmen mit maßgeblicher ausländischer Kapitalbeteiligung; auf sie entfielen 1997 63 Prozent der gesamten Ausgaben der Bundesrepublik Deutschland für Patente, Erfindungen und Verfahren, jedoch nur 22 Prozent der Einnahmen. Unternehmen mit Beteiligungen im Ausland vereinten dagegen 73 Prozent der Einnahmen, aber nur 27 Prozent der Ausgaben auf sich. Dies unterstreicht den engen Zusammenhang zwischen dem Patent- und Lizenzverkehr und den internationalen Direktinvestitionen.

Die Vermögensbilanz deutscher Unternehmen mit dem Ausland weist jedoch seit den frühen 80er Jahren einen positiven Saldo auf. Daß die Patent- und Lizenzbilanz dennoch defizitär ist, wird mit dem relativ geringen Alter des deutschen Unternehmensvermögens im Ausland und dem höheren Anteil besonders technologieintensiver Direktinvestitionen des Auslands in Deutschland begründet. Daneben ist zu beachten, daß es zwischen verbundenen Unternehmen aus steuerlichen Gründen zu Verschiebungen zwischen Patent- und Lizenzzahlungen einerseits sowie Gewinnausschüttungen andererseits kommen kann (*Deutsche Bundesbank* 1992, S. 36).

Bei den grenzüberschreitenden Einnahmen für Patente, Erfindungen und Verfahren aus Deutschland (1997: 4,0 Mrd. DM) gewannen die Entwicklungsländer in den 90er Jahren an Bedeutung. Zwischen 1992 und 1997 sank der Anteil der Industrieländer von 87,3 Prozent auf 72,9 Prozent, während die Entwicklungsländer ihren Anteil auf 21,7 Prozent verdoppeln konnten. Der Anteil der Reformländer konnte sich nach einem transformationsbedingten Rückgang bei 5,4 Prozent stabilisieren. Wie aus Abb. 3.29 zu ersehen ist, sind die USA, Japan und einige westeuropäische Länder die wichtigsten Abnehmer der in Deutschland entwickelten Technologie.

Als Lieferanten technischen Wissens für die deutsche Wirtschaft spielen Entwicklungs- und Transformationsländer jedoch nach wie vor eine untergeordnete Rolle. Auf sie entfielen lediglich 1,4 bzw. 0,4 Prozent der gesamten Ausgaben deutscher Unternehmen für den Erwerb von ausländischen Patenten, Erfindungen und Verfahren (1997: 5,0 Mrd. DM); 98,1 Prozent flossen dagegen in westliche Industrieländer. Bevorzugt erwarben deutsche Unternehmen Know-how aus den USA, der Schweiz und den Niederlanden; allein an die USA wurden hierfür 1997 Zahlungen in Höhe von 2,9 Mrd. DM geleistet. Ein Vergleich der Einnahmen und Ausgaben in Abb. 3.29 zeigt, daß die Patent- und Lizenzbilanz der Bundesrepublik Deutschland insbesondere mit diesen Ländern ein hohes Defizit aufweist.

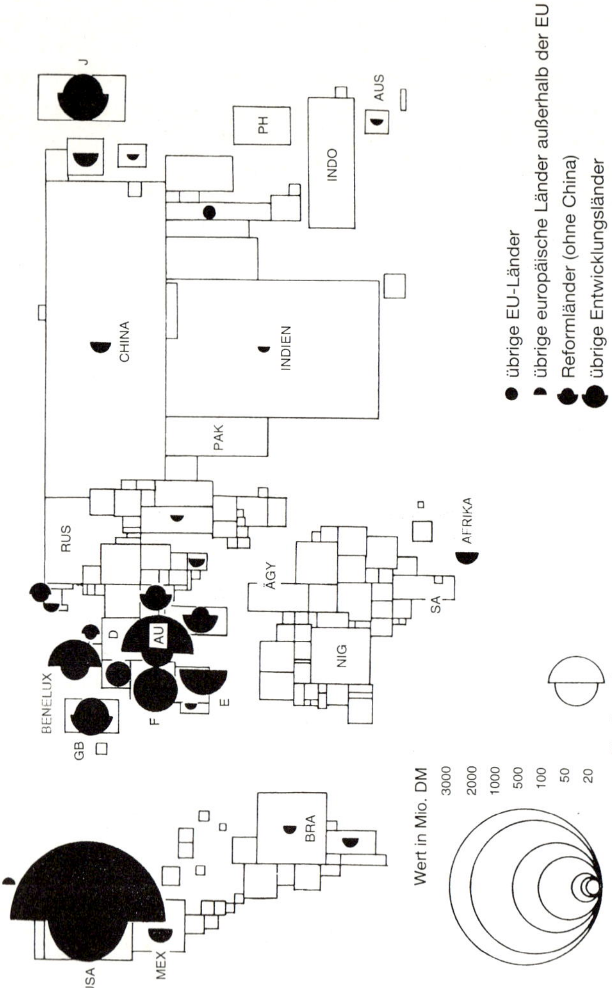

Abb. 3.29 Der Patent- und Lizenzverkehr der Bundesrepublik Deutschland 1995 (Einnahmen und Ausgaben für Patente, Erfindungen und Verfahren in Mio. DM)

Quelle: *Deutsche Bundesbank* 1996

Wie das Beispiel der Bundesrepublik Deutschland verdeutlicht, vollzieht sich die internationale Übertragung von technischem Wissen ganz überwiegend zwischen den westlichen Industrieländern. Die Expansion der Güter- und Kapitalmobilität im Rahmen der Globalisierung ermöglicht es weltmarktorientierten Entwicklungsländern jedoch, auf die fortschrittlichen Technologien der Industrieländer zuzugreifen. So hat der Import von technischem Wissen einen bedeutenden Beitrag zum wirtschaftlichen Aufstieg Japans sowie einiger südostasiatischer Schwellenländer geleistet. In vielen anderen Entwicklungsländern hat der Technologietransfer jedoch nicht im erhofften Ausmaß zur sozioökonomischen Entwicklung beigetragen. *J. A. Agarwal* et al. (1975, S. 12 ff.) führen hierfür zwei Ursachenkomplexe an:

Erstens argumentieren sie, daß in nicht ausreichendem Umfang technisches Wissen von den Industrieländern in Entwicklungsländer übertragen wird. Ursachen hierfür sind die begrenzte Bereitschaft der zumeist privaten Unternehmen in Industrieländern, die Neuerungen zu angemessenen Preisen zur Verfügung zu stellen, die fehlende Absorptionsfähigkeit der Unternehmen in Entwicklungsländern aufgrund ungenügender Sach- und Humankapitalausstattung und das Fehlen eines auf den internationalen Technologietransfer spezialisierten Kommunikationssystems. In vielen Entwicklungsländern herrschen zudem ungünstige politische Bedingungen für den Technologietransfer aus Industrieländern. Als wichtigste Hemmnisse bei der Übertragung von technischem Wissen in Form von Lizenzen nannten multinationale Unternehmen in einer Umfrage bürokratische Regulierungen, Devisenkontrollen sowie den unzureichenden Schutz geistigen Eigentums (*G. Vickery* 1988).

Zweitens sind die übertragenen Technologien nur unzureichend an die Gegebenheiten in den Entwicklungsländern angepaßt. Die in den Industrieländern entwickelten Produktionstechniken orientieren sich an den dort vorherrschenden Faktorproportionen, Marktgrößen und Bedarfsstrukturen. Während die Unternehmen in den Industrieländern kapitalintensive Technologien anstreben, benötigen viele Entwicklungsländer einen arbeitsintensiven technischen Fortschritt, der auch einer geringen inländischen Marktgröße Rechnung trägt und einen Beitrag zur Befriedigung der Bedürfnisse der breiten Masse der Bevölkerung leistet.

Um von den in hochentwickelten Industrieländern entwickelten Technologien profitieren zu können, müssen geeignete Technologien ausgewählt und an die lokalen Gegebenheiten des Entwicklungslandes angepaßt werden (Adaption), bevor sie zur Anwendung gelangen. Die Fähigkeit hierzu wird als *technologisches Leistungspotential (capability)* bezeichnet (vgl. *N. Kumar*, *N. S. Siddharthan* 1997). Als zentrale Determinante des technologischen Leistungspotentials gilt die Ausstattung mit dem Komplementärfaktor Humankapital. Ein ausreichender Humankapitalbestand ist notwendig, um die mit der Absorption neuer Technologien verbundenen kumulativen Lernprozesse (learning by doing) zu bewältigen und in Bereiche höherwertiger Technologie aufzurücken (*W. Keller* 1996). Neben verstärkten Investitionen in die Ausbildung der Arbeitskräfte läßt sich das technologische Leistungspotential nach Ansicht der *Weltbank* durch die Förderung des Wettbewerbs sowie durch die verstärkte Entwicklung von Informationsdiensten und Qualitätskontrollen verbessern (Weltentwicklungsbericht 1991, S. 111).

Welchen Beitrag der Technologietransfer für den Aufbau des technologischen Leistungspotentials in Entwicklungsländern zu leisten vermag, hängt in entscheidenden Maße von der Übertragungsart ab. Während der Transfer schlüsselfertiger Produktionsanlagen durch multinationale Unternehmen kaum zur Diffusion technischen Wissens im Gastland beiträgt, können durch die Übertragung von Lizenzen oder den Import von Investitionsgütern größere Lerneffekte erzielt werden. So wurde beispielsweise in Japan, Südkorea und Taiwan der Technologietransfer durch Direktinvestitionen temporär begrenzt, um die Entwicklung des endogenen technologischen Leistungspotentials zu fördern (vgl. *J. P. Agarwal* et al. 1995, S. 18).

Entsprechend der Darstellung der mobilen Produktionsfaktoren wird auch bei der Behandlung der *internationalen Gütermobilität* ein Überblick gegeben über erstens die globalen Güterströme, zweitens die Entwicklungseffekte des internationalen Handels auf Entwicklungsländer und drittens die Außenhandelsverflechtung der Bundesrepublik Deutschland.

Außenhandelsliberalisierung und Einkommenswachstum führten nach dem Zweiten Weltkrieg zu einer dynamischen Ausweitung des Welthandels. Im Zeitraum von 1948 bis 1996 erhöhten sich die Weltexporte (in jeweiligen Preisen) von 57 Mrd. US-Dollar auf über 5 000 Mrd. US-Dollar, was einer durchschnittlichen jährlichen Zuwachsrate von 9,8 Prozent entspricht. Am stärksten war dieser Zuwachs in den 70er Jahren, als die Weltexporte im Jahresmittel um 19,9 Prozent zunahmen. In den 80er und 90er Jahren betrug das durchschnittliche Exportwachstum nur noch 5,4 bzw. 4,2 Prozent.

Neben dieser quantitativen Entwicklung sind vier interdependente qualitative Tendenzen im Welthandel zu beobachten (*P. R. Krugman* 1995, S. 332 f.).

- *Erstens* ist eine Zunahme des intra-industriellen bzw. substitutiven Handels festzustellen, in dem Güter einer Warenklasse (z.B. Automobile) zwischen Ländern wechselseitig ausgetauscht werden. Zwischen 1954 und 1990 nahm der Anteil des intra-industriellen Handels am Außenhandel der wichtigsten Industrienationen von 55 auf 77 Prozent zu. Für Deutschland stieg dieser Anteil im gleichen Zeitraum von 42 auf 79 Prozent an (*H. Siebert* 1997a, S. 42). Als wichtigste Ursachen für diese Entwicklung nennt *Krugman* die Realisierung von zunehmenden Skalenerträgen (Economies of scale) in der Herstellung differenzierter Produkte sowie den im Zuge der Globalisierung der Produktionssysteme zunehmenden Anteil von Vor- und Zwischenprodukten im Welthandel.
- *Zweitens* werden Produktionsprozesse in steigendem Maße vertikal desintegriert und räumlich differenziert. Multinationale Unternehmen spalten ihre Wertschöpfungsketten räumlich auf, um sie in weltumspannenden Netzwerken neu zu organisieren (vgl. Kap. 3.2.1). Wurde ein Produkt früher in einem Land vollständig hergestellt und in ein anderes Land exportiert, so kann der Handel mit Vor- und Zwischenprodukten heute die im Endprodukt enthaltene Wertschöpfung deutlich überschreiten.
- Diese Erkenntnis dient dem Verständnis des *dritten* Trends: dem Aufkommen von Ländern mit einem sehr hohen Exportanteil am Bruttosozialprodukt, sogenannten „Supertraders". Für gewöhnlich entfallen auch in kleinen offenen Volkswirtschaften mindestens 60 Prozent der Wertschöpfung auf Güter und Dienstleistungen, die nicht international gehandelt werden. Angaben der *Weltbank* (Weltentwicklungsbericht 1998/99) zufolge entsprachen Singapurs Exporte 1996 jedoch 356 Prozent des BSP. Gemessen an seiner ökonomischen Größe war der südostasiatische Stadtstaat damit die weltweit bedeutendste Handelsnation, gefolgt von Hongkong mit 285 Prozent und Malaysia mit 183 Prozent. Diese Rangfolge reflektiert die erfolgreiche Integration der Schwellenländer Südostasiens in internationale Produktionsnetzwerke. Zwischenprodukte werden in diese Länder eingeführt, unter Ausnutzung der komparativen Kostenvorteile bearbeitet und zur Weiterverarbeitung wieder exportiert. Das hiermit verbundene Handelsvolumen übersteigt die vor Ort geleistete Wertschöpfung meist um ein Vielfaches.

Auch Belgien, das in vielfältiger Weise in Produktionsnetzwerke mit den Niederlanden und Nordfrankreich integriert ist, exportierte 1996 Waren und Dienstleistungen, die das Sozialprodukt des Landes um 40 Prozent überstiegen.

- *Viertens* fördert die zunehmende Desintegration von Produktionsprozessen die Integration von Schwellenländern in die Weltwirtschaft. Durch die Aufspaltung von Wertschöpfungsketten entstehen auch bei der Herstellung technologisch hochwertiger Produkte immer wieder arbeitsintensive Nischen, in denen Niedriglohnländer ausgelagerte Produktionsschritte von multinationalen Unternehmen aus Industrieländern aufnehmen können.

Die in Tab. 3.28 vorgenommene Untergliederung in Ländergruppen zeigt die überragende Stellung der westlichen Industrieländer im internationalen Handel. Ihr Anteil an den Weltexporten war im Zeitablauf relativ stabil und lag 1996 bei 68,4 Prozent. Die damaligen Staatshandelsländer konnten ihren Anteil in den 50er und 60er Jahren bedeutend ausbauen, verloren dann aber an internationaler Wettbewerbsfähigkeit. 1996 war ihr Anteil an den Weltexporten wie zum Beginn des Systemwechsels 1990 nur noch halb so hoch wie 1970. Der Anteil der OPEC-Länder ist stark vom Ölpreis abhängig und verdreifachte sich in den 70er Jahren infolge der Ölkrisen bis auf 15,2 Prozent. Als die Ölpreise wieder sanken, reduzierte sich auch der in US-Dollar bemessene Weltexportanteil der OPEC-Länder.

Im langfristigen Vergleich mußten die nichterdölexportierenden Entwicklungsländer in den 50er und 60er Jahren einen nachhaltigen Rückgang ihres Weltmarktanteils hinnehmen. In den 80er Jahren stieg der Entwicklungsländeranteil wieder an; 1996 entfielen gut 20 Prozent der Weltexporte auf Entwicklungsländer. Innerhalb dieser Ländergruppe zeigen sich aber sehr unterschiedliche regionale Tendenzen: War der Anteil aller Teilregionen bis in die 70er bzw. 80er Jahre rückläufig, so ist der jüngere Bedeutungsgewinn der Entwicklungsländer dem asiatisch-pazifischen Raum und hier insbesondere den südostasiatischen Schwellenländern zuzuschreiben. Während sich der Anteil Mittel- und Südamerikas an einem wachsenden Weltexportvolumen nach der Schuldenkrise der 80er Jahre stabilisieren konnte, ist der Anteil Afrikas auch in den 90er Jahren weiter rückläufig.

Zwischen den Ländergruppen bestehen grundlegende Unterschiede hinsichtlich der Warenstruktur der Exporte und der Zielregionen des Außenhandels. In Tab. 3.29 sind für verschiedene Ländergruppen deren Exportstrukturen des Jahres 1996 entsprechend der „Standard

Tab. 3.28 Weltexporte, Entwicklung nach dem Zweiten Weltkrieg und Anteile der Ländergruppen

	1948	1960	1970	1980	1990	1996
	Weltexporte in Mrd. US-Dollar					
	57	128	326	1 999	3 391	5 132
	Anteile der Ländergruppen in Prozent					
Westliche Industrieländer	64,2	67,1	68,6	64,3	72,4	68,4
(ehem.) Staatshandelsländer	6,4	11,9	14,6	9,1	7,4	7,3
OPEC	5,5	6,1	5,4	15,2	5,2	4,2
Entwicklungsländer	23,9	14,8	11,4	11,4	15,0	20,1
– Mittel- und Südamerika	10,9	5,9	4,3	3,5	3,4	3,7
– Asien und Pazifik	10,1	6,2	5,0	6,9	10,8	15,6
– Afrika	3,0	2,6	2,1	1,1	0,8	0,7

Quelle: *United Nations* (International Trade Statistics Yearbook, div. Jg.)

International Trade Classification“ (SITC) der Vereinten Nationen dargestellt.

Während die westlichen Industrieländer zu 80,7 Prozent industrielle Erzeugnisse (Halb- und Fertigwaren; 1988: 79,6 Prozent) exportierten, führten die OPEC-Länder zu 81,4 Prozent Primärgüter aus (1988: 88,5 Prozent). Das Exportsortiment der Transformationsländer bestand zu 59,0 Prozent aus industriellen Erzeugnissen (1988: 53,5 Prozent). Bei den nichterdölexportierenden Entwicklungsländern lag der Anteil der industriellen Erzeugnisse an den Gesamtausfuhren bei 77,0 Prozent (1988: 65,8 Prozent). Dabei ist jedoch zu beachten, daß 84 Prozent der Industriegüterexporte aus Entwicklungsländern auf asiatische Länder, insbesondere auf die heutigen Schwellenländer in Südostasien entfielen.

Abb. 3.30 zeigt für die Industrieländer, die Transformationsländer (Mittel- und Osteuropa, Ex-Sowjetunion) und die Entwicklungsländer (einschließlich der Schwellenländer und der Mitglieder der OPEC) den Außenhandel der Länder einer Gruppe untereinander und die Handelsverflechtungen zwischen den Ländergruppen. Der

Tab. 3.29 Exportstruktur nach Ländergruppen, 1996 (Anteilswerte in Prozent)

SITC	Warengruppen	Industrieländer	Transformationsländer[1]	OPEC	Entwicklungsländer
0+1	Nahrungs- und Genußmittel	8,1	6,8	4,2	9,5
2+4	Rohstoffe (ohne Brennstoffe), Öle und Fette	3,9	7,7	3,9	5,5
3	Erdöl und andere Brennstoffe	3,9	23,7	73,3	6,4
0–4	Primärgüter	15,9	38,2	81,4	21,5
5	Chemische Erzeugnisse	11,1	9,4	2,9	5,5
7	Maschinen und Fahrzeuge	43,4	15,1	3,2	35,6
6+8	Sonstige Fertigwaren	26,2	34,6	12,2	35,9
5–8	Industrielle Erzeugnisse	80,7	59,0	18,3	77,0
9	Sonstige	3,4	2,8	0,3	1,5
0–9	Exporte insgesamt	100,0	100,0	100,0	100,0

1) ohne China, Vietnam

Quelle: *United Nations* 1997 (International Trade Statistics Yearbook 1996, Table B, D)

Vergleich der Jahre 1988 und 1996 illustriert die Entwicklung der internationalen Gütermobilität nach Ländergruppen. Die Industrieländer exportierten 1996 Waren im Wert von 3 511 Mrd. US-Dollar; davon wurden 72 Prozent an andere Industrieländer, 25 Prozent an Entwicklungsländer und 3 Prozent an Transformationsländer geliefert. Von den Entwicklungsländerexporten in Höhe von 1 710 Mrd. US-Dollar gingen 56 Prozent an Industrieländer, 2 Prozent an Staatshandelsländer Osteuropas und 42 an andere Entwicklungsländer. Während der Warenaustausch innerhalb der Industrie- und Entwicklungsländer sowie zwischen diesen Gruppen stark anwuchs, ist in den Außenwirtschaftsbeziehungen der ehemaligen Zentralverwaltungswirtschaften ein transformationsbedingter Strukturwandel abzulesen. Noch 1988 wickelten die damaligen Staatshandelsländer 56 Prozent ihres Außenhandels untereinander ab. Nach dem Zusammenbruch

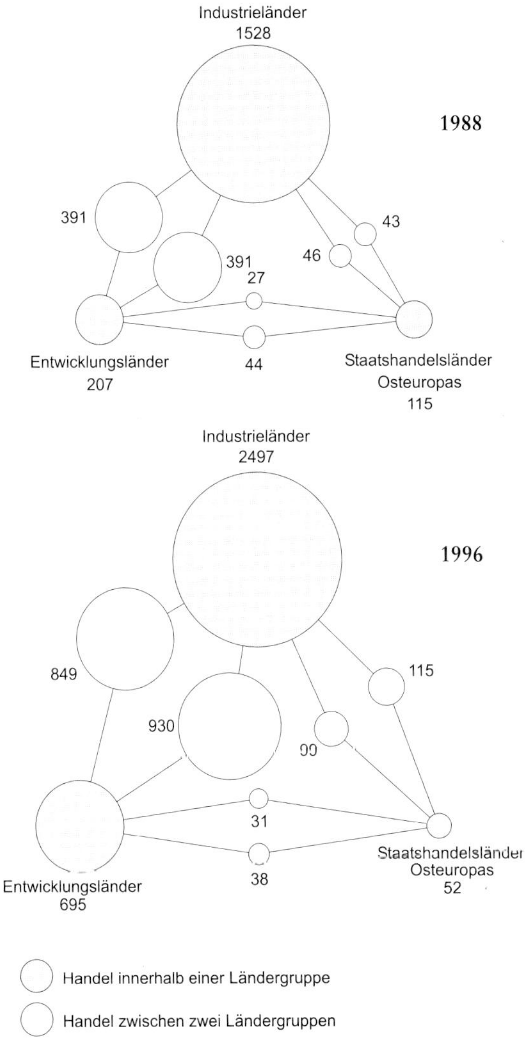

Abb. 3.30 Welthandel (Exporte) innerhalb und zwischen Ländergruppen in Mrd. US-Dollar, 1988 und 1996

Quelle: *United Nations* (International Trade Statistics Yearbook 1989, 1996)

des RGW-Handels sank dieser Anteil stark ab und betrug 1996 nur noch 27 Prozent. Infolge der außenwirtschaftlichen Neuorientierung nahmen die Exporte in Industrie- und Entwicklungsländer zu; sie beliefen sich 1996 auf 53 bzw. 20 Prozent. Das Gesamtvolumen ihrer Ausfuhren hatte mit 196 Mrd. US-Dollar das Niveau von 1988 jedoch noch nicht wieder erreicht.

Generalisierend läßt sich als wichtigstes Ergebnis der empirischen Analyse der internationalen Güterströme festhalten, daß die westlichen Industrieländer, die den Welthandel dominieren, vor allem mit anderen Industrieländern Handel treiben. 48 Prozent des Welthandels wurde 1996 zwischen Industrieländern abgewickelt. Dieser Außenhandel ist überwiegend intra-industriell bzw. substitutiv, da in der Regel alle beteiligten Länder in der Lage sind, die ausgetauschten Waren herzustellen. Einen intra-industriellen bzw. substitutiven Außenhandel betreiben auch die heutigen Schwellenländer in Südostasien; ihnen ist es in den vergangenen Jahrzehnten gelungen, in zunehmendem Maß Industriegüter am Weltmarkt abzusetzen. Die wichtigsten Handelspartner der Entwicklungsländer, deren Anteil am internationalen Warenhandel gering ist, sind westliche Industrieländer. Zwischen beiden Ländergruppen herrscht ein komplementärer Warenaustausch vor, d. h. es werden Güter ausgetauscht, die in der Empfängerregion vorübergehend oder dauerhaft nicht verfügbar sind (vgl. Band 1 Theorie, 7. Auflage 1998, Kapitel 2.2.3). Die Entwicklungsländer liefern überwiegend Rohstoffe, die Industrieländer industrielle Erzeugnisse.

Unbestritten ist in der Literatur, daß die Ausweitung des Welthandels zu einer Erhöhung des Welteinkommens beiträgt. Die statischen und dynamischen Mechanismen entsprechen den Wohlfahrtsgewinnen der Globalisierung (vgl. Kap. 3.2.1). Kontrovers wird hingegen die Frage diskutiert, inwieweit die Entwicklungsländer aus der internationalen Arbeitsteilung entsprechend der komparativen Kostenvorteile wohlfahrtssteigernde Effekte erzielen. Nachfolgende Ausführungen versuchen zu klären, ob erstens der internationale Handel einen Realeinkommenstransfer von den Entwicklungs- zu den Industrieländern bewirkt und ob zweitens von der einseitigen Exportstruktur vieler Entwicklungsländer negative ökonomische Wirkungen ausgehen (vgl. *W. Brandt* 1980, S. 178 ff.).

Die These, daß die Entwicklungsländer als Folge sinkender Terms of trade Wohlstandsverluste erleiden, läßt sich zumindest in dieser generellen Form statistisch nicht belegen. Der Internationale

Währungsfonds berechnete für Ländergruppen für die Perioden 1976-1985 sowie 1986-1995 die Terms of trade, d. h. das Verhältnis des Durchschnittswertes der Ausfuhr eines Landes zum Durchschnittswert seiner Einfuhr (*IMF* 1994). Im Zeitraum von 1976 bis 1985 nahmen die Terms of trade der Entwicklungsländer im Jahresdurchschnitt um 2,4 Prozent zu. Dabei spielte der Ölpreisanstieg eine bedeutende Rolle, was die überdurchschnittlichen Zuwächse des Mittleren Ostens (5,0 Prozent p. a.) belegen. Auch die Entwicklungsländer in Amerika, Asien und Afrika konnten ihre Austauschverhältnisse leicht verbessern. Für die Industrieländer verschlechterten sich die Terms of trade entsprechend ihrer Abhängigkeit von Erdölimporten um durchschnittlich 0,2 Prozent pro Jahr. Nur die USA konnten leicht verbesserte Austauschverhältnisse realisieren. Zwischen 1986 und 1995 dagegen verschlechterten sich die Terms of trade für die Gruppe der Entwicklungsländer im Mittel um 2,2 Prozent pro Jahr, während sie sich für die Industrieländer um durchschnittlich 1,5 Prozent verbesserten. Wesentliche Ursache dafür war der in dieser Zeit starke Verfall der Rohstoffpreise, insbesondere des Rohöls. So mußten die Länder des Mittleren Ostens eine jahresdurchschnittliche Verschlechterung ihrer Terms of trade von 5,9 Prozent verbuchen, während sich die Austauschrelationen für das nahezu vollständig auf Erdölimporte angewiesene Japan im Mittel um 5,6 Prozent pro Jahr verbesserten.

Die Terms of trade haben als Entwicklungsindikator nur eingeschränkte Aussagekraft, weil sie lediglich die Veränderung der Austauschverhältnisse im internationalen Warenhandel anhand ihrer Preise angeben. Interne Entwicklungschancen, die Verwendung der Exporterlöse oder der Anteil der Exportwirtschaft an der Gesamtwirtschaft eines Landes beispielsweise werden nicht berücksichtigt. Ist ein Land jedoch stark vom Export abhängig und sinken seine Terms of trade, so verschlechtern sich die Entwicklungschancen durch die Verringerung finanzieller Spielräume.

Verglichen mit den Industrieländern ist die Exportstruktur der meisten Entwicklungsländer wenig diversifiziert. Entwicklungsländer erzielen im Durchschnitt etwa ein Drittel ihrer Exporterlöse aus dem Handel mit agrarischen und mineralischen Rohstoffen einschließlich Erdöl. Viele Länder sind im Export von nur einem oder zwei dieser Produkte abhängig. Diese Abhängigkeit ist in den Ländern Afrikas am größten; hier machen die Exporte von Primärgütern 80 Prozent der Erlöse aus. In Lateinamerika liegt der Anteil der Rohstoffe an den

Exporterlösen bei nahezu 50 Prozent, während er in Asien nur ein Viertel beträgt (*Weltbank* 1999, S. 23).

Die Konzentration der Exporte auf wenige Rohstoffe hat negative ökonomische Auswirkungen. Das Angebot und damit auch die Preise für die am Weltmarkt gehandelten Rohstoffe unterliegen extremen Schwankungen. Sind die Preise hoch, wie in der Phase von 1994 bis 1996, wird der Abbau ausgeweitet und das Angebot wächst in den folgenden Jahren über die Gleichgewichtsmenge hinaus. Das Überangebot der meisten Rohstoffe führt zum Verfall der Preise. Allein 1998 fielen die Weltmarktpreise für Energierohstoffe gegenüber dem Vorjahr um 26 Prozent, für agrarische Rohstoffe um 18 Prozent und für mineralische Rohstoffe um 16 Prozent. Nach Schätzungen der *Weltbank* (ebd., S. 22 ff.) reduzierte dieser Preisverfall über verschlechterte Terms of trade das Bruttosozialprodukt der Entwicklungsländer insgesamt um nahezu ein Prozent. Für die vom Verfall der Rohölpreise besonders betroffenen Länder des Mittleren Ostens und Nordafrikas werden die Einkommenseinbußen sogar auf 5 Prozent des BSP beziffert. Von dieser Entwicklung profitierten wiederum die Industrieländer, die über niedrigere Importpreise geringe Einkommenszuwächse erzielen konnten. In den Entwicklungsländern verhindert die Fluktuation der Rohstoffpreise eine kontinuierliche Entwicklung des Einkommens, der Beschäftigung, der Importkapazität usw. Darüber hinaus gehen von der exportorientierten Rohstoffwirtschaft in der Regel geringe Entwicklungsimpulse auf andere inländische Wirtschaftssektoren aus; fehlende Interaktionen zwischen außen- und binnenwirtschaftlichem Bereich führen zur Bildung von dualistischen Wirtschaftsstrukturen.

Die Folgen einer einseitigen Exportstruktur der meisten Entwicklungsländer werden am Beispiel der Weltwirtschaftsgüter Kaffee und Kakao deutlich. Aus klimatischen Gründen lassen sich beide nur in den Tropen anbauen. Von der Produktion wird nur ein geringer Teil in den Erzeugerländern selbst verbraucht, der überwiegende Teil jedoch in westlichen Industrieländern. Die Kaffee- bzw. Kakaowirtschaft ist somit in hohem Maß von der Nachfrage weniger Industrieländer abhängig. Eingeengt wird das Expansionspotential bei beiden Produkten durch das geringe Bevölkerungswachstum und die sehr niedrige Einkommenselastizität der Nachfrage für Kaffee und Kakao in diesen Hauptabnehmerländern. Die sehr ungleichmäßige Preisentwicklung für Kaffee und Kakao ist für die Jahre 1982 bis 1997 in Tab. 3.30 wiedergegeben.

Tab. 3.30 Preisentwicklung für Kakao und Kaffee zwischen 1982 und 1997 (1982 = 100)

	1982	1983	1984	1985	1986	1987	1988	1989
Kaffee[a]	100,0	95,2	99,3	98,4	129,5	75,5	90,3	72,2
Kakao[b]	100,0	141,6	190,8	181,9	143,7	122,4	90,2	76,8

	1990	1991	1992	1993	1994	1995	1996	1997
Kaffee[a]	60,1	57,3	42,8	46,8	99,6	100,9	80,8	124,4
Kakao[b]	71,0	65,3	62,3	76,5	94,0	91,9	95,1	99,8

[a] Rohkaffee, Arabica, ungewaschen, ex dock New York, ICO-Preise in US-Dollar

[b] Rohkakao, Ghana, gut fermentiert, Terminverschiffung, London, Preise in Pfund Sterling

Quelle: *Statistisches Bundesamt* (Statistisches Jahrbuch für das Ausland 1989, 1992, 1998)

Gerade für Länder mit Monokulturen wie Côte d'Ivoire, das 1994 rund 40 Prozent seiner Exporteinnahmen aus dem Handel mit Kaffee und Kakao erzielte, oder Ghana, dessen Einnahmen aus dem Export von Kakao 1996 allein 30 Prozent der Gesamteinnahmen ausmachten, erschwert die Unbeständigkeit der Preise eine langfristige staatliche Entwicklungsplanung. Darüber hinaus war in den 80er Jahren ein starker Preisverfall bei vielen Rohstoffen und Rohwaren zu verzeichnen. Eine stagnierende Nachfrage aufgrund geringer Einkommenselastizitäten in den Industrieländern, ein steigendes Angebot seitens der Entwicklungsländer, der durch die Ähnlichkeit der Produktionsstrukturen steigende Konkurrenzdruck zwischen den Entwicklungsländern beim Export sowie das Auslaufen von Handelsvereinbarungen waren die Hauptursachen dieser Entwicklung. Die Preisschwankungen lassen sich zurückführen auf weitere besondere Angebots- und Nachfragestrukturen. So ist eine flexible Anpassung des Angebots an Nachfrageveränderungen am Weltmarkt bei Baumkulturen wie Kakao unmöglich. Aber auch ungeplante Ernteschwankungen (Mißernten, Rekordernten) führen zu starken Veränderungen der Preise. Auf die Notwendigkeit der Stabilisierung der Rohstoffpreise und der Diversifizierung der Produktionsstruktur insbesondere in den Monokulturländern wird in Band 3 (Politik, 3. Auflage 1994) eingegangen.

Wie der Welthandel, so hat sich auch der Außenhandel der Bundesrepublik Deutschland nach dem Zweiten Weltkrieg stark ausgeweitet. Im Zeitraum von 1950 bis 1998 stiegen die Ausfuhren von 8 Mrd. DM auf 950 Mrd. DM und die Einfuhren von 11 Mrd. DM auf 821 Mrd. DM. Das entspricht durchschnittlichen jährlichen Wachstumsraten von 10,5 bzw. 9,4 Prozent. Die Dynamik des deutschen Außenhandels ließ in dem betrachteten Zeitraum jedoch nach. Zwischen 1950 und 1970 nahmen die Ausfuhren (Einfuhren) noch um jahresdurchschnittlich 14,7 (12,2) Prozent zu. In den folgenden Jahrzehnten gingen die Zuwachsraten immer weiter zurück. Zwischen 1990 und 1998 wuchsen die Ausfuhren im Jahresmittel nur noch um 5,0 Prozent und die Einfuhren um 5,1 Prozent.

Seit 1952 sind die Ausfuhren der Bundesrepublik Deutschland stets höher als die Einfuhren. Dieser Handelsbilanzüberschuß nahm besonders in den 80er Jahren zu und überstieg zwischen 1986 und 1989 jeweils den Wert von 100 Mrd. DM. Danach nahmen die Einfuhren als Folge vereinigungsbedingter Nachfrageimpulse stärker zu. Binnen drei Jahren stiegen die Einfuhren um ein Viertel an. Dieser Importsog ließ den Ausfuhrüberschuß bis 1991 fast vollständig abschmelzen. In der Folge erholte sich die Handelsbilanz jedoch wieder; der Überschuß wuchs kontinuierlich bis auf 129 Mrd. DM im Jahr 1998 an, dies entspricht einem Anteil von knapp 3,5 Prozent des deutschen Bruttoinlandsprodukts (*Deutsche Bundesbank* 1999b, S. 49).

In Abb. 3.31 ist die Außenhandelsverflechtung der Bundesrepublik Deutschland 1997 dargestellt. Die Karte verdeutlicht die überragende Stellung der Industrieländer, mit denen rund drei Viertel des deutschen Außenhandels abgewickelt wurden (Tab. 3.31). Rund 55 Prozent der Ausfuhren und Einfuhren entfielen auf die Länder der Europäischen Union. Die Handelsverflechtungen mit den Transformationsländern machten 11,7 Prozent (13,0 Prozent) und mit den OPEC-Ländern 2,9 Prozent (2,1 Prozent) der deutschen Ausfuhren (Einfuhren) aus. Auf die Entwicklungsländer in Lateinamerika, Asien und Afrika entfielen 9,6 Prozent (9,2 Prozent). Innerhalb der Entwicklungsländer kommt Asien für den deutschen Außenhandel die größte Bedeutung zu; 6,5 Prozent der Ausfuhren und 6,2 Prozent der Einfuhren entfielen auf diese Region.

Bei einer Gliederung des Außenhandels der Bundesrepublik Deutschland nach dieser regionalen Klassifikation entfallen etwa zwei Drittel auf den Kernbinnenhandel (d. h. Westeuropa) und das verbleibende Drittel je zur Hälfte auf Verflechtungen mit anderen industri-

Tab. 3.31 Räumliche Struktur des deutschen Außenhandels, 1997

	Einfuhr (Prozent)	Ausfuhr (Prozent)	Saldo (Mrd. DM)	Ausfuhr-Einfuhr-Relation[1]
Industrieländer, darunter	75,6	75,6	99,1	117,3
EU	54,3	55,4	81,6	119,9
NAFTA	8,6	10,0	23,8	136,6
Japan	4,7	2,3	-13,4	56,6
sonstige	7,9	7,9	10,1	116,9
Transformationsländer	13,0	11,7	5,5	105,6
OPEC	2,1	2,9	9,3	157,8
übrige Länder, darunter	9,2	9,6	15,4	122,1
Mittel-, Südamerika	1,9	2,0	2,9	119,8
Asien	6,2	6,5	11,0	123,4
Afrika	1,1	1,1	1,5	118,0
nicht zuzuordnen	0,3	0,1	1,7	301,2
Welt	100,0	100,0	130,9	117,3

1) Ausfuhr-Einfuhr-Relation = Ausfuhr / Einfuhr · 100

Quelle: *Statistisches Bundesamt* (Statistisches Jahrbuch 1998, S. 289-291)

ellen Kraftfeldern (Nordamerika, Japan) und mit der weltwirtschaftlichen Peripherie. Wie Tab. 3.31 zeigt, ist die deutsche Handelsbilanz gegenüber den meisten Regionen positiv. Bedeutendere strukturelle Defizite bestehen lediglich gegenüber Japan, China und den ölexportierenden Ländern Norwegen und Libyen. Ein relatives Maß zur Beschreibung internationaler Austauschverhältnisse sind Ausfuhr-Einfuhr-Relationen. Werte über 100 zeigen Ausfuhrüberschüsse an; bei Handelsbilanzdefiziten sind die Werte kleiner als 100. Eine Ausfuhr-Einfuhr-Relation von 117,3 gegenüber allen anderen Ländern zeigt, daß der deutsche Außenhandelsüberschuß 1997 17,3 Prozent der Einfuhren entsprach. Ein größeres relatives Gewicht hat der Überschuß vor allem gegenüber Nordamerika (NAFTA) und den OPEC-Staaten, während das Defizit gegenüber Japan 44,4 Prozent der Einfuhren ausmachte.

Das Muster der internationalen Güterverflechtung der Bundesrepublik Deutschland entspricht den mittels quantitativer Methoden errechneten Ergebnissen von *D. B. Freeman* (1973) und *R. J. Johnston* (1976), nach denen sich der größte Teil des Welthandels zwischen be-

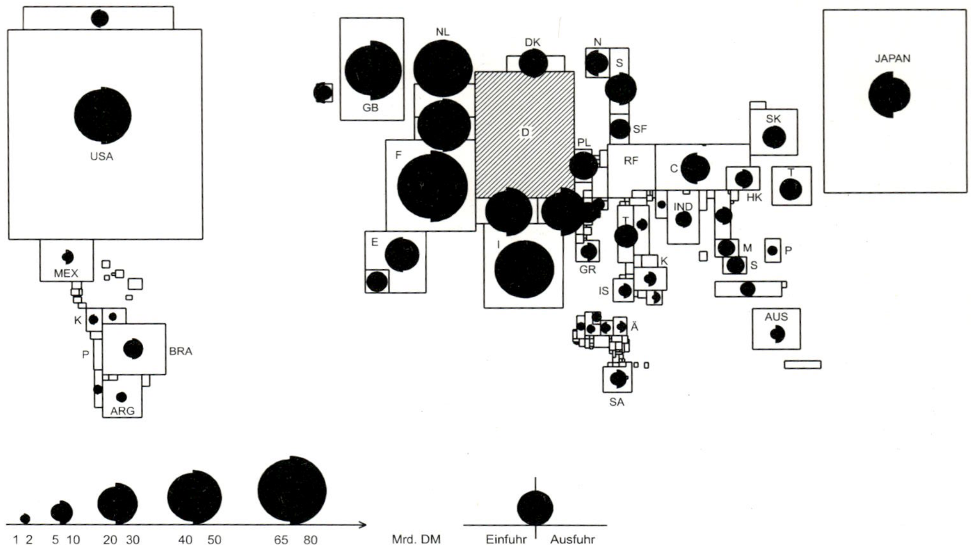

Abb. 3.29 Der Außenhandel der Bundesrepublik Deutschland, 1995 (Einfuhren und Ausfuhren nach Ländern). Außenhandelsumsätze (Ein- und Ausfuhren) von weniger als 1 Mrd. DM pro Land wurden nicht dargestellt.

Quelle: *Statistisches Bundesamt* (Statistisches Jahrbuch 1996 für die Bundesrepublik Deutschland)

nachbarten Industrieländern vergleichbaren Entwicklungsstandes vollzieht. Auch *A. Predöhl* (1971, S. 145 ff.), der vom Konzept der multizentrischen Weltwirtschaft ausgeht, betont die Dominanz des Kernbinnenhandels gegenüber den Kern-Kern- und den Kern-Peripherie-Verflechtungen sowie den Handelsbeziehungen zwischen peripher gelegenen Ländern.

Neben den mobilen Produktionsfaktoren und dem Güterhandel beeinflussen als weitere externe Wachstumsdeterminante die Dienstleistungsbewegungen den räumlichen Differenzierungsprozeß. Aus dem heterogenen Dienstleistungsbereich wird exemplarisch der *internationale Tourismus* herausgegriffen. Als Auslandstourist gelten nach Maßgabe der *World Tourism Organization* Personen, die die Grenze überschreiten und sich mindestens 24 Stunden im Zielland aufhalten (ohne Transitreisende, ausländische Arbeitnehmer usw.). Der internationale Tourismus läßt sich als Export bzw. Import von Dienstleistungen auffassen. Im Unterschied zum Güterhandel muß beim Tourismus der Nachfrager (Importeur) die Dienstleistung aufgrund ihrer fehlenden Transportierbarkeit am Erzeugungsort selbst abholen und dort wegen der Nicht-Lagerfähigkeit sofort konsumieren, d. h. Produktion und Konsumtion erfolgen am gleichen Ort und zur gleichen Zeit. Im folgenden werden behandelt: globale Entwicklungstendenzen des internationalen Tourismus, der Auslandsreiseverkehr der Bundesrepublik Deutschland und die Auswirkungen des Tourismus auf Entwicklungsländer.

Seit dem Zweiten Weltkrieg ist eine expansive Entwicklung des internationalen Tourismus zu beobachten. Im Zeitraum von 1950 bis 1997 erhöhte sich die Zahl der Auslandstouristen von 25 Mio. auf 613 Mio., was einer durchschnittlichen jährlichen Wachstumsrate von 7,0 Prozent entspricht. Trotz nachlassender Wachstumsraten wird bis zum Jahr 2020 eine Verdreifachung auf 1,6 Mrd. Reisende erwartet. Aussagekräftiger als die Touristenzahl sind die im internationalen Reiseverkehr getätigten Zahlungen. Die Einnahmen aus dem Tourismus erhöhten sich kontinuierlich von 2 Mrd. US-Dollar (1950) auf 444 Mrd. US-Dollar (1997). Dies entspricht einer durchschnittlichen jährlichen Wachstumsrate von nominal 12,0 Prozent. Bis 2020 wird eine weitere Zunahme der internationalen Tourismusausgaben um durchschnittlich 6,7 Prozent auf über 2 Bio. US-Dollar prognostiziert (*World Tourism Organization* 1997, 1998). Für die rasche Expansion des internationalen Tourismus lassen sich folgende Erklärungsfaktoren anführen (*W. Freyer* 1998b, S. 30 ff.; *K. Vorlaufer* 1996, S. 33 ff.):

- Steigende Realeinkommen ermöglichten immer größeren Teilen der Bevölkerung in der industrialisierten Welt Reisen in andere Länder. Hinzu kommt, daß sich im Zuge des sozioökonomischen Entwicklungsprozesses die Struktur des privaten Konsums von den Grundbedarfsgütern zu Gütern des gehobenen Bedarfs verschiebt. So ging in der Bundesrepublik Deutschland zwischen 1960 und 1990 der Anteil der Ausgaben für Nahrungs- und Genußmittel von 36,6 Prozent auf etwa 20 Prozent zurück, während der Anteil des touristischen Konsums von 1,7 auf 4,3 Prozent anstieg.
- Sinkende Jahres- und Lebensarbeitszeiten: Trotz eines steigenden Lebensstandards hat der allgemeine Produktivitätsfortschritt seit dem Zweiten Weltkrieg eine kontinuierliche Verkürzung der Arbeitszeit ermöglicht. Dieser Prozeß wurde begleitet von einem Wertewandel von der Arbeits- zur Freizeitgesellschaft.
- Liberalisierung im grenzüberschreitenden Personenverkehr: Die zunehmende Lockerung von Einreise-, Zoll- und Devisenbestimmungen leistete einen bedeutsamen Beitrag zur Verbesserung der Rahmenbedingungen für die Expansion des internationalen Reiseverkehrs.
- Technischer Fortschritt im Verkehrs- und Kommunikationswesen: Als wesentliche technologische Verbesserungen im Verkehrswesen haben die wachsende Motorisierung und Mobilität, der Ausbau des Transportnetzes sowie die Entwicklung von Langstreckenflugzeugen einen bedeutsamen Beitrag zur Dynamik des internationalen Reiseverkehrs geleistet. Neue Informations- und Kommunikationstechnologien erleichtern Konsumenten den Zugang zu Information über Reisezielländer und ermöglichen der Tourismuswirtschaft eine weltweite Vernetzung durch elektronische Buchungssysteme.
- Globalisierung der Tourismuswirtschaft: Die Entwicklung horizontal und vertikal integrierter multinationaler Reisekonzerne ist zugleich Determinante, Begleiterscheinung und Resultat der Dynamik des internationalen Reiseverkehrs. *K. Vorlaufer* (1996, S. 83 ff.) zeigt am Beispiel internationaler Hotelketten, daß sich auch Gesellschaften mit Sitz in Entwicklungsländern zu global tätigen Unternehmen entfalten können. Die Mehrheit der in Entwicklungsländern vertretenen Ketten ist jedoch nach wie vor in Industrieländern beheimatet.

Tab. 3.32 zeigt die Regionalstruktur von Personen- und Zahlungsströmen im internationalen Tourismus sowie ihre Veränderung zwischen 1980 und 1996. Trotz ihres relativen Bedeutungsverlusts dominieren die westlichen Industrieländer den internationalen Reiseverkehr. Mehr als die Hälfte der grenzüberschreitenden Touristenströme bewegte sich 1996 innerhalb Europas und Nordamerikas sowie zwischen diesen Regionen. Auch die Zahlungsströme unterstreichen diese Dominanz: Rund 55 Prozent der Einnahmen entfielen auf die zehn wichtigsten Reisezielländer (USA, Italien, Frankreich, Spanien, Vereinigtes Königreich, Deutschland, Österreich, Hongkong, China, Schweiz). Eine noch stärkere Konzentration ist bei den Ausgaben festzustellen, wo die zehn wichtigsten Herkunftsländer (Deutschland, USA, Japan, Vereinigtes Königreich, Frankreich, Italien, Österreich, Niederlande, Kanada, Rußland) über 63 Prozent der Zahlungen erbrachten. Bei Ranglisten der wichtigsten Herkunfts- und Zielgebiete des internationalen Tourismus ist zu berücksichtigen, daß sie aufgrund der unterschiedlichen Ländergrößen nur eine begrenzte Aussagekraft besitzen. Eine Auslandsreise in Europa kann in den USA, bei gleicher Entfernung, eine Inlandsreise darstellen.

Obwohl die Mehrheit des Reiseverkehrs nach wie vor zwischen Industrieländern stattfindet, konnten die nicht erdölexportierenden

Tab. 3.32 Personen- und Zahlungsströme im internationalen Tourismus. Anteil nach Regionen in Prozent, 1980 und 1996

	Ankünfte		Einnahmen		Ausgaben	
	1980	1996	1980	1996	1980	1996
Westeuropa[1]	53,6	45,1	57,0	45,0	55,2	48,7
Nordamerika[2]	16,6	14,3	16,8	19,8	17,2	16,7
Mittel und Osteuropa[3]	11,4	13,6	3,3	5,7	0,8	6,2
Mittlerer Osten	2,6	2,4	3,3	1,8	5,3	1,4
Süd- und Mittelamerika, Karibik	4,9	5,3	7,3	6,3	7,1	4,4
Südostasien, Pazifik	8,3	15,7	9,7	19,7	11,3	21,0
Afrika	2,6	3,6	2,6	1,9	3,1	1,7
Welt	100,0	100,0	100,0	100,0	100,0	100,0

(1) inkl. Nordeuropa, europäischer Mittelmeerraum
(2) NAFTA (USA, Kanada, Mexiko)
(3) inkl. Nachfolgestaaten der UdSSR

Quelle: *World Tourism Organization* 1998

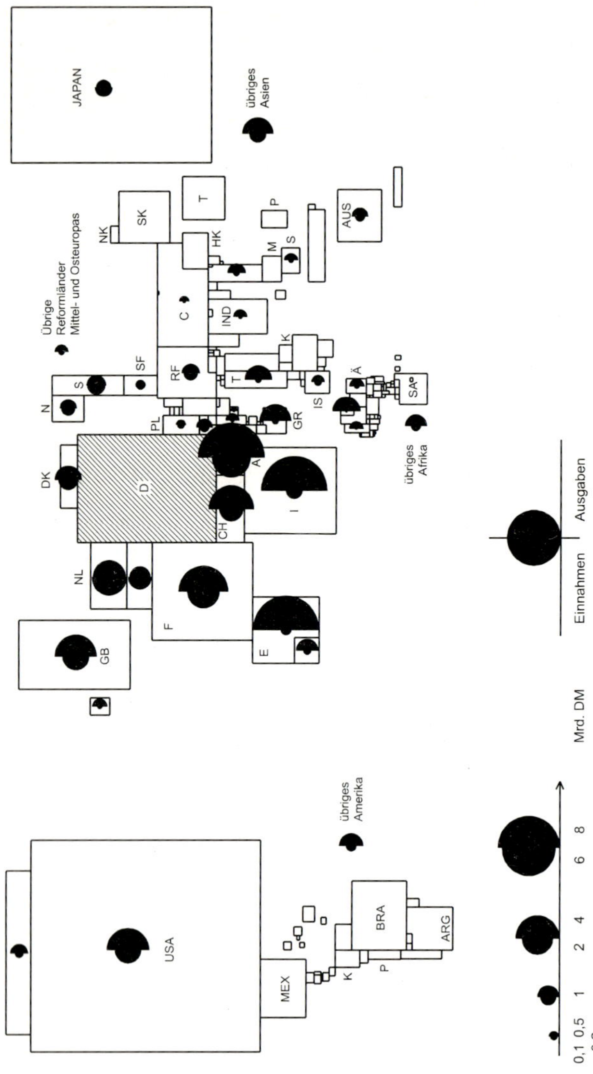

Abb. 3.32 DerReiseverkehr der Bundesrepublik Deutschland, 1995 (Einnahmen und Ausgaben nach Ländern).
Quelle: *Deutsche Bundesbank* 1997b

Entwicklungsländer ihren Anteil kontinuierlich ausbauen. Zwischen 1980 und 1996 stieg ihr Weltmarktanteil gemessen an den Ankünften von 15,8 auf 24,6 Prozent und gemessen an den Einnahmen von 19,6 auf 27,9 Prozent. Der auffälligste Trend ist jedoch der starke Bedeutungsgewinn des südostasiatischen und pazifischen Raumes als Quell- und Zielregion des internationalen Reiseverkehrs. Die *World Tourism Organization* (1997) erwartet, daß sich diese Entwicklung auch in Zukunft fortsetzen wird: Im Jahr 2020 soll China mit 137 Mio. Ankünften vor den USA das wichtigste Reisezielland der Welt sein. Die übrigen Entwicklungsländer in Afrika sowie in Süd- und Mittelamerika und in der Karibik konnten zwar ihren Anteil an den Touristenankünften insgesamt erhöhen, verloren jedoch bei den Zahlungsströmen im internationalen Reiseverkehr an Gewicht.

Die Bundesrepublik Deutschland nahm 1996 in einer Länderrangliste des internationalen Tourismus bei den Ausgaben die erste und bei den Einnahmen die sechste Position ein. Einnahmen von 17,6 Mrd. US-Dollar standen Ausgaben von 50,8 Mrd. US-Dollar gegenüber. In Abb. 3.32 ist der Reiseverkehr der Bundesrepublik Deutschland nach Ländern dargestellt. Von den Einnahmen flossen 1998 87,8 Prozent aus westlichen Industrieländern, 6,6 Prozent aus den Ländern Osteuropas und 5,3 Prozent aus Entwicklungsländern in die Bundesrepublik Deutschland (*Deutsche Bundesbank* 1999e). Die Zielgebiete der deutschen Tourismusausgaben waren zu 84,0 Prozent westliche Industrieländer, zu 4,5 Prozent Länder Osteuropas und zu 11,1 Prozent Entwicklungsländer. Abb. 3.32 dokumentiert nachdrücklich die enge Reiseverkehrsverflechtung der Bundesrepublik Deutschland mit europäischen Ländern. 85 Prozent der Einnahmen und 81 Prozent der Ausgaben entfielen allein auf Länder in Europa. Diese Ergebnisse bestätigen die internationale Erfahrung, daß der Umfang internationaler Reiseverkehrsströme mit zunehmender räumlicher und kultureller Distanz abnimmt.

Abschließend ist noch auf die Frage einzugehen, inwiefern für Entwicklungsländer der Dienstleistungsexport durch Tourismus einen Beitrag zum Wirtschaftswachstum und zur Überwindung der Unterentwicklung zu leisten vermag. Der Auslandstourismus hat für Entwicklungsländer nachfolgende positive Auswirkungen:

- Der Aufbau des Tourismus kann zur Diversifizierung der Wirtschafts- und Exportstruktur beitragen. Insgesamt leistet der Tourismus in Entwicklungsländern einen überdurchschnittlichen und steigenden Beitrag zum Bruttosozialprodukt und zur Exportleistung. Zwischen 1991 und 1996 stieg der Anteil der Tourismuseinnahmen am Bruttosozialprodukt in den Entwicklungsländern von 1,8 auf 2,2 Prozent, während ihr Anteil an den Warenexporten von 8,6 auf 9,7 Prozent wuchs. Damit ist die relative Bedeutung des Tourismus in Entwicklungsländern deutlich größer als in den OECD-Ländern, wo die entsprechenden Werte relativ konstant sind und 1996 bei 1,3 bzw. 8,1 Prozent lagen. Innerhalb der Gruppe der Entwicklungsländer variiert die relative Bedeutung des Tourismus jedoch stark; sie ist am größten für die Gruppe der 29 karibischen Inselstaaten, wo die Tourismuseinnahmen 1996 14,8 Prozent des Bruttosozialprodukts und 37,4 des Exportwertes betrugen (*World Tourism Organization* 1998).

- Der Auslandstourismus ist derzeit im Gegensatz zu den traditionellen mineralischen und agrarischen Exportprodukten vieler Entwicklungsländer eine ausgesprochene Wachstumsbranche mit einer hohen Einkommenselastizität der Nachfrage, d.h. die Nachfrage nach Auslandsreisen steigt überproportional mit dem Pro-Kopf-Einkommen in den Industrieländern. In der Bundesrepublik Deutschland führt ein Sozialproduktzuwachs von 1 Prozent zu einem Anstieg der gesamten Tourismusausgaben von 1,5 Prozent und der Reiseausgaben in Entwicklungsländern von 3 Prozent (*K. Vorlaufer* 1988, S. 609 f.; *M. Lodahl, H. Wilkens* 1980, S. 15). Für den Export von Tourismusdienstleistungen spricht weiterhin, daß hier anders als bei landwirtschaftlichen und industriellen Erzeugnissen keine protektionistischen Maßnahmen seitens der Industrieländer bestehen.
- Der Fremdenverkehr gilt als ein relativ arbeitsintensiver Wirtschaftszweig mit begrenzten Rationalisierungsmöglichkeiten, in dem Entwicklungsländer aufgrund ihrer relativen Faktorausstattung (Kapitalknappheit, Arbeitskräftereichtum) komparative Kostenvorteile gegenüber konkurrierenden Fremdenverkehrsgebieten in Industrieländern aufweisen. Das Ausmaß der Beschäftigungseffekte ist abhängig von Art, Umfang und Saisonalität des Tourismus sowie seinem Verflechtungsgrad mit anderen Wirtschaftsbereichen. Schätzungen zufolge werden in vielen Fremdenverkehrsregionen einschließlich vorgelagerter Sektoren ca. 1,3 bis maximal 3,5 Arbeitsplätze pro Hotelbett geschaffen (*K. Vorlaufer* 1996, S. 143).
- Von erheblichem Gewicht ist der Deviseneffekt der Dienstleistungsexporte durch Tourismus, um die für den Entwicklungsprozeß notwendigen Importe von v. a. Investitionsgütern finanzieren

zu können. Für viele Entwicklungsländer gilt, daß in ihrer Bilanz der Einnahmen und Ausgaben im Güter- und Dienstleistungsverkehr mit dem Ausland allein der Tourismus einen positiven Saldo aufweist. Dabei ist jedoch zu berücksichtigen, daß dieser positive Deviseneffekt durch die Notwendigkeit von Güter- und Dienstleistungsimporten für den Aufbau und Betrieb der Tourismuseinrichtungen vermindert wird (*R. Cleverdon* 1979, S. 31 f.; *K. Krusnik* 1978, S. 140). Das Ausmaß solcher Sickereffekte liegt in Abhängigkeit von der vorherrschenden Art des Tourismus sowie von Größe, Struktur und Entwicklungsstand der Volkswirtschaft des Ziellandes zwischen 5 und deutlich über 50 Prozent (*K. Vorlaufer* 1996, S. 138).

- Der Aufbau touristischer Kapazitäten geht Hand in Hand mit dem Ausbau der Infrastruktur (Elektrizität, Häfen, Flughäfen, Verkehrswege, Bank- und Kommunikationswesen). Obwohl nicht alle Infrastrukturmaßnahmen ausschließlich für den Tourismus errichtet werden, ermöglicht doch erst der Tourismus den wirtschaftlich rentablen Betrieb vieler Einrichtungen. Mit seiner inhärenten Tendenz zur Peripherie und der Möglichkeit, eine Reihe von Inputs (Baumaterialien, Nahrungsmittel, Arbeitskräfte) aus dem Nahbereich zu beziehen, eignet sich der Fremdenverkehr unter bestimmten Voraussetzungen zur Erschließung peripherer Regionen und somit zum Abbau räumlicher Disparitäten. So wurde der Tourismus in Mexiko, Thailand oder der Dominikanischen Republik zum expliziten Bestandteil einer ausgleichsorientierten Raumwirtschaftspolitik (*K. Vorlaufer* 1996, S. 175 ff.).
- Schließlich wird auch der Beitrag des Tourismus zur Humankapitalbildung sowie zur Förderung des Unternehmertums und des technischen Fortschritts betont. Viele Entwicklungsländer sind im Rahmen ihrer Tourismusförderung bestrebt, einheimische Arbeitskräfte durch direkte Qualifikationsmaßnahmen oder Auflagen an multinationale Unternehmen zu Führungskräften im Tourismusgewerbe auszubilden. Nach *A. O. Hirschman* (1958) stellt der Mangel an unternehmerischen Qualifikationen einen wesentlichen Engpaßfaktor im Entwicklungsprozeß dar. Mit seinen niedrigen Markteintrittsbarrieren leistet der Tourismus einen Beitrag zur Entfaltung des Unternehmertums im kleinbetrieblichen Sektor. Der direkte Kontakt von Anbietern und Nachfragern fördert zudem die Adaption von Innovationen und kann auf diese Weise zu einer selbsttragenden wirtschaftlichen Entwicklung beitragen.

Daneben gibt es eine Vielzahl möglicher negativer Entwicklungseffekte des internationalen Tourismus für Entwicklungsländer, die von Land zu Land und von Standort zu Standort unterschiedlich stark in Erscheinung treten. Davon werden in der Literatur besonders hervorgehoben:

- die Gefahr der Abhängigkeit der Entwicklungsländer von saisonalen, konjunkturellen und modebedingten Nachfrageschwankungen in den Industrieländern sowie die Abhängigkeit von wenigen internationalen Reiseveranstaltern und Hotelkonzernen. Dieser Gefahr sind vor allem die Mikrostaaten des Pazifik, des Indischen Ozeans und der Karibik ausgesetzt, denen sowohl die Ressourcen als auch der Binnenmarkt für die Erschließung alternativer Einnahmequellen fehlen. So erwirtschaftet der einseitig auf den nordamerikanischen Markt ausgerichtete Tourismussektor der Bahamas regelmäßig zwischen 60 und 70 Prozent des Bruttoinlandsprodukts (*S. Iwersen-Sioltsidis*, *A. Iwersen* 1996, S. 302);
- die Möglichkeit negativer Auswirkungen auf andere binnenwirtschaftliche Sektoren etwa durch die Absorption von Produktionsfaktoren (Arbeit, Kapital, Boden) aus der Landwirtschaft und aus der verarbeitenden Industrie, wie *K. Vorlaufer* (1996, S. 153 ff.) am Beispiel der Verdrängung der Fischereiwirtschaft durch den Tourismus illustriert;
- weiterhin die Gefahr der Zerstörung traditioneller Wertesysteme. Kritiker sehen in der zunehmenden Kommerzialisierung von Kulturgütern eine Bedrohung für die kulturelle Identität und den sozialen Zusammenhalt in Entwicklungsländern. Immer deutlicher werden außerdem in den letzten Jahren die inzwischen vielerorts nicht mehr zu übersehenden ökologischen Probleme.

Schließlich ist darauf hinzuweisen, daß der Tourismus als Entwicklungsstrategie geeignete naturräumliche und kulturelle Potentiale sowie politische Stabilität als Voraussetzungen erfordert. Letztlich sind zur Beantwortung der Frage, ob ein Entwicklungsland eine „Tourismusindustrie" aufbauen oder die bestehenden Kapazitäten erweitern soll, Kosten-Nutzen-Analysen notwendig, die die (direkten und indirekten) ökonomischen, gesellschaftlichen und ökologischen Effekte erfassen und die geplanten Tourismusinvestitionen mit alternativen Investitionsmöglichkeiten vergleichen. Dabei sollten insbesondere die endogenen Potentiale und Rahmenbedingungen analysiert und bewertet werden, um eine „angepaßte" touristische Entwicklung zu ermöglichen (*K. Vorlaufer* 1988, S. 631; *K. Krusnik* 1978, S. 237 ff.).

Die Analyse der internationalen Faktor-, Güter- und Dienstleistungsbewegungen zeigt die dominierende Stellung der westlichen Industrieländer im Weltwirtschaftssystem. Die weltwirtschaftliche Integration der Entwicklungsländer (einschließlich der Schwellenländer und der OPEC-Mitglieder) entspricht in etwa ihrem Anteil am Welteinkommen von 15 Prozent, nicht jedoch ihrem Bevölkerungsanteil von 76 Prozent. Aus den Verflechtungsbeziehungen mit den Industrieländern erzielten vor allem Entwicklungsländer höheren Entwicklungsstandes positive Wachstumsimpulse. Andererseits konnten auch entwicklungshemmende Effekte der externen Wachstumsdeterminanten nachgewiesen werden. So sind Auslandsinvestitionen und aus Industrieländern importierte Technologien nur unzureichend an die Gegebenheiten der Entwicklungsländer, z. B. deren Faktorknappheitsrelationen, angepaßt, und auch aus der einseitigen Außenhandelsstruktur ergeben sich negative sozioökonomische Wirkungen.

Anmerkung zu den Ländergruppierungen

In den Abbildungen 3.15 bis 3.17, 3.19 sowie 3.21 bis 3.26 wurden Länder mit über einer Million Einwohner erfaßt und in sechs Gruppen unterteilt. Innerhalb der Gruppen sind die Länder entsprechend der Höhe ihres Pro-Kopf-Einkommens (1997) geordnet.

OECD-Mitglieder (Stand 1994):
Schweiz, Japan, Norwegen, Dänemark, USA, Deutschland, Österreich, Belgien, Schweden, Frankreich, Niederlande, Finnland, Vereinigtes Königreich, Australien, Italien, Kanada, Irland, Neuseeland, Spanien, Griechenland, Portugal, Mexiko, Türkei.

Transformationsländer:
Slowenien, Tschechische Republik, Kroatien, Ungarn, Slowakische Republik, Polen, Estland, Russische Föderation, Lettland, Litauen, Weißrußland, Rumänien, Kasachstan, Bulgarien, Mazedonien, Ukraine, Usbekistan, China, Georgien, Albanien, Turkmenistan, Moldau, Armenien, Aserbaidschan, Kirgisistan, Mongolei, Tadschikistan, Vietnam.

OPEC-Mitglieder:
Kuwait, Vereinigte Arabische Emirate, Saudi-Arabien, Gabun, Venezuela, Tunesien, Iran, Algerien, Ägypten, Indonesien, Nigeria.

Übrige Länder in Mittel- und Südamerika:
Argentinien, Puerto Rico, Uruguay, Chile, Brasilien, Trinidad und Tobago, Panama, Costa Rica, Peru, Kolumbien, Paraguay, El Salvador, Dominikanische Republik, Ecuador, Jamaika, Guatemala, Bolivien, Honduras, Nicaragua, Haiti.

Übrige Länder in Asien:
Singapur, Hongkong, Israel, Südkorea, Oman, Malaysia, Libanon, Thailand, Jordanien, Philippinen, Syrien, Papua-Neuguinea, Sri Lanka, Pakistan, Laos, Indien, Kambodscha, Bangladesch, Jemen, Nepal.

Übrige Länder in Afrika:
Mauritius, Südafrika, Botswana, Namibia, Marokko, Simbabwe, Côte d'Ivoire, Lesotho, Republik Kongo, Kamerun, Guinea, Senegal, Mauretanien, Benin, Sambia, Ghana, Gambia, Angola, Kenia, Togo, Uganda, Zentralafrikanische Republik, Sudan, Mali, Madagaskar, Burkina Faso, Guinea Bissau, Tschad, Malawi, Eritrea, Ruanda, Tansania, Niger, Sierra Leone, Burundi, Äthiopien, Demokratische Republik Kongo, Mosambik.

Literaturübersicht: Kapitel 3.2.1 und 3.2.2

Die empirische Analyse des räumlichen Differenzierungsprozesses auf der mondialen Maßstabsebene konzentrierte sich auf die Position Deutschlands im Standortwettbewerb der hochentwickelten Volkswirtschaften sowie auf die tiefgreifenden Disparitäten in der sozioökonomischen Entwicklung zwischen den Industrie- und den Entwicklungsländern. Zur Vertiefung der zentralen weltwirtschaftlichen Veränderungen („Megatrends") und ihrer Bedeutung für den Standort Deutschland empfiehlt sich die folgende Literatur:

BMBF (Bundesministerium für Bildung, Wissenschaft, Forschung und Technologie) (Hrsg.), 1999: Zur technologischen Leistungsfähigkeit Deutschlands. Zusammenfassender Endbericht 1998. Bonn. (fortlaufende Berichterstattung)

Bundesamt für Bauwesen und Raumordnung (Hrsg.), 1999: Regionale Auswirkungen der Globalisierung. = Informationen zur Raumentwicklung. H. 1/1999.

Bundeszentrale für politische Bildung (Hrsg.), 1999: Globalisierung. = Informationen zur politischen Bildung. 263. Bonn.

Dicken, P., 1998: Global Shift: Transforming the World Economy. (3. Aufl.). London.

Härtel, H.-H.; Jungnickel, R., 1998: Strukturprobleme einer reifen Volkswirtschaft in der Globalisierung. = Veröffentlichungen des HWWA-Instituts für Wirtschaftsforschung. 43. Hamburg.

Krugman, P. R., 1996: Pop Internationalism. Cambridge/Mass. (Titel der deutschen Ausgabe: Der Mythos vom Globalen Wirtschaftskrieg: eine Abrechnung mit den Pop-Ökonomen. Frankfurt/M. 1999.)

Ministerium für Wirtschaft, Technologie und Verkehr des Landes Schleswig-Holstein (Hrsg.), 1998: Regionale und nationale Handlungsmöglichkeiten der Wirtschaftspolitik bei fortschreitender Globalisierung. Workshop vom 14. November 1997. Kiel.

Ohmae, K., 1995: The End of the Nation State. The Rise of Regional Economies. London. (Deutscher Titel: Der neue Weltmarkt: das Ende des Nationalstaates und der Aufstieg der regionalen Wirtschaftszonen. Hamburg 1996.)

Reich, R. B., 1991: The Work of Nations. London u. a. (Titel der deutschen Ausgabe: Die neue Weltwirtschaft: Das Ende der nationalen Ökonomien. Frankfurt 1993.)

Sachverständigenrat zur Beurteilung der gesamtwirtschaftlichen Entwicklung: Jahresgutachten, div. Jg. Stuttgart.

Siebert, H., 1997a: Weltwirtschaft. Stuttgart.

Thurow, L. C., 1996: The Future of Capitalism. How Today's Economic Forces Shape Tomorrow's World. London. (Titel der deutschen Ausgabe: Die Zukunft des Kapitalismus. 3. Auflage. Frankfurt 1998.)

Trabold, H., 1995: Die internationale Wettbewerbsfähigkeit einer Volkswirtschaft. In: DIW-Vierteljahreshefte zur Wirtschaftsforschung. Heft 2/95 (Schwerpunktheft Internationale Wettbewerbsfähigkeit). Berlin. S. 169-185.

Weizsäcker, C. C. von, 1999: Logik der Globalisierung. Göttingen.

Obwohl sich die Industrieländer als Folge der fortschreitenden Globalisierung in zunehmendem Maße auf ihre eigene internationale Wettbewerbsfähigkeit konzentrieren, dürfte die Bewältigung des Nord-Süd-Konflikts auch zukünftig zu den vordringlichsten weltpolitischen Aufgaben gehören. Im folgenden sind exemplarisch einige Veröffentlichungen ausgewählt, die das Ausmaß der globalen Disparitäten zusammenfassend behandeln und die es ermöglichen, einzelne Fragestellungen zu vertiefen und zu erweitern sowie die gezogenen Schlußfolgerungen kritisch zu prüfen:

Hemmer, H.-R., 1988: Wirtschaftsprobleme der Entwicklungsländer. (2. Aufl.). München.

Nohlen, D.; Nuscheler, F. (Hrsg.), 1993: Handbuch der Dritten Welt. Bd. 1. Bonn.

Stiftung Entwicklung und Frieden (Hrsg.): Globale Trends. Daten zur Weltentwicklung. Frankfurt/Main. (Verschiedene Jahre)

UNCTAD (United Nations Conference on Trade and Development): The Least Developed Countries Report. Genf. (Verschiedene Jahre)

UNCTAD (United Nations Conference on Trade and Development): Trade and Development Report. Genf. (Verschiedene Jahre)

UNDP (United Nations Development Programme): Human Development Report. New York. (Verschiedene Jahre, 1990-1997).

Weltbank: Global Economic Prospects and the Developing Countries. Washington, D.C. (Verschiedene Jahre)

Weltbank: Weltentwicklungsbericht. Washington, D.C. (Verschiedene Jahre)

3.2.3 Kontinentale, nationale und subnationale Maßstabsebenen

Die Erde stellt ein interdependentes Raumsystem dar. Allerdings ist die Weltwirtschaft nicht monozentrisch, sondern multizentrisch strukturiert. *A. Predöhl* hat bereits 1949 auf die Entwicklung kontinentaler Nodalregionen hingewiesen (vgl. auch *D. Lorenz* 1990). Aufgrund der Ergebnisse empirischer Analysen der internationalen Faktor- und Güterströme in Kap. 3.2.2.2 und der vielfältigen supranationalen Integrationsbemühungen (vgl. Band 3 Politik, 3. Auflage 1994, Kap. 4.3) bietet sich die kontinentale bzw. supranationale Maßstabsebene als erster Schritt der Gliederung der Welt in räumliche Subsysteme an. Als Beispiel für ein supranationales Raumsystem wird in Kap. 3.2.3.1 die Wachstumsregion Südostasien behandelt. Im Mittelpunkt des Interesses stehen jene Länder, denen es in den vergangenen Jahren gelang, von Entwicklungs- zu Schwellenländern aufzusteigen. In Kap. 3.2.3.2 wird der Integrationsraum Westeuropa als zweites Beispiel für ein supranationales Raumsystem vorgestellt. Die Ausführungen konzentrieren sich auf die Veränderungen räumlicher Disparitäten im Zuge des vertikalen und horizontalen Integrationsprozesses. Kapitel 3.2.3.3 schließlich ist der Systemtransformation in Mittel- und Osteuropa einschließlich Ostdeutschland und ihrer Auswirkungen auf den räumlichen Differenzierungsprozeß gewidmet. Die empirische Analyse der supranationalen Raumsysteme bezieht auch den räumlichen Strukturwandel auf der nationalen und subnationalen Ebene in die Betrachtung ein. Ziel ist es darauf hinzuweisen, daß die globale Wettbewerbsposition eines kontinentalen Raumsystems und die Art des sektoralen Strukturwandels der Wirtschaft maßgeblich die Entwicklung nationaler und subnationaler Raumsysteme beeinflussen.

3.2.3.1 Wachstumsregion Südostasien

Als globalen Trend hat Kap. 3.2.2.1 eine Öffnung der Wohlstandskluft zwischen den Industrie- und den Entwicklungsländern empirisch belegt. Allerdings verlief die wirtschaftliche Entwicklung der Länder der Erde sehr unterschiedlich. Während eine Reihe von Entwicklungsländern vornehmlich in Afrika und Lateinamerika einen Rückgang ihres Pro-Kopf-Einkommens hinnehmen mußte, erzielten vor allem einige marktwirtschaftlich ausgerichtete Entwicklungs- und Schwellenländer in Südostasien über mehrere Jahrzehnte beeindruckende wirtschaftliche Erfolge. Im Zeitraum von 1971-1996 betrug die durchschnittliche jährliche Zuwachsrate des realen Bruttosozialprodukts in den meisten Ländern der südostasiatischen Wachstumsregion zwischen sechs und zehn Prozent (Tab. 3.33). Diesen Ländern ist es gelungen, den Einkommensrückstand gegenüber den OECD-Mitgliedern zu verringern, deren Pro-Kopf-Einkommen im Durchschnitt lediglich um gut zwei Prozent wuchs. Die „vier Tiger" Singapur, Hongkong, Taiwan (Republik China) und Südkorea sind innerhalb weniger Jahrzehnte von Entwicklungs- zu Schwellenländern aufgestiegen. Als Schwellenländer der zweiten Generation folgen ihnen die ASEAN-Staaten Malaysia, Thailand, die Philippinen und Indonesien. In den 90er Jahren gelang es auch China und Vietnam, die zunehmend marktwirtschaftliche Elemente in ihre Wirtschaftssysteme einführen, an der Wachstumsdynamik der Region zu partizipieren.

Tab. 3.33 Bruttoinlandsprodukt pro Kopf in US-Dollar, 1998, und durchschnittliche jährliche Wachstumsraten, 1971-2000, für ausgewählte Länder Südostasiens

	BIP pro Kopf	reales Bruttoinlandsprodukt durchschnittliche jährliche Wachstumsrate						
	1998	1971-80	1981-90	1991-96	1997	1998	1999[1]	2000[1]
Singapur	30 060	9,1	7,3	8,5	9,0	0,3	4,5	5,0
Hongkong	23 670	9,4	6,5	5,2	5,3	– 5,1	1,2	3,6
Taiwan[2]	k. A.	9,7	7,9	6,5	6,8	4,9	5,0	5,1
Südkorea	7 970	7,6	9,0	7,4	5,0	– 5,8	6,5	5,5
Malaysia	3 600	8,0	6,0	8,7	7,7	– 6,7	2,4	6,5
Thailand	2 200	6,9	7,9	8,0	–1,3	– 9,4	4,0	4,0
Philippinen	1 050	6,2	1,7	2,8	5,2	– 0,5	2,2	3,5
Indonesien	680	7,8	5,4	7,9	4,7	–13,7	–0,8	2,6
China, VR	750	6,2	9,1	11,6	8,8	7,8	6,6	6,0
Vietnam	330	3,8	5,9	8,4	8,2	3,5	3,5	4,5
Quelle	a	b	b	b	c	c	c	c

1) Prognose
2) Republik China

Quellen: a) *Weltbank* (Weltentwicklungsbericht 1999/2000)
b, c) *IMF* (World Economic Outlook, May/October 1999)

Im folgenden ist darauf einzugehen, welche Faktoren zum beispiellosen Aufholprozeß Südostasiens in der Weltwirtschaft beigetragen haben. In welcher Weise haben diese Veränderungen den raumwirtschaftlichen Differenzierungsprozeß innerhalb ausgewählter Länder der Region beeinflußt? Es gilt daneben zu prüfen, welchen Beitrag die Raumwirtschaftstheorie zur Erklärung des langfristigen Wachstums Südostasiens leisten kann. Vor diesem Hintergrund sowie unter Berücksichtigung der 1997 einsetzenden Finanz- und Währungskrise sind die mittel- und langfristigen Entwicklungsperspektiven dieses Wirtschaftsraumes einzuschätzen. Schließlich ist die Frage von Interesse, inwiefern sich das südostasiatische Wachstumsmodell auf andere Regionen der Erde übertragen läßt.

Die Hauptantriebskraft des wirtschaftlichen Wachstums Südostasiens stellte die Verarbeitende Industrie dar. Aufgrund hoher industrieller Wachstumsraten stieg der Anteil der Verarbeitenden Industrie am Bruttoinlandsprodukt auf ein Niveau, das jenem der marktwirtschaftlichen Industrieländer entspricht. Wie Tab. 3.34 zeigt, konnten alle Länder den Anteil der Industriegüter an der gesamten Warenausfuhr zum Teil erheblich steigern. In Hongkong, Südkorea, Singapur und in den Philippinen lag der Anteil der industriellen Erzeugnisse an den Warenexporten 1996 bei über 80 Prozent. In den heutigen Schwellenländern der Region läßt sich ein industrieller Transformationsprozeß von einer arbeitsintensiven über eine sachkapitalintensive zu einer humankapital- und technologieintensiven Produktion empirisch nachweisen. In jeder Phase ist es gelungen, eine international wettbewerbsfähige Industrie aufzubauen.

In den Wachstumsökonomien Ost- und Südostasiens wurden Wachstum und sektoraler Strukturwandel der Wirtschaft durch eine langfristig konzipierte und konsequent betriebene Wirtschaftspolitik gefördert. Staat und öffentliche Verwaltung besitzen in den konfuzianisch geprägten Gesellschaften ein größeres Gewicht als in den europäischen und nordamerikanischen Industrieländern. Trotz länderspezifischer Unterschiede lassen sich einige allgemeingültige Charakteristika der Wirtschaftspolitik identifizieren. Dies sind:

- langfristig angelegter Aufbau einer an marktwirtschaftlichen Erfordernissen orientierten institutionellen Infrastruktur, d. h. eines ordnungspolitischen Rahmens;
- seit den 60er Jahren konsequente Verfolgung einer exportorientierten Industrialisierungsstrategie;
- staatliche Förderung des wirtschaftlichen Strukturwandels von der ar-

Tab. 3.34 Indikatoren der Industrialisierung in ausgewählten Entwicklungs- und Schwellenländern Südostasiens

Länder	Brutto-inlands-produkt in Mrd. US-$	Anteil der Verarbeitenden Industrie am BIP in %			Waren-ausfuhr in Mrd. US-$	Anteil der Industriegüter an der gesamten Warenausfuhr in %		
	1995	1965	1980	1995	1996	1965	1980	1996
Singapur	83,7	15	29	27	124,8	34	47	84
Hongkong	143,7	24	24	9	180,7	94	91	92
Südkorea	455,5	18	29	27	124,4	59	90	92
Malaysia	85,3	9	21	33	78,2	6	19	76
Thailand	167,1	14	22	29	55,8	3	25	73
Philippinen	74,2	20	26	23	20,3	6	21	84
Indonesien	198,1	8	13	24	49,7	4	2	51
OECD-Mitglieder[1]	22 278,3	32	26	21	3 559,7	69	71	79

1) Stand 1994, ohne Luxemburg; Werte für einige Länder extrapoliert

Quelle: *Weltbank* (Weltentwicklungsbericht 1997, 1998/99)

beitsintensiven zur sachkapitalintensiven und humankapitalintensiven Produktion durch Außenwirtschafts- und Binnenwirtschaftspolitik;

- staatliche Förderung der Weltmarktintegration der Wirtschaft (z. B. Subventionierung von Güterexporten und ausländischen Direktinvestitionen, aber auch Zollschutz der inländischen Industrie vor ausländischer Konkurrenz). Allerdings müssen in Zukunft auch die südostasiatischen Staaten ihre Handelshemmnisse abbauen. Im Rahmen der Uruguay-Runde im Allgemeinen Zoll- und Handelsabkommen (GATT) vereinbarten die 117 Teilnehmerstaaten, in weniger als zehn Jahren die Zölle für Industrieprodukte um durchschnittlich 30 Prozent zu senken;
- staatliche Förderung der Umstrukturierung der Binnenwirtschaft (vergleichsweise hohe öffentliche Investitionen in den Bereichen Forschung und Entwicklung, Erziehung und Ausbildung, Infrastruktur und Kommunikation).

Ohne Zweifel hat die praktizierte Wirtschaftspolitik des Staates maßgeblich zum wirtschaftlichen Erfolg der Wachstumsökonomien Südostasiens beigetragen. Zur Frage, ob auch der Konfuzianismus ein wichtiger Grund für den wirtschaftlichen Aufstieg von Singapur, Hongkong, Südkorea und Taiwan (Republik China) war, gibt die Wissenschaft keine eindeutige Antwort. In der Regel werden hohe Arbeitsmoral und Sparethik, Gruppenkonformismus sowie Hierarchisierung aller Lebensbereiche als wachstumsfördernd angesehen; dem stehen als modernisierungsfeindliche Erblasten der konfuzianischen Kultur mangelnder Individualismus, Lernformalismus und bürokratische Herrschaftsformen gegenüber (vgl. *R. Machetzki* 1991; *H. Sautter* 1990).

Im Verlauf des langfristigen industriellen Strukturwandels veränderten sich sowohl die Außenwirtschaftsbeziehungen als auch die regionale Wirtschaftsentwicklung innerhalb der Länder Südostasiens. Den Zusammenhang zwischen dem industriellen Transformationsprozeß und der Struktur des Außenhandels hat *C. G. Alvstam* (1993) am Beispiel von Taiwan (Republik China) empirisch untersucht. Abb. 3.33 zeigt für vier Zeiträume von Mitte der 60er Jahre bis Anfang der 90er Jahre die Veränderung der taiwanesischen Exportprofile. Mitte der 60er Jahre dominierten arbeitsintensiv und ressourcenintensiv hergestellte Industriegüter den Außenhandel (z. B. Textilien, Nahrungsmittel). Bis Mitte der 70er Jahre kam es zu einer Verschiebung der Außenhandelsstruktur von ressourcenintensiv zu sachkapitalintensiv hergestellten Produkten. Mitte der 80er Jahre prägten dann

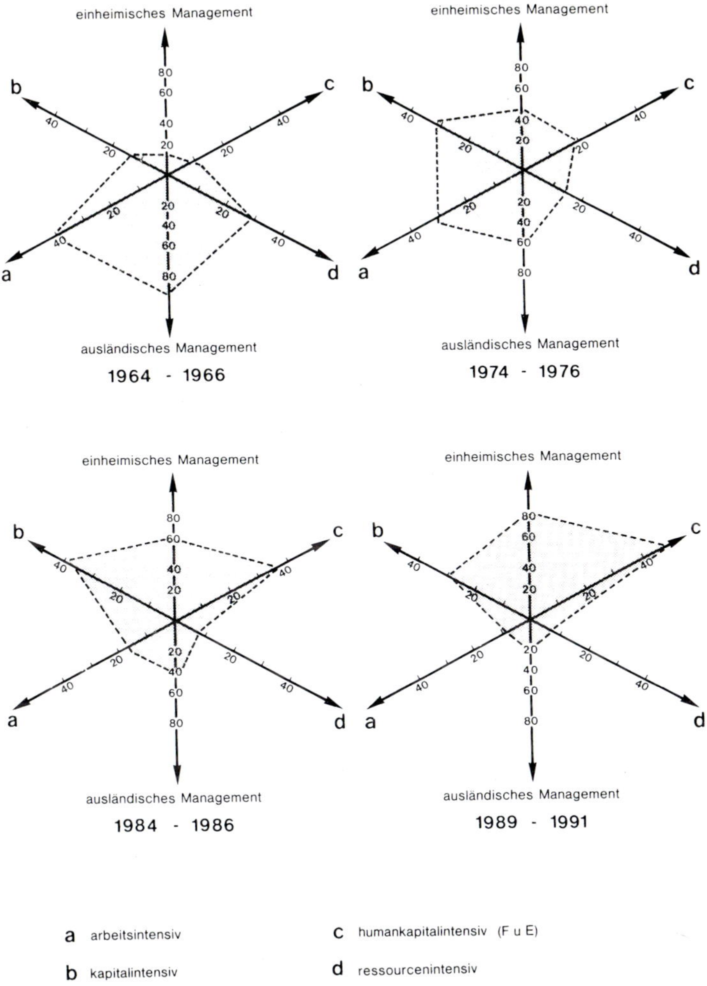

Abb. 3.33 Veränderung der Exportprofile von Taiwan

Quelle: *C. G. Alvstam* 1993

sachkapital- und humankapitalintensive Industriegüter den Außenhandel (z. B. elektrische und elektronische Maschinen). Dieser Trend in Richtung auf forschungs- und entwicklungsintensiv hergestellte Exportgüter setzte sich bis in die 90er Jahre fort.

Im Zuge des industriellen Transformationsprozesses hat sich mit der Außenhandelsstruktur auch das Gewicht der ausländischen Direktinvestitionen und des ausländischen Managements verändert. In den 60er Jahren, in der Phase arbeits- und ressourcenintensiver Produktion, kontrollierten ausländische Unternehmen und ausländische Manager die Exportindustrie Taiwans. Hingegen befindet sich die heute vorherrschende sachkapital- und humankapitalintensive Exportwirtschaft weitgehend in der Hand taiwanesischer Unternehmen mit einheimischem Management. Seit dem Ende der 80er Jahre kommt es verstärkt zu Verlagerungen arbeitsintensiver Produktion in Nachbarländer und zu umfangreichen ausländischen Direktinvestitionen Taiwans in Thailand, Malaysia, den Philippinen, Indonesien sowie neuerdings auch in China und Vietnam. Erste für Malaysia und Thailand durchgeführte Untersuchungen der Außenhandelsstruktur lassen vergleichbare Entwicklungsmuster erwarten.

Im Verlauf des industriellen Transformationsprozesses hat sich, wie dargestellt, die Exportstruktur der Industrie grundlegend verändert. Als Folge des begrenzten Binnenmarktes wird ein substantieller Teil der arbeits-, sachkapital- und humankapitalintensiv hergestellten Industriegüter am Weltmarkt abgesetzt. Es ist nun der Frage nachzugehen, welche Auswirkungen der industrielle Strukturwandel auf die regionale Wirtschaftsentwicklung hat. Mit der Erforschung des Zusammenhangs zwischen der Wirtschaftsentwicklung und der Regionalentwicklung in den marktwirtschaftlichen Entwicklungs- und Schwellenländern Südostasiens befaßt sich die Abteilung Wirtschaftsgeographie der Universität Hannover seit mehreren Jahren. Dissertationen liegen vor für die Länder Malaysia (*E. Kulke* 1986, *K. Koschatzky* 1987), Südkorea (*K. Wessel* 1991), Thailand (*S. Schlörke* 1991), die Philippinen (*M. Krämer* 1992), Taiwan (Republik China; *M. Mechthold* 1995) und Vietnam, das sich zur Zeit um eine Systemtransformation von der Plan- zur Marktwirtschaft bemüht (*J. Revilla Diez* 1995). Im folgenden werden einige Forschungsergebnisse in der gebotenen Kürze vorgestellt.

Südkorea gehörte noch Ende der 50er Jahre zu den ärmsten Staaten der Erde. In den folgenden drei Jahrzehnten erreichte das Land einen beeindruckenden Aufstieg vom Entwicklungs- zum Schwellenland. Motor des Wirtschaftswachstums war die Verarbeitende Industrie, wobei sich die Wachstumsdynamik von der arbeitsintensiven über die kapitalintensive zur humankapital- und technologieintensiven Produktion verlagerte. Dieser industrielle Transformationsprozeß veränderte die Regionalentwicklung nachhaltig. In den 60er Jahren bot das im Nordwesten des Landes gelegene Seoul die günstigsten Standortbedingungen für die arbeitsintensive Leichtindustrie; das industrielle Wachstum konzentrierte sich auf die Landeshauptstadt. In den 70er Jahren vollzog sich in Südkorea ein Prozeß intraregionaler und interregionaler Dezentralisierung. Die beschäftigungsintensive Textil- und Bekleidungsindustrie nutzte die Standortvorteile im Hinterland von Seoul, und die neu entstehende Schwerindustrie besaß in den im Südosten gelegenen Küstenstädten optimale Standortvoraussetzungen. In der Region um Pusan entstand durch die Ansiedlung kapitalintensiver Großbetriebe (Chemische Industrie, Eisen- und Stahlindustrie, Schiffbau) ein industrieller Gegenpol zur Hauptstadtregion. In den 80er Jahren profitierten von der Wachstumsdynamik der sach- und humankapitalintensiven Investitionsgüter- und gehobenen Gebrauchsgüterindustrie das Umland von Pusan, wo sich die großen Montagebetriebe des Straßenfahrzeugbaus ansiedelten, vor allem aber die Hauptstadtregion, auf die sich die humankapital- und forschungsintensive Elektroindustrie konzentriert. Diese erneute Tendenz zur Konzentration auf die Hauptstadtregion – insbesondere auf Kyonggi, die Umlandprovinz von Seoul – hielt zu Beginn der 90er Jahre an. 1994 konzentrierten sich 56 Prozent aller Industriebetriebe und 69 Prozent aller technologieintensiven Betriebe in der Hauptstadtregion (*K. Wessel* 1997, S. 25). Nach der räumlichen Polarisierung in der ersten Industrialisierungsphase und der intra- und interregionalen Dezentralisierung in der zweiten Phase ist in der dritten Phase eine erneute, auf die Hauptstadtregion gerichtete räumliche Polarisierung erkennbar. Die südkoreanische Regierung unterstützte den sektoralen und regionalen Strukturwandel der Wirtschaft zunächst durch eine wachstumsorientierte Raumwirtschaftspolitik; angestrebt wurde die industrielle Entwicklung an den jeweils ökonomisch optimalen Standorten. Mit der Förderung der 1978 gegründeten Wissenschaftsstadt Taedok Science Town, dem Aufbau einer Technopolis in Kwangju sowie der Einrichtung von acht Technologieparks außerhalb der Hauptstadtregion bemüht sich die Regierung seit Anfang der 90er Jahre um eine Dezentralisierung der technologieintensiven Industrie. Wie nicht zuletzt die Erfahrungen aus Japan zeigen (vgl. *R. Sternberg*

1995a,b), sind die Aussichten zur simultanen Realisierung von nationalem Wachstumsziel und regionalem Ausgleichsziel durch eine räumlich orientierte Technologiepolitik jedoch skeptisch zu beurteilen (vgl. *L. Schätzl, K. Wessel, Y.-W. Lee* 1997; *K. Wessel* 1997).

Malaysia mußte nach Erlangung der Unabhängigkeit (1957) koloniale Wirtschaftsstrukturen überwinden. Die Wirtschaft war wenig diversifiziert und einseitig auf die Gewinnung von zwei für den Export bestimmten Rohstoffen (Zinn, Kautschuk) ausgerichtet; zudem bestanden tiefgreifende regionale und interethnische Einkommensdisparitäten. Mit einer Strategie der Weltmarktintegration ist es dem Land gelungen, die Rohstoffexporte zu verbreitern und eine wettbewerbsfähige, zunächst arbeitsintensive Exportindustrie aufzubauen. Steigende Lohnkosten und zunehmende internationale Konkurrenz erzwangen Mitte der 80er Jahre einen Übergang zur technologieorientierten Industrialisierung, die sich auf die Mikroelektronik, den Fahrzeugbau sowie auf unternehmensorientierte Dienstleistungen stützte. Im Zeitraum von 1970 bis 1996 sank der Anteil der Rohstoffexporte an den Gesamtausfuhren von 72 Prozent auf 11 Prozent, der Anteil der Industriegüterexporte hingegen stieg von 28 Prozent auf 89 Prozent. Was die regionale Wirtschaftsentwicklung anbetrifft, verfolgte Malaysia, im Unterschied zu Südkorea, eine stärker ausgleichsorientierte Politik. Zentrales Anliegen der für den Zeitraum 1970 – 1990 konzipierten „New Economic Policy" war neben Wirtschaftswachstum auch die Verwirklichung des gesellschaftspolitischen Anliegens, die interethnischen Einkommensdisparitäten zwischen den Malayen und den Chinesen abzubauen. Da vor allem Malayen in den weniger entwickelten, agrarisch strukturierten Landesteilen lebten, war die staatliche Förderung dieser Gebiete zentrales Ziel der Raumwirtschaftspolitik. Mit einem breitgefächerten Instrumentarium unterstützte der Staat strukturelle Verbesserungen in traditionellen Agrargebieten, die großflächige Erschließung von Neuland und die Dezentralisierung der Verarbeitenden Industrie. Die erreichte intra- und interregionale Dezentralisierung der Verarbeitenden Industrie blieb allerdings weitgehend auf die Westküste Peninsular Malaysias beschränkt. Dennoch ist die erreichte Verringerung des gewogenen Variationskoeffizienten des regionalen Bruttoinlandsprodukts pro Kopf zwischen 1970 und 1980 von 39,4 Prozent auf 37,3 Prozent als Erfolg der ausgleichsorientierten Regionalpolitik anzusehen. Seit der Wirtschaftskrise Mitte der 80er Jahre verfolgt Malaysia allerdings wieder eine stärker wachstumsorientierte Raumwirtschaftspolitik; ausgleichspolitische Maßnahmen werden nur dann durchgeführt, wenn sie nicht in Antinomie zum Wachstumsziel stehen. Ähnlich wie in Südkorea sind Agglomerationsvorteile für die modernen Industriebereiche Malaysias von entscheidender Bedeutung. Die Nähe zu anderen Produzenten sowie die Verfügbarkeit von hochrangigen unternehmensorientierten Dienstleistungen, hochqualifiziertem Personal und eine hochwertige Infrastruktur ist nur in den Zentren Kuala Lumpur und Penang gegeben. Den hier expandierenden Industrie-Dienstleistungs-Clustern stehen in der Peripherie mit der Landwirtschaft, Rohstoffverarbeitung und der arbeitsintensiven Leichtindustrie der ersten Industrialisierungsphase stagnierende bzw. schrumpfende ökonomische Aktivitäten gegenüber. Folglich erhöhte sich der gewogene Variationskoeffizient des regionalen Pro-Kopf-Einkommens zwischen 1980 und 1995 von 37,3 Prozent auf 41 Prozent (*E. Kulke* 1998b, S. 197 ff.). Wegen der dominierenden Bedeutung von Agglomerationsvorteilen für die technologieintensive Industrie ist mit räumlichen Ausgleichsprozessen auch in Zukunft nicht zu rechnen. Ausführlicher wird die regionale Wirtschaftsentwicklung und die Raumwirtschaftspolitik von Südkorea und Malaysia in Kap. 4.4 (Band 3 Politik, 3. Auflage 1994) behandelt.

Thailand ist heute noch in großen Teilen ländlich und agrarwirtschaftlich strukturiert. Im ländlichen Raum leben etwa 80 Prozent der Bevölkerung, und der Agrarsektor beschäftigt mehr als die Hälfte der Erwerbstätigen. Die modernen urban-industriellen Aktivitäten konzentrieren sich in Thailand stärker als in den meisten anderen Entwicklungsländern der Erde auf ein Zentrum. Etwa drei Viertel der städtischen Bevölkerung leben in der Primatstadt Bangkok, deren Einwohnerzahl das der zweitgrößten Stadt des Landes etwa um den Faktor 30 übersteigt. Auf die Bangkok Metropolitan Region entfielen 1995 55 Prozent des Bruttoinlandsprodukts und etwa 70 Prozent der industriellen Produktion (*F. Kraas* 1996a, S. 247). Hier und in der angrenzenden Eastern Seaboard Region konzentrieren sich alle wichtigen öffentlichen Institutionen, die Hauptverwaltungen der Privatwirtschaft, Zulieferindustrien und qualifizierte Arbeitskräfte. Diese extreme räumliche Konzentration des modernen Sektors hatte zur Folge, daß sich einerseits das Entwicklungsgefälle zum Rest des Landes vergrößerte und sich andererseits die Agglomerationsnachteile in der Hauptstadtregion dramatisch verschärften. Defizite in der Verkehrsinfrastruktur und im Ver- und Entsorgungssystem sowie gravierende Luft- und Wasserverschmutzungen erhöhen in Bangkok die

Produktionskosten und beeinträchtigen die Lebensqualität erheblich (*F. Kraas* 1996b). Auch wenn die 1997 einsetzende Währungs- und Finanzkrise zunächst eine Rückwanderung freigesetzter Arbeitskräfte in ihre ländlichen Herkunftsregionen bewirkte, ist auch in Zukunft mit einer Fortsetzung des Polarisationsprozesses auf die Hauptstadtregion zu rechnen. Die Bangkok Metropolitan Region einschließlich der angrenzenden Eastern Seaboard Region ist nicht nur der einzelwirtschaftlich optimale Standort für die arbeitsintensive Leichtindustrie und die kapitalintensive Schwerindustrie, sondern auch für die noch aufzubauende humankapital- und technologieintensive Industrie. Es ist also nicht davon auszugehen, daß sich im Verlauf des Strukturwandels der Verarbeitenden Industrie ein industrieller Gegenpol fernab von der Hauptstadtregion herausbildet, wie dies in Südkorea mit Pusan und in Malaysia mit Penang der Fall war. Auch von der Raumwirtschaftspolitik sind keine signifikanten Impulse zur Überwindung des Metropolisierungsprozesses zu erwarten. Die interregionalen Dezentralisierungsbemühungen in den 70er und 80er Jahren, d.h. die Förderung der Verarbeitenden Industrie in Wachstumszentren bzw. Regionalstädten, waren wenig erfolgreich. Lediglich die Förderung des Tourismus als Instrument zum Abbau regionaler Disparitäten läßt Erfolge erkennen (*K. Vorlaufer* 1995). In den 90er Jahren orientierte sich die Raumwirtschaftspolitik wieder stärker am gesamtwirtschaftlichen Wachstumsziel. Sie strebte eine intraregionale Dezentralisierung innerhalb des Agglomerationsraums Bangkok an. Mittels einer Strategie der polyzentrischen Entwicklung sollte die Funktionsfähigkeit der Bangkok Metropolitan Region wiedererlangt und die urbane Effizienz gesteigert werden. Mittels der Strategie der Erschließung von neuen urban-industriellen Entwicklungsregionen wurde ein Teil des Investitionsstroms in die an die Bangkok Metropolitan Region angrenzende Eastern Seaboard Region gelenkt. Infolge der Finanz- und Währungskrise und der daraufhin durchgeführten Stabilisierungsmaßnahmen mußten Ende der 90er Jahre jedoch viele Infrastrukturprojekte zunächst zurückgestellt werden.

Die Sozialistische Republik Vietnam gehört mit einem Pro-Kopf-Bruttosozialprodukt von 320 US-Dollar (1997) zu den ärmsten Ländern der Erde. Noch 1996 waren 69 Prozent der Erwerbstätigen in der Landwirtschaft und nur 13 Prozent in der Industrie beschäftigt. Das Verarbeitende Gewerbe konzentriert sich wie die ausländischen Direktinvestitionen auf zwei Zentren: im Süden die Region um Ho Chi Minh City (dem früheren Saigon) mit überwiegend arbeitsintensiver Leichtindustrie und im Norden die Region Hanoi, die stärker von der kapitalintensiven Schwerindustrie geprägt wird (vgl. Abb. 3.34). Vietnam besitzt sehr leidvolle Erfahrungen mit Transformationen des Gesellschafts- und Wirtschaftssystems. Nach einem Jahrhundert kolonialer Abhängigkeit wurde nach der Teilung des Landes im Jahr 1954 zunächst in Nordvietnam das koloniale, kapitalistische Wirtschaftssystem in ein sozialistisches, planwirtschaftliches System umgewandelt. Nach der Wiedervereinigung im Jahre 1976 führte Nordvietnam die Zentralverwaltungswirtschaft auch im Süden des Landes ein. Der graduelle Verfall der Wirtschaft – selbst die Versorgung der Bevölkerung mit dem Grundnahrungsmittel Reis geriet in Gefahr – zwang die vietnamesischen Führungskader ab der zweiten Hälfte der 80er Jahre zu einer erneuten Systemtransformation, diesmal von der Planwirtschaft in Richtung auf eine Marktwirtschaft. Ziel der schrittweisen Einführung marktwirtschaftlicher Elemente ist es, neben der besseren Versorgung des Binnenmarktes vorrangig auch am Weltmarkt wettbewerbsfähige Rohstoffe und Industriegüter herzustellen. Empirische Analysen der regionalen Auswirkungen der Systemtransformation belegen, daß in Vietnam der realwirtschaftliche Transformationsprozeß regional unterschiedlich verläuft. Die Reformmaßnahmen lassen sich im Süden, insbesondere in Ho Chi Minh City rascher verwirklichen als im Norden des Landes. Ho Chi Minh City entwickelt sich zum Motor des Transformationsprozesses. In der Stadt konzentrieren sich leichtindustrielle Gewerbeansiedlungen, ausländische Direktinvestitionen sowie unternehmensorientierte Dienstleistungen und Infrastruktureinrichtungen. Der Aufbau einer exportorientierten Wirtschaft macht zügige Fortschritte. Im Norden hingegen behindern die realwirtschaftliche Anpassung nicht nur die altindustriellen Strukturen (große Staatsbetriebe der Schwerindustrie mit international nicht wettbewerbsfähigen Produkten sowie veralteten Produktionsanlagen und Fertigungsverfahren), sondern auch die noch zögernde Bereitschaft der Führungskader zum Strukturwandel. Hanoi, die Hauptstadt und das politische Machtzentrum Vietnams, verliert in Relation zu Ho Chi Minh City immer mehr an ökonomischer Bedeutung. Eine gewisse Ausgleichstendenz ist nicht zuletzt aufgrund der Genehmigungspraxis der vietnamesischen Behörden in der regionalen Entwicklung der ausländischen Direktinvestitionen zu erkennen. Die regionalen Steuerungsbemühungen in Verbindung mit zunehmenden Agglomerationsnachteilen in Ho Chi Minh City und vergleichbar günstigen Standortbedingungen im Norden Vietnams er-

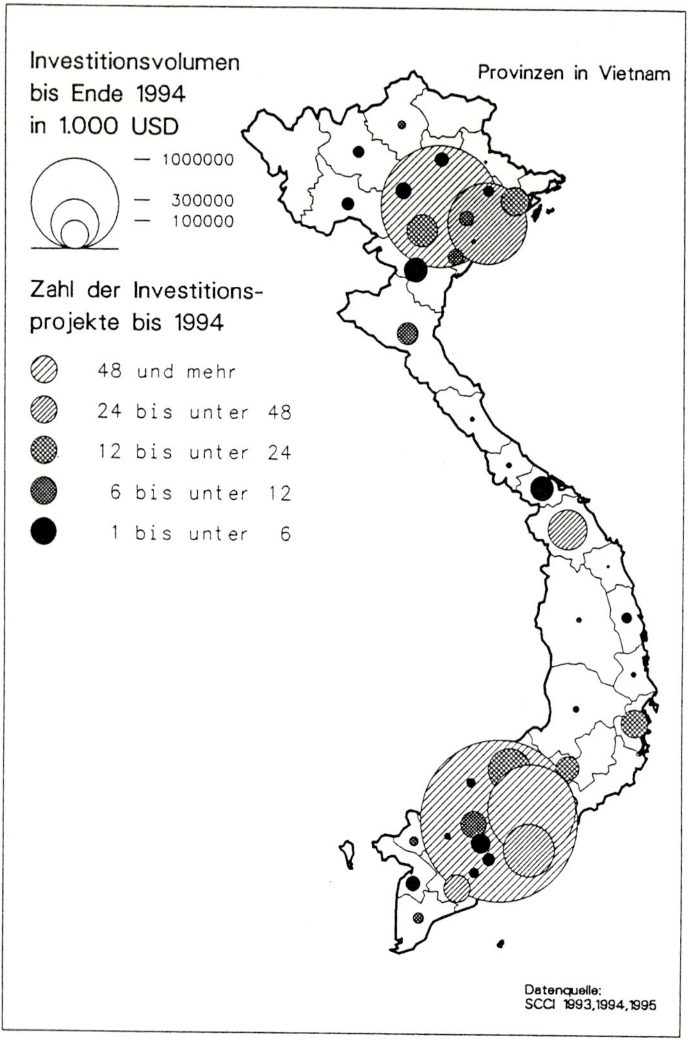

Abb. 3.34 Ausländische Investitionsprojekte in Vietnam, 1988-1994

Quelle: *J. Revilla Diez* 1998, S. 207

möglichten es dem Rote Fluß Delta, seinen Anteil am jährlichen Zustrom ausländischer Direktinvestitionen zwischen 1988 und 1994 von 1,5 Prozent auf 36,6 Prozent zu steigern. Von den kumulierten Investitionsprojekten entfielen bis Oktober 1996 aber noch immer 70 Prozent auf den Süden des Landes (*J. Revilla Diez* 1998, S. 206 ff.). Sollten sich die Süd-Nord-Disparitäten weiter verschärfen, so besteht die Gefahr, daß die gesamte Systemtransformation scheitert (*J. Revilla Diez* 1995, 1996, 1998; *Schätzl* 1997). Auch in den Nachfolgestaaten der Sowjetunion oder in der Volksrepublik China (vgl. *E. Giese* und *J. Zeng* 1993; *O. Weggel* 1993) könnten regional unterschiedliche Transformationsgeschwindigkeiten und die Entstehung extremer regionaler Ungleichgewichte in der sozioökonomischen Entwicklung den notwendigen Übergang der Volkswirtschaften von der Plan- zur Marktwirtschaft gefährden.

Abschließend läßt sich festhalten, daß die Weltmarktintegration rohstoffarmen Ländern (z. B. Südkorea), aber auch rohstoffreichen Ländern (z. B. Malaysia) gelungen ist. Den Aufbau einer international wettbewerbsfähigen Wirtschaft erreichten Länder mit einem hohen Anteil ausländischer Direktinvestitionen (z. B. Singapur), aber auch Länder mit einem relativ geringen Engagement multinationaler Unternehmen (z. B. Südkorea). Im Zuge des sektoralen Strukturwandels der Industrie vollzieht sich auch ein regionaler Strukturwandel. In Südkorea, wie auch in anderen Ländern, hat sich beim Übergang von der arbeitsintensiven zur sachkapital- und humankapitalintensiven Produktion der optimale Produktionsstandort verändert. Phasen der regionalen Konzentration, der intra- und interregionalen Dezentralisierung und der erneuten Konzentration folgen aufeinander. In Thailand läßt sich bislang allerdings nur eine Polarisierung ökonomischer Aktivitäten auf die Hauptstadtregion mit Ansätzen einer intraregionalen Dezentralisierung nachweisen. Ungünstige Standortbedingungen erschweren eine interregionale Dezentralisierung der Industrie. Was die staatliche Steuerung der Regionalentwicklung anbetrifft, verfolgen die Länder unterschiedliche Strategien. Sie verfügen über Handlungsspielräume, um eine wachstumsorientierte oder eine eher ausgleichsorientierte Raumwirtschaftspolitik zu betreiben.

Der wirtschaftliche Erfolg der Wachstumsregion Südostasien läßt sich zufriedenstellend mittels dynamischer Raumwirtschaftstheorien erklären: aus makroökonomischer Sicht mit der Theorie der langen Wellen und aus mikroökonomischer Sicht mit der Produktzyklus-Hypothese (vgl. Band 1 Theorie, 7. Auflage 1998, Kap. 2.3.9).

Nach heute vorherrschender Meinung entwickelt sich die Weltwirtschaft in sog. „langen Wellen“. Den Motor des Wirtschaftsaufschwungs stellen Basisinnovationen dar. Diese Basisinnovationen lösen lange Wellen aus; sie treten in zyklischen Abständen gehäuft auf und konzentrieren sich räumlich. Der Abschwung tritt ein, wenn sich die Innovationskraft der neuen Technologie erschöpft. In der Vergangenheit hatten alle Basisinnovationen ihren Ursprung in den drei weltwirtschaftlichen Kernregionen Westeuropa, USA und Japan; allerdings läßt sich eine Schwerpunktverschiebung ökonomischer Aktivitäten von Europa in die USA und nach Japan erkennen. In der vierten langen Welle, mit dem Einsatz der Elektronik im Produktionsprozeß sowie den Erfindungen in der Petrochemie als herausragenden Neuerungen, war erstmals Japan Ausgangspunkt von Basisinnovationen. Als grundlegende Innovationen einer fünften langen Welle werden die Mikroelektronik sowie die Bio- und Gentechnologie angesehen; es gibt Gründe zur Annahme, daß sich diese Basisinnovationen im pazifischen Raum konzentrieren und sich dieser Raum zu einer führenden Industrieregion der Welt entwickeln könnte. Im Verlauf eines einzelnen Kondratieff-Zyklus entsteht weltweit eine zyklenspezifische industrielle Standortstruktur sowie eine charakteristische Vernetzung der Standorte über die Güter- und Faktormobilität. Es ist den marktwirtschaftlichen Schwellenländern im pazifischen Raum gelungen, sich in dieses globale Interaktionsnetz mit Japan als wichtigstem Wirtschaftspartner zu integrieren.

Die Produktzyklus-Hypothese leistet aus mikroökonomischer Sicht einen Beitrag zur Erklärung intraregionaler, interregionaler, aber auch internationaler Verlagerungen wirtschaftlicher Aktivitäten. Die Kernaussage lautet, daß Produkte nur eine begrenzte Lebensdauer besitzen und einen mehrphasigen Lebenszyklus durchlaufen, wobei sich beim Übergang von der Entwicklungs- und Einführungsphase über die Wachstums-, die Reife- bis zur Schrumpfungsphase die Produktions-und Absatzbedingungen verändern. Daraus läßt sich folgern, daß phasenspezifische Standortanforderungen der Güterherstellung bestehen und sich demnach im Laufe des Lebenszyklus eines Produkts der betriebswirtschaftlich optimale Produktionsstandort verschiebt. Diese Verschiebung erfolgt in der Regel von den urban-industriellen Zentren in Richtung auf die Peripherie, d. h. es besteht die Tendenz zur intraregionalen, interregionalen und internationalen Dezentralisierung der Produktion. Bekanntlich hat sich bei einer Reihe von Produkten, die diesem „regionalen“ Produktzyklus unterliegen, der optimale Produktionsstandort in den pazifischen Raum verlagert; zunächst vorrangig nach Japan. Beispiele sind Produkte der Branchen Textil und Bekleidung, Stahl, Schiffbau, Straßenfahrzeugbau – Branchen also, die Basisinnovationen früherer langer Wellen waren und in Europa bzw. den USA ihren Ausgangspunkt hatten. Innerhalb Südostasiens kam es dann zu einer Standortverlagerung der Produktion von Japan in die heutigen Schwellenländer Singapur, Hongkong, Südkorea, Taiwan und Malaysia. Neuerdings läßt sich eine Verlagerung vornehmlich arbeitsintensiver Produktion von diesen Schwellenländern der ersten Generation nach Thailand, den Philippinen, Indonesien, China und Vietnam feststellen.

Daß ausländisches Kapital der räumlichen Verlagerung des optimalen Produktionsstandortes folgt, zeigt *C. G. Alvstam* (1993) an einem vereinfachenden Modell der raum-zeitlichen Ausbreitung japanischer und taiwanesischer Direktinvestitionen in Südostasien (Abb. 3.35). Japanische Direktinvestitionen in Südostasien konzentrierten sich Mitte der 60er Jahre auf Singapur und Hongkong. In der Folgezeit verbreiterten sich die Investitionsaktivitäten japanischer Unternehmen kontinuierlich: bis Mitte der 70er Jahre auf Südkorea und Taiwan, bis Mitte der 80er Jahre auf Malaysia, Thailand, Indonesien und die Philippinen und bis Anfang der 90er Jahre auf China und Vietnam. Wie bereits dargestellt, verlagert Taiwan seit Ende der 80er Jahre verstärkt arbeitsintensive Produktion in Nachbarländer. Die vorrangigen Zielgebiete der taiwanesischen Investitionen waren Anfang der 90er Jahre, wie Abb. 3.35 zeigt, Malaysia, Thailand, Indonesien, die Philippinen, China und Vietnam.

Die wirtschaftliche Dynamik und die rasche Liberalisierung des internationalen Kapitalverkehrs durch die aufstrebenden Länder Südostasiens machte die Region in den 90er Jahren zunehmend attraktiv für Kapitalzuflüsse aus den Industrieländern. Den euphorischen Einschätzungen der internationalen Geldgeber, die sich auf günstige makroökonomische Fundamentalfaktoren wie hohe Wachstumsraten des Bruttoinlandsprodukts, niedrige Inflations- und Arbeitslosenraten, hohe Sparquoten und geringe öffentliche Defizite stützten, folgte jedoch Mitte 1997 Ernüchterung.

Die asiatische *Finanz- und Währungskrise* hat die aufstrebenden Volkswirtschaften seitdem in unterschiedlichem Ausmaß in Mitleidenschaft gezogen; als am stärksten betroffen gelten mit Thailand, Indonesien und Malaysia drei Schwellenländer der zweiten Generation (vgl. Tab. 3.33). Zur Erklärung der Krise werden interne sowie externe Fak-

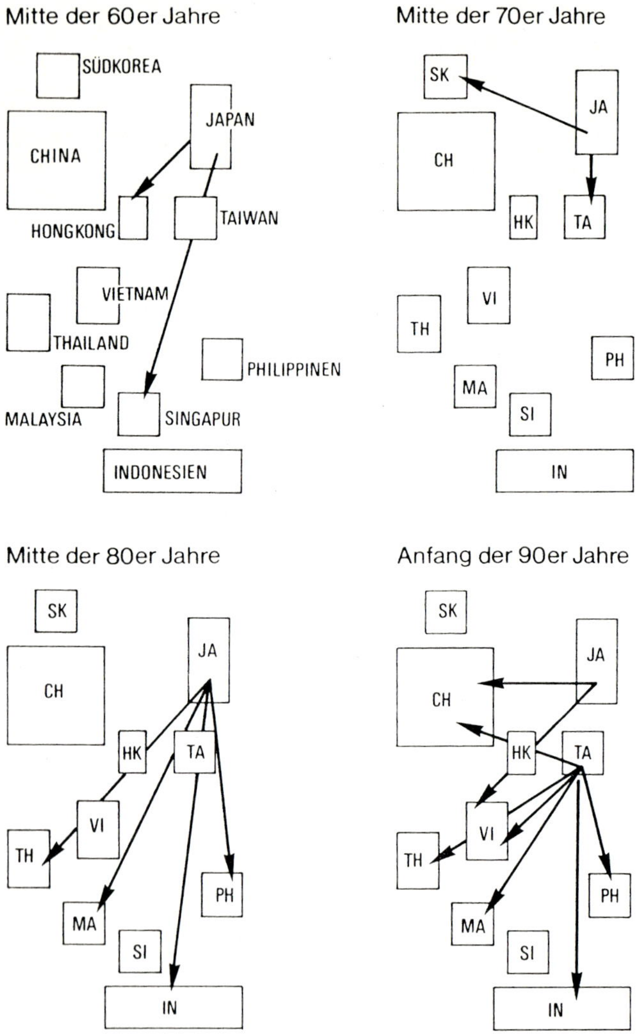

Abb. 3.35 Modell der räumlichen Ausbreitung japanischer und taiwanesischer Direktinvestitionen in Südostasien

Quelle: *C. G. Alvstam* 1993

toren herangezogen. Die folgenden Darstellungen beschränken sich auf die internen Ursachen; externe Faktoren vermuten Beobachter in dem Verhalten internationaler Investoren und in der Struktur der Weltfinanzmärkte. Umfassende Darstellungen der relevanten Einflußfaktoren finden sich u.a. bei *G. Corsetti* et al. 1998a und b, *H. Dieter* 1998, *P. R. Krugman* 1998, *M. F. Montes* 1998 oder *Weltbank* 1998a.

In der Phase des anhaltenden Hochwachstums blieb die institutionelle Entwicklung des Finanzsektors mit Ausnahme von Singapur und Hongkong in allen Ländern der Region hinter der des realen Sektors zurück (*M. Walton* 1997, S. 9). Als die Schwellenländer in den 90er Jahren ihre Finanzmärkte zunehmend liberalisierten, ließen die grundlegenden Schwächen in den Finanzsystemen ein angemessenes Management der stark zunehmenden Kapitalzuflüsse nicht zu. In Abwesenheit einer effektiven Bankenaufsicht zur Kontrolle der Kreditvergabe bewirkten die Kapitaltransfers eine rapide Kreditexpansion, die zu einer spekulativen Aufblähung der Wertpapier- und Immobilienmärkte führte („bubble economies"). Angesichts unterentwickelter Eigenkapitalmärkte und im Vertrauen auf feste Wechselkursbindungen nahmen die Unternehmen ohne die sonst üblichen Kurssicherungsgeschäfte kurzfristige Kredite in Fremdwährungen auf, um langfristige Investitionen zu finanzieren. Auch auf der makroökonomischen Ebene divergierten die Fristigkeiten: Hohe und ansteigende Leistungsbilanzdefizite wurden zunehmend durch kurzfristige Kapitalzuflüsse ausgeglichen (*Weltbank* 1998a).

Um das Vertrauen der internationalen Investoren nicht zu gefährden, hielten die betroffenen Länder trotz zunehmender außenwirtschaftlicher Ungleichgewichte an der Bindung ihrer Währungen an den aufwertenden US-Dollar fest. Diese Divergenz wurde von den internationalen Finanzmärkten sorgfältig registriert. Nach fortgesetzten Spekulationen gegen die thailändische Landeswährung mußte die Zentralbank den Wechselkurs am 2. Juli 1997 freigeben. Innerhalb eines Tages verlor der Baht 20 Prozent seines Wertes. Das Vertrauen der Investoren in die „Emerging markets" war erschüttert, so daß die einsetzende Währungskrise im weiteren Verlauf auf Malaysia, die Philippinen und Indonesien übergreifen konnte. Innerhalb eines Jahres verloren die indonesische Rupiah und der philippinische Peso 80 Prozent sowie der thailändische Baht und der indonesische Ringgit 40 Prozent ihres Wertes.

Das internationale Finanzkapital zog sich rasch zurück, so daß die Währungen gegenüber dem US-Dollar erheblich an Wert verloren.

Auch die Aktienkurse waren von dem massiven Wertverlust betroffen. Nach Schätzungen der *Weltbank* (1998a, S. 2) betrug die Kapitalvernichtung im ersten Jahr der Währungs- und Finanzkrise über 400 Mrd. US-Dollar. Die starke Abwertung der Währungen trieb viele Unternehmen in den Konkurs, die zuvor kurzfristige Fremdwährungskredite zur Finanzierung langfristiger Investitionen benutzt hatten. Kapitalabflüsse zwangen die Zentralbanken der betroffenen Länder, die Zinsen zum Ausgleich der Leistungsbilanzdefizite deutlich anzuheben. Dies trieb wiederum viele der mit einer geringen Eigenkapitalbasis ausgestatteten Unternehmen in die Zahlungsunfähigkeit und belastete so das Bankensystem mit notleidenden Krediten.

Das Ausmaß der ökonomischen und sozialen Folgen der Krise läßt sich zum Zeitpunkt der Drucklegung dieses Buches erst in Ansätzen abschätzen. Tab. 3.33 zeigt die teilweise dramatischen Einbrüche im Wachstum des realen Bruttoinlandsprodukts 1997 und 1998. Innerhalb eines Jahres sank die Industrieproduktion in Indonesien um 20 Prozent, in Thailand, Südkorea und den Philippinen um 15 Prozent sowie in Malaysia um 10 Prozent (*Weltbank* 1998a, S. 14 f.). Schätzungen zufolge gingen Thailand mehr als eine Million sowie in Malaysia und auf den Philippinen jeweils eine halbe Million Arbeitsplätze verloren, was für viele Haushalte einen Rückfall in Tätigkeiten des informellen Sektors bedeutet. *J. Rüland* (1999, S. 58 f.) nimmt weiterhin an, daß sich der Anteil der unterhalb der Armutsgrenze lebenden Bevölkerung in Thailand, Indonesien und in den Philippinen als Folge der Währungs- und Finanzkrise verdoppelt hat. Andere Länder der Region blieben aufgrund ihres besser entwickelten Finanzsystems (Singapur, Hongkong) bzw. infolge einer geringeren Liberalisierung des Finanzsektors (Taiwan, China) von den direkten Auswirkungen der Krise weitgehend verschont. Rückläufige Wachstumsraten sind hier vorrangig auf den Einbruch der regionalen Nachfrage zurückzuführen.

Ebensowenig ist derzeit absehbar, welche Konsequenzen die Wirtschafts- und Währungskrise für die *mittelfristige* Entwicklung der Region hat. Zu Beginn der Krise gingen Beobachter davon aus, daß die Länder Südostasiens aufgrund günstiger Fundamentalfaktoren (hohe regionsinterne Kapitalbildung, flexible und relativ gut ausgebildete Arbeitskräfte, hohes Maß an technologischer Kompetenz, Bereitschaft der Bevölkerung zu Verzicht und harter Arbeit, kaufmännisches Talent der Überseechinesen) auf einen Wachstumspfad zwischen 5 und 10 Prozent zurückkehren können (*H. G. Hilpert*

1997, S. 5). Im weiteren Verlauf der Krise wich dieses optimistische Szenario der Annahme, daß eine Rückkehr zum Hochwachstum der 80er und frühen 90er Jahre auch nach der Stabilisierung der Finanzmärkte nicht zu erwarten sei.

P. R. Krugman (1994b) wies darauf hin, daß das anhaltende Hochwachstum der südostasiatischen Schwellenländer nicht vorrangig auf Produktivitätssteigerungen, sondern auf den zunehmenden Einsatz von Produktionsfaktoren zurückzuführen sei. Hohe Sparquoten, steigende Partizipationsraten, Investitionen in Humankapital und insbesondere der Zustrom international mobilen Kapitals leisteten einen größeren Beitrag zum wirtschaftlichen Wachstum Südostasiens als die Zunahme der Gesamtfaktorproduktivität (vgl. auch *B. P. Bosworth*, *S. M. Collins* 1996). Ein vorrangig auf Faktorakkumulation basierendes Wachstum ist nach *Krugman* nicht nachhaltig: Wird bei konstanter Faktorproduktivität lediglich der Bestand an Produktionsfaktoren ausgeweitet, müßten sich die Wachstumsraten infolge des Ertragsgesetzes (abnehmende Grenzerträge) langfristig verringern. Nachhaltiges Wachstum wird dagegen schwerpunktmäßig von einer Zunahme der Gesamtfaktorproduktivität durch technischen Fortschritt getragen. Die südostasiatischen Schwellenländer stehen also vor der Aufgabe, ihr technologisches Leistungspotential (*capability*, vgl. Kap. 3.2.2.2) weiterzuentwickeln. Die von der Währungs- und Finanzkrise am stärksten betroffenen Länder Thailand, Malaysia und Indonesien haben hier den größten Nachholbedarf.

Für die weitere Entwicklung der südostasiatischen Schwellenländer ist die konsequente Umsetzung der notwendigen Strukturreformen von entscheidender Bedeutung. Ansatzpunkte für wirtschaftspolitische Reformen sind insbesondere die Einführung einer funktionierenden Bankenaufsicht, die Rekapitalisierung des Bankensystems, der Abbau der kurzfristigen Auslandsverschuldung sowie die Entflechtung von Politik und Wirtschaft. Sollte dies gelingen, werden die von der Währungs- und Finanzkrise überlagerten Standortvorteile wieder zum Tragen kommen. Mittelfristig erwartet der *Sachverständigenrat* (1998, S. 19) dann wieder im Vergleich zu den Industrieländern überdurchschnittliche Produktionszuwächse.

Aus dem vorliegenden empirischen Befund und den Erkenntnissen der dynamischen Raumwirtschaftstheorien lassen sich bei aller Vorsicht Aussagen zur *langfristigen* Entwicklung der Schwellenländer Südostasiens und zur Übertragbarkeit des südostasiatischen Wachstumsmodells auf andere Regionen der Erde wagen.

In der Vergangenheit erlangten die marktwirtschaftlichen Entwicklungs- und Schwellenländer Südostasiens vornehmlich bei Industriegütern, die sich in der Reifephase befinden, internationale Wettbewerbsfähigkeit. Dies gilt sowohl für arbeitsintensiv als auch für sachkapital- und humankapitalintensiv hergestellte Güter. In beiden Bereichen hat der Standortwettbewerb an Intensität gewonnen und wird sich in der Zukunft weiter verschärfen; für die arbeitsintensive Produktion durch die auf den Weltmarkt drängenden neuen Niedriglohnländer Osteuropas, für die sachkapital- und humankapitalintensive Produktion als Folge der tiefgreifenden Rationalisierungsanstrengungen der Industrie in Westeuropa, Nordamerika und Japan. Die langfristige Entwicklung der Schwellenländer Südostasiens wird davon abhängen, ob es gelingt, durch Prozeßinnovationen die Wettbewerbsfähigkeit zumindest bei einem Teil der sog. „alten" („reifen") Produkte zu erhalten. Wichtiger für die langfristige Wirtschaftsentwicklung dürfte es aber sein, „neue" Produkte zu entwickeln, die erst am Anfang ihres Lebenszyklus stehen. Hierfür ist eine Schwerpunktverlagerung der nationalen Innovationssysteme von den Bedingungen der nachholenden Industrialisierung (Imitation, Adaption) zu endogenen Forschungs- und Entwicklungsanstrengungen notwendig. Die Voraussetzungen für Produktinnovationen erscheinen in den Schwellenländern der ersten Generation nicht ungünstig. Sie verfügen bereits über ein beachtliches Potential an technologieorientierten Unternehmen. Von den Industriebeschäftigten waren bereits 1990 in Singapur 50 Prozent und in Hongkong, Südkorea und Taiwan 20 bis 25 Prozent in der technologieintensiven Industrie beschäftigt.

Abschließend ist auf Entwicklungshemmnisse hinzuweisen, die es zur Erreichung nachhaltiger Wachstumspfade zu überwinden gilt. So ging die nachholende Industrialisierung in vielen Ländern Südostasiens mit einem rapiden Verzehr von natürlichen Ressourcen einher (vgl. *G. Schucher* 1998). Jährlich fallen etwa 100 000 Hektar Primär- und Sekundärwald in Südostasien außer Kontrolle geratenen Bränden zum Opfer. Aufgrund zunehmender Ressourcenknappheit und besonderer klimatischer Verhältnisse kam es im September 1997 zu einer Waldbrand-Katastrophe, die Schätzungen zufolge mehr als 500 000 Hektar Waldfläche vernichtete und die Region mit einem gesundheitsschädlichen Schleier aus Rauch und Abgasen (*haze*) überzog (*F. Kraas* 1997). Weitere Hemmnisse sind in der rasch voranschreitenden Verstädterung, in zunehmenden Infrastrukturengpässen sowie im demographischen Alterungsprozeß (*ageing*) zu sehen.

Die Frage nach der Übertragbarkeit des südostasiatischen Wachstumsmodells auf andere Regionen in Asien, Afrika und Lateinamerika ist noch schwieriger zu beantworten. Die Wachstumsökonomien Südostasiens liefern den empirischen Beleg dafür, daß es Entwicklungsländern möglich ist, eine international wettbewerbsfähige Wirtschaft aufzubauen, das Wohlstandsgefälle zu den Industrieländern zu verringern und einen substantiellen eigenen Beitrag zur Überwindung der Unterentwicklung zu leisten. Als externe Grundvoraussetzung für eine Entwicklungsstrategie der außenwirtschaftlichen Öffnung und Weltmarktintegration ist jedoch ein liberales Welthandelssystem und insbesondere die Bereitschaft der Industrieländer zur Öffnung ihrer Gütermärkte anzusehen.

Wie die asiatische Finanz- und Währungskrise gezeigt hat, setzt eine erfolgreiche Weltmarktintegration den Aufbau angemessener Institutionen zur Bewältigung der zunehmenden Güter- und Faktorströme voraus. Bei realistischer Einschätzung der politischen, gesellschaftlichen und ökonomischen Bedingungen ist jedoch zu befürchten, daß viele Entwicklungsländer weder die Fähigkeit noch zum Teil die Bereitschaft besitzen, eine langfristige, marktwirtschaftlich orientierte, den Strukturwandel fördernde Wirtschaftspolitik zu betreiben sowie die für eine funktionsfähige Marktwirtschaft unverzichtbare institutionelle Infrastruktur aufzubauen.

3.2.3.2 Integrationsraum Westeuropa

Seit dem Ende des 2. Weltkriegs vollzieht sich in Westeuropa ein tiefgreifender vertikaler und horizontaler Integrationsprozeß[1]. Er begann 1952 mit der Gründung der Europäischen Gemeinschaft für Kohle und Stahl (EGKS) und setzte sich 1958 mit der Errichtung der Europäischen Wirtschaftsgemeinschaft (EWG) und der Europäischen Atomgemeinschaft (EURATOM) fort. 1967 erfolgte die Vereinigung von EGKS, EWG und EURATOM zur Europäischen Gemeinschaft (EG). Seit dem 1. 1. 1993 sind die „vier Grundfreiheiten" des Gemeinsamen Binnenmarktes (Freiheit des Warenverkehrs, des Dienstleistungsverkehrs, des Kapitalverkehrs und Freizügigkeit der Arbeitnehmer) weitgehend verwirklicht. Ein Jahr später wurden diese

[1] Ausführlicher behandelt den westeuropäischen Differenzierungsprozeß in Wachstumsregionen, Altindustrieregionen und Peripheriegebiete der Sammelband „Wirtschaftsgeographie der Europäischen Gemeinschaft" (*L. Schätzl* (Hrsg.), 1993. UTB 1767)

Freiheiten durch das Inkrafttreten des Europäischen Wirtschaftsraumes (EWR) auch auf die Nichtmitglieder Finnland, Island, Liechtenstein, Norwegen, Österreich und Schweden ausgedehnt. Am 1. 11. 1993 trat der in Maastricht verabschiedete Vertrag über die Europäische Union (EU) in Kraft. Der Maastricht-Vertrag sah unter anderem vor, die Stellung des Europäischen Parlaments zu stärken, schrittweise eine gemeinsame Außen- und Sicherheitspolitik zu realisieren sowie auf dem Gebiet der Innen- und Rechtspolitik zusammenzuarbeiten. Weiterhin beinhaltete der Vertrag einen Drei-Stufen-Plan zur Realisierung einer Wirtschafts- und Währungsunion. Als dritte Stufe erfolgte am 1. 1. 1999 planmäßig die Fixierung der Wechselkurse zwischen elf EU-Mitgliedstaaten und die zunächst auf den bargeldlosen Zahlungsverkehr beschränkte Einführung des Euro als neue Währungseinheit (1 Euro = 1,95583 DM). Die Umstellung der Münzen und Banknoten auf die neue Währung folgt am 1. 1. 2002. Unter den fünfzehn Mitgliedstaaten der EU haben sich das Vereinigte Königreich, Dänemark und Schweden entschieden, aus politischen Gründen zunächst nicht an der Währungsunion teilzunehmen. Griechenland verfehlte trotz politischer Interpretationsspielräume die in Art. 109j des EU-Vertrags festgelegten Konvergenzkriterien bezüglich Inflation, Haushaltsdefizit, Staatsverschuldung, langfristigem Zinsniveau und Wechselkursstabilität (*Europäische Kommission* 1998a).

Parallel zur vertikalen Integration verlief ein horizontaler Integrationsprozeß. Die Europäische Gemeinschaft hatte 1958 sechs Gründungsmitglieder (Belgien, Bundesrepublik Deutschland, Frankreich, Italien, Luxemburg, Niederlande). 1973 erfolgte mit dem Beitritt von Dänemark, Großbritannien und Irland die erste Norderweiterung. In den 80er Jahren traten Griechenland (1981) sowie Spanien und Portugal (1986) der Gemeinschaft bei (Süderweiterung). Die zweite Norderweiterung um Österreich, Finnland und Schweden zum 1. 1. 1995 ließ die EU schließlich auf 15 Mitgliedstaaten anwachsen.

Nach dem Zusammenbruch der Zentralverwaltungswirtschaften bemühten sich zahlreiche ost- und mitteleuropäische Länder um eine verstärkte Anbindung an die EU in Form von Assoziationsabkommen (sog. Europa-Abkommen). Zwischen März 1994 und Juni 1996 stellten zehn dieser Transformationsländer[1] einen Antrag auf Beitritt

[1] MOE-10: Ungarn, Polen, Tschechische Republik, Rumänien, Slowakei, Lettland, Estland, Litauen, Bulgarien und Slowenien.

zur EU. Zu diesem Zeitpunkt lagen außerdem bereits Beitrittsanträge der Türkei sowie von Zypern und Malta vor. Sollten alle diese Länder der EU beitreten, würde sich die Anzahl der Mitgliedstaaten auf 28 nahezu verdoppeln und die ursprünglich auf sechs Mitglieder angelegte institutionelle und fiskalische Ordnung der EU endgültig sprengen. Zur Vorbereitung der notwendigen internen Reformen wurde eine Regierungskonferenz einberufen, deren Ergebnisse im Juni 1997 in den Vertrag von Amsterdam einflossen. Beobachter kritisieren diese Revision des EU-Vertrags jedoch als eine unvollständige Antwort auf die Frage der institutionellen Reformen und halten vor einer Erweiterung eine erneute Regierungskonferenz für notwendig.

Die Kriterien für eine Osterweiterung der EU wurden im Juni 1993 auf einer Tagung des Europäischen Rats in Kopenhagen festgelegt. Als Voraussetzungen für die Mitgliedschaft muß der Beitrittskandidat

- eine institutionelle Stabilität als Garantie für die demokratische und rechtsstaatliche Ordnung, für die Wahrung der Menschenrechte sowie die Achtung und den Schutz von Minderheiten verwirklicht haben;
- über eine funktionsfähige Marktwirtschaft sowie über die Fähigkeit verfügen, dem Wettbewerbsdruck und den Marktkräften innerhalb der Union standzuhalten;
- bereit und in der Lage sein, den vertraglichen Besitzstand der EU („Acquis communautaire") sowie die Ziele der Politischen Union und der Wirtschafts- und Währungsunion zu übernehmen.

Nach diesen Kriterien nahm die Europäische Kommission in der am 16. Juli 1997 vorgelegten „Agenda 2000" Stellung zu den Beitrittsanträgen der zehn mittel- und osteuropäischen Bewerber (*Europäische Kommission* 1997b). Ihrem Vorschlag folgend wurden am 31. 3. 1998 in einer ersten Erweiterungsrunde zunächst mit fünf mittel- und osteuropäischen Ländern (MOE-5: Ungarn, Polen, Tschechische Republik, Estland und Slowenien) einzeln Beitrittsverhandlungen eröffnet. Die Situation der anderen Bewerber wird jährlich neu überprüft. Ein offizieller Beitrittstermin wurde nicht festgelegt, um die Verhandlungen nicht unter Druck zu setzen. Die Kandidaten streben einen Beitritt im Jahre 2002 an; aufgrund der großen Vorbereitungslast in den Beitrittsländern und den bislang unzureichenden EU-internen Reformen wird jedoch ein späterer Termin für wahrscheinlich gehalten.

In Kap. 3.2.2.1 wurde bereits der Beitrag der ökonomischen Wachstumstheorie zur Erklärung der langfristigen Entwicklung räumlicher Disparitäten im Pro-Kopf-Einkommen diskutiert (Konvergenz- vs. Divergenzthese). Im folgendem ist der Frage nachzugehen, wie sich im Verlauf der vertikalen und horizontalen Integration die regionalen Disparitäten innerhalb der Europäischen Union verändert haben und welche Entwicklungstendenzen in der Zukunft möglich erscheinen. Einleitend sind methodische Anmerkungen zur Regionenabgrenzung, zur Auswahl der Indikatoren und zum statistischen Verfahren der Messung regionaler Disparitäten notwendig.

Was die Regionenabgrenzung anbetrifft, bietet es sich an, bei Disparitätenanalysen des gesamten EU-Integrationsraums die vom Statistischen Amt der Europäischen Gemeinschaft (EUROSTAT) in Kooperation mit den Mitgliedstaaten erstellte regionale Gliederung zu verwenden. Diese „Nomenclature des Unités Territoriales Statistiques" (NUTS) unterscheidet neben den Mitgliedstaaten (NUTS 0-Ebene) drei regionale Ebenen (vgl. Tab. 3.35). Die für die Bundesrepublik Deutschland verwendeten Verwaltungseinheiten sind auf der NUTS 1-Ebene die Bundesländer, auf der NUTS 2-Ebene die Regierungsbezirke sowie auf der NUTS 3-Ebene die Landkreise und kreisfreien Städte. Der Tatbestand, daß auf allen Ebenen die Größe der individuellen Verwaltungseinheiten (z. B. die Fläche, die Einwohnerzahl) extrem variiert, erschwert den interregionalen Vergleich. So zählte die größte NUTS 2-Region (Ile-de-France) 1992 10,9 Mio. Einwohner, während 16 Regionen dieser Ebene von weniger als 300 000 Menschen bewohnt waren. Analog reicht das Spektrum auf der NUTS 3-Ebene vom Greater London mit 6,9 Mio. Einwohnern bis zu Regionen mit weniger als 50 000 Einwohnern (*Europäische Kommission* 1995, S. 6 ff.).

Die Leistungsfähigkeit der Indikatoren zur Beschreibung von internationalen und interregionalen Entwicklungsunterschieden wurde in Kapitel 3.1.1 eingehender diskutiert. Die *Weltbank* verwendet für

Tab. 3.35 Regionale Gliederung der Europäischen Union

Räumliche Ebenen	Anzahl der Regionen EU-15	Anzahl der Regionen Deutschland	Verwaltungseinheit Deutschland
NUTS 0	15	1	Bund
NUTS 1	77	16	Länder
NUTS 2	206	38	Regierungsbezirke
NUTS 3	1 031	445	Kreise

Quelle: *Europäische Kommission* 1995, S. 8.

internationale Einkommensvergleiche den Indikator Pro-Kopf-Bruttosozialprodukt zu Marktpreisen. Die Europäische Union benutzt zur Darstellung regionaler Entwicklungsdisparitäten und als Grundlage für die Auswahl von Fördergebieten zur Zeit vorrangig zwei Indikatoren, das Pro-Kopf-Bruttoinlandsprodukt zu Kaufkraftparitäten und die Arbeitslosenquote. Gemessen werden die regionalen Disparitäten in den EU-Veröffentlichungen in der Regel mit der statistischen Methode der gewogenen Standardabweichung, d. h. als Sigma-Konvergenz (vgl. Kapitel 3.1.3.1 und Kapitel 3.2.2.1).

Mit der sukzessiven Erweiterung der Europäischen Gemeinschaft von ursprünglich sechs auf heute 15 Mitgliedstaaten hat sich das Bevölkerungs- und Wirtschaftspotential des Integrationsraumes entscheidend erhöht. In der EU lebten 1997 über 370 Millionen Einwohner, die knapp 30 Prozent des Bruttosozialproduktes der Erde erwirtschafteten. Allerdings führte die Aufnahme neuer Mitgliedstaaten mit zum Teil noch geringer ökonomischer Leistungskraft zu einer deutlichen Vergrößerung der Einkommensdisparitäten. 1997 betrug die Relation zwischen dem Staat mit dem niedrigsten und dem Staat mit dem höchsten BSP pro Kopf bei den sechs Gründungsmitgliedern der Gemeinschaft etwa 1 : 2, bei allen 15 Mitgliedstaaten jedoch 1 : 4 (vgl. Tab. 3.36). Eine Osterweiterung um die MOE-5 würde dieses Verhältnis auf 1 : 14, ein Beitritt aller Bewerber sogar auf 1 : 40 ansteigen lassen.

Auf der Ebene der NUTS 2-Regionen und bei Verwendung des Indikators Pro-Kopf-Bruttoinlandsprodukt in Kaufkraftparitäten betrug die Relation zwischen den zehn Regionen mit dem geringsten und den zehn Regionen mit dem höchsten Pro-Kopf-Einkommen 1986 ca. 1 : 3,7; bis 1996 ging dieser Quotient auf 1 : 3,2 zurück. Auch der Abstand der 25 Regionen mit dem höchsten bzw. niedrigsten Pro-Kopf-Einkommen verringerte sich von 1 : 2,7 auf 1 : 2,4. Während das Pro-Kopf-Einkommen der ärmsten Regionen zum EU-Durchschnitt allgemein konvergierte, entfernten sich die reichsten Regionen insgesamt vom Mittelwert, jedoch mit einer geringeren Rate. Die Rangfolge der Regionen blieb dabei zwischen 1986 und 1996 weitgehend unverändert: Der Rang-Korrelationskoeffizient nach *Spearman*, der die Ähnlichkeit von Rangfolgen anzeigt[1], beträgt 0,91 (*Europäi-*

[1] Der Rang-Korrelationskoeffizient nimmt Werte zwischen -1 (Rangfolgen genau gegensinnig) bis +1 (Rangfolgen genau gleichsinnig) an. Eine umfassende Darstellung findet sich bei *G. Bahrenberg*, *E. Giese* und *J. Nipper* (1999, S. 205 ff).

sche Kommission 1999, S. 3). Wie Abb. 3.36 zeigt, sind die Regionen mit der größten ökonomischen Leistungskraft vor allem Metropolen (z. B. London, Paris, Hamburg) sowie Verdichtungsräume in Süddeutschland (Rhein-Main, Rhein-Neckar, Oberbayern) und Norditalien. Die leistungsschwächsten Regionen befinden sich in der geographischen Peripherie des Integrationsraumes; es sind Portugal, große Teile Spaniens, Süditalien, Griechenland und Ostdeutschland.

Seit dem Zweiten Weltkrieg bis in die frühen 70er Jahre war in der Europäischen Union eine Konvergenz des regionalen Pro-Kopf-Einkommens zu beobachten (vgl. *G. Tondl* 1999, S. 15 ff.). Diese Periode war gekennzeichnet von großen Produktivitätsfortschritten, hohem gesamtwirtschaftlichen Wachstum und ausgleichsorientierter Raumwirtschaftspolitik auf der Grundlage keynesianischer Nachfragesteuerung. In den 70er und 80er Jahren veränderten sich die Rahmenbedingungen für die Regionalentwicklung in Westeuropa. Geringere Produktivitätsfortschritte, wachsende Defizite der öffentlichen Haushalte und die fortschreitende Globalisierung engten den Spielraum für regionale Umverteilungsmaßnahmen zunehmend ein. In der Raumwirtschaftspolitik traten neoklassische Konzeptionen der Wachstums- und Wettbewerbsorientierung an die Stelle des Keynesianismus (vgl. *M. Miosga* 1995). Vor dem Hintergrund dieser veränderten Rahmenbedingungen stellt sich die Frage nach der Entwicklung der regionalen Einkommensunterschiede. Eine Reihe empirischer und qualitativer Analysen widmeten sich in jüngerer Zeit der Entwicklung räumlicher Disparitäten im westeuropäischen Integrationsraum[1].

Tab. 3.37 zeigt die Entwicklung der regionalen Einkommensdisparitäten zwischen 1980 und 1993. Aus Gründen der intertemporalen Vergleichbarkeit erstrecken sich die Berechnungen der Disparitäten für den gesamten Beobachtungszeitraum auf das Territorium der zu diesem Zeitpunkt zwölf Mitgliedstaaten, obwohl Griechenland, Spanien und Portugal erst während dieses Beobachtungszeitraums der

---

[1] Neben der periodischen Berichterstattung der *Europäischen Kommission* (zuletzt 1996, 1999) seien beispielhaft *A. Rodríguez-Pose* 1998, *B. Busch*, *K. Lichtblau* und *C. Schnabel* 1997, *M. Dunford* 1997, *J. Fagerberg*, *B. Verspagen* und *M. Corniels* 1997, *C. Molitor* 1997, *P. Nunnenkamp* 1997, *J. Fagerberg* und *B. Verspagen* 1996, *H. W. Armstrong* 1995, *M. Miosga* 1995, *W. Molle* und *S. Boeckhout* 1995 sowie *D. Neven* und *C. Gouyette* 1995 genannt.

Tab. 3.36 Bevölkerung und Bruttosozialprodukt der Mitgliedstaaten der Europäischen Union

Staaten		Fläche in 1 000 qkm	Bevölkerung in Mill.	BSP in Mrd. US $	BSP pro Kopf in US $	Durchschnittl. jährl. Zuwachsrate des BSP pro Kopf in %
		1996	1997	1997	1997	1965-1997
Belgien	B	33	10,2	272	26 730	2,3
Deutschland	D	357	82,1	2 321	28 280	n. v.
Frankreich	F	552	58,6	1 542	26 300	2,1
Italien	I	301	57,5	1 160	20 170	2,5
Luxemburg	L	3	0,4	19	45 330	n. v.
Niederlande	NL	41	15,6	403	25 830	1,9
Dänemark	DK	43	5,3	184	34 890	1,9
Vereinigtes Kgr.	UK	245	59,0	1 231	20 870	1,3
Irland	IRL	70	3,7	65	17 790	1,9
Griechenland	GR	132	10,5	122	11 640	2,4
Portugal	P	92	9,9	110	11 010	3,2
Spanien	E	506	39,3	570	14 490	2,3
Finnland	FIN	338	5,1	127	24 790	2,4
Österreich	A	87	8,1	225	27 920	2,6
Schweden	S	450	8,8	232	26 210	1,4
EU 15		3 250	374,1	8 583	22 942	ca. 2,1
USA		9 364	267,6	7 783	29 080	1,5
Japan		378	126,1	4 812	38 160	3,6
Welt		133 567	5 819,6	30 125	5 180	1,4

Quelle: *Weltbank* (World Development Indicators 1999; Weltentwicklungsbericht 1998/99)

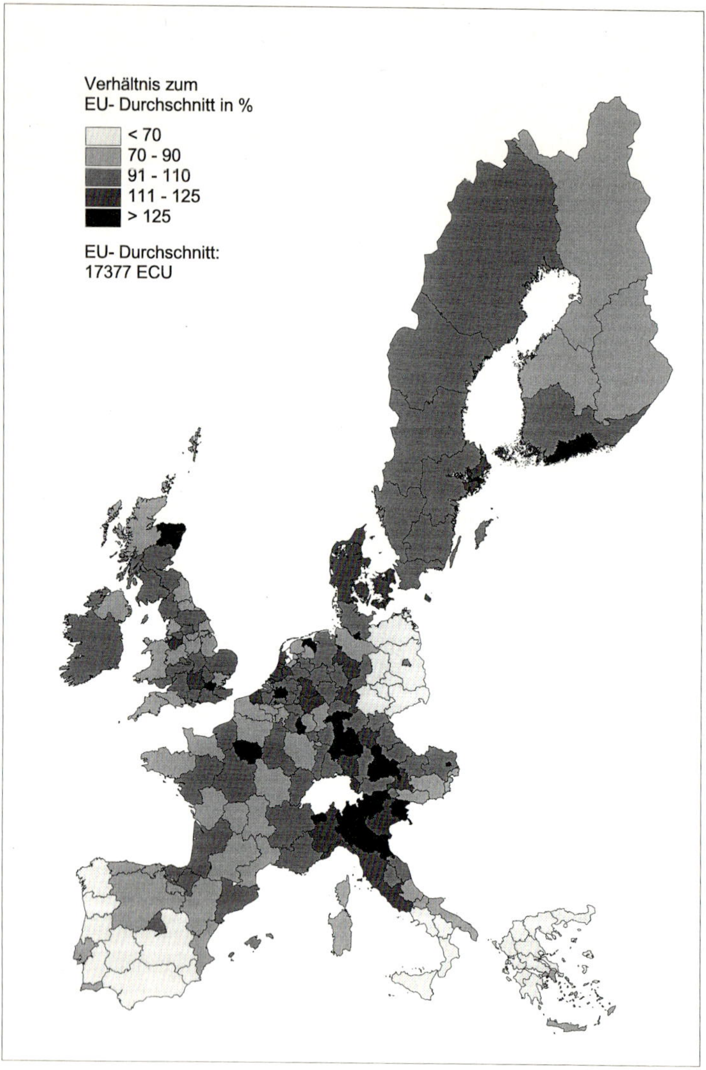

Abb. 3.36 Bruttoinlandsprodukt je Einwohner (in Kaufkraftparitäten) 1996, NUTS 2-Regionen der Europäischen Union

Quelle: *EUROSTAT* 1999

Tab. 3.37 Entwicklung der Einkommensdisparitäten[1] zwischen Staaten und Regionen der Europäischen Union, 1983-1993 (EUR 15)

Jahre	zwischen Staaten (NUTS 0)	zwischen NUTS 2-Regionen
1983	17,2	26,8
1984	17,6	27,1
1985	17,5	27,5
1986	17,3	27,2
1987	16,6	27,0
1988	16,2	26,9
1989	15,7	26,7
1990	15,7	26,9
1991	13,5	29,7
1992	13,5	28,8
1993	12,8	27,2

[1] Die Disparitäten werden durch die mit der Bevölkerungszahl gewichtete Standardabweichung des nationalen bzw. regionalen Bruttoinlandsprodukts (BIP) in Kaufkraftparitäten (KKP) gemessen.

Quelle: *Europäische Kommission* 1996, S. 135

EG beitraten. Deutlich erkennbar wird dagegen der Beitritt der neuen Bundesländer, deren Pro-Kopf-Einkommen 1991 nur rund ein Drittel des EU-Durchschnitts betrugen. Die Vereinigung bewirkte einen Rückgang der Disparitäten zwischen den Staaten, da sich das Pro-Kopf-Einkommen Deutschlands verringerte; auf der regionalen Ebene (NUTS 2) führte die Integration von Regionen mit relativ geringem Pro-Kopf-Einkommen dagegen zu einer Zunahme der Ungleichgewichte. Die *Europäische Kommission* (1999) bereinigt ihre Analysen um diesen statistischen Effekt und kommt zu dem Ergebnis, daß die Disparitäten im regionalen Pro-Kopf-Einkommen zwischen 1986 und 1996 mit Ausnahme der Rezession in den frühen 90er Jahren tendenziell abnahmen.

Die *Kommission* führt diese Konvergenz vor allem auf den Aufholprozeß der vier sogenannten Kohäsionsländer Irland, Spanien, Portugal und Griechenland zurück, deren Bruttoinlandsprodukt pro Kopf zwischen 1980 und 1995 von 66,9 Prozent auf 73,2 Prozent des EU-Durchschnitts anstieg. Wie Tab. 3.38 zeigt, lassen sich zwischen diesen vier Ländern jedoch erhebliche Unterschiede beobachten. Irland hat mit 31 Prozentpunkten am deutlichsten aufgeholt und näherte sich in den 90er Jahren bereits dem Pro-Kopf-Einkommen des Verei-

Tab. 3.38 Bruttoinlandsprodukt je Einwohner in Kaufkraftparitäten 1980-1995, EU-12 = 100

		1980	1985	1990	1995
Luxemburg	L	115,7	132,4	145,4	165,4
Westdeutschland	D	118,2	118,7	116,9	119,8
Dänemark	DK	105,4	113,3	105,0	114,3
Belgien	B	106,7	104,3	104,1	110,4
Frankreich	F	114,0	112,8	110,5	105,9
Niederlande	NL	107,3	104,2	101,8	105,5
Italien	I	102,7	102,3	102,2	101,4
Vereinigtes Kgr.	UK	95,9	99,1	99,8	94,3
Irland	IRL	60,3	61,9	71,6	91,5
Spanien	E	71,3	70,3	75,0	75,5
Portugal	P	57,0	55,3	59,8	66,1
Griechenland	GR	62,7	61,3	57,8	64,7
Kohäsionsländer IRL, E, P, GR		66,9	65,9	69,6	73,2

Quelle: *Institut der deutschen Wirtschaft* (*B. Busch, K. Lichtblau, C. Schnabel* 1997, S. 16)

nigten Königreichs an. Portugal und Spanien konnten von ihrem Beitritt zur EG 1986 profitieren und gegenüber 1980 neun bzw. vier Prozentpunkte zum EU-Durchschnitt aufholen. Griechenland erzielte mangels makroökonomischer Stabilität die geringsten Fortschritte (vgl. *P. Nunnenkamp* 1997, S. 198), konnte sich nach einer divergenten Entwicklung in den 80er Jahren aber in den 90er Jahren wieder dem EU-Durchschnitt annähern. Während die Disparitäten auf der NUTS 0-Ebene zurückgingen, stieg die gewogene Standardabweichung des regionalen Pro-Kopf-Einkommens in der Mehrzahl der Mitgliedstaaten an (Sigma-Divergenz).

Divergenzprozesse lassen sich auf der nationalen Ebene in Spanien, Frankreich, Portugal und Italien sowie in Deutschland zwischen den alten und den neuen Bundesländern beobachten (vgl. *ERECO* 1999). Die Ursachen für die zunehmenden regionalen Einkommensdisparitäten innerhalb der Mitgliedstaaten sind vielfältig. In den Kohäsionsländern beruhen die Aufholprozesse vorrangig auf dem schnelleren Wachstum der Agglomerationsräume, die von der Integration mit den Kernländern der EU überproportional profitieren. In den höher entwickelten Ländern tragen insbesondere die vom Strukturwandel negativ betroffenen Regionen zu einer Zunahme der regionalen Einkommensdisparitäten bei. Als Folge ist anstelle eindeutiger Konvergenz- oder Divergenztendenzen ein komplexes regionales Mosaik von Aufhol- und Abkopplungsprozessen zu beobachten, in der die Wirtschaftskraft und -dynamik einzelner Regionen zum Teil beträchtlich von der der umliegenden Gebiete abweichen kann („Flickenteppich-Entwicklung").

Andere Untersuchungen weisen auf die Möglichkeit hin, daß die Regionen der EU nicht zu einem gemeinsamen Gleichgewichtseinkommen („Steady state") nach dem neoklassischen Wachstumsmodell konvergieren, sondern unterschiedliche Konvergenzklubs mit ähnlicher Faktorausstattung und Technologie bilden (bedingte Konvergenz, vgl. Kapitel 3.2.2.1). *J. Fagerberg* und *B. Verspagen* (1996) identifizieren allein für die Kernländer der EU drei solcher Konvergenzklubs, während *D. Neven* und *C. Gouyette* (1995) sowie *B. Busch*, *K. Lichtblau* und *C. Schnabel* 1997 ein unterschiedliches Konvergenzverhalten der Regionen im Norden und im Süden der EU bzw. in Fördergebieten mit Entwicklungsrückstand und dem Rest der EU ausmachen. *G. Tondl* (1999) schließlich macht darauf aufmerksam, daß die Gleichgewichtseinkommen, dem die Konvergenzklubs entgegenstreben, seit den frühen 80er Jahren auseinanderdriften. Dies läßt auf eine divergente Entwicklung der zugrundeliegenden strukturellen Faktoren schließen, wobei insbesondere der regionalen Innovationsfähigkeit und der Humankapitalausstattung eine besondere Bedeutung beigemessen wird. Diese beiden Wachstumsdeterminanten sind in der EU räumlich wesentlich ungleicher verteilt als das Pro-Kopf-Einkommen.

Ebenfalls erheblich größer als die räumlichen Einkommensdisparitäten sind die regionalen Disparitäten bei der Arbeitslosigkeit. Im Durchschnitt der Jahre 1995 bis 1997 betrug die durchschnittliche Arbeitslosenquote in den zehn Regionen mit der niedrigsten Arbeitslosigkeit 3,5 Prozent (1990: 2,5 Prozent), in den zehn Regionen mit der höchsten Arbeitslosigkeit jedoch fast 25 Prozent (1990: 22 Prozent). Weit überdurchschnittliche Arbeitslosenquoten weisen, wie Abb. 3.37 zeigt, peripher gelegene Regionen auf (z. B. Spanien, Süditalien, Finnland, Ostdeutschland). Aber auch in einigen Altindustrieregionen, die zum Teil noch ein hohes Pro-Kopf-BIP erwirtschaften, liegen die Arbeitslosenquoten über dem Durchschnitt der EU. Ein Vergleich mit Abb. 3.36 weist auf den Zusammenhang von regionalem Pro-Kopf-Einkommen und Arbeitslosigkeit hin: Regionen mit einem niedrigen

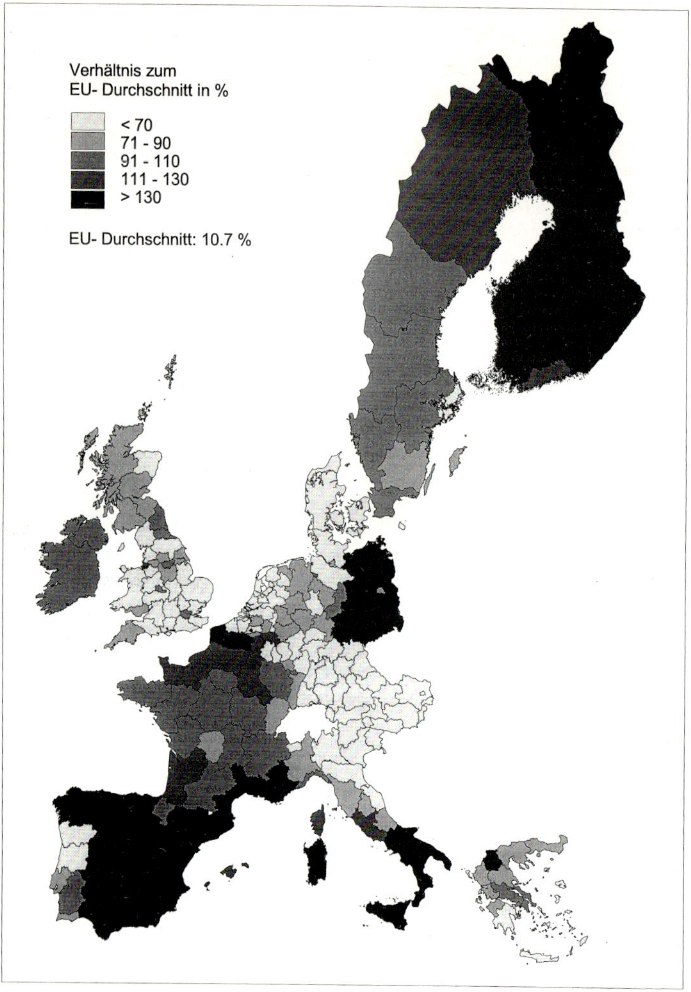

Abb. 3.37 Arbeitslosenquote im Durchschnitt der Jahre 1995-1997, NUTS 2-Regionen der Europäischen Union

Quelle: *EUROSTAT* 1998

Pro-Kopf-Einkommen leiden tendenziell unter deutlich höherer Arbeitslosigkeit, während einkommensstarke Regionen allgemein geringe Arbeitslosenquoten aufweisen (vgl. *M. Dunford* 1996). Allerdings ist darauf hinzuweisen, daß die Mitgliedstaaten den Begriff Arbeitslosigkeit unterschiedlich definieren, was die Aussagekraft dieses Indikators bei internationalen Vergleichen einschränkt.

Im folgenden ist die Frage zu diskutieren, wie sich in der Zukunft die regionalen Disparitäten im Integrationsraum der Europäischen Union ändern könnten. Wie wirkt sich die fortschreitende vertikale Integration mit der Vollendung des Gemeinsamen Binnenmarktes und der Wirtschafts- und Währungsunion („Vertiefungseffekt"), wie die zunehmende horizontale Integration mit den beitrittswilligen Reformstaaten in Mittel- und Osteuropa („Ostöffnungseffekt") auf den raumwirtschaftlichen Differenzierungsprozeß in Westeuropa aus?

Am 1. Januar 1999 begann die letzte Stufe der Europäischen Wirtschafts- und Währungsunion. In den elf Teilnehmerstaaten Deutschland, Frankreich, Belgien, Niederlande, Luxemburg, Österreich, Italien, Irland, Spanien, Portugal und Finnland („Euroland") wurde der Euro als gemeinsame Währung eingeführt. Diese Länder legten die Wechselkurse ihrer Währungen untereinander unwiderruflich fest und übertrugen ihre geldpolitische Souveränität auf das Europäische System der Zentralbanken mit der Europäischen Zentralbank in Frankfurt/Main an der Spitze (*Deutsche Bundesbank* 1999). Die Auswahl der Teilnehmer erfolgte letztlich als Ergebnis eines politischen Verhandlungsprozesses auf der Grundlage der im Vertrag von Maastricht festgelegten monetären und fiskalischen Konvergenzkriterien (vgl. *L. Schätzl* 1993, S. 15; *W. Schönfelder* und *E. Thiel* 1996; *Europäische Kommission* 1998a). Von der Währungsunion werden Effizienzgewinne auf der mikroökonomischen Ebene erwartet, während die Kosten der Währungsunion im Verlust des Wechselkursinstruments zur makroökonomischen Steuerung zu sehen sind. Im folgenden ist auf den zu erwartenden Nutzen und die Kosten der Währungsunion einzugehen (vgl. *P. de Grauwe* 1997), bevor mögliche Auswirkungen auf den raumwirtschaftlichen Differenzierungsprozeß diskutiert werden können.

Als *Nutzen* der Währungsunion haben die Unternehmen in den Teilnehmerländern die Möglichkeit, Effizienzgewinne durch den Wegfall der mit dem Währungsumtausch verbundenen Transaktionskosten sowie der Wechselkursunsicherheit zu realisieren. Im Bercich der Transaktionskosten erwartet die *Europäische Kommission* (1990)

Einsparungen in der Größenordnung von 0,3 bis 0,4 Prozent des Bruttoinlandsprodukts. Eine Untersuchung des *ifo-Instituts für Wirtschaftsforschung* errechnete für den Zeitraum von 1986 bis 1995 sogar Devisenverwaltungskosten für Intra-EU(12)-Transaktionen von etwa 1 Prozent des BIP, die durch eine Währungsunion entfallen würden (*R. H. Dumke*, *A. Juchems*, *H. C. Sherman* 1997, S. 15.). Daneben wird ein indirekter Nutzen der Einheitswährung in der erhöhten Preistransparenz im Binnenmarkt gesehen. Bestehende nationale Preisunterschiede für identische Güter, die beispielsweise für Automobile 1995 noch bis zu 28 Prozent vor Steuern betrugen, werden durch den Euro transparent und können durch Ausgleichsgeschäfte (Arbitrage) abgebaut werden (*P. de Grauwe* 1997, S. 53 f.).

Der Wegfall der Wechselkursunsicherheit in der Währungsunion verbessert die Allokation der Produktionsfaktoren, die in marktwirtschaftlichen Systemen durch den Preismechanismus gesteuert wird. Unternehmen haben eine größere Planungssicherheit im Hinblick auf ihre zukünftige Geschäftsentwicklung sowie die Entwicklung von Preisen und Standortbedingungen. Bei Investitionsentscheidungen im Euroland entfällt die aus der Wechselkursunsicherheit resultierende Risikoprämie; die erforderliche Mindestrendite sinkt, was unter sonst gleichen Bedingungen zu einer Zunahme der Direktinvestitionen innerhalb der Währungsunion führt. Am Beispiel des deutschen Außenhandels hat die *Deutsche Bundesbank* (1998) die Auswirkungen von Wechselkursunsicherheiten untersucht. Eine Währungsunion mit allen 15 EU-Mitgliedstaaten hätte den Anteil des wechselkursabhängigen Außenhandels am deutschen Bruttoinlandsprodukt 1996 von 20,8 Prozent auf 9 Prozent gesenkt. Dauerhafte Überbewertungen der DM, die beispielsweise zwischen 1992 und 1995 die preisliche Wettbewerbsfähigkeit deutscher Exporte beeinträchtigten, werden zwischen Deutschland und seinen wichtigsten europäischen Handelspartnern durch die Währungsunion ausgeschaltet. Die ökonometrischen Untersuchungen der Bundesbank haben ergeben, daß eine reale Aufwertung der D-Mark um 1 Prozent gegenüber den Währungen der wichtigsten Industrieländer zu einem längerfristigen Exportrückgang von 0,7 Prozent führt. In einer Währungsunion mit allen 15 EU-Ländern würde dieser Rückgang nur 0,3 Prozent betragen; die Wechselkurseffekte auf die Exporte würden also deutlich reduziert.

Zu diesen einmaligen, statischen Effizienzgewinnen kommen dauerhafte, aber kaum quantifizierbare dynamische Effekte wie die Erhöhung des Kapitalstocks und der zunehmende Innovationsdruck, der aus der Zunahme des Wettbewerbs im Integrationsraum resultiert. Angesichts der schwachen theoretischen Fundierung und geringen empirischen Evidenz sollten die ökonomischen Wachstumseffekte der Währungsunion jedoch nicht überbewertet werden, zumal der europäische Integrationsraum bereits im Vorfeld der Währungsunion durch relative Wechselkursstabilität gekennzeichnet war. Größere Wechselkursschwankungen nach außen, insbesondere gegenüber dem US-Dollar, werden durch die Währungsunion nicht eliminiert. Allerdings verbessert der größere Währungsraum den Schutz des EU-Binnenhandels gegen Devisenmarktturbulenzen, die in den 90er Jahren wiederholt negative realwirtschaftliche Effekte zeitigten (*NORD/LB* 1998; zur Finanz- und Währungskrise in Asien vgl. Kap. 3.2.3.1).

Flexible Wechselkurse sind natürlich nicht per se nachteilig; so sind die *Kosten* der Währungsunion im Verlust des Wechselkursinstruments zu sehen. Kurzfristige Veränderungen der Angebots- oder Nachfragebedingungen können zu regional differenzierten realwirtschaftlichen Störungen, sogenannten „asymmetrischen Schocks“, führen. Solche Störungen können ausgelöst werden durch veränderte Präferenzen (Modeströmungen), neue Produktionstechnologien, Mißernten, Rohstoffmangel, Regierungswechsel usw. (vgl. *C. Schmidt*, *T. Straubhaar* 1995, S. 438). Würden beispielsweise die Nachfrage nach Produkten eines Landes plötzlich einbrechen oder die Kosten zentraler Inputs unvermittelt steigen, könnte eine Abwertung der nationalen Währung dazu beitragen, die eingebüßte preisliche Wettbewerbsfähigkeit am Weltmarkt wiederherzustellen. Eine solche Anpassung kann auch zum Ausgleich langfristiger Divergenzen in der Produktivitätsentwicklung, in der Arbeitslosigkeit oder bei der Staatsverschuldung vorgenommen werden. In einer Währungsunion steht das Wechselkursinstrument jedoch nicht mehr zur Verfügung. Asymmetrische Schocks können hier nur mit Hilfe alternativer Anpassungsmechanismen absorbiert werden, nämlich durch

- Kostensenkungen, insbesondere durch Anpassung der Reallöhne;
- Abwanderung von Produktionsfaktoren in Form von Arbeitskräftewanderungen und Kapitalmobilität;
- fiskalische Ausgleichsmechanismen (Transfers, Finanzausgleich).

Ein Zusammenschluß von Ländern bzw. Regionen, in denen Schocks entweder dank struktureller Homogenität überwiegend symmetrisch wirken oder mit Hilfe der genannten Ausgleichsmechanismen bewältigt werden können, wird in der Theorie nach *R. A. Mundell* (1961) als *optimaler Währungsraum* bezeichnet. Für solche Gruppierungen ist es sinnvoll, eine Währungsunion zu bilden, da der zu erwartende Nutzen die geringen Kosten des verlorenen Wechselkursinstruments übersteigt. In einer strukturell heterogenen Währungsunion ohne funktionsfähige Anpassungsmechanismen führen asymmetrische Schocks dagegen zu einem dauerhaft niedrigeren Einkommens- und Beschäftigungsniveau in der betroffenen Region und damit zu räumlichen Polarisierungstendenzen im Integrationsraum.

Es stellt sich daher die Frage, ob es sich bei „Euroland" um einen optimalen Währungsraum handelt. Verglichen mit den USA, einem Währungsraum mit ähnlicher Wirtschaftskraft, sind die Mechanismen zur Absorption asymmetrischer Schocks in der EU wenig leistungsfähig: Die Löhne sind nach unten inflexibel, die Arbeitskräftemobilität ist über Ländergrenzen hinweg gering und supranationale fiskalische Transfermechanismen sind vergleichsweise schwach entwickelt (vgl. *W. Ochel* 1996, S. 28 ff.). Dennoch stimmen empirische Studien darin überein, daß eine Kerngruppe von fünf EU-Mitgliedstaaten aufgrund von strukturellen Ähnlichkeiten und intensiven ökonomischen Verflechtungen einen optimalen Währungsraum bildet. Zu dieser Kerngruppe gehören Deutschland, Frankreich, Belgien, die Niederlande und Luxemburg. Die gesamte EU mit ihren 15 Mitgliedstaaten stellt nach diesen Kriterien dagegen keinen optimalen Währungsraum dar. Die genaue Anzahl der Mitgliedstaaten, die einen optimalen Währungsraum bilden würden, konnte bislang nicht eindeutig ermittelt werden, da sich sowohl die Kosten als auch der Nutzen der Währungsunion nur schwer quantifizieren lassen. Übereinstimmung besteht lediglich hinsichtlich der Notwendigkeit zu strukturellen Reformen, insbesondere der Flexibilisierung der Arbeitsmärkte, um die Funktionsfähigkeit der alternativen Anpassungsmechanismen zu verbessern (vgl. *D. Dohse*, *C. Krieger-Boden* 1998).

In einer Währungsunion folgt die Allokation der Produktionsfaktoren verstärkt ökonomischen Kriterien und weniger nationalstaatlicher (Wechselkurs-)Politik. Hierdurch wird die Faktormobilität zunehmen sowie die interregionale Arbeitsteilung und Spezialisierung voranschreiten, woraus sich Wohlfahrtsgewinne für den Integrationsraum insgesamt ableiten lassen. Die zunehmende Transparenz von Preisen und Standortbedingungen wird zudem den Standortwettbewerb zwischen den Regionen der EU intensivieren. Es stellt sich daher die Frage, wie die Wohlfahrtsgewinne der mit der Währungsunion voranschreitenden vertikalen Integration sektoral und regional verteilt sind.

Von der Währungsunion werden jene Branchen und Regionen in der EU am meisten profitieren, deren Exportaktivitäten überwiegend auf das vormals zersplitterte Währungsgebiet entfallen. In der sektoralen Betrachtung sind dies exportorientierte Wirtschaftszweige, die in kontinentalen Produktionsnetzwerken organisiert sind und daher in größerem Umfang intraindustriellen Handel innerhalb der EU betreiben. Eine Untersuchung der *Bankgesellschaft Berlin* ermittelte die Branchen des Verarbeitenden Gewerbes in Deutschland, die 1994 den größten Anteil ihrer Produktion in EU- und EFTA-Länder exportierten. Die mit Abstand höchsten Westeuropa-Exportquoten erzielten der Luft- und Raumfahrzeugbau sowie die Büromaschinen- und EDV-Branche mit Werten über 80 Prozent, während die traditionell bedeutenden Exportbranchen der deutschen Wirtschaft (Chemische Industrie, Elektrotechnik, Straßenfahrzeugbau, Maschinenbau) lediglich Werte um 30 Prozent aufwiesen. Die Westeuropa-Exportquote für das Verarbeitende Gewerbe insgesamt beträgt 28 Prozent (*R. Marx* 1997). Daraus läßt sich schließen, daß Regionen mit einem hohen Anteil exportintensiver Branchen in besonderem Maße von der Währungsunion profitieren können.

In der räumlichen Perspektive muß dieser Analyseansatz mangels regional disaggregierter Außenhandelsdaten auf die Ebene der Mitgliedstaaten (NUTS 0) beschränkt bleiben. Tab. 3.39 zeigt den Offenheitsgrad der EU-Mitgliedstaaten, gemessen am Anteil ihres Warenhandels am Bruttoinlandsprodukt, sowie den Anteil ihrer Exporte, der in andere Länder der EU geht. Es wird deutlich, daß kleine, offene und gut integrierte Volkswirtschaften über das größte Gewinnpotential verfügen. Kleinere Länder profitieren zudem in besonderem Maße vom Rückgang der Transaktionskosten in der Währungsunion, da sie zuvor nur einen kleinen Teil ihrer Handelsgeschäfte in eigener Währung fakturieren konnten (*H. Wagner* 1998, S. 110). Es ist jedoch darauf hinzuweisen, daß das geringe Ausmaß der eingesparten Transaktionskosten per se keine bedeutenden raumdifferenzierenden Effekte erwarten läßt (*J. Bröcker* 1998).

Auch nach Auffassung der *Europäischen Kommission* (1998a) haben die weniger entwickelten Länder der EU die Chance, von der Teilnahme an der Währungsunion in besonderem Maße zu profitieren. Da sie bislang stärker unter Inflation und Wechselkursschwankungen zu leiden hatten, erfolgt durch die Währungsunion eine Diffusion von monetärer Stabilität und Glaubwürdigkeit aus den Kernländern der EU. Dieser Stabilitätstransfer reduziert die Risiko-

Tab. 3.39 Offenheitsgrad der EU-Länder und Anteil der Exporte in andere EU-Länder an den Gesamtexporten in Prozent

	Anteil des Warenhandels (Importe und Exporte) am BIP 1997	Anteil der Exporte in andere EU-Länder an den Gesamtexporten 1998
Portugal	74	81,5
Niederlande	100	78,3
Belgien/Luxemburg	140	74,6
Spanien	47	71,1
Irland	134	67,4
Dänemark *	63	66,5
Frankreich	45	63,6
Österreich	78	62,1
Großbritannien *	58	57,7
Schweden *	73	56,8
Deutschland	46	56,4
Italien	51	56,2
Finnland	68	55,4
Griechenland *	43	45,8

* am 1. Januar 1999 nicht Mitglied der Währungsunion

Quellen: *OECD*, *Weltbank* (Weltentwicklungsbericht 1998/99, S. 228 f.)

prämie für ausländische Investoren und verbessert die Chancen der peripheren Mitgliedstaaten, als kostengünstige Produktionsstandorte an der erwarteten Zunahme der Kapitalmobilität in der EU zu partizipieren. Darüber hinaus erhöht die Währungsunion die Funktionsfähigkeit des Binnenmarktes und erleichtert auf diese Weise Unternehmen aus den weniger entwickelten Regionen den Zugang zu Exportmärkten. Schließlich erwartet die Kommission von der Währungsunion einen gesamtwirtschaftlichen Wachstumsimpuls, der die Rahmenbedingungen für eine konvergente Entwicklung der Pro-Kopf-Einkommen in der EU verbessert.

Ob die weniger entwickelten Mitgliedstaaten dieses Potential nutzen können, ist indes eine offene Frage. Kritiker weisen darauf hin, daß sich die Kohäsionsländer Irland, Spanien, Portugal und Griechenland, wie bereits gezeigt, in einem Aufholprozeß gegenüber den weiter entwickelten Kernländern der EU befinden. Aufholprozesse sind erfahrungsgemäß mit makroökonomischen Ungleichgewichten verbunden. Hierzu zählen unter anderem Haushaltsdefizite, eine höhere Inflation als in den Kernländern der EU sowie Leistungsbilanzdefizite, die aus der Lücke zwischen inländischen Investitionen und Ersparnissen resultieren. Diese Ungleichgewichte ließen sich mit periodischen Abwertungen der Landeswährungen bewältigen. Das Wechselkursinstrument ist in den peripheren Mitgliedstaaten der EU also von größerer Bedeutung als in den Kernländern, so daß die weniger entwickelten Länder größere Kosten durch die Fixierung der Wechselkurse zu erwarten haben. Im Vorfeld und während der Währungsunion sind diese Länder außerdem zu einer restriktiven Haushaltspolitik verpflichtet, die es ihnen zum Teil nicht mehr ermöglicht, zur Förderung des Konvergenzprozesses notwendige Investitionen in Infrastruktur, Humankapital und technischen Fortschritt zu tätigen. Um den Kohäsionsländern die Erreichung der Konvergenzkriterien dennoch zu ermöglichen, sah der Vertrag von Maastricht die Einrichtung eines Kohäsionsfonds zugunsten dieser Länder vor. *H. Siebert* (1996b, S. 352) erwartet, daß sich die Transferzahlungen innerhalb der EU von etwa 1 Prozent des Bruttoinlandsprodukts in einer Währungsunion deutlich erhöhen werden. Andernfalls würde politischer Druck auf die unabhängige Europäische Zentralbank entstehen, regionale Strukturprobleme durch eine expansivere Geldpolitik abzumildern.

Die *Europäische Kommission* (1990) betrachtet die Wirtschafts- und Währungsunion als einen notwendigen Schritt zur Realisierung der Vorteile des Gemeinsamen Binnenmarkts. Im Vorfeld des Binnenmarktes wurden zahlreiche Untersuchungen zu den ökonomischen Auswirkungen auf die Regionen in Westeuropa erarbeitet. Seit 1991 legt eine Gruppe europäischer Wirtschaftsforschungsinstitute (ERECO) unter Federführung von *Cambridge Econometrics* zudem jährlich einen Bericht zu den mittelfristigen regionalen Entwicklungsperspektiven in der EU vor. In diesen Studien dominiert die Ansicht, daß die zentral gelegenen, wachstumsstarken und hochentwickelten Regionen der Europäischen Union in besonderem Maße von der zunehmenden vertikalen Integration profitieren. Insbesondere die etablierten urbanen Zentren vereinen nach wie vor den größten Anteil der Investitionen in Infrastruktur und Humankapital auf sich (vgl. *ERECO* 1999). Die größten Integrationsgewinne werden in zwei Verdichtungszonen im Kernbereich der EU erwartet. Die erste Verdichtungszone erstreckt sich von Mittelengland über die Randstad Holland, den Rhein-Main- und den Rhein-Neckar-Raum bis nach

Norditalien. In dieser, in der Literatur auch als „blaue Banane" bezeichneten Zone sind so etablierte bzw. aufstrebende Großstadtregionen wie London, Frankfurt, Stuttgart, München und Mailand lokalisiert; in ihr liegen aber auch altindustrialisierte Regionen, etwa der Raum Manchester/Liverpool oder das Ruhrgebiet. Die zweite, jüngere und noch weniger ausgeprägte Entwicklungszone reicht vom östlichen Spanien über das südliche Frankreich bis zur Adria. In dieser „Sunbelt-Region" verfügen einige Städte (z. B. Barcelona, Lyon-Grenoble, Nizza) über für die Ansiedlung von High-Tech-Betrieben wichtige Standortfaktoren; hierzu zählen universitäre und außeruniversitäre Forschungseinrichtungen, die Verfügbarkeit qualifizierter Arbeitskräfte sowie ein attraktives Kultur- und Freizeitangebot (vgl. *G. Nerb* et al. 1992). Urbane Zentren reagieren mit unterschiedlichen Spezialisierungsstrategien auf den zunehmenden Standortwettbewerb im Integrationsraum. So verfolgen beispielsweise Wien (Headquarter-Funktionen für Ost- und Mitteleuropa) oder Helsinki (Banken- und Dienstleistungszentrum für Skandinavien und das Baltikum) regionale Nischenstrategien, Hamburg (Medien) oder Bologna (Verpackungsmaschinen) dagegen sektorale Spezialisierungspfade.

Im Unterschied zu den europäischen Wachstumsregionen, auf die sich die Erzeugung moderner, technisch hochwertiger Güter und Dienstleistungen konzentriert, dürfte der europäische Integrationsprozeß in Regionen und Standorten mit einem überproportional hohen Anteil an „alten" Produkten und veralteten Produktionsverfahren eher negative Entwicklungsimpulse auslösen. Dies gilt insbesondere für jene altindustrialisierten Regionen, denen die Bereitschaft und Fähigkeit zum notwendigen Strukturwandel fehlt. Die Chancen der Peripherie schließlich erfordern eine differenzierte Betrachtung. Für die Zukunft wird ein deutlicher Aufholprozeß für die weniger entwickelten Regionen mit niedrigen Lohnkosten erwartet, die dank günstiger Standortbedingungen mobile Produktionsfaktoren attrahieren können. Solche Regionen sind vor allem in Irland, Ostdeutschland und Portugal zu finden. Für entwicklungsschwache Gebiete mit Strukturproblemen, wie sie in Griechenland, Süditalien, dem südlichen Teil Österreichs, Nordschweden und Nordfinnland anzutreffen sind, wird schließlich die Gefahr einer dauerhaften Verschlechterung ihrer wirtschaftlichen Situation gesehen. Damit ist im Gegensatz zur nationalen Ebene auch weiterhin nicht mit einer Konvergenz der regionalen Pro-Kopf-Einkommen zu rechnen (vgl. *ERECO* 1997; *R. Koll, C. W. Nam* 1996).

Die Wirtschafts- und Währungsunion vollendet den Europäischen Binnenmarkt im Bereich der Finanzdienstleistungen, so daß in diesem Bereich tiefgreifende Strukturveränderungen zu erwarten sind. Die jährlich durchgeführte Gemeinschaftsanalyse europäischer Wirtschaftsforschungsinstitute kam zu dem Schluß, daß insbesondere die großen Finanzzentren (London, Paris, Frankfurt), aber auch große europäische Verkehrsknotenpunkte (Hamburg, Rotterdam, Marseille) und einige moderne Industriestädte (Stuttgart, Turin) von dem bisherigen europäischen Integrationsprozeß profitiert haben. In der Währungsunion dürften die zentralen Knoten im europäischen Transport- und Telekommunikationsnetz weiter gewinnen. Auch die großen Finanzzentren sollten weiter profitieren, während kleinere und mittlere Finanzplätze verstärkt unter Anpassungsdruck geraten werden. Ein gewisser Bedeutungsverlust wird für die nationalen Hauptstädte vorhergesagt, die Kompetenzen tendenziell sowohl an die supranationale Ebene als auch an die regionale Ebene abgeben müssen (*ERECO* 1997; *R. Koll* 1998).

In der urban-industriellen Verdichtungszone, die von Mittelengland bis Norditalien reicht, sind sowohl Altindustrieregionen als auch Wachstumsregionen lokalisiert. Einen Beitrag zur Erklärung dieses Tatbestandes kann die Theorie der langen Wellen leisten (vgl. auch Band 1 Theorie, 7. Auflage 1998, Kap. 2.3.9.2). Eine zentrale Aussage dieser Theorie lautet, daß es beim Übergang von einer zur nächsten langen Welle zu einer großräumigen Schwerpunktverlagerung ökonomischer Aktivitäten kommt. Die Basisinnovationen, die einen langen Wachstumsschub, eine „lange Welle", auslösen, sind auf ein bzw. wenige räumliche Zentren, d. h. erste Produktionsschwerpunkte, konzentriert. Der räumliche Konzentrationskern einer neuen langen Welle liegt in der Regel entfernt von jenem des alten Zentrums. In Europa lagen die wichtigsten Kernregionen der vergangenen vier langen Wellen innerhalb der sog. „blauen Banane". Allerdings läßt sich beim Übergang von einer zur nächsten langen Welle eine „Südwanderung" des räumlichen Konzentrationskerns feststellen. Ausgangspunkt und erster Produktionsschwerpunkt während der ersten langen Welle war Manchester und beim zweiten Kondratieff-Zyklus das Ruhrgebiet. Im Lauf des dritten und vierten Kondratieff-Zyklus kam es zu einer Verlagerung der Wachstumsdynamik in den Rhein-Main- und den Rhein-Neckar-Raum sowie in die Agglomerationsregionen München und Mailand.

Es bleibt festzuhalten, daß die zunehmende vertikale Integration allen Regionen der EU Chancen bietet. Die unterschiedliche Ausstattung mit immobilen Faktoren (internen Wachstumsdeterminanten) bestimmt jedoch, in welchem Maße diese Potentiale im Standortwettbewerb realisiert werden können. Aufgrund ihrer besseren Faktorausstattung und der Realisierung von Agglomerationsersparnissen befinden sich die urbanen Zentren in den Kernländern der EU in der besten Ausgangslage, die sich bietenden Chancen zu nutzen. Von der vertikalen Integration sind daher tendenziell eher Divergenz- denn Konvergenzimpulse zu erwarten („Vertiefungseffekt"). Es bleibt abschließend zu untersuchen, in welcher Weise die zunehmende Integration Mittel- und Osteuropas den raumwirtschaftlichen Strukturwandel in Westeuropa beeinflußt („Ostöffnungseffekt").

Seit dem Beginn der Systemtransformation haben die Verflechtungen zwischen der EU und den Transformationsländern Mittel- und Osteuropas durch Güter- und Kapitalmobilität deutlich zugenommen. Besonders dynamisch entwickelten sich – wenn auch von einem sehr geringen Niveau ausgehend – die Austauschbeziehungen Deutschlands mit den Reformstaaten. 1997 entfielen bereits rund 10 Prozent des deutschen Außenhandels auf Mittel- und Osteuropa, und der Anteil der deutschen Direktinvestitionen in diese Region stieg von 0,2 Prozent (1990) auf 4,5 Prozent (1997) an.

Die komparativen Vorteile der mittel- und osteuropäischen Länder sind im Bereich der arbeitsintensiven Produktion sowie in der Herstellung standardisierter Massengüter am Ende des Produktlebenszyklus zu finden (vgl. Kap. 3.2.3.3). Die zunehmende Verflechtung mit diesen Reformländern erhöht folglich den Anpassungsdruck in den peripheren Regionen und in den Altindustriegebieten der EU, die ebenfalls arbeitsintensive Produkte und „reife" Massengüter erzeugen. Bei realistischer Betrachtung müssen sich diese Wirtschaftsbereiche auf Produktionseinbußen einstellen. Die Integration Mittel- und Osteuropas bietet der westeuropäischen Wirtschaft aber auch beachtliche Chancen durch den Absatz moderner Konsum- und Investitionsgüter sowie durch die Möglichkeit der Auslagerung arbeitsintensiver Produktionsschritte, die die internationale Wettbewerbsfähigkeit der heimischen Produktion verbessert.

Für die betroffenen Regionen in der EU gibt es keine vernünftige Alternative, als sich dem Wettbewerb mit den Reformländern zu stellen und den Strukturwandel voranzutreiben. Wird der Reformprozeß in Mittel- und Osteuropa weiterhin durch die Protektion der international nicht mehr wettbewerbsfähigen Wirtschaftsbereiche in Westeuropa in Form von Handelshemmnissen und Subventionen behindert, kommen an Stelle von Gütern die Arbeitskräfte. Große Disparitäten im Pro-Kopf-Einkommen, die Freisetzung von Arbeitskräften im Transformationsprozeß und die geographische Nähe der Reformländer zur EU lassen ein beträchtliches Migrationspotential erwarten. Das *Deutsche Institut für Wirtschaftsforschung* schätzt dieses Potential bei einer vollständigen Integration der Arbeitsmärkte zwischen 1996 und 2030 auf kumuliert 9 bis 17 Mio. Zuwanderungen aus Polen, Tschechien, der Slowakei, Ungarn und Slowenien. Aus allen EU-Beitrittskandidaten Mittel- und Osteuropas (MOE-10) sind zwischen 23 Mio. und 37 Mio. potentielle Migranten zu erwarten, das entspricht 20 bis 30 Prozent der Bevölkerung in den Herkunftsgebieten (*C. Weise* et al. 1997, S. 136 ff.).

Welche Regionen durch die zunehmende Integration Osteuropas Wachstumsimpulse realisieren können, ist *ex ante* schwer zu beantworten. *Ex post* lassen sich die Effekte der Ostöffnung jedoch kaum von überlagernden Determinanten des raumwirtschaftlichen Strukturwandels (Globalisierung, vertikale Integration, technischer Fortschritt usw.) isolieren. Allgemein ist zu erwarten, daß Regionen in räumlicher Nähe zu Mittel- und Osteuropa von der Ostöffnung profitieren. Lageinduzierte Wachstumsimpulse erwarten Stockholm, Kopenhagen, Berlin, das norddeutsche Städtedreieck Hamburg-Bremen-Hannover, München und Wien. Für diese Städte hat sich das Hinterland vergrößert bzw. sie können neue Funktionen als Netzknoten wahrnehmen.

Eine im Auftrag der Europäischen Kommission angefertigte Untersuchung geht davon aus, daß die regional differenzierten Effekte der Ostöffnung von der *Betroffenheit* einer Region sowie von ihrem *Reaktionspotential* abhängen (*European Commission* 1996). Das Ausmaß der Betroffenheit einer Region wird bestimmt durch den Anteil der regionalen Exporte in Industriezweigen, die in besonderem Maße neuer Konkurrenz aus den Reformländern ausgesetzt sind (*Anfälligkeit*) und durch das wirtschaftliche Potential, das in einer bestimmten Zeit erreicht werden kann (*Erreichbarkeit*). Ob eine betroffene Region positive oder negative Effekte zu erwarten hat, hängt indes von ihrem Reaktionspotential ab, in der Studie gemessen durch das Bruttoinlandsprodukt pro Kopf, die Beschäftigtenentwicklung sowie die mit komplexen Indikatoren erfaßten Größen Infrastrukturausstattung und Innovationsintensität.

Die Betroffenheit der Regionen der EU entspricht zum einen weitgehend dem Erreichbarkeitsmuster, das ein deutliches Zentrum-Peripherie-Gefälle zeigt. Zum anderen gelten solche Regionen als ökonomisch anfällig, in denen große Anteile der Produktion auf traditionelle Industriezweige wie chemische Industrie, Metallverarbeitung, Maschinenbau oder Textil- und Bekleidungsindustrie entfallen, die durch die Ostöffnung unter erhöhten Wettbewerbsdruck geraten. Hierzu gehören Ostdeutschland, Teile Süddeutschlands, Nordengland sowie die Regionen um Porto, Bordeaux und Mailand. Das größte Reaktionspotential weist erwartungsgemäß die von Südengland über Benelux, das Ruhrgebiet und Süddeutschland bis nach Italien reichende Wachstumszone der EU („blaue Banane") auf. Diese wettbewerbsfähigen Regionen im Zentrum der EU erscheinen auch bei der gemeinsamen Betrachtung von Betroffenheit und Reaktionspotential als wahrscheinliche „Gewinner" der Ostöffnung. Auffällig schlecht schneiden dagegen die neuen deutschen Bundesländer in dieser Betrachtung ab; hier treffen eine hohe Anfälligkeit und ein geringes Reaktionspotential aufeinander, so daß die Ostöffnung den Anpassungsdruck hier in besonderem Maße erhöht.

Mit zunehmender Integration werden sich die Wirtschaftsstrukturen zwischen der EU und den östlichen Beitrittskandidaten weiter angleichen, so daß der Anteil des intraindustriellen Handels zwischen den Regionen zunimmt. Die Studie erwartet, daß sich damit auch die Betroffenheit der Regionen durch die Ostöffnung erhöht. Periphere Regionen mit geringem Reaktionspotential wie Südportugal, Nordspanien, Süditalien oder Griechenland könnten dann verstärkt unter Anpassungsdruck geraten.

Bei einer Öffnung des stark regulierten EU-Agrarmarktes (vgl. Band 3 Politik, 3. Auflage 1994, Kap. 4.3.2.1) gegenüber mittel- und osteuropäischen Ländern ist mit angebotsbedingten Preissenkungen zu rechnen, die in allen Regionen der EU zu Produktionsrückgängen in der Landwirtschaft führen würden. Dem stehen jedoch positive Konsum- und Steuereffekte gegenüber. *J. Rollo* und *A. Smith* (1993, S. 155) gehen davon aus, daß insbesondere Mitgliedstaaten mit einem hohen Wertschöpfungsanteil in der Landwirtschaft einen negativen Nettoeffekt durch die Ostöffnung erleiden werden. Hierzu zählen vor allem die peripheren Regionen der EU wie Irland, Westfrankreich, Spanien, Portugal, aber auch Ostdeutschland, die Ostküste Italiens und Griechenland, in denen bis zu 30 Prozent der Erwerbstätigen in der Landwirtschaft beschäftigt sind.

Die vorliegenden Einschätzungen deuten in ihrer Summe darauf hin, daß die mit der Integration der Reformländer Mittel- und Osteuropas verbundenen Potentiale in der EU am ehesten von den leistungsfähigen, zentral gelegenen Regionen realisiert werden können, die über eine moderne Wirtschaftsstruktur verfügen. Für die strukturschwachen Regionen an der Peripherie des Integrationsraums und die Altindustriegebiete wird sich der von der Globalisierung und der vertikalen Integration (Binnenmarkt, Währungsunion) ausgehende Anpassungsdruck durch die Osterweiterung noch verstärken. In diesen Regionen besteht zudem die Befürchtung, nach einer Osterweiterung auf den Zufluß regionalpolitischer Mittel der EU verzichten zu müssen, die dann in die entwicklungsschwächeren Beitrittsländer umgeleitet würden. Die Europäische Kommission geht nämlich davon aus, daß die Osterweiterung ohne eine Aufstockung ihrer Haushaltsmittel erreicht werden kann; eine Erhöhung der Eigenmittelobergrenze von 1,27 Prozent des BSP der EU (1999) wird nicht angestrebt. Unter dem politischen Druck der Problemregionen scheint dieses Ziel allenfalls durch eine Rückverlagerung regionalpolitischer Kompetenzen auf die nationale Ebene erreichbar.

3.2.3.3 Transformationsregion Mittel- und Osteuropa

Seit dem Zusammenbruch der sozialistischen Zentralverwaltungswirtschaften Ende der 80er Jahre bemühen sich die ehemaligen Planwirtschaften Mittel- und Osteuropas um eine Systemtransformation zur Marktwirtschaft. Die grundlegenden Aufgabenbereiche der Systemtransformation und die weltweit praktizierten Transformationsmodelle wurden bereits in Kap. 3.2.1 vorgestellt. Es gilt nun zu untersuchen, welche raumdifferenzierenden Effekte von der Systemtransformation auf der nationalen und subnationalen Ebene ausgehen. Dabei erscheint es sachgerecht, die ehemalige DDR und die übrigen Reformländer gesondert zu betrachten.

Die fünf neuen Bundeslander einschließlich Ost-Berlin traten am 3. 10. 1990 gemäß Artikel 23 des Grundgesetzes der Bundesrepublik Deutschland bei. Mit der deutschen Vereinigung wurde die ehemalige DDR nicht nur in die Bundesrepublik Deutschland, sondern gleichzeitig in die Europäische Gemeinschaft integriert. Ostdeutschland übernahm die institutionelle Infrastruktur Westdeutschlands, d. h. die Wirtschaftsordnung, das monetäre System, die Eigentumsordnung, das Rechtssystem usw.[1] Im folgenden ist zu untersuchen, welchen

[1] Den ökonomischen Transformationsprozeß in Ostdeutschland analysieren eingehend *G. Sinn* und *H.-W. Sinn* (1993), *H.-W. Sinn* (1996), *H. Siebert*

Verlauf die Systemtransformation in den ersten knapp zehn Jahren nahm und welche sektoralen und räumlichen Differenzierungsprozesse dadurch ausgelöst wurden. Unter Berücksichtigung wirtschaftspolitischer Interventionen sind abschließend die Entwicklungsperspektiven der ostdeutschen Wirtschaft abzuschätzen.

Die Einführung der Marktwirtschaft löste in Ostdeutschland eine Transformationskrise aus; es kam zu tiefgreifenden Einbrüchen in nahezu allen ökonomischen Bereichen, z. B. bei der Produktion und der Beschäftigung. Der Index der industriellen Warenproduktion sackte in Ostdeutschland unmittelbar nach der Wirtschafts-, Währungs- und Sozialunion mit Westdeutschland (1. 7. 1990) auf etwa die Hälfte ab. Das Bruttoinlandsprodukt pro Kopf der Bevölkerung betrug 1991 weniger als ein Drittel des westdeutschen Wertes. Wie Tab. 3.40 zeigt, gelang es den ostdeutschen Bundesländern nach diesen Einbrüchen zunächst, ihren Einkommensrückstand mit zweistelligen Konvergenzraten zu verringern. Getragen wurde dieser Aufholprozeß hauptsächlich vom Baugewerbe, dessen Bruttowertschöpfung im Durchschnitt der Jahre 1992 und 1994 um fast 23 Prozent wuchs. 1997 entfielen auf die Bauwirtschaft 15 Prozent der Wertschöpfung in Ostdeutschland gegenüber lediglich 5 Prozent in Westdeutschland (*Deutsche Bundesbank* 1998c, S. 43). Als der Bauboom Mitte der 90er Jahre in eine Konsolidierungskrise umschlug, erlahmte auch der Konvergenzprozeß und kam 1997 schließlich ganz zum Erliegen. Auch die seit 1993 dynamische Entwicklung des Verarbeitenden Gewerbes, das 1997 und 1998 wieder zweistellige Zuwachsraten der Bruttowertschöpfung verzeichnete, konnte diesen Einbruch nicht kompensieren. Seitdem ist sogar eine leicht divergente Entwicklung der Pro-Kopf-Einkommen West- und Ostdeutschlands zu beobachten. 1998 erreichten die neuen Bundesländer im Durchschnitt rund 56 Prozent des westdeutschen Einkommensniveaus (vgl. *Sachverständigenrat* 1998, S. 91; *DIW* et al. 1999, S. 420 f.).

(1993) und *L. Hoffmann* (1993). Ein früher Überblick über die Wirtschafts- und Regionalentwicklung in Ostdeutschland findet sich bei *L. Schätzl* 1993, S. 197 ff. Unabhängige periodische Einschätzungen der Wirtschaftslage in den neuen Bundesländern geben die *Deutsche Bundesbank* (1998c), der Sachverständigenrat zur Begutachtung der Gesamtwirtschaftlichen Entwicklung (*Sachverständigenrat* 1998) sowie von 1991 bis 1999 drei Wirtschaftsforschungsinstitute in einem Gemeinschaftsprojekt (*DIW* et al. 1999) ab.

Tab. 3.40 Ausgewählte Kennziffern zur ökonomischen Konvergenz Ostdeutschlands und öffentliche Transferleistungen in Mrd. DM, 1991-1998 (in jeweiligen Preisen)

	1991	1992	1993	1994	1995	1996	1997	1998	1991-98
BIP pro Kopf[1]	31,3	38,9	47,7	52,3	55,4	56,8	56,7	56,1	–
Konvergenzrate[2]	–	11,1	14,4	8,8	6,5	3,1	– 0,2	– 1,4	–
Lohnstückkosten[3]	151	139	128	126	127	124	123	124	–
Bruttotransfers	139	151	167	169	185	187	183	189	1 370
Nettotransfers[4]	106	114	128	126	140	140	136	141	1 031

1) Westdeutschland = 100
2) jährliche Annäherung an das BIP pro Kopf Westdeutschlands in Prozent des Einkommsenrückstandes im Vorjahr
3) Bruttoeinkommen aus unselbständiger Arbeit je Arbeitnehmer, bezogen auf das Bruttoinlandsprodukt je Erwerbstätigen; Westdeutschland = 100
4) Bruttoleistungen abzüglich Einnahmen des Bundes in Ostdeutschland; 1998: Schätzungen auf Grundlage des Haushaltsplanes der Bundesregierung

Quelle: *DIW* et al. 1999, S. 422 f.

Die Zahl der Erwerbstätigen sank im Verlauf des Transformationsprozesses von annähernd 10 Mio. (1989) über 7,3 Mio. (1991) und 6,3 Mio. (1994) auf 6,1 Mio. (1998) ab. Bis 1993 verlor allein das produzierende Gewerbe zwei Millionen Arbeitsplätze, und fast 900 000 ältere Arbeitnehmer schieden mit Vorruhestandsregelungen vorzeitig aus dem Arbeitsmarkt aus. 1998 waren in den neuen Bundesländern 1,4 Mio. Arbeitslose registriert, was einer Arbeitslosenquote von 17,7 Prozent entspricht; hinzu kommt eine verdeckte Arbeitslosigkeit durch arbeitsmarkt- und sozialpolitische Maßnahmen in Höhe von fast 1 Mio. Personen, die die Arbeitslosenquote auf rund 30 Prozent ansteigen ließe (*DIW* et al. 1999, S. 426 f.).

Arbeitskräfte reagieren auf die verschlechterten Beschäftigungsmöglichkeiten unter anderem, indem sie in die alten Bundesländer inklusive Berlin pendeln oder abwandern. Zwischen 1989 und 1991 (1994) stieg der Anteil der aus den neuen Ländern auspendelnden Erwerbstätigen von null auf 4,5 Prozent (5,8 Prozent) an. Dabei nahmen insbesondere die Pendelbeziehungen zwischen Berlin und seinem brandenburgischen Umland zu, die 1994 bereits die Hälfte dieser Prozesse ausmachten (vgl. *H. Häußermann* 1996, S. 60). Seitdem weist die Pendlerbilanz der neuen Bundesländer ein relativ konstantes Defizit von gut 320 000 Arbeitskräften aus (*DIW* et al. 1999, s. 427). Die Abwanderung nach Westdeutschland trug dagegen nur unmittelbar nach der Wiedervereinigung zur Entlastung des ostdeutschen Arbeitsmarktes bei. Allein zwischen 1989 und 1991 siedelten eine Million Ostdeutsche in den Westen über. In der Folge bildete sich die Abwanderung jedoch zurück, während Wanderungen von West- nach Ostdeutschland zunehmend an Bedeutung gewannen. Seit Mitte der 90er Jahre ist die innerdeutsche Wanderungsbilanz nahezu ausgeglichen (vgl. *DIW* 1998, S. 707; *S. Maretzke* 1998, S. 745 ff.).

Die Gründe für den Produktions- und Beschäftigungseinbruch der ostdeutschen Wirtschaft nach 1990 sind vielfältig. *Erstens* hinterließ das DDR-Regime eine zerrüttete, international nicht wettbewerbsfähige Wirtschaft. Der Kapitalstock war veraltet, die Produktionsverfahren ineffizient und die Qualität der hergestellten Produkte entsprach meist nicht den Ansprüchen des Weltmarkts. Den größten Produktions- und Beschäftigungsrückgang erlitten daher handelbare Güter, die dem interregionalen und internationalen Wettbewerb ausgesetzt waren. *Zweitens* erschwerten einige der 1990 getroffenen Grundsatzentscheidungen auf dem Gebiet der Währungs-, Lohn- und Eigentumspolitik den realen Anpassungsprozeß in Ostdeutschland. Die frühzeitige Währungsumstellung zum Kurs von 1 : 1 für Preise, Löhne und Renten wirkte für die ostdeutsche Exportindustrie wie eine Aufwertung um etwa 400 Prozent; dieser Aufwertungsschock führte bei exportorientierten Unternehmen zu Produktionseinbrüchen. Die Lohnpolitik orientierte sich von Anfang an am Ziel der Angleichung der ostdeutschen Arbeitseinkommen an das westdeutsche Niveau, ohne auf die Produktivität einzelner Betriebe Rücksicht zu nehmen. Ende 1997 erreichten die tariflichen Grundvergütungen im Durchschnitt fast 90 Prozent des Niveaus der alten Bundesländer; in einigen wichtigen Wirtschaftszweigen war die angestrebte Lohnkonvergenz bereits abgeschlossen (*Deutsche Bundesbank* 1998c, S. 46). Diese Entwicklung zwang viele ostdeutsche Arbeitgeber, betriebliche Öffnungsklauseln in Anspruch zu nehmen oder aus den Arbeitgeberverbänden und damit aus der Tarifbindung auszutreten. Die tatsächlichen Bruttoeinkommen lagen 1998 daher nur bei knapp drei Viertel der Einkommen in den alten Bundesländern. Die Politik der Lohnangleichung beschleunigte vor allem den Zusammenbruch von Unternehmen mit veraltetem und erneuerungsbedürftigem Kapitalstock und verschärfte die Arbeitslosigkeit. Wie Tab. 3.40 zeigt, liegen die Lohnstückkosten trotz eines Rückgangs in den frühen 90er Jahren stabil um ein Viertel über dem westdeutschen Wert und belasten die ostdeutschen Unternehmen insgesamt mit einem preislichen Wettbewerbsnachteil. Schließlich sah der Einigungsvertrag vor, Privateigentum, das nach der Gründung der DDR (1949) verstaatlicht wurde, dinglich an die früheren Eigentümer zurückzugeben. Aufgrund ungeklärter Eigentumsverhältnisse stellte die beschlossene Naturalrestitution insbesondere in den ersten Jahren ein wesentliches Investitionshemmnis dar. *Drittens* ist der Außenhandel mit den früheren RGW-Staaten weitgehend zusammengebrochen. Die notwendige Integration in die internationale Arbeitsteilung durch eine Neuorientierung der Außenwirtschaftsbeziehungen konnte erst in Ansätzen vollzogen werden. 1997 betrug der Anteil des Auslandsumsatzes im Verarbeitenden Gewerbe Westdeutschlands 33,4 Prozent, in Ostdeutschland jedoch nur 15,3 Prozent des Gesamtumsatzes (*Sachverständigenrat* 1998, S. 94).

Der abrupte Wechsel der Wirtschaftssysteme zog einen rapiden sektoralen Strukturwandel nach sich. Wie in den anderen Zentralverwaltungswirtschaften Mittel- und Osteuropas war auch die Produktionsstruktur der DDR stark zugunsten des sekundären Sektors verzerrt. Noch im ersten Halbjahr 1990 trug das produzierende

Gewerbe 53 Prozent zur Bruttowertschöpfung in der DDR bei, die Bereiche Handel, Verkehr und Dienstleistungen jedoch nur 22 Prozent. Im Verlauf der Systemtransformation vollzog sich eine Angleichung an die westdeutsche Produktionsstruktur, die 1997 weitgehend abgeschlossen war. Markante Unterschiede gegenüber den alten Bundesländern bestehen indes noch innerhalb der Sektoren. So hat die Bauwirtschaft im ostdeutschen Produzierenden Gewerbe eine große Bedeutung, während das Verarbeitende Gewerbe 1997 in den neuen Bundesländern nur 16,4 der Bruttowertschöpfung erbrachte, in den alten Ländern dagegen 26,8 Prozent. Im ostdeutschen Dienstleistungssektor sind einfache haushaltsorientierte Dienstleistungen mit relativ geringen Einkommen stärker vertreten als in Westdeutschland; höherwertige Dienstleistungen wie Finanzdienstleistungen oder unternehmensorientierte Dienste sind dagegen unterrepräsentiert (*Sachverständigenrat* 1998, S. 96; *DIW* et al. 1999, S. 425 f.).

Wie in den Reformländern Mittel- und Osteuropas setzte die Einführung marktwirtschaftlicher Steuerungsprozesse in Ostdeutschland räumliche Differenzierungsprozesse in Gang. Bis 1994 entwickelte sich das Bruttoinlandsprodukt zunächst in den industriell geprägten südlichen Bundesländern Thüringen und Sachsen mit durchschnittlichen Wachstumsraten von 11 bzw. 9 Prozent am dynamischsten. Auch nach dem Erlahmen des Aufholprozesses wuchs das BIP dieser Länder schneller als der Durchschnitt der neuen Länder einschließlich Ostberlin; sie wurden jedoch 1996 und 1997 von Brandenburg übertroffen, das von den zunehmenden Verflechtungen mit und Suburbanisierungsprozessen aus Berlin profitiert. Dauerhaft ungünstiger als der Durchschnitt entwickelte sich das BIP dagegen in Mecklenburg-Vorpommern und Sachsen-Anhalt. Während Mecklenburg-Vorpommern unter den Anpassungsprozessen in der Landwirtschaft und in der Werftindustrie zu leiden hat, gestaltet sich der industrielle Strukturwandel in Sachsen-Anhalt aufgrund der in der DDR entstandenen großbetrieblichen Strukturen (Maschinenbau, chemische Industrie) besonders schwierig. Trotz dieser einsetzenden Differenzierungen sind die Disparitäten im regionalen Pro-Kopf-Einkommen zwischen den neuen Bundesländern aber noch erheblich schwächer ausgeprägt als zwischen den Flächenländern des alten Bundesgebiets (Tab. 3.41). In Westdeutschland war 1997 das Bruttoinlandsprodukt pro Kopf im reichsten Flächenland (Hessen) rund 50 Prozent höher als im ärmsten Bundesland (Rheinland-Pfalz); in Ostdeutschland lag das Pro-Kopf-Einkommen in Brandenburg lediglich um 12,6 Prozent höher als in Sachsen-Anhalt.

Während die drastischen Produktions- und Beschäftigungseinbrüche der Transformationskrise die ostdeutschen Regionen weitgehend flächendeckend betrafen, sind beim Aufbau neuer Wirtschaftsstrukturen erste regionale Differenzierungen zu erkennen. Eine Studie des *Instituts für Wirtschaftsforschung Halle* untersuchte das räumliche Muster von Investitionen zur Errichtung neuer Produktionskapazitäten in den neuen Bundesländern zwischen 1990 und 1994. Dabei wiesen die südlichen neuen Bundesländer Sachsen, Thüringen und Sachsen-Anhalt ein deutlich höheres Investitionsgeschehen auf als der Norden. Die höchsten Errichtungsinvestitionen je Einwohner sind vor allem in Kreisen zu finden, in denen traditionelle Industriestandorte beheimatet sind. Hierzu zählen u.a. das Umland von Berlin

Tab. 3.41 Bruttoinlandsprodukt der Bundesländer in Deutschland, 1997

Bundesländer	BIP Mrd. DM	Einwohner 1 000	BIP pro Kopf DM	BIP pro Kopf Index[1]
Hamburg	142,6	1 708	83 489	173,9
Bremen	40,3	678	59 440	123,8
Hessen	353,2	6 027	58 603	122,0
Bayern	615,4	12 044	51 096	106,4
Baden-Württemberg	523,1	10 375	50 419	105,0
Berlin	156,2	3 459	45 158	94,0
Nordrhein-Westfalen	799,1	17 948	44 523	92,7
Saarland	45,2	1 084	41 697	86,8
Schleswig-Holstein	112,5	2 742	41 028	85,4
Niedersachsen	315,6	7 815	40 384	84,1
Rheinland-Pfalz	156,5	4 001	39 115	81,5
alte Bundesländer	3 259,7	67 881	48 021	100,0
Brandenburg	74,1	2 554	29 013	60,4
Sachsen	123,4	4 546	27 145	56,5
Mecklenburg-Vorpommern	49,1	1 817	27 023	56,3
Thüringen	65,4	2 491	26 255	54,7
Sachsen-Anhalt	70,2	2 724	25 771	53,7
neue Bundesländer	382,2	14 132	27 045	56,3
Deutschland	3 641,9	82 013	44 406	92,5

1) alte Bundesländer = 100

Quelle: *Statistisches Bundesamt* (Statistisches Jahrbuch 1998 für die Bundesrepublik Deutschland)

sowie die Restrukturierungsgebiete in den südlichen Bundesländern, wo einige Großinvestitionen angesiedelt wurden. So entstand am Standort Leuna im Chemiedreieck Halle-Dessau-Leipzig eine Raffinerie des französischen Mineralölkonzerns Elf mit einem Investitionsvolumen von 4,8 Mrd. DM. Innerhalb der Landkreise sind weiterhin Disparitäten zwischen den Kernstädten und ihren Umlandkreisen festzustellen. Während in den Kernstädten ungeklärte Eigentumsverhältnisse, Rückerstattungsansprüche, Verkehrsengpässe, ökologische Altlasten sowie langwierige Planungs- und Genehmigungsverfahren investitionshemmend wirken, finden Investoren im Umland der Kernstädte günstigere Standortbedingungen vor. Hier können die Verfügbarkeit günstiger Flächen und eine gute Verkehrsanbindung mit den Fühlungsvorteilen durch die Nähe der Zentren kombiniert werden (*G. Heimpold* 1997). Diese Suburbanisierungsprozesse sind auch bei der Bevölkerung und der Beschäftigung zu beobachten; so lief die Suburbanisierung der Bevölkerung zwischen 1990 und 1996 in Ostdeutschland etwa doppelt so schnell ab wie in Westdeutschland, wo sich diese Prozesse schon seit Jahrzehnten verzeichnen lassen. Während die Kernstädte ökonomische Aktivitäten an ihr Umland verlieren, gewinnen sie nur in geringem Umfang überregionale Funktionen im Dienstleistungsbereich hinzu. Diese Funktionen konzentrieren sich überwiegend in westdeutschen Großstädten; eine räumliche Umorientierung ist hier bislang kaum zu erkennen (vgl. *DIW* 1997).

Die Integration Ostdeutschlands in das ökonomische und soziale System der Bundesrepublik Deutschland machte massive öffentliche Finanztransfers und erhebliche private Investitionen aus Westdeutschland notwendig. Die jährlichen öffentlichen Brutto-Finanztransfers von West- nach Ostdeutschland stiegen von ca. 140 Mrd. DM (1991) auf über 180 Mrd. DM (1995). Seit der Integration der neuen Bundesländer in den Länderfinanzausgleich der Bundesrepublik 1995 verharrten die Leistungen auf diesem Niveau (vgl. Tab. 3.40). In den acht Jahren nach der Wiedervereinigung kumulierten sich die Bruttoübertragungen nach Angaben der *Deutschen Bundesbank* auf 1,37 Bio. DM[1]. Selbst unter Berücksichtigung der Einnahmen des Bundes in Ostdeutschland erreichen die kumulierten Nettotransfers über 1 Bio. DM. Diese öffentlichen Finanzleistungen

---

[1] Zur Abgrenzung und Zuordnung der Finanztransfers, die je nach Quelle zu unterschiedlichen Transfervolumina führt, vgl. *Deutsche Bundesbank* 1996d.

Westdeutschlands für den Aufbau des volkswirtschaftlichen Produktionsapparats und für die Einführung des westdeutschen sozialen Leistungssystems in Ostdeutschland sind beeindruckend und international ohne Beispiel. Der 1997 geleistete öffentliche Nettotransfer von über 140 Mrd. DM entsprach 4,2 Prozent des westdeutschen und mehr als einem Drittel des ostdeutschen Bruttoinlandsprodukts. Westdeutschland transferierte Jahr für Jahr rund 10 000 DM pro Kopf der ostdeutschen Bevölkerung.

Nach Angaben der *Deutschen Bundesbank* wurden bislang nur ein Viertel der gesamten zurechenbaren öffentlichen Transferleistungen investiv verwendet, darunter 17 Prozent direkt für Investitionen, z. B. zur Verbesserung der Infrastruktur, und 8 Prozent indirekt zur Subventionierung der Privatwirtschaft. Der größte Teil der Leistungen der westdeutschen öffentlichen Haushalte floß in den Konsum, allein 44 Prozent in Form von Sozialleistungen. An dieser ungünstigen Relation von investiver und konsumtiver Verwendung hat sich seit 1991 wenig verändert. Aufgrund des Finanztransfers aus Westdeutschland war die Inlandsnachfrage in Ostdeutschland erheblich höher als das Bruttoinlandsprodukt; die ostdeutsche Bevölkerung konnte mehr Güter und Dienstleistungen nachfragen, als sie selbst erwirtschaftete. Im Jahre 1994, als das BIP pro Kopf gerade die Hälfte des westdeutschen Wertes erreicht hatte, betrug die sogenannte Absorption (privater Verbrauch, Staatsverbrauch, Investitionen) bereits fast 90 Prozent des Niveaus der alten Bundesländer. Damit wurde die Absorption nur zu zwei Dritteln durch die heimische Produktion erwirtschaftet; das restliche Drittel wurde durch Transfers und Kapitalimporte finanziert, die für 1998 per Saldo auf rund 200 Mrd. DM geschätzt werden. Als eigenständige Volkswirtschaft würde Ostdeutschland ein Leistungsbilanzdefizit von nahezu der Hälfte des Bruttoinlandsprodukts aufweisen. Nach Einschätzung des Internationalen Währungsfonds ist bereits ein dauerhaftes Leistungsbilanzdefizit von über 5 Prozent des BIP für eine Volkswirtschaft als bedenklich einzustufen.

Um den obsoleten Kapitalstock neu aufzubauen, werden private Investitionen in Ostdeutschland staatlich gefördert. Gerechtfertigt wurden diese Eingriffe in den Marktmechanismus zunächst mit der investitionshemmenden Wirkung der in vier Jahrzehnten Planwirtschaft angehäuften Standortdefizite, die eine temporäre Anschubfinanzierung durch die öffentliche Hand erforderten (vgl. *Bundesregierung* 1992, Tz. 30). Das Förderinstrumentarium reicht(e) von Investitionszuschüssen und steuerlichen Vergünstigungen (Sonderabschreibungen, Investitionszulagen) über regionalpolitische Hilfen im Rahmen der Gemeinschaftsaufgabe „Verbesserung der regionalen Wirtschaftsstruktur“ und des Europäischen Regionalfonds bis zu speziellen mittelstandspolitischen Hilfen wie der subventionierten Bereitstellung von Fremd- und Eigenkapital durch die staatlichen Förderbanken. Zwischen Ende 1990 und Mitte 1998 erreichten die Investitionszuschüsse ein Volumen von 45,8 Mrd. DM. Die Investitionszulagen für Ausrüstungsinvestitionen kumulierten sich von 1991 bis 1998 auf 23,7 Mrd. DM, während sich die Sonderabschreibungen zu 54 Mrd. DM summierten (*Sachverständigenrat* 1998, S. 103).

Als Reaktion auf den Mitte der 90er Jahre versiegenden Konvergenzprozeß wurde der Ausgleich nachteiliger Standortbedingungen als Begründung für die staatlichen Interventionen durch das Ziel ersetzt, die Einkommens- und Beschäftigungsunterschiede zwischen West- und Ostdeutschland auszugleichen. Zu diesem Zweck wurde die Sonderförderung-Ost mehrfach verlängert – zuletzt bis zum Jahre 2004 – und inhaltlich stärker differenziert. Seitdem ist die Förderung auf das Verarbeitende Gewerbe, ausgewählte produktionsorientierte Dienstleistungen sowie den innerstädtischen Handel und das Handwerk beschränkt und knüpft verstärkt an den vermuteten Schwachstellen ostdeutscher Betriebe (Forschung und Entwicklung, Marketing) an.

Nicht zuletzt aufgrund dieser Kapitalsubventionen betrugen die Investitionen in neue Anlagen in Ostdeutschland von 1991 bis 1998 rund 1,3 Bio. DM. Davon entfielen 58 Prozent auf den für den Aufbau der Wirtschaft besonders bedeutsamen Unternehmenssektor. Das Durchschnittsalter des Kapitalstocks konnte dadurch weitgehend an das westdeutsche Niveau angeglichen werden. Mit 60 Prozent floß der größte Anteil der Anlageinvestitionen in die Bereiche Handel, Verkehr und Dienstleistungen und förderte so die notwendige Anpassung der Sektoralstruktur (vgl. *DIW* et al. 1999, S. 423). Trotz dieser immensen Investitionen liegt die durchschnittliche Kapitalintensität (Sachkapital je Arbeitsplatz) aber noch immer um ein Viertel unter dem entsprechenden westdeutschen Wert. Dies vermag den Rückstand Ostdeutschlands in der Arbeitsproduktivität jedoch nur zum Teil zu erklären. Neben der geringeren Kapitalintensität sind hierfür u.a. Defizite in der Betriebsorganisation und im Technologiemanagement sowie Probleme beim Marktzugang und in der Spezialisierung verantwortlich, die zu einer Unterauslastung des Produktionspotentials (*Output Gap*) führen. Es ist jedoch zu berücksichtigen, daß zwischen den einzelnen Unternehmen in Ostdeutschland durchaus große Produktivitätsunterschiede bestehen. In einigen jüngeren Betriebsstätten, wie z.B. den Automobilwerken von Volkswagen in Mosel oder Opel in Eisenach, erreicht die Produktivität ein höheres Niveau als an den älteren Standorten dieser Unternehmen in Westdeutschland.

Die Mitte der 90er Jahre einsetzende Neuorientierung der Sonderförderung-Ost wird unterschiedlich bewertet. Zu begrüßen ist die stärkere Konzentration der Förderung, die einen effizienteren Mitteleinsatz ermöglicht. Positiv wird weiterhin die Substitution der Sonderabschreibungen durch Investitionszulagen sowie die zunehmende Integration der Maßnahmen in die allgemeine Regional- und Mittelstandsförderung beurteilt. Kritisch zu bewerten ist dagegen die mangelnde Transparenz des Förderinstrumentariums; Unternehmen in Ostdeutschland standen 1998 fast 400 Förderprogramme von EU, Bund und Ländern zur Verfügung. Die Wirtschaftsforschungsinstitute bemängeln weiterhin die fortgesetzte Förderung des Handwerks und des innerstädtischen Handels sowie die Begründung der Förderung mit dem Ausgleichsziel, das eine Fortführung der Maßnahmen für einen sehr langen Zeitraum rechtfertigen könne (*DIW* et al. 1999, S. 343).

Die hohe Subventionierung des Kapitals begünstigt in Ostdeutschland den Aufbau einer kapitalintensiven Industrie, obwohl aufgrund der bestehenden Faktorausstattung für eine Übergangsphase eine wettbewerbsfähige, arbeitsintensive Produktion notwendig gewesen wäre. Durch die hohen Subventionen erlangt Ostdeutschland trotz anhaltend hoher Arbeitslosigkeit vor allem bei sachkapitalintensiven Massengütern komparative Kostenvorteile. Ausgewählte Standorte mit hoher Lagegunst gewinnen durch die umfassenden Kapitalsubventionen in Verbindung mit einem beachtlichen Reservoir an ingenieurwissenschaftlich ausgebildeten Fachkräften auch für sog. High-Tech-Betriebe an Attraktivität. So ist in Dresden nach subventionierten Großinvestitionen der Siemens AG und dem US-amerikanischen Halbleiterhersteller Advanced Micro Devices (AMD) ein Mikroelektronik-Cluster mit rund 400 Unternehmen und mehr als 15 000 Beschäftigten entstanden. Insgesamt erreicht die ostdeutsche Wirtschaft bei den Forschungs- und Entwicklungsaktivitäten jedoch erst ungefähr die Hälfte des westdeutschen Niveaus. Der Anteil der in FuE beschäftigten Erwerbstätigen betrug 1995 0,5 Prozent (früheres Bundesgebiet: 1,1 Prozent), die internen Aufwendungen für FuE (ohne Fremdaufträge und Forschungskooperationen) lagen bei 0,9 Prozent der Wertschöpfung (früheres Bundesgebiet: 2,1 Prozent; *Sachverständigenrat* 1998, S. 102). Kapitalsubventionen führen ferner beim interregionalen und internationalen Wettbewerb um Investitionen zu Verzerrungen und Fehlallokationen, indem etwa ursprünglich in Westdeutschland oder in den Reformländern Mittel- und Osteuropas geplante Investitionen als Folge der Subventionen nach Ostdeutschland umgelenkt werden.

Im folgenden werden einige Faktoren aufgeführt, die die künftige Geschwindigkeit des Aufholprozesses in Ostdeutschland sowie den raumwirtschaftlichen Strukturwandel beeinflussen könnten (vgl. *L. Schätzl*, *I. Liefner* 1998, S. 276 f.):

- In Ostdeutschland ist es in wenigen Jahren gelungen, einen marktwirtschaftlichen Ordnungsrahmen herzustellen, neue Verwaltungsstrukturen einzuführen und die Privatisierung des volkswirtschaftlichen Produktionsapparates weitgehend abzuschließen. Hohe öffentliche Investitionen ermöglichen den Aufbau einer auch im internationalen Vergleich modernen und leistungsfähigen Verkehrs- und Kommunikationsinfrastruktur. Für den Aufbau wettbewerbsfähiger Wirtschaftsstrukturen ist somit ein solides Fundament geschaffen worden.
- Die Wirtschaftsleistung in Ostdeutschland nahm bislang in jenen Branchen am stärksten zu, deren Nachfrage durch Transferzahlungen gestützt wurde und die für einen regional begrenzten Markt produzierten, d.h. in der Bauwirtschaft, im Handel und in ausgewählten haushaltsorientierten Dienstleistungen. Um einen selbsttragenden Aufholprozeß zu erreichen, muß es bei den öffentlichen West-Ost-Finanztransfers zu einer Umschichtung der Mittel von der konsumtiven zur investiven Verwendung kommen. Investitionen werden in Zukunft vor allem zum Aufbau einer leistungsfähigen industriellen Basis benötigt. Ostdeutschland muß es gelingen, eine humankapital- und technologieintensive Industrie aufzubauen. Aufgrund umfassender Kapitalsubventionen und eines qualifizierten Arbeitskräftepotentials sind die Chancen hierfür in den Agglomerationsräumen vorhanden. Kritischer zu betrachten sind Investitionen in Betriebe, die industrielle Massengüter herstellen, die sich bereits in einer fortgeschrittenen Phase des Produktlebenszyklus befinden. Es ist zu befürchten, daß angesichts der Konkurrenz durch Niedriglohnländer zumindest Teile der Stahlindustrie, des Schiffbaus und der chemischen Industrie keine internationale Wettbewerbsfähigkeit erlangen können.

- Im Zuge des Aufholprozesses werden sich die Regionen in Ostdeutschland auch weiterhin sehr unterschiedlich entwickeln. Problemgebiete bleiben für einen längeren Zeitraum monostrukturierte Regionen mit einer Spezialisierung auf „alte" Produkte, z.B. Rostock (Schiffbau), Eisenhüttenstadt (Stahlindustrie) oder Plauen (Textilindustrie). Andererseits gewinnen Verdichtungsgebiete mit hoher Lagegunst und handwerklich-industrieller Tradition an Attraktivität für sog. „High Tech"-Betriebe, z.B. Dresden (Mikroelektronik). Schließlich erhalten die Stadt Berlin und ihr Umland durch die Verlagerung des Regierungssitzes einen zusätzlichen Wachstumsschub. Die Wirtschaftspolitik sollte diesen Differenzierungsprozessen Rechnung tragen und die flächendeckende Sonderförderung früher oder später in eine selektive Regionalförderung überführen.
- In der anfänglichen Vereinigungseuphorie herrschte die Erwartung vor, die Einführung der Marktwirtschaft in Verbindung mit westdeutschen Kapital- und Technologietransfers würden ein dynamisches Wirtschaftswachstum initiieren und Ostdeutschland zügig in eine „High Tech-Region" mit „blühenden Landschaften" verwandeln. Um diese Vorstellung zu realisieren, bedürfe es lediglich einmaliger, temporärer Anstrengungen, die auch ordnungspolitisch bedenkliche Interventionen zur Förderung von Investitionen und Beschäftigung rechtfertigten. Das Erlahmen des Konvergenzprozesses führte Mitte der 90er Jahre zu der Erkenntnis, daß der Aufbau selbsttragender ökonomischer Strukturen in Ostdeutschland einen „langen Atem" erfordere. Legt man die von *R. J. Barro* und *X. Sala-i-Martin* (1995) für die USA, Japan und Westeuropa empirisch ermittelte regionale Konvergenzrate des Pro-Kopf-Einkommens von 2 Prozent zugrunde, werden die neuen Bundesländer erst nach 35 Jahren die Hälfte und nach 69 Jahren drei Viertel ihres 1998 bestehenden Einkommensrückstands gegenüber Westdeutschland aufgeholt haben. Der Aufbau der ostdeutschen Wirtschaft wird daher noch auf lange Zeit öffentliche Transferleistungen aus dem früheren Bundesgebiet erfordern. Es bedarf zudem einer langfristig orientierten wirtschaftspolitischen Strategie, die verläßliche Rahmenbedingungen für die Entfaltung privatwirtschaftlicher Initiative setzt. Entsprechend verbietet sich eine undifferenzierte flächendeckende Förderung nach dem „Gießkannenprinzip", die eine dauerhafte Subventionsmentalität in der ostdeutschen Wirtschaft nährt und staatlich subventionierte Beschäftigung in großem

Umfang als Ersatz für fehlende marktorientierte Arbeitsplätze erscheinen läßt (vgl. *Sachverständigenrat* 1998, S. 211).

Während sich nach dem 2. Weltkrieg in Westeuropa ein zunehmender Integrationsprozeß vollzog, in den auch Ostdeutschland einbezogen wurde, erlebte der ehemalige „Ostblock" nach 1989 einen Prozeß der Desintegration; das zentralverwaltungswirtschaftliche System zerfiel. Die Staaten Mittel- und Osteuropas bemühen sich seitdem mit verschiedenen Strategien und unterschiedlichem Erfolg, marktwirtschaftliche Strukturen aufzubauen. Hierfür sind ein gesellschaftlicher Konsens, der Aufbau marktwirtschaftlicher Institutionen und die reale Anpassung der Volkswirtschaft erforderlich (vgl. Kap. 3.2.1). Im Unterschied zu Ostdeutschland müssen die Staaten Osteuropas in einem längerfristigen Transformationsprozeß nicht nur die realwirtschaftliche Anpassung ihrer Volkswirtschaften, sondern zugleich den Aufbau einer institutionellen Ordnung bewältigen. Es ist daher zu prüfen,

- welche Fortschritte in der realwirtschaftlichen und institutionellen Anpassung bislang erzielt wurden;
- auf Basis welcher komparativer Vorteile die Integration der Reformländer in den internationalen Standortwettbewerb erfolgt;
- welche Auswirkungen der Systemtransformation auf den raumwirtschaftlichen Differenzierungsprozeß sich auf der subnationalen Ebene abzeichnen.

Tab. 3.42 zeigt die Unterschiede im Einkommensniveau der zehn mittel- und osteuropäischen EU-Beitrittskandidaten (MOE-10), gemessen am Bruttoinlandsprodukt pro Kopf in Kaufkraftparitäten. Slowenien reichte 1997 mit nahezu 60 Prozent des EU-Durchschnitts bereits an das Niveau der EU-Kohäsionsländer Griechenland und Portugal heran (vgl. Tab. 3.38), während die einkommensschwächsten Reformländer nur ein Drittel dieses Wertes bzw. ein Fünftel des EU-Durchschnitts erreichten. Selbst unter der optimistischen Annahme, daß das Bruttoinlandsprodukt pro Kopf in den Reformländern künftig dauerhaft um zwei Prozentpunkte schneller wächst als das der EU, würde sich der Abbau der Einkommensunterschiede zwischen West- sowie Mittel- und Osteuropa über mehrere Generationen erstrecken. In diesem Szenario benötigten die fünf Beitrittskandidaten der ersten Verhandlungsrunde (MOE-5) 32 Jahre zum Abbau der Hälfte ihres 1997 bestehenden Einkommensrückstands; nach 42 Jahren wären schließlich drei Viertel der ursprünglichen Disparitäten eingeebnet. Für Bulgarien als einkommensschwächstes Land unter

Tab. 3.42 Kennzahlen der zehn mittel- und osteuropäischen EU-Beitrittskandidaten (MOE-10), 1997

	Bevölkerung in Mio.	BIP pro Kopf in Kaufkraftparitäten		Bestand ausländischer Direktinvestitionen	Anteil des Privatsektors am BIP	Durchschnitt der EBWE-Reformindikatoren[2]
		absolut	EU-15 = 100	Mio. US-Dollar	in Prozent[1]	
Slowenien	2,0	11 880	59,2	2 349	50	3,21
Tschechische Rep.	10,3	10 380	51,8	6 763	75	3,46
Ungarn	10,1	6 970	34,8	15 882	75	3,67
Polen	38,7	6 510	32,5	16 463	65	3,42
Estland	1,5	5 090	25,4	1 148	70	3,42
MOE-5[3]	62,6	7 359	36,7	42 605	68	3,43
Slowakische Rep.	5,4	7 860	39,2	1 293	75	3,25
Rumänien	22,5	4 270	21,3	2 467	60	2,67
Litauen	3,7	4 140	20,6	1 041	70	3,04
Lettland	2,5	3 970	19,8	901	60	3,08
Bulgarien	8,3	3 870	19,3	943	50	2,75
MOE-10	105,0	6 253	31,2	49 250	67	3,20
EU-15	375,4	20 057	100,0	1 195 642	–	–

1) Schätzungen der EBWE
2) Qualitative Bewertung von acht institutionellen Teilaspekten der Systemtransformation in den Bereichen Unternehmen, Märkte und Handel, Finanzinstitute; Skala von 1 (keine Reformfortschritte) bis 4,33 (Standard fortschrittlicher Industrieländer)
3) MOE-5 = Teilnehmer der ersten Runde der Beitrittsverhandlungen

Quellen: *Weltbank* (World Development Indicators 1999), *UNCTAD* (World Investment Report 1998), *EBWE* (Transition Report 1997)

den Beitrittskandidaten würde dieser Aufholprozeß 57 bzw. 72 Jahre in Anspruch nehmen. Welchen Verlauf dieser Aufholprozeß tatsächlich nehmen wird, hängt von den erzielten Fortschritten im Bereich der institutionellen Reformen und der realwirtschaftlichen Anpassung ab.

Beim Aufbau der für eine funktionsfähige Marktwirtschaft notwendigen institutionellen Rahmenbedingungen haben die Länder Mittel- und Osteuropas beträchtliche Fortschritte im Bereich der Preisliberalisierung sowie bei der Privatisierung vor allem des kleinbetrieblichen Sektors erzielt. Schätzungen zufolge erwirtschaftet der Privatsektor in den meisten Ländern bereits zwischen 60 und 75 Prozent des Bruttoinlandsprodukts (vgl. Tab. 3.42). Die staatliche Beschaffung von Gütern zu nicht handelsüblichen Preisen wird kaum mehr praktiziert, und auch das Handels- und Wechselkurssystem wurde mit Ausnahme von Handelsbeschränkungen im Agrarsektor umfassend liberalisiert. Damit sind die Transformationsländer in eine zweite Reformphase eingetreten, in der noch bestehende Defizite im Unternehmens- und Finanzsektor abgebaut werden müssen. Hierzu sind Maßnahmen zur Verschärfung der betrieblichen Haushaltsdisziplin und zur Verbesserung der Unternehmensführung, ein weiterer Ausbau der Wettbewerbspolitik sowie die Weiterentwicklung des Finanzsektors erforderlich. Zwischen den einzelnen Reformländern bestehen jedoch Unterschiede in den Reformfortschritten, die im Durchschnitt der Reformindikatoren der *Europäischen Bank für Wiederaufbau und Entwicklung* zum Ausdruck kommen; den Teilnehmern der ersten Verhandlungsrunde (MOE-5) werden im allgemeinen größere Reformfortschritte bescheinigt als den übrigen Beitrittskandidaten (vgl. *EBWE* 1997, S. 14 ff.).

Im Bereich der realwirtschaftlichen Anpassung wurde den Reformländern in Kap. 3.2.1 ein drastischer temporärer Rückgang von Produktion und Beschäftigung mit anschließender Rückkehr zu höheren Wachstumsraten vorhergesagt. Wie Abb. 3.38 zeigt, läßt sich dieser J-Kurven-Effekt am Beispiel der zehn EU-Beitrittskandidaten Mittel- und Osteuropas nachweisen. Allerdings bestehen große Unterschiede zwischen den Ländern hinsichtlich Ausmaß und Dauer der Transformationskrise. Während das Bruttoinlandsprodukt Polens nach einem Rückgang von 18 Prozent innerhalb von zwei Jahren bereits wieder zu wachsen begann, dauerte die Transformationskrise in Estland und Litauen fünf Jahre an. Auf dem Höhepunkt der Krise lag das BIP in den drei baltischen Republiken Estland, Litauen und Lettland um ein Drittel bis zu 50 Prozent niedriger als 1989. Diese Produktionseinbrüche resultierten hauptsächlich aus dem Verlust der Außenwirtschaftsbeziehungen mit der Auflösung des Rates für Gegenseitige Wirtschaftshilfe (RGW) sowie dem drastischen Rückgang der Binnennachfrage nach der Liberalisierung der Preise, die viele Konsumgüter unerschwinglich verteuerte. Nach Überwindung der Transformationskrise ist es zudem nicht allen Reformländern gelungen, einen stabilen Wachstumspfad zu erreichen. Insbesondere in Bulgarien und Rumänien, die auch beim Aufbau marktwirtschaftlicher Institutionen die größten Defizite aufweisen (vgl. Tab. 3.42), aber auch in der Tschechischen Republik ist der Aufholprozeß in der zweiten Hälfte der 90er Jahre zunächst zum Erliegen gekommen.

Stabile makroökonomische Rahmenbedingungen und ein glaubwürdiger Reformprozeß gelten als entscheidende Determinanten für Direktinvestitionen, die zur Modernisierung des veralteten Kapitalstocks in den Transformationsländern benötigt werden. Reformfort-

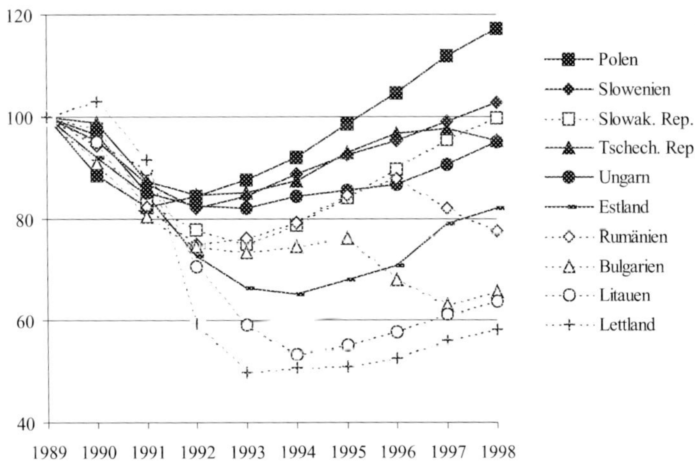

Abb. 3.38 Entwicklung des realen Bruttoinlandsprodukts der zehn mittel- und osteuropäischen EU-Beitrittskandidaten, 1989-1998 (1989 = 100)

Quellen: *IMF* (World Economic Outlook, May 1999, S. 149)
EBWE (Transition Report 1997, S. 121)

schritte und Zuflüsse von international mobilem Sachkapital begünstigen sich also gegenseitig. Wie Tab. 3.42 zeigt, konzentrieren sich die ausländischen Direktinvestitionen auf jene Länder, die bereits über ein relativ hohes Pro-Kopf-Einkommen verfügen und gute Fortschritte beim Übergang zur Marktwirtschaft vorweisen können. Die Aussicht auf einen Beitritt zur EU stärkt insbesondere das Vertrauen in die Stabilität der Teilnehmerländer der ersten Verhandlungsrunde (MOE-5), auf die bis 1997 fast 87 Prozent der Direktinvestitionen in Mittel- und Osteuropa entfielen.

Der Vergleich auf Länderebene hat gezeigt, daß die zehn mittel- und osteuropäischen Beitrittskandidaten seit 1989 die grundlegenden Aufgaben der Systemtransformation in unterschiedlichem Maße bewältigt haben. Dabei ist eine Differenzierung zwischen fortschrittlichen Reformländern mit zügig ablaufenden institutionellen und realwirtschaftlichen Anpassungen und „Nachzüglern" zu beobachten; diese Differenzierung findet nicht zuletzt in der Entscheidung der EU Ausdruck, zunächst Beitrittsverhandlungen mit Slowenien, der Tschechischen Republik, Ungarn, Polen und Estland aufzunehmen. Sollte es gelingen, die bestehenden technologischen Defizite durch den Zustrom von mobilem Kapital und technischem Wissen auszugleichen, sind in den fortgeschrittenen Reformländern dauerhafte Wachstumsraten möglich, wie sie in den südostasiatischen Schwellenländern vor der Finanz- und Währungskrise von 1997 erzielt wurden. Die langfristigen Entwicklungsperspektiven der Region hängen jedoch von ihrer Weltmarktintegration auf der Basis komparativer Kostenvorteile ab (vgl. Band 1 Theorie, 7. Auflage 1998, Kap. 2.2.3).

Das *Deutsche Institut für Wirtschaftsforschung* untersuchte die komparativen Vorteile ehemaliger Staatshandelsländer Mittel- und Osteuropas mit Hilfe der Revealed Comparative Advantage (RCA)-Analyse (*C. Weise* et al. 1997, S. 85 ff.). Die Ergebnisse sind in Tab. 3.43 dargestellt. Positive RCA-Werte deuten auf komparative Vorteile, negative RCA-Werte auf komparative Nachteile hin. Je größer (kleiner) die Beträge der RCA-Werte, um so stärker sind die komparativen Vorteile (Nachteile) in einer bestimmten Gütergruppe ausgeprägt[1].

Für die 70er und 80er Jahre weist die RCA-Analyse ein relativ konstantes Muster der im Außenhandel „enthüllten" komparativen Vorteile aus. Die damaligen Staatshandelsländer verfügten gegenüber

[1] Zur Methodik der RCA-Analyse vgl. Kap. 3.1.3.1.

den westlichen Industrieländern über komparative Vorteile in den ressourcen- und arbeitsintensiven Branchen; dagegen bestanden ausgeprägte Spezialisierungsnachteile in den forschungsintensiven Branchen sowie in Branchen mit spezialisierten Zulieferern:

- Die komparativen Vorteile in den arbeitsintensiven Branchen basieren auf den schon vor 1989 niedrigen Lohnkosten in Mittel- und Osteuropa bei einem gemessen am Pro-Kopf-Einkommen hohen Ausbildungsniveau der Arbeitskräfte.
- Die komparativen Vorteile in den ressourcenintensiven Branchen beruhten auf verzerrten Preisen. Während die meisten mittel- und osteuropäischen Staaten nur über geringe eigene Rohstoffvorkommen verfügten, waren die Preise vieler Inputs aus politischen Gründen gegenüber den Weltmarktpreisen stark verzerrt, beispielsweise durch subventionierte Erdöl- und Erdgaslieferungen aus der Sowjetunion in die anderen RGW-Staaten.
- Trotz einer im Vergleich zum Volkseinkommen hohen Forschungs- und Entwicklungsintensität war der komparative Nachteil der Staatshandelsländer in den forschungsintensiven Branchen am höchsten. Mängel in den nationalen Innovationssystemen und innovationshemmende Rahmenbedingungen verhinderten einen effizienten Einsatz der FuE-Ressourcen. Hinzu kamen eine mangelnde Anwendungsorientierung der Forschung sowie die nur schwach ausgeprägte Zusammenarbeit zwischen Forschungsinstitutionen

Tab. 3.43 Komparative Vorteile ausgewählter Länder Mittel- und Osteuropas[1] im Handel mit westlichen Industriestaaten[2] nach Hauptfaktoren der Wettbewerbsfähigkeit, 1970-1993 (RCA-Werte)

Branchenmerkmal	1970	1980	1988	1993
ressourcenintensiv	0,56	0,75	0,91	0,23
arbeitsintensiv	0,37	0,60	0,45	0,51
skalenintensiv	0,04	-0,27	0,01	0,04
spezialisierte Zulieferer	-1,16	-1,08	-1,29	-1,62
forschungsintensiv	-1,46	-1,45	-1,85	-1,43

1) Bulgarien, CSSR (1993: Slowakische Rep., Tschechische Rep.), Polen, Rumänien, Ungarn; Slowenien (nur 1993)

2) 1970-1988: OECD-Länder; 1993: EU-15

Quelle: *Deutsches Institut für Wirtschaftsforschung* (C. *Weise* et al. 1997, S. 88, S. 102)

und dem produzierenden Sektor. Vom internationalen Technologietransfer weitgehend abgekoppelt, akkumulierten die Zentralverwaltungswirtschaften damit einen Produktivitätsrückstand gegenüber den westlichen Industrieländern, der durch die niedrigen Löhne und endogene Prozeßinnovationen nur teilweise kompensiert werden konnte.

Im Zuge der Systemtransformation ist für die Reformländer Mittel- und Osteuropas eine Veränderung der komparativen Vorteile zu erwarten. Die Einführung von Marktpreisen verteuert die zuvor subventionierten Rohstoffe und Energieträger, so daß der „künstliche" komparative Vorteil im Bereich der ressourcenintensiven Produktion zurückgehen wird. Dieser Effekt setzt kurzfristig ein und ist bereits im deutlichen Rückgang des RCA-Wertes bis 1993 ablesbar. Auch bei kapitalintensiven Gütern ist aufgrund der Veraltung des Kapitalstocks und der Einführung von Marktzinsen mit einem Verlust an internationaler Wettbewerbsfähigkeit zu rechnen. Ob die komparativen Vorteil im Bereich der arbeitsintensiven Güter bestehen bleiben, hängt von der Entwicklung der Lohnstückkosten ab, d.h. von der Frage, ob die Produktivitätssteigerung mit der Lohnentwicklung mithalten kann. Von entscheidender Bedeutung ist neben einer gemäßigten Lohnpolitik, in welchem Maße die Reformländer am Weltmarkt verfügbare Technologien akquirieren und in Produktivitätswachstum umsetzen können. Dies ist vor allem durch den Import von Kapitalgütern und die Akquisition von Direktinvestitionen möglich. Daneben ist ein Abbau von Infrastrukturdefiziten und bürokratischen Hemmnissen notwendig, um die externe Kostenbelastung der Unternehmen zu reduzieren (vgl. *J. Beyfuß* 1995, S. 36).

Eine weitere Spezialisierung auf arbeitsintensive Produktion könnte kurz- und mittelfristig den Transformationsprozeß fördern, indem die Arbeitslosigkeit gesenkt, der Staatshaushalt und die Auslandsverschuldung stabilisiert und die Exporterlöse zur Finanzierung technologieintensiver Investititonsgüterimporte genutzt werden kann. Langfristig besteht bei einer solchen „Low-cost"-Strategie jedoch die Gefahr einer dauerhaften Marginalisierung als Billiglohnländer in der Weltwirtschaft, die den Einkommens- und Technologierückstand gegenüber den westlichen Industrieländern auf Dauer zementiert. In einer zweiten Phase des Aufholprozesses sollte die arbeitsintensive Spezialisierung daher sukzessive durch eine „High-tech"-Strategie ersetzt werden, indem die Reformländer verstärkt komparative Vorteile in der Produktion forschungsintensiver Güter herausbilden (vgl. *C. Ber-*

ke, *H. Trabold* 1995). Dies erfordert die Mobilisierung ihrer brachliegenden FuE-Kapazitäten auf der Grundlage der Humankapitalausstattung, die vor Beginn der Systemtransformation die der meisten Schwellen- und Entwicklungsländer übertraf. Ein großer Teil dieses Wissens war jedoch systemspezifisch und wurde durch den Übergang zur Marktwirtschaft entwertet. Erforderlich ist daher der Ausbau der endogenen technologischen Kapazitäten, ein an marktwirtschaftlichen Kriterien orientierter Umbau des Humankapitalstocks sowie der Zufluß von Technologie in Form von Investitionsgüterimporten und Direktinvestitionen auf der Basis der bestehenden Lohnkostenvorteile. Unter diesen Voraussetzungen erscheint es möglich, daß die Reformstaaten Mittel- und Osteuropas in Anlehnung an die Entwicklung der südostasiatischen Schwellenländer (vgl. Kap. 3.2.3.1) einen industriellen Transformationsprozeß von der arbeitsintensiven über die sachkapitalintensive zur humankapital- und technologieintensiven Produktion durchlaufen werden. Hinsichtlich ihrer Weltmarktintegration finden die Transformationsländer Mittel- und Osteuropas jedoch Ausgangsbedingungen vor, die sich grundlegend von denen der südostasiatischen Schwellenländer unterscheiden (vgl. *K. Wessel* 1995, S. 32 f.):

- Zu Beginn ihrer Industrialisierung wurden den damaligen Entwicklungsländern Südostasiens freier und zum Teil präferentieller Zugang zu den Märkten der Industrieländer gewährt. Im Gegensatz dazu wird der Zugang der mittel- und osteuropäischen Reformstaaten zum EU-Markt insbesondere für einige ihrer international wettbewerbsfähigsten Produkte durch Handelshemmnisse behindert.
- Anders als die südostasiatischen Schwellenländer sehen sich die Transformationsländer Mittel- und Osteuropas einer Vielzahl von Wettbewerbern mit ähnlichen Angebots- und Kostenstrukturen gegenüber, die bereits auf dem Weltmarkt etabliert sind. Ein ähnliches Technologieniveau weisen insbesondere die Exporte der Schwellenländer der zweiten Generation (Indonesien, Malaysia, Philippinen, Thailand) auf.
- Im Unterschied zur späten Industrialisierung in Südostasien ist die industrielle Entwicklung der Reformstaaten durch die im Sozialismus entstandenen Strukturen geprägt (Pfadabhängigkeit). Zu diesen Altlasten gehören u.a. die Überkapazitäten im Bereich der sachkapitalintensiven Fertigung, die in den RGW-Staaten parallel zueinander aufgebaut wurden.

Aufgrund dieser Unterschiede ist nicht damit zu rechnen, daß die sachkapitalintensiven Industrien in den Transformationsländern nochmals an Bedeutung gewinnen werden. Daraus resultiert ein von der Phasenabfolge der südostasiatischen Schwellenländer abweichender industrieller Transformationsprozeß: Der arbeitsintensiven Spezialisierung folgt unter Auslassung der sachkapitalintensiven Phase langfristig ein industrieller Strukturwandel in Richtung auf humankapital- und technologieintensive Produktion.

Durch den Übergang zur Marktwirtschaft und die außenwirtschaftliche Öffnung wird die Attraktivität der Regionen in den Reformländern als Standorte für ökonomische Aktivitäten neu bewertet. Mit der Diffusion des Marktmechanismus durch das Wirtschaftssystem werden Produktionsfaktoren ebenso wie Güter und Dienstleistungen zu handelbaren Gütern, denen der Markt einen Tauschwert (Preis) zuordnet. *F. E. I. Hamilton* (1995, S. 67) bezeichnet diesen Prozeß als „Kommodifizierung". Die Zielsetzungen der sozialistischen Wirtschaftsplanung bestimmen nicht länger den raumwirtschaftlichen Differenzierungsprozeß, sondern marktmäßig bewertete Standortvorteile und -nachteile, die sich aus der Faktorausstattung und den überkommenen wirtschaftsräumlichen Strukturen ergeben. Die nationalen Besonderheiten des Transformationsprozesses sowie die regionalen Auswirkungen der Systemtransformation sollen im folgenden am Beispiel der drei größeren Reformländer untersucht werden, die an der ersten Runde der Beitrittsverhandlungen teilnehmen: Polen, die Tschechische Republik und Ungarn.

Polen wählte eine Strategie der übergangslosen Umstellung von der Zentralverwaltungswirtschaft zur Marktwirtschaft. Diese „Schocktherapie" war zunächst mit einem drastischen Anstieg der Arbeitslosigkeit und der Inflation sowie mit sozialer Polarisation verbunden; die Lebensbedingungen verschlechterten sich für große Teile der Bevölkerung. Das reale Bruttoinlandsprodukt brach 1990 stärker ein als in den anderen Reformländern. Zwei Jahre später kehrte Polen jedoch bereits zu positiven Wachstumsraten zurück, hatte 1996 als erstes Reformland das Produktionsniveau von 1989 wieder erreicht und gilt mit jährlichen Wachstumsraten um sechs Prozent zwischen 1994 und 1998 als erfolgreichstes Reformland Mittel- und Osteuropas. Der Aufbau privatwirtschaftlicher Strukturen wurde in Polen dadurch begünstigt, daß der Agrarsektor zur Zeit der Planwirtschaft nicht wie in den anderen RGW-Staaten kollektiviert und privates Kleingewerbe schon in den 80er Jahren teilweise zugelassen worden war. Infolgedessen entfielen bereits 1989 29 Prozent der Wirtschaftsleistung und 44 Prozent der Beschäftigung auf den Privatsektor; durch die weitere Privatisierung von Kleinbetrieben und die Neugründung von Unternehmen stiegen diese Werte bis 1996 auf 65 bzw. 64 Prozent an (*EBWE* 1997, S. 193). Dagegen ist der Stand der Privatisierung noch immer unbefriedigend. Zwischen Mitte 1990 und Anfang 1997 wurden nur etwa 55 Prozent der Staatsunternehmen in den Privatisierungsprozeß eingebracht und weniger als ein Viertel erfolgreich privatisiert (*E. Mohr* 1997, S. 38). Im Bergbau und im Verarbeitenden Gewerbe Polens erwirtschafteten staatliche Großunternehmen 1996 noch 98 bzw. 64 Prozent der Umsätze. Die in staatlicher Hand verbliebenen Unternehmen sind aufgrund niedriger Rentabilität und hoher Lohnstückkosten im internationalen Maßstab nicht wettbewerbsfähig, so daß im Vorfeld eines möglichen EU-Beitritts weitere Privatisierungsmaßnahmen erforderlich werden.

Die Systemtransformation wurde begleitet von einem beschleunigten sektoralen und regionalen Strukturwandel. Zwischen 1989 und 1996 ging der Anteil des Produzierenden Gewerbes am Bruttoinlandsprodukt von 52 auf 33 Prozent zurück, während der Anteil des Dienstleistungssektors von 34 auf 61 Prozent anstieg. Als Ergebnis historischer Prozesse wies Polen 1989 noch immer ein erhebliches Stadt-Land- sowie West-Ost-Gefälle auf, obwohl die planwirtschaftliche Investitionslenkung zu einer Verringerung der interregionalen Disparitäten beigetragen hatte (*OECD* 1993). Diese Disparitäten begannen sich mit der Systemtransformation wieder zu verschärfen (vgl. *R. Pütz* 1998, S. 10). Von der dynamischen Entwicklung des privaten Sektors und der massiven Zunahme ausländischer Direktinvestitionen seit 1994 profitierten insbesondere die Hauptstadt Warschau und einige weitere urbane Zentren (Posen, Danzig, Stettin, Breslau, Krakau) sowie die an Ostdeutschland angrenzenden westlichen Regionen. Die positive Entwicklung dieser Grenzregionen ist vor allem auf die Auslagerung arbeitsintensiver Produktionsprozesse aus westlichen Unternehmen zurückzuführen. Auf der Basis niedriger Lohnkosten, einer relativ guten Humankapital- und Infrastrukturausstattung sowie der unmittelbaren Nähe zur EU konnten die westlichen Grenzregionen seit 1990 in großem Umfang Betriebsneugründungen verzeichnen. Für die Mehrzahl der ausländischen Investoren sind jedoch Absatzmotive für ein Engagement in Polen maßgebend. Dabei gewinnt das Land mit seinem relativ großen Binnenmarkt zunehmend auch als Exportbasis zur Belieferung der anderen Märkte Mittel- und Osteuropas an Bedeutung (vgl. *W. Quaisser* 1995, S. 46).

Rückläufige Entwicklungstendenzen sind dagegen in den monostrukturierten Industrieregionen zu verzeichnen, die auf die Herstellung arbeitsintensiver und „reifer“ sachkapitalintensiver Produkte am Ende des Produktlebenszyklus spezialisiert sind und durch den zunehmenden Wettbewerb unter Anpassungsdruck geraten. Hierzu zählen insbesondere die Industriereviere Nieder- und Oberschlesiens, aber auch Kattowitz (Textilindustrie) und die Werftstandorte Danzig und Stettin. Hier dominieren großbetriebliche Strukturen, in denen die Privatisierung noch nicht weit fortgeschritten ist. Wesentliche Transformationshemmnisse bestehen auch in den landwirtschaftlich geprägten Regionen Mittel- und Ostpolens, wo noch bis zu 60 Prozent der Beschäftigten in der vormals nicht kollektivierten Landwirtschaft tätig sind. Kleine Betriebsgrößen und veraltete Produktionsmethoden resultieren in geringer Produktivität, so daß hier im Falle eines Beitritts zur EU mit erheblichen Strukturanpassungen zu rechnen ist.

Seit 1994 ist die polnische Regierung bemüht, der zunehmenden räumlichen Polarisierung durch die Ausweisung von Sonderwirtschaftszonen mit erheblichen Steuererleichterungen für Investoren entgegenzuwirken. Es erscheint jedoch fraglich, ob diese Anreize zur Kompensation der weiter divergierenden Standortbedingungen ausreichend sind. Als EU-Beitrittskandidat bringt Polen trotz einer eindrucksvollen gesamtwirtschaftlichen Bilanz gravierende regionale Strukturprobleme mit in die EU.

Die Tschechische Republik ging 1993 durch die Abtrennung der Slowakischen Republik aus der Tschechoslowakei hervor. Ähnlich wie Polen wählte Tschechien einen raschen Übergang von der Zentralverwaltungswirtschaft zu einer „Marktwirtschaft ohne Attribute“ nach angelsächsischem Vorbild. In der folgenden Transformationskrise sank das Bruttoinlandsprodukt der Tschechischen Republik zwischen 1989 und 1992 um gut 15 Prozent, kehrte 1993 aber bereits zu positiven Wachstumsraten zurück. Anders als in Polen und Ungarn gelang es dem „Musterland“ unter den Reformstaaten, die Inflation schnell zurückzuführen, die Arbeitslosigkeit mit Quoten um 3 Prozent niedrig und den Staatshaushalt weitgehend ausgeglichen zu halten. Hauptsächlich durch den Verkauf von Gutscheinen zum Erwerb von Unternehmensanteilen an die Bevölkerung (sog. Voucher-Privatisierung) konnten bis Ende 1996 knapp 90 Prozent der Staatsbetriebe privatisiert werden. Mit dieser Erfolgsbilanz wurden Tschechien zunächst gute Aussichten auf einen baldigen Beitritt zur EU eingeräumt.

Diese Einschätzung mußte jedoch relativiert werden, als im Mai 1997 eine Währungskrise zahlreiche Versäumnisse und Fehlentwicklungen im bisherigen Reformprozeß aufdeckte. Hierzu zählen strukturelle Schwächen in der Privatisierungsstrategie, mangelnde Anreize zur betrieblichen Restrukturierung durch eine unzureichende Insolvenzpraxis sowie ein ineffizientes Bankensystem. Zwischen den meist staatlich kontrollierten Banken, Investitionsfonds und Unternehmen entstand ein undurchsichtiges Beziehungsgeflecht, das der Entwicklung eines wettbewerbsfähigen Unternehmens- und Bankensektors entgegenstand und letztlich den Ausbruch der Währungskrise begünstigte (vgl. *A. Brüggemann* 1999). Infolge der Krise ging das Wachstum merklich zurück, und 1998 kontrahierte das BIP sogar. Bis 1999 wird eine Verdreifachung der Arbeitslosigkeit auf 9 Prozent prognostiziert. Eine Rückkehr zu den Mitte der 90er Jahre erzielten hohen Wachstumsraten ist erst zu erwarten, wenn die nach der Krise begonnen Reformen des Banken- und Unternehmenssektors positive Effekte zeitigen.

Nach vier Jahrzehnten der zentralen sozialistischen Planung war die Raumwirtschaftsstruktur der Tschechischen Republik gekennzeichnet durch überindustrialisierte urbane Agglomerationen, Infrastrukturdefizite, Umweltschäden sowie eine zentralistische Verwaltungsstruktur. Aufbauend auf den präexistenten räumlichen Strukturen (Nord-Süd-Gefälle, Dominanz der Hauptstadtregion Prag) war im Sozialismus eine Stagnation der agrarisch geprägten Regionen sowie die politisch motivierte Marginalisierung der Grenzregionen zu Deutschland und Österreich zu beobachten. In Nordwestböhmen und Nordmähren erfolgte der Aufbau monostrukturierter Industriezentren, die auf Schwerindustrie, Investitionsgüter und Rüstungsindustrie spezialisiert waren (*M. Illner* 1997, S. 31 ff.).

Der Zusammenbruch des RGW-Handels und die zunehmende Integration mit den Ländern der EU führt tendenziell zu einer Aufwertung der westlichen Landesteile (Böhmen) mit den Grenzregionen zu Deutschland und Österreich, die bis 1989 durch starke Abwanderung gekennzeichnet waren. Die östlichen Landesteile (Mähren) mit der Grenze zur Slowakei verlieren dagegen an Bedeutung. Ein weiterer divergenter Entwicklungstrend ist in der Dynamik der Agglomerationsräume bei gleichzeitiger Herausbildung sog. „innerer Peripherien“ zu sehen. *J. Musil*, *L. Kotacka* und *Z. Rysavy* (1997, S. 314 ff.) identifizieren sechs Wachstumsregionen, von denen die vier dynamischsten in Böhmen lokalisiert sind. Zu diesen Regionen, in denen der Aufbau marktwirtschaftlicher Strukturen am schnellsten voranschreitet, zählen Prag mit seinem Umland, Nordböhmen mit den Standorten Brüx, Teplitz, Aussig, Tetschen und Reichenberg sowie Westböhmen (Karlsbad, Eger, Tachau). Diese Regionen zählten bereits vor der sozialistischen Ära zu den ökonomischen Schwerpunkten des Landes und gewinnen jetzt ihre ursprüngliche Bedeutung zurück. Als neue Wachstumsregion ist dagegen Südböhmen (Budweis, Krummau) anzusehen, der gute Entwicklungschancen auf der Basis des Tourismus und moderner Leichtindustrien eingeräumt werden. Diese vier Regionen ziehen den größten Teil der ausländischen Direktinvestitionen an, die sich zwischen 1990 und 1997 auf 6,8 Mrd. US-Dollar kumulierten. Die beiden Wachstums- bzw. Stabilisierungszonen in Mähren weisen dagegen altindustrialisierte Standorte und eine insgesamt geringere Wachstumsdynamik auf. Die erste Zone erstreckt sich in Südmähren von Brünn nach Gottwaldov, die zweite umfaßt die Standorte Ostrau, Olmütz und Troppau in Nordmähren.

Neben diesen Wachstumszonen bilden sich Zonen relativer Stagnation heraus, an denen der Transformationsprozeß weitgehend vorbeigeht. Solche „innere Peripherien“ finden sich zwischen Böhmen und Mähren sowie zwischen Prag und den grenznahen Wachstumsregionen West- und Südböhmens. In den traditionellen Industriezentren Nordwestböhmens und Nordmährens, wo großbetriebliche Strukturen, „reife“ Produktionen und ökologische Lasten wesentliche Transformationshemmnisse darstellen, ist dagegen ein weiterer Rückgang der industriellen Produktion und Beschäftigung zu erwarten.

Entsprechend der Laissez faire-Strategie der Zentralregierung verzichtet der tschechische Staat auf eine gezielte Steuerung des raumwirtschaftlichen Differenzierungsprozesses. Für die weitere Entwicklung Tschechiens kommt den zunehmenden Disparitäten zwischen den Landesteilen Böhmen und Mähren jedoch große Bedeutung zu. Diese Entwicklungsunterschiede werden sich voraussichtlich noch verstärken, denn nach den Erfahrungen der 1997 einsetzenden Wirtschaftskrise steht ein großer Teil des industriellen Strukturwandels noch aus. Ohne Ausgleichsmaßnahmen besteht die Gefahr, daß zunehmende regionale Ungleichgewichte zu politischen Spannungen zwischen Böhmen und Mähren führen und den Fortschritt der Reformprozesse gefährden.

Im Unterschied zu Polen und der Tschechischen Republik wählte Ungarn einen langsamen, gradualistischen Übergang zur Marktwirtschaft. Der Reformprozeß setzte bereits mit der Wirtschaftsreform von 1968 ein, in deren Folge die ungarische Wirtschaft sukzessive liberalisiert wurde. Neben dem staatlichen Sektor entstand in den 80er Jahren mit der „Zweiten Wirtschaft" ein privatwirtschaftliches Segment. Politische und wirtschaftliche Kontakte mit dem Westen wurden ermöglicht und die Reiseverkehrsbeschränkungen gelockert. Noch unter der sozialistischen Partei erfolgte seit 1987 eine Neugestaltung des Finanzsystems, die Liberalisierung des Geld- und Kapitalmarktes, die Deregulierung der Löhne und Preise sowie eine privatwirtschaftliche Reform der Eigentumsverhältnisse (vgl. *R. Wießner* 1995). Unter den Reformstaaten Mittel- und Osteuropas ist der Transformationsprozeß in Ungarn nach Einschätzung der Europäischen Bank für Wiederaufbau und Entwicklung (*EBWE* 1997) am weitesten fortgeschritten. Die Privatisierung ist Ende der 90er Jahre praktisch abgeschlossen, und der Staat hat sich aus dem sanierten Bankensektor weitgehend zurückgezogen.

Trotz der stufenweisen Einführung der Reformen durchlief Ungarn zwischen 1989 und 1993 eine tiefe Transformationskrise, in der das Bruttoinlandsprodukt um fast 20 Prozent schrumpfte. Nach zunächst mäßigem Wachstum ergriff die Regierung im März 1995 Maßnahmen zur Senkung des Haushalts- und Leistungsbilanzdefizits. Dieses Spar- und Konsolidierungsprogramm verbesserte die makroökonomischen Rahmenbedingungen, so daß 1997 und 1998 erstmals höhere Wachstumsraten von 4,6 bzw. 5,0 Prozent realisiert werden konnten. Die frühen Reformmaßnahmen verschafften Ungarn nach 1989 im Wettbewerb mit den anderen Transformationsländern einen Vorsprung an ökonomischer und politischer Stabilität und damit günstige Bedingungen für die Attrahierung ausländischer Direktinvestitionen (vgl. Kap. 3.2.1.2). In den frühen 90er Jahren vereinte Ungarn mehr als die Hälfte der Direktinvestitionen in Mittel- und Osteuropa auf sich. Zwischen 1990 und 1996 verfünffachte sich die Zahl der Unternehmen mit ausländischen Kapitalbeteiligungen von 5 700 auf 25 700 (*E. Mohr* 1998, S. 36). Bis 1997 wurde Ungarn zwar bei den kumulierten ausländischen Investitionsbeständen von Polen überholt, weist aber pro Kopf der Bevölkerung nach wie vor die höchsten Bestände der Reformländer auf.

Im Verlauf der Systemtransformation ist in Ungarn eine zunehmende Konzentration ökonomischer Aktivitäten auf die Hauptstadtregion und die westlichen Landesteile zu beobachten. Auf Budapest entfielen 1995 18,7 Prozent der Bevölkerung, aber 34,5 Prozent des Bruttoinlandsprodukts des Landes. Das BIP pro Kopf lag damit um

80 Prozent über dem Landesdurchschnitt (*E. Mohr* 1998, S. 37f.). Die Zentralregion mit der Agglomeration Budapest stellt außerdem den bedeutendsten Standort für einheimische Unternehmensgründungen und in noch größerem Maße für Joint Ventures mit ausländischer Kapitalbeteiligung dar. 1996 entfiel die Hälfte der ausländischen Direktinvestitionen auf die Hauptstadt, die im Zentrum des ungarischen Verkehrsnetzes gelegen ist und über eine relativ gute Infrastruktur und Humankapitalausstattung verfügt. Ein weiteres Drittel der Investitionen wurde im westlichen Teil des Landes getätigt, der als „Tor nach Europa" von der Nähe zur EU profitiert. Diese ungleichgewichtige Verteilung droht die bereits erheblichen regionalen Einkommensdisparitäten in Ungarn noch zu verschärfen, da die übrigen Landesteile zunehmend mit Strukturproblemen zu kämpfen haben (vgl. *E. Mohr* 1998, S. 36).

Im agrarisch strukturierten Süden Ungarns wird der Transformationsprozeß dagegen von der kleinbetrieblichen Privatwirtschaft getragen; Infrastrukturmängel verhindern hier die Ansiedlung kapitalkräftiger Joint Ventures. Im Nordosten Ungarns schließlich sind die Schwerpunkte der sozialistischen Industrialisierung lokalisiert. Hier finden sich Grundstoff- und Schwerindustrien, die nach dem Zusammenbruch des RGW drastische Produktionseinbrüche hinnehmen mußten; die Freisetzung von Beschäftigten ließ die Arbeitslosigkeit über 20 Prozent ansteigen. Teilprivatisierte Großunternehmen bilden allenfalls Inseln der Modernisierung, während Ansätze zur Herausbildung eines betrieblichen Mittelstands weitgehend fehlen (vgl. *Z. Cséfalvay*, *H. Fassmann*, *W. Rohn* 1997, S. 146). Der Erfolg des Transformationsprozesses hängt jedoch nicht zuletzt von der Entwicklung dieser Problemregionen ab. Langfristig droht eine Zunahme der regionalen Disparitäten die sich abzeichnenden Erfolge der ungarischen Systemtransformation zu gefährden. Die ungarische Regierung ist daher bemüht, die nordöstlichen Regionen durch erhöhte Investitionsanreize zu fördern. Zu diesem Zweck ist geplant, das Netz der ungarischen Industrieparks auszubauen und ausländischen Großinvestoren in diesen Regionen eine Steuerbefreiung von zehn Jahren anzubieten (*E. Mohr* 1998, S. 39).

Die Länderbeispiele haben gezeigt, daß die Systemtransformation den raumwirtschaftlichen Differenzierungsprozeß beschleunigt und zur Verstärkung regionaler Disparitäten in den Reformländern beigetragen hat. Zu den charakteristischen Differenzierungsprozessen zählt *erstens* die Herausbildung bzw. Zunahme des Zentrum-Peripherie-

Gefälles. In den Agglomerationen vollzieht sich der Transformationsprozeß deutlich schneller als in der Peripherie. Insbesondere die nationalen Hauptstädte verfügen über die beste Ausstattung mit Humankapital und Infrastruktur und damit über den besten Zugang zu den internationalen Güter- und Faktormärkten. Es ist zu erwarten, daß die Hauptstadtregionen, deren Pro-Kopf-Einkommen bereits an das der einkommensschwächsten EU-Regionen heranreicht, im Falle einer Osterweiterung der EU am ehesten im Standortwettbewerb des Gemeinsamen Binnenmarktes bestehen können. *Zweitens* bildet sich in allen Ländern infolge der Neuorientierung der Außenwirtschaftsbeziehungen ein West-Ost-Gefälle heraus. Während die westlichen Regionen aufgrund ihrer Infrastrukturausstattung und der Nähe zu den Märkten der EU einen großen Teil der ausländischen Direktinvestitionen anziehen, stellen das fehlende Hinterland und die altindustriellen Strukturen in den östlichen Regionen wesentliche Hemmnisse im Transformationsprozeß dar.

Literaturübersicht: Kapitel 3.2.3

Über die Wachstumsregion Südostasien, den Integrationsraum Westeuropa und die Transformationsprozesse in Ostdeutschland sowie in Mittel- und Osteuropa liegt eine große Zahl von Veröffentlichungen vor. Im folgenden werden einige Arbeiten vorgestellt, die einen aktuellen Überblick vermitteln bzw. die sich als Einstiegsliteratur für die Behandlung dieser Regionen im Schulunterricht eignen.

Südostasien

Draguhn, W. (Hrsg.), 1999: Asienkrise. Politik und Wirtschaft unter Reformdruck. Mitteilungen des Instituts für Asienkunde. 308. Hamburg.

Geographie heute, Themenheft „Vier kleine Tiger". 133/1995.

Geographie heute, Themenheft „Hongkong und Südchina". 149/1997.

Geographische Rundschau, Themenheft „Südostasien". 1/1992.

Geographische Rundschau, Themenheft „Ostasien". 12/1996.

Sommer, T. (Hrsg.), 1997: Nach uns die Asiaten? Die pazifische Herausforderung. = ZEIT-Punkte Nr. 4/1995. Hamburg.

Walton, M., 1997: Der Reifungsprozeß des asiatischen Wirtschaftswunders. In: Finanzierung & Entwicklung, September 1997. S. 7-10.

– Westeuropa

Caesar, R.; Scharrer, H.-E. (Hrsg.), 1998: Die Europäische Wirtschafts- und Währungsunion. Regionale und Globale Herausforderungen. = Europäische Schriften des Instituts für Europäische Politik. 76. Bonn.

Dunford, M., 1997: Die Europäische Union – Gewinner und Verlierer der Integration. In: Geographische Rundschau. 49. H. 12. S. 717-723.

Europäische Kommission, 1996: Erster Bericht über den wirtschaftlichen und sozialen Zusammenhalt 1996. Luxemburg.

Europäische Kommission, 1999: Sechster Periodischer Bericht über die Regionen: Luxemburg.

Miosga, M., 1995: Räumliche Disparitäten in Europa und Perspektiven zukünftiger Entwicklung. In: Geographische Rundschau. 47. H. 3. S. 144-149.

Rodríguez-Pose, A., 1998: The Dynamics of Regional Growth in Europe. Social and Political Factors. Oxford Geographical and Environmental Studies. Oxford.

Schätzl, L. (Hrsg.) 1993: Wirtschaftsgeographie der Europäischen Gemeinschaft. Paderborn. UTB 1767.

– Ostdeutschland, Mittel- und Osteuropa

Becker, A. (Hrsg.), 1997: Regionale Strukturen im Wandel. = Beiträge zu den Berichten zum sozialen und politischen Wandel in Ostdeutschland. Bd. 5.1. Opladen.

EBWE (Europäische Bank für Wiederaufbau und Entwicklung), div. Jg.: Transition Report. Reformbericht Osteuropa-Baltikum-GUS. Bonn.

Fassmann, H. (Hrsg.), 1997: Die Rückkehr der Regionen. Beiträge zur regionalen Transformation Ostmitteleuropas. = Beiträge zur Stadt- und Regionalforschung 15. Wien.

Geographie heute, Themenheft „Osteuropa". 130/1995.

Gorzelak, G., 1996: The Regional Dimension of Transformation in Central Europe. London.

Musil, J.; Strubelt, W. (Hrsg.), 1997: Räumliche Auswirkungen des Transformationsprozesses in Deutschland und bei den östlichen Nachbarn. = Schriftenreihe der Kommission für die Erforschung des sozialen und politischen Wandels in den neuen Bundesländern e.V. Band 25. Opladen.

Sachverständigenrat (Sachverständigenrat zur Begutachtung der gesamtwirtschaftlichen Entwicklung), div. Jg.: Jahresgutachten. Stuttgart.

Wessel, K., 1995: Internationale Wirtschaftsbeziehungen und industrieller Strukturwandel in den Reformländern Ostmitteleuropas. In: Geographie und Schule. 97. S. 29-37.

ABSCHLIEßENDE ANMERKUNGEN

Nach dem vom Verfasser vertretenen raumwirtschaftlichen Ansatz ist es Aufgabe der Wirtschaftsgeographie, ökonomische Raumsysteme unterschiedlichster Maßstabsgröße zu erklären, zu beschreiben und zu gestalten. Der vorliegende Band Wirtschaftsgeographie 2 befaßt sich mit der empirischen Raumwirtschaftsforschung. Wesentliche Beiträge zum Verständnis der empirisch beobachtbaren räumlichen Differenzierungsprozesse leisten die im Band Wirtschaftsgeographie 1 vorgestellten Raumwirtschaftstheorien. Der empirische Befund in Verbindung mit den theoretischen Erkenntnissen bildet die Grundlage für die staatliche Steuerung von Raumsystemen. Die Raumwirtschaftspolitik ist Gegenstand des Bandes Wirtschaftsgeographie 3.

Da keine einzelne, allumfassende Theorie existiert, die den komplexen Strukturwandel der Wirtschaft auf den unterschiedlichen Maßstabsebenen erklären könnte, bietet sich eine partialanalytische Vorgehensweise an. Die im Band Wirtschaftsgeographie 1 behandelten Standorttheorien, räumlichen Mobilitätstheorien sowie regionalen Wachstums- und Entwicklungstheorien lassen sich in *drei Grundtypen* gliedern:

1. *Raumwirtschaftstheorien vom neoklassischen Typ.* Hierzu gehören neoklassische Wachstums- und Mobilitätstheorien, aber auch die Standortstrukturtheorien. Das Leitbild der neoklassischen Doktrin lautet „*Gleichgewicht und Harmonie*". Den Theorien liegen vereinfachende Annahmen zugrunde. Die Kernthese dieser deduktiven Theorien besagt, daß bei interregionalen Einkommensunterschieden der Marktmechanismus in Richtung auf einen Ausgleich der Unterschiede tendiert. Die neoklassischen Theorien tragen aufgrund ihres hohen Grads der Formalisierung entscheidend zum Verständnis von raumwirtschaftlichen Wirkungsmechanismen bei. Konfrontiert mit der Empirie besitzen sie vor allem zur Erklärung von Ursachen und Wirkungen internationaler Wirtschaftsbeziehungen oder von interregionalen Ausgleichsprozessen in Industrieländern einen hohen Wert. Die Notwendigkeit der staatlichen Steuerung ökonomischer Raumsysteme beurteilen Neoklassiker in der Regel zurückhaltend. Konsens herrscht, daß es Aufgabe der Raumwirtschaftspolitik ist, Mobilitätshemmnisse abzubauen, damit die Ausgleichsmechanismen wirksam

werden können. Marktkonforme Instrumente zum Abbau räumlicher Disparitäten wären z. B. Infrastrukturinvestitionen, die intra- und interregionale Interaktionshemmnisse verringern.

2. *Raumwirtschaftstheorien vom polarisationstheoretischen Typ.* Hierzu zählen regionale Polarisationstheorien, Wachstumspolkonzepte und Zentrum-Peripherie-Modelle. Das Leitbild der polarisationstheoretischen Doktrin lautet *"Ungleichgewicht und Konflikt"*. Ausgehend von realitätsnäheren Annahmen besagt die Kernthese der Polarisationstheorie, daß bei fundamentalen interregionalen Entwicklungsunterschieden der Marktmechanismus zirkulär verursachte kumulative Wachstums- und Schrumpfungsprozesse in Gang setzt, die interregionale Entwicklungsunterschiede verschärfen und zu Zentrum-Peripherie-Strukturen, zu Autoritäts-Abhängigkeitsbeziehungen führen können. Polarisationstheorien leisten einen wichtigen Beitrag zur Erklärung der Metropolisierungsprozesse in Entwicklungsländern und zum Verständnis der Wirtschaftsbeziehungen zwischen Entwicklungs- und Industrieländern. Was die Raumwirtschaftspolitik anbetrifft, fordern Polarisationstheoretiker die Unterstützung der intraregionalen Integration der Peripherie und den Einsatz von Instrumenten zur Überwindung der Autoritäts-Abhängigkeitsbeziehungen; im Extremfall wurde noch in den 80er Jahren eine Abkopplung der Peripherie von den nationalen und internationalen Metropolen propagiert.

3. *Dynamische Raumwirtschaftstheorien.* Zu diesen zählen die Theorie der langen Wellen, die Produktzyklus-Hypothese und Konzepte des innovativen Milieus. Das Leitbild dieser Ansätze heißt „*Strukturwandel und Dynamik*". Die Kernthese besagt, daß sich die Raumwirtschaft in einem ständigen Strukturwandel befindet und die Dynamik des Raumsystems maßgeblich von der Fähigkeit und Bereitschaft der Akteure zu strukturellen Veränderungen abhängt. Die dynamischen Raumwirtschaftstheorien leisten einen wesentlichen Beitrag zur Erklärung sowohl langfristiger und großräumiger (globaler, kontinentaler) Verschiebungen der ökonomischen Wachstumsdynamik als auch von intraregionalen, interregionalen und internationalen Verlagerungen des optimalen Produktionsstandortes einzelner Produkte. Für die Raumwirtschaftspolitik läßt sich aus den dynamischen Theorien die Empfehlung ableiten, den sektoralen und regionalen Strukturwandel der Wirtschaft nicht zu behindern, sondern ihn zu fördern.

LITERATURVERZEICHNIS

Adelman, I.; Morris, C. T., 1967: Society, Politics, and Economic Development: A Quantitative Approach. Baltimore.

Adelman, I.; Morris, C. T., 1973: Economic Growth and Social Equity in Developing Countries. Stanford, California.

Agarwal, J. P.; Donges, J. B.; Horn, E.-J.; Neu, D., 1975: Übertragung von Technologien an Entwicklungsländer. Tübingen.

Agarwal, J. P.; Langhammer, R.; Lücke, M.; Nunnenkamp, P., 1995: Export Expansion and Diversification in Central and Eastern Europe: What Can Be Learnt from East and Southeast Asia? Kieler Diskussionsbeiträge 261. Institut für Weltwirtschaft. Kiel.

Ahluwalia, M. S., 1974: Income Inequality: Some Dimensions of the Problem. In: Chenery, H.B., et al., 1974: Redistribution with Growth. Oxford.

Ahluwalia, M. S., 1976: Inequality, Poverty and Development. In: Journal of Development Economics 3. S. 307-342.

Alesina, A.; Perotti, R., 1994: The Political Economy of Growth: A Critical Survey of the Recent Literature. In: The World Bank Economic Review 8. No. 3. S. 351-371.

Alesina, A.; Rodrik, D., 1994: Distributive Politics and Economic Growth. In: The Quarterly Journal of Economics 109. S. 465-490.

Alexandratos, N. (Hrsg.), 1995: World Agriculture: Toward 2010. An FAO Study. London.

Alvstam, C. G., 1993: Foreign Trade, Foreign Direct Investment and the Organisation of Industrial Space. Paper presented at the International Conference of the IGU Commission on the Organisation of Industrial Space. Tokyo, Japan, July 1993.

Aristotelous, K.; Fountas, S., 1996: An Empirical Analysis of Inward Foreign Direct Investment Flows in the EU with Emphasis on the Market Enlargement Hypothesis. In: Journal of Common Market Studies. 34. No. 4. S. 571-583.

Armstrong, H. W., 1995: Convergence among the Regions of the European Union, 1950-1990. In: Papers in Regional Science: The Journal of the RSAI. 74. No. 2. S. 143-152.

Asian Development Bank, 1999: Asian Development Outlook. (11. Aufl.). Oxford.

Atkinson, A. B., 1970: On the Measurement of Inequality. In: Journal of Economic Theory. 2. H. 3. S. 244-266.

Atteslander, P., 1975: Verzerrungen im Interview: zu einer Fehlertheorie der Befragung. Studien zur Sozialwissenschaft. 32. Opladen.

Atteslander, P., 1995: Methoden der empirischen Sozialforschung. (8. Aufl.). Berlin, New York.

Backhaus, K.; Erichsen, B.; Plinke, W.; Weiber, R., 1996: Multivariate Analysemethoden. Eine anwendungsorientierte Einführung. (8. Aufl.). Berlin u.a.

Bähr, J., 1997: Bevölkerungsgeographie. Verteilung und Dynamik der Bevölkerung in globaler, nationaler und regionaler Sicht. (3. Aufl.). Stuttgart.

Bahrenberg, G.; Giese, E.; Nipper, J., 1992: Statistische Methoden in der Geographie. Bd. 2. Multivariate Statistik. (2. Aufl.). Stuttgart. Teubner Studienbücher der Geographie.

Balassa, B., 1964: The Purchasing Power Doctrine: A Reappraisal. In: Journal of Political Economy 72. S. 584-596.

Bahrenberg, G.; Giese, E.; Nipper, J., 1999: Statistische Methoden in der Geographie. Bd. 1. Univariate und bivariate Statistik. (4. Aufl.). Stuttgart. Teubner Studienbücher der Geographie.

Balassa, B., 1965: Trade Liberalization and ‚Revealed' Comparative Advantage. In: The Manchester School of Economic and Social Studies. 33. Nr. 2. S. 99-123.

Baldwin, R. E.; Francois, J. E.; Portes, R., 1997: The Costs and Benefits of Eastern Enlargement: The Impact on the EU and Central Europe. In: Economic Policy. Vol. 24. S. 125-176.

Baltensperger, M., 1972: Die volkswirtschaftliche Quantifizierung des Umweltverzehrs. In: Schweizerische Zeitschrift für Volkswirtschaft und Statistik. Bern. 108. S. 405-423.

Baran, P.A., 1957: The Political Economy of Growth. New York. (Deutsche Übersetzung: Politische Ökonomie des wirtschaftlichen Wachstums. Neuwied am Rhein und Berlin, 1966).

Barro, R. J., 1992: Convergence. In: Journal of Political Economy. Vol. 100. S. 223-251.

Barro, R. J.; Sala-i-Martin, X., 1991: Convergence Across States and Regions. In: Brookings Papers on Economic Activity. S. 107-158.

Barro, R. J.; Sala-i-Martin, X., 1995: Economic Growth. New York.

Bartels, D., 1978: Raumwissenschaftliche Aspekte sozialer Disparitäten (Hans Bobek zum 75. Geburtstag). In: Mitteilungen der Österreichischen Geographischen Gesellschaft. 120. Wien. S. 227-242.

Bartels, D., 1980: Wirtschafts- und Sozialgeographie. In: Handwörterbuch der Wirtschaftswissenschaft (HdWW). 23. Lieferung. Stuttgart. S. 44-55.

Bathelt, H., 1992: Erklärungsansätze industrieller Standortentscheidungen. Kritische Bestandsaufnahme und empirische Überprüfung am Beispiel von Schlüsseltechnologie-Industrien. In: Geographische Zeitschrift. 80. H. 4. S. 196-213.

Baumol, W., 1986: Productivity Growth, Convergence and Welfare. In: American Economic Review. 76. S. 1072-1085.

Bea, S., 1995: Direktinvestitionen in Entwicklungsländern. Auswirkungen von Stabilisierungsmaßnahmen und Strukturreformen in Mexiko. = Development Economics and Policy 3. Frankfurt/Main.

Becker, A. (Hrsg.), 1997: Regionale Strukturen im Wandel. = Beiträge zu den Berichten zum sozialen und politischen Wandel in Ostdeutschland. Bd. 5.1. Opladen.

Becker, I., 1997: Entwicklung der Einkommensverteilung in Deutschland: zunehmende Spaltung der Gesellschaft. In: WSI Mitteilungen 10/1997. S. 690-700.

Bender, D., 1998: Globalisierung: Risiken oder Chancen für eine zukunftsfähige Weltgesellschaft? Ordnungspolitische Grundlagen wohlstands- und entwicklungsfördernder weltwirtschaftlicher Strukturen. In: *Klemmer, P.; Beker-Soest, D.; Wink, R.* (Hrsg.): Grundrisse einer zukunftsfähigen Gesellschaft. Baden-Baden.

Bender, D., 1999. Außenhandel. In: Vahlens Kompendium der Wirtschaftstheorie und Wirtschaftspolitik. Bd. 1. (6. Aufl.). München. S. 421-481.

Berke, C.; Trabold, H., 1995: „Low-cost“ oder „High-tech“? Strategische Außenwirtschaftsoptionen für die mittel- und osteuropäischen Länder. = DIW-Diskussionspapier 124. Berlin.

Berry, B. J. L., 1960: An Inductive Approach to the Regionalization of Economic Development. In: *Ginsburg, N. S. (Hrsg.)*: Essays on Geography and Economic Development. Research Paper No. 62. Dept. of Geography. University of Chicago. S. 78-107.

Berry, B. J. L.; Harpham, E. J.; Elliott, E., 1995: Long Swings in American Inequality: The Kuznets Conjecture Revisited. In. Papers in Regional Science 74. No. 2. S. 153-174.

Beyfuß, J., 1995: Standortqualitäten der Länder Mittel- und Osteuropas. In: iw-Trends 2/95, S. 31-42.

Beyfuß, J.; Fuest, W.; Grömling, M.; Klös, H.-P.; Kroker, R.; Lichtblau, K.; Weber, A., 1997: Globalisierung im Spiegel von Theorie und Empirie. (Beiträge zur Wirtschafts- und Sozialpolitik. Institut der Deutschen Wirtschaft. Bd. 235.) Köln.

Bhagwati, J. N., 1983: The Economic Analysis of International Migration. In: *Feenstra, R. C.* (Hrsg.): International Factor Mobility. Essays in Economic Theory. 2. Cambridge/Mass., London.

Bhagwati, J. N., 1997: The Feuds over Free Trade. ISEAS. Singapore

Birdsall, N.; Ross, D.; Sabot, R., 1995: Inequality and Growth Reconsidered: Lessons from East Asia. In: The World Bank Economic Review 9. No. 3. S. 477-508.

BMBF (Bundesministerium für Bildung, Wissenschaft, Forschung und Technologie) (Hrsg.), 1996: Zur technologischen Leistungsfähigkeit Deutschlands. Bonn.

BMBF (Bundesministerium für Bildung, Wissenschaft, Forschung und Technologie) (Hrsg.), 1999: Zur technologischen Leistungsfähigkeit Deutschlands. Zusammenfassender Endbericht 1998. Bonn.

Boesch, H., 1977: Weltwirtschaftsgeographie. (4. Aufl.). Braunschweig.

Bolleyer, R.; Rademacher, W. et al., 1993: Aufbau der Umweltökonomischen Gesamtrechnung. In: Wirtschaft und Statistik. H.2. S. 138-152.

Bortz, J., 1999: Statistik für Sozialwissenschaftler. (5. Aufl.). Berlin u.a.

Bosworth, B. P.; Collins, S. M., 1996: Economic Growth in East Asia: Accumulation Versus Assimilation. In: Brookings Papers on Economic Activity. S. 135-203.

Boustedt, O., 1975: Grundriß der empirischen Regionalforschung. Teil IV: Regionalstatistik. Hannover. Veröffentlichung der Akademie für Raumforschung und Landesplanung. Abhandlungen 56.

Brandt, W. (Hrsg.), 1980: Das Überleben sichern. Gemeinsame Interessen der Industrie- und Entwicklungsländer. Bericht der Nord-Süd-Kommission. Köln.

Bratzel, P.; Müller, H., 1979a: Regionalisierung der Erde nach dem Entwicklungsstand der Länder. In: Geographische Rundschau. 31. H.4. S. 131-137.

Bratzel, P.; Müller, H., 1979b: Eine Weltkarte des Entwicklungsstandes der Länder der Erde. In: Geographische Rundschau. 31. H.4.

British Petroleum Company, 1998: BP Statistical Review of World Energy. London.

Bröcker, J., 1998: Konvergenz in Europa und die Europäische Währungsunion. In: *Fischer, B.*; *Straubhaar, T.* (Hrsg.): Ökonomische Konvergenz in Theorie und Praxis. = Veröffentlichungen des HWWA-Instituts für Wirtschaftsforschung Hamburg. 41. Baden-Baden. S. 105-135.

Bronger, D., 1990: Die Analyse des regionalen Entwicklungsgefälles als Aufgabe geographischer Entwicklungs-Forschung. In: Zeitschrift für Wirtschaftsgeographie. 34. H. 2. S. 101-117.

Brown, L. R.; Gardner, G.; Halweil, B., 1999: Beyond Malthus – Nineteen Dimensions of the Population Challenge. Washington, D.C.

Bruckmann, G., 1976: Die Grenzen der Aussagefähigkeit des Sozialprodukts als Indikator des wirtschaftlichen Wohlstands. In: *Bombach, G.; Gahlen, B.; Ott, A. E. (Hrsg.)*, 1976: Ausgewählte Probleme der Wachstumspolitik. Tübingen. S. 23-41.

Brüggemann, A., 1999: Tschechien: Vom Vorbild zum Krisenland. In: Wirtschaft im Wandel 7/1999, S. 3-8.

Brümmerhoff, D., 1995: Volkswirtschaftliche Gesamtrechnungen. (5. Aufl.). München.

Brümmerhoff, D., 1997: Lexikon der Volkswirtschaftlichen Gesamtrechnungen. (2. Aufl.). München.

Bundesamt für Bauwesen und Raumordnung (Hrsg.), 1999: Regionale Auswirkungen der Globalisierung. = Informationen zur Raumentwicklung. H. 1/1999.

Bundesanstalt für Geowissenschaften und Rohstoffe, 1989: Reserven, Ressourcen und Verfügbarkeit von Energierohstoffen. Hannover.

Bundesregierung, 1992: Jahreswirtschaftsbericht 1992. Bonn.

Bundeszentrale für politische Bildung (Hrsg.), 1999: Globalisierung. = Informationen zur politischen Bildung. 263. Bonn.

Busch, B.; Lichtblau, K.; Schnabel, C., 1997: Kohäsion in der Europäischen Union, eine empirische Analyse. In: iw-trends. 1/97. S. 15-30.

Buttler, F.; Gerlach, K.; Liepmann, P., 1977: Grundlagen der Regionalökonomie. Reinbek bei Hamburg. rororo studium 102.

Caesar, R.; Scharrer, H.-E. (Hrsg.), 1998: Die Europäische Wirtschafts- und Währungsunion. Regionale und Globale Herausforderungen. = Europäische Schriften des Instituts für Europäische Politik. 76. Bonn.

Cleverdon, R., 1979: The Economic and Social Impact of International Tourism in Developing Countries. London.

Corsetti, G.; Pesenti; P.; Roubini, N., 1998a: What caused the Asian currency and financial crisis? Part I: A macroeconomic overview. http://www.stern.nyu.edu/~nroubini/asia/AsiaHomepage.html (06.08.1999)

Corsetti, G.; Pesenti; P.; Roubini, N., 1998b: What caused the Asian currency and financial crisis? Part II: The Policy Debate. http://www.stern.nyu.edu/~nroubini/asia/AsiaHomepage.html (06.08.1999)

Cséfalvay, Z.; Fassmann, H.; Rohn, W., 1997: Neue Regionale Disparitäten in Ungarn. In: *Fassmann, H.* (Hrsg.): Die Rückkehr der Regionen. Beiträge zur regionalen Transformation Ostmitteleuropas. = Beiträge zur Stadt- und Regionalforschung 15. Wien. S. 141-186.

Deininger, K.; Squire, L., 1996: A New Data Set Measuring Income Inequality. In: The World Bank Economic Review 10. No. 3. S. 565-591.

Deininger, K.; Squire, L., 1997: Wirtschaftswachstum und ungleiche Einkommensverteilung: Neue Zusammenhänge? In: Finanzierung und Entwicklung. März 1997. S. 36-39.

Deutsche Bundesbank, 1992: Patent- und Lizenzverkehr sowie anderer Austausch von technischem Wissen mit dem Ausland in den Jahren 1990 und 1991. Monatsbericht der Deutschen Bundesbank, April 1992. Frankfurt/Main. S. 33-51.

Deutsche Bundesbank, 1996a: Kapitalverflechtung mit dem Ausland. Statistische Sonderveröffentlichungen Nr. 10, Mai 1996. Frankfurt/Main.

Deutsche Bundesbank, 1996b: Technologische Dienstleistungen in der Zahlungsbilanz. Statistische Sonderveröffentlichungen Nr. 12, Mai 1996. Frankfurt/Main.

Deutsche Bundesbank, 1996c: Technologische Dienstleistungen in der Zahlungsbilanz im längerfristigen Vergleich. In: Monatsbericht Mai 1996. S. 63-73.

Deutsche Bundesbank, 1996d: Zur Diskussion über die öffentlichen Transfers im Gefolge der Wiedervereinigung. In: Monatsbericht Oktober 1996, S. 17-31.

Deutsche Bundesbank, 1997a: Entwicklung und Bestimmungsgründe grenzüberschreitender Direktinvestitionen. In: Monatsberichte der Deutschen Bundesbank, August 1997, S. 63-82.

Deutsche Bundesbank, 1997b: Statistische Beihefte zu den Monatsberichten der Deutschen Bundesbank, Reihe 3, Zahlungsbilanzstatistik, Februar 1997. Frankfurt/Main.

Deutsche Bundesbank, 1997c: Zur Problematik internationaler Vergleiche von Direktinvestitionsströmen. In: Monatsberichte der Deutschen Bundesbank, Mai 1997, S. 79-86.

Deutsche Bundesbank, 1998a: Technologische Dienstleistungen in der Zahlungsbilanz. Statistische Sonderveröffentlichungen Nr. 12, Mai 1998. Frankfurt/Main.

Deutsche Bundesbank, 1998b: Wechselkursabhängigkeit des deutschen Außenhandels. Perspektiven unter den Bedingungen der Europäischen Währungsunion. In: Monatsbericht Januar 1998, S. 49-59.

Deutsche Bundesbank, 1998c: Zur Wirtschaftslage in Ostdeutschland. In: Monatsbericht April 1998, S. 41-54.

Deutsche Bundesbank, 1999a: Der Beginn der Wirtschafts- und Währungsunion am 1. Januar 1999. In: Monatsbericht Januar 1999, S. 19-32.

Deutsche Bundesbank, 1999b: Die deutsche Zahlungsbilanz im Jahr 1998. In: Monatsberichte der Deutschen Bundesbank, April 1999, S. 45-62.

Deutsche Bundesbank, 1999c: Die Entwicklung der Kapitalverflechtung der Unternehmen mit dem Ausland von Ende 1995 bis Ende 1997. In: Monatsberichte der Deutschen Bundesbank, Juni 1999. S. 59-72.

Deutsche Bundesbank, 1999d: Kapitalverflechtung mit dem Ausland. Statistische Sonderveröffentlichung 10, Juni 1999. Frankfurt/Main.

Deutsche Bundesbank, 1999e: Zahlungsbilanzstatistik Februar 1999. Statistisches Beiheft zum Monatsbericht 3. Frankfurt/Main.

Dicken, P., 1998: Global Shift: Transforming the World Economy. (3. Aufl.). London.

Dieckheuer, G., 1998: Internationale Wirtschaftsbeziehungen. (4. Aufl.). München.

Dieren, W. van (Hrsg.), 1995: Mit der Natur rechnen: der neue Club-of-Rome-Bericht. Vom Bruttosozialprodukt zum Ökosozialprodukt. Basel.

Dieter, H., 1998: Die Asienkrise. Ursachen, Konsequenzen und die Rolle des Internationalen Währungsfonds. Marburg.

DIW (Deutsches Institut für Wirtschaftsforschung), 1993: UN-Bericht schönt Entwicklungsstand in Mittel- und Osteuropa. Wochenbericht 21/93. S. 300-304.

DIW (Deutsches Institut für Wirtschaftsforschung), 1997: Ballungsräume Ostdeutschlands als Wachstumspole? In: DIW-Wochenbericht Nr. 29/97, S. 499-507.

DIW (Deutsches Institut für Wirtschaftsforschung), 1998: Einkommensanpassung in den neuen Ländern verliert an Tempo. In: DIW-Wochenbericht Nr. 39/98, S. 707-716.

DIW (Deutsches Institut für Wirtschaftsforschung); IfW (Institut für Weltwirtschaft an der Universität Kiel); IWH (Institut für Wirtschaftsforschung Halle), 1999: Gesamtwirtschaftliche und unternehmerische Anpassungsfortschritte in Ostdeutschland. Neunzehnter Bericht. In: DIW-Wochenbericht Nr. 23/99, S. 419-445.

Dohse, D.; Krieger-Boden, C., 1998: Währungsunion und Arbeitsmarkt. Auftakt zu unabdingbaren Reformen. = Kieler Studien 290. Tübingen.

Domrös, M., 1976: Sri Lanka. Die Tropeninsel Ceylon. Wissenschaftliche Länderkunde. 12. Darmstadt.

Draguhn, W. (Hrsg.), 1993: Neue Industriekulturen im pazifischen Asien. Eigenständigkeiten und Vergleichbarkeit mit dem Westen. Mitteilungen des Instituts für Asienkunde. 217. Hamburg.

Draguhn, W. (Hrsg.), 1999: Asienkrise. Politik und Wirtschaft unter Reformdruck. Mitteilungen des Instituts für Asienkunde. 308. Hamburg.

Dumke, R. H.; Juchems, A.; Sherman, H. C., 1997: Währungsvielfalt behindert Vollendung des Europäischen Binnenmarktes. In: ifo Schnelldienst Nr. 9/97. S. 3-18.

Dunford, M., 1996: Disparities in employment, productivity and output in the EU: the roles of labour market governance and welfare regimes. In: Regional Studies. 30. S. 339-357.

Dunford, M., 1997: Die Europäische Union – Gewinner und Verlierer der Integration. In: Geographische Rundschau. 49. H. 12. S. 717-723.

Dunn, E. S. jr., 1959: Une technique statistique et analytique d'analyse régionale: description et projection. In: Economie appliquée. 12. S. 521-530.

Dunn, E. S. jr., 1960: A Statistical and Analytical Technique for Regional Analyses. In: Papers and Proceedings of the Regional Science Association. 6. S. 97-112.

Dunning, J. H., 1997: The European Internal Market Programme and Inbound Foreign Direct Investment. In: Journal of Common Market Studies. 35. No. 1, S. 1-30; No. 2, S. 189-223.

EBWE (Europäische Bank für Wiederaufbau und Entwicklung), div. Jg.: Transition Report. Reformbericht Osteuropa-Baltikum-GUS. Bonn.

Eckey, H.-F.; Horn, K.; Klemmer, P., 1990: Abgrenzung von regionalen Diagnoseeinheiten für die Zwecke der regionalen Wirtschaftspolitik. Bochum.

Economic Council of Japan, 1973: Measuring Net National Welfare of Japan. o.O.

ERECO (European Economic Research and Advisory Consortium), div. Jg.: European Regional Prospects. Analysis and Forecasts. Cambridge Econometrics Ltd. Cambridge.

Esenwein-Rothe, I., 1976: Die Methoden der Wirtschaftsstatistik. Bd. 1, Bd.2. Göttingen. UTB 559, 560.

Eser, T. W., 1997: Zehn Thesen zu den regionalen Disparitäten in Mittel- und Osteuropa und den Möglichkeiten nationaler und europäischer Regionalpolitik. In: *Akademie für Raumforschung und Landesplanung* (Hrsg.): Deutschland in der Welt von morgen – die Chancen unserer Lebensräume. = Forschungs- und Sitzungsberichte 203. Hannover. S. 45-50.

Eser, T. W., 1998: Räumliche Auswirkungen der geplanten Osterweiterung auf die Regionen der EU. In: Informationen zur Raumentwicklung. H. 9. S. 587-607.

Europäische Kommission, 1990: Ein Markt – eine Währung: Potentielle Nutzen und Kosten der Errichtung einer Wirtschafts- und Währungsunion – eine Bewertung. = Europäische Wirtschaft 44. Luxemburg.

Europäische Kommission, 1995: Regionen. Systematik der Gebietseinheiten für die Statistik. NUTS. März 1995. Luxemburg.

Europäische Kommission, 1996: Erster Bericht über den wirtschaftlichen und sozialen Zusammenhalt 1996. Luxemburg.

Europäische Kommission, 1997a: Agenda 2000 – Band I: Eine stärkere und erweiterte Union. Luxemburg.

Europäische Kommission, 1997b: Agenda 2000 – Band II : Die Erweiterung der Union – eine Herausforderung. Luxemburg.

Europäische Kommission, 1998a: Bericht über den Konvergenzstand 1998 gemäß Artikel 109 j Absatz 1 EG-Vertrag. Luxemburg.

Europäische Kommission, 1998b: Die Wettbewerbsfähigkeit der europäischen Industrie. Luxemburg.

Europäische Kommission, 1999: Sechster Periodischer Bericht über die Regionen: Luxemburg.

European Commission, 1996: The impact of the development of the countries of Central and Eastern Europe on the Community territory. = Regional Development Studies 16. Luxembourg.

European Commission, 1998: The Euro: Explanatory Notes.

EUROSTAT, 1998: Statistik kurzgefaßt. Regionen. Nr. 3/1998. Luxemburg.

EUROSTAT, 1999: Statistik kurzgefaßt. Allgemeine Statistik. Thema 1 – 1/1999. Luxemburg.

Fagerberg, J.; Verspagen, B., 1996: Heading for Divergence? Regional Growth in Europe Reconsidered. In: Journal of Common Market Studies. 34. No. 3. S. 431-448.

Fagerberg, J.; Verspagen, B.; Caniels, M., 1997: Technology, Growth and Unemployment across European Regions. In: Regional Studies. 31. No. 5. S. 457-466.

FAO (Food and Agriculture Organization), 1996: Food for All. Rom.

Fassmann, H., 1997: Die Rückkehr der Regionen – regionale Konsequenzen der Transformation in Ostmitteleuropa: eine Einführung. In: *Fassmann, H.* (Hrsg.): Die Rückkehr der Regionen. Beiträge zur regionalen Transformation Ostmitteleuropas. = Beiträge zur Stadt- und Regionalforschung 15. Wien. S. 13-35.

Feldstein, M.; Horioka, C., 1980: Domestic Saving and International Capital Flows. In: The Economic Journal. 90. S. 314-329.

Fels, G., 1997: Globalisierung – nur eine mentale Falle. iwd 1/97, S. 2-3.

Fischer, B.; Straubhaar, T. (Hrsg.), 1998: Ökonomische Konvergenz in Theorie und Praxis. = Veröffentlichungen des HWWA-Instituts für Wirtschaftsforschung. 41. Hamburg.

Fischer, J., 1979: Regionalwirtschaftliche Wirkungen öffentlicher Ausgaben. Frankfurt/Main., Zürich.

Florence, P. S., 1948: Investment, Location, and Size of Plant. Cambridge.

Freeman, D. B., 1973: International Trade, Migration and Capital Flows: A Quantitative Analysis of Spatial Economic Interaction. Chicago.

Frenkel, M.; John, K. D., 1999: Volkswirtschaftliche Gesamtrechnung. (4. Aufl.). München.

Freyer, W., 1998a: Globalisierung und Tourismus. Dresden.

Freyer, W., 1998b: Tourismus: Einführung in die Fremdenverkehrsökonomie. (6. Aufl.).München.

Friedrichs, J., 1990: Methoden empirischer Sozialforschung. (14. Aufl.). Opladen.

Fuchs, V. R., 1959. Changes in the Location of U.S. Manufacturing since 1929. In: Journal of Regional Science. 1. S. 1-17.

Gaebe, W. (Hrsg.), 1987: Verdichtungsräume. Strukturen und Prozesse im weltweiten Vergleich. Stuttgart.

Gehrke, B.; Grupp, H., 1994: Innovationspotential und Hochtechnologie. Technologische Position Deutschlands im internationalen Wettbewerb. (2. Aufl.). Schriftenreihe des Fraunhofer-Instituts für Systemtechnik und Innovationsforschung. Heidelberg.

Geigant, F.; Sobotka, D.; Westphal, H. M., 1994: Lexikon der Volkswirtschaft (6. Aufl.). München.

Geisenberger, S.; Mälich, W.; Müller, J. H.; Strassert, G., 1970: Zur Bestimmung wirtschaftlichen Notstands und wirtschaftlicher Entwicklungsfähigkeit von Regionen. Eine theoretische und empirische Analyse anhand von Kennziffern unter Verwendung von Faktor- und Diskriminanzanalyse. Hannover. Veröffentlichungen der Akademie für Raumforschung und Landesplanung. Abhandlungen. 59.

Gerfin, H., 1964: Gesamtwirtschaftliches Wachstum und regionale Entwicklung. In: Kyklos. 17/4. S. 565-593.

Giersch, H., 1989: Anmerkungen zum weltwirtschaftlichen Denkansatz. In: Weltwirtschaftliches Archiv. 125. S. 1-16.

Giese, E., 1978a: Kritische Anmerkungen zur Anwendung faktoranalytischer Verfahren in der Geographie. In: Geographische Zeitschrift. 66. H. 3. S. 161-182.

Giese, E., 1978b: Räumliche Diffusion ausländischer Arbeitnehmer in der Bundesrepublik Deutschland 1960-1976. In: Die Erde. 109. S. 92-110.

Giese, E., 1985. Klassifikation der Erde nach ihrem Entwicklungsstand. In: Geographische Rundschau. 37. S. 164-175.

Giese, E.; Zeng, G., 1993: Regionale Aspekte der Öffnungspolitik der VR China. In: Geographische Zeitschrift. 81. H.3. S. 176-195.

Gilbert, A. C.; Goodman, D. E., 1976: Regional Income Disparities and Economic Development. A Critique. In: *Gilbert, A. (Hrsg.)*, 1976: Development Planning and Spatial Structure. London. S. 113-141.

Gini, C., 1910: Indici di conzentrazione e di dipenza. In: atti della società Italiana per il progresso delle science. Roma. S. 453-469.

Glatzer, W. (Hrsg.), 1992: Recent Social Trends in West Germany, 1960-1990. Frankfurt/Main.

Glatzer, W.; Zapf, W. (Hrsg.), 1984: Lebensqualität in der Bundesrepublik. Objektive Lebensbedingungen und subjektives Wohlbefinden. Frankfurt/Main.

Görgens, E.; Tuchtfeld, E. (Hrsg.), 1992: Die Zukunft der wirtschaftlichen Entwicklung – Perspektiven und Probleme. Beiträge zur Wirtschaftspolitik. 55. Bern, Stuttgart, Wien.

Gorzelak, G., 1996: The Regional Dimension of Transformation in Central Europe. London.

Grauwe, P. de, 1997: The Economics of Monetary Integration. (3. Aufl.). Oxford.

Grupp, H., 1997: Messung und Erklärung des Technischen Wandels. Grundzüge einer empirischen Innovationsökonomik. Berlin u.a.

Grupp, H.; Legler, H., 1987: Spitzentechnik, Gebrauchstechnik, Innovationspotential und Preise. Köln.

Grupp, H.; Schmoch, U., 1991: Technologieindikatoren: Aussagekraft, Verwendungsmöglichkeiten, Erhebungsverfahren. In: *Bullinger, H.-J.* (Hrsg.), 1991: Handbuch des Informationsmanagements in Unternehmen. Band 2. München.

Grupp, H.; Schmoch, U., 1999: Patent statistics in the age of globalisation: new legal procedures, new analytical methods, new economic interpretation. In: Research Policy 28. S. 377-396.

Güßefeldt, J., 1988: Kausalmodelle in Geographie, Ökonomie und Soziologie. Eine Einführung mit Übungen und einem Computerprogramm. Berlin, Heidelberg.

Gundlach, E.; Nunnenkamp, P., 1996: Falling Behind or Catching Up? Developing Countries in the Era of Globalization. Kieler Diskussionsbeiträge 263. Institut für Weltwirtschaft. Kiel.

Härtel, H.-H.; Jungnickel, R., 1998: Strukturprobleme einer reifen Volkswirtschaft in der Globalisierung. = Veröffentlichungen des HWWA-Instituts für Wirtschaftsforschung. 43. Hamburg.

Haggett, P., 1991: Geographie. Eine moderne Synthese. (2 Aufl.). Paderborn.

Haggett, P.; Chorley, R. J., 1974: Network Analysis in Geography. London.

Hamilton, F. E. I. (1995): Re-evaluating Space: Locational Change and Adjustment in Central and Eastern Europe. In: Geographische Zeitschrift. 83. H. 2. S. 67-86.

Haslinger, F., 1995: Volkswirtschaftliche Gesamtrechnung. (7. Aufl.). München.

Hauff, V. (Hrsg.), 1987: Unsere gemeinsame Zukunft. Der Brundtland-Bericht der Weltkommission für Umwelt und Entwicklung. Greven.

Heilemann, U.; Rappen, H., 1997: Sieben Jahre deutsche Einheit: Rückblick und Perspektiven in fiskalischer Sicht. In: Aus Politik und Zeitgeschichte. B 40-41/97. S. 38-46.

Heimpold, G., 1997: Regionale Disparitäten bei der Errichtung neuer Produktionskapazitäten in Ostdeutschland. In: Wirtschaft im Wandel, Nr. 9/1997. S. 8-15.

Heinritz, G., 1979: Zentralität und zentrale Orte. Stuttgart.

Hemmer, H.-R., 1988: Wirtschaftsprobleme der Entwicklungsländer. (2. Aufl.). München.

Henke, K. D., 1975: Methodische Probleme bei der Analyse der regionalen Inzidenz öffentlicher Ausgaben. In: *Akademie für Raumforschung und Landesplanung* (Hrsg.): Räumliche Wirkungen öffentlicher Ausgaben. Forschungs- und Sitzungsberichte. 98. Hannover. S. 27-60.

Hicks, J. R., 1940: The Valuation of the Social Income. In: Economica, N.S. 7. S. 105-124.

Hicks, N. L.; Streeten, P., 1979: Indicators of Development. The Search for a Basic Needs Yardstick. In: World Development. 7. S. 567-580.

Hilpert, H. G., 1997: Währungsturbulenzen in Südostasien. In: ifo Schnelldienst 32/97. S. 3-5.

Hirschman, A. O., 1958: The Strategy of Economic Development. New Haven. (Deutsche Übersetzung: Die Strategie der wirtschaftlichen Entwicklung. Stuttgart 1967)

Hölder, E. et al., 1991: Wege zu einer Umweltökonomischen Gesamtrechnung. Forum der Bundesstatistik. 16. Stuttgart.

Hoffmann, L., 1993: Warten auf den Aufschwung. Eine ostdeutsche Bilanz. Regensburg.

Hoover, E. M., 1936: The Measurement of Industrial Location. In: Review of Economics and Statistics. 18. S. 162-171.

Hoppen, H. D., 1975: Die Shift-Analyse. Untersuchungen über die empirische Relevanz ihrer Aussagen. In: Raumforschung und Raumordnung. 33. S. 6-18.

Hrubesch, P.; Volz, J., 1992: Der Einfluß des Europäischen Binnenmarktes auf die Regionen in der Bundesrepublik Deutschland. Zum Stand der Forschung. DIW. Berlin.

Hufbauer, G., 1991: World Economic Integration: The Long View. In: International Economic Insights. 2. H. 3.

Ifo-Institut für Wirtschaftsforschung, 1990: Die wirtschaftliche Bedeutung der Messen für München und Bayern. München.

Illner, M., 1997: Regional Structure and Post-communist Transformation – the Case of the Czech Republic. In: *Musil, J.; Strubelt, W.* (Hrsg.): Räumliche Auswirkungen des Transformationsprozesses in Deutschland und bei den östlichen Nachbarn. = Schriftenreihe der Kommission für die Erforschung des sozialen und politischen Wandels in den neuen Bundesländern e.V. Band 25. Opladen. S. 29-44.

IMF (International Monetary Fund), 1993: Balance of Payments Manual. (5. Aufl.).Washington, D.C.

IMF (International Monetary Fund), 1994: World Economic Outlook. May 1994. Washington, D.C.

IMF (International Monetary Fund), 1995: Balance of Payments Compilation Guide. Washington, D.C.

IMF (International Monetary Fund), 1999a: World Economic Outlook. International Financial Contagion. May 1999. Washington, D.C.

IMF (International Monetary Fund), 1999b: World Economic Outlook. October 1999. Washington, D.C.

Institut der Deutschen Wirtschaft, 1993: Europäische Alternativen. Dokumentation Wanderungen. In: iwd. Jg. 19. Nr. 47/1993.

Institut der Deutschen Wirtschaft, 1999: Direktinvestitionen: Gute und schlechte Nachrichten. In: iwd. Jg. 25. Nr. 13/1999.

International Labour Office, 1986: Economically Active Population 1950-2025. Genf.

Ioannides, D.; Debbage, K. G. (Hrsg.), 1998: The Economic Geography of the Tourist Industry: A Supply-Side Analysis. London.

Isard, W., 1960: Methods of Regional Analysis: an Introduction to Regional Science. Cambridge/Mass., London.

Iwersen-Sioltsidis, S.; Iwersen, A., 1996: Tourism and Developing Countries. In: Intereconomics. November/December 1996. S. 301-306.

Jensen-Butler, Ch., 1987: The Regional Economic Effects of European Integration. In: Geoforum. 18. No. 2. S. 213-227.

Johnston, R.J., 1976: The World Trade System. Some Enquiries into its Spatial Structure. London.

Jost, T., 1997: Direktinvestitionen und Standort Deutschland. = Diskussionspapier 2/1997, Volkswirtschaftliche Forschungsgruppe der Deutschen Bundesbank. Frankfurt/Main.

Junkernheinrich, M.; Skopp, R., 1995: Wirtschaftliche Konvergenz und räumliche Wachstumspole: Zur regionalökonomischen Lage in Ostdeutschland. In: *Pohl, R.* (Hrsg.): Herausforderung Ostdeutschland: Fünf Jahre Währungs-, Wirtschafts- und Sozialunion. Berlin. S. 217-238.

Just, R.E.; Hueth, D.L.; Schmitz, A., 1982: Applied Welfare Economics and Public Policy. Englewood Cliffs.

Juster, F.T., 1973: A Framework for the Measurements of Economic and Social Performance. In: *Moss, M. (Hrsg.)*, 1973: The Measurement of Economic and Social Performance. New York. S. 25-109.

Kaldor, N., 1978: Capital Accumulation and Economic Growth. In: *Kaldor, N.* (Hrsg.), 1978: Further Essays on Economic Theory. New York. S. 1-53.

Kappel, R., 1997: Geht der Investitionsboom in den Entwicklungsländern an Afrika vorbei? In: Nord-Süd aktuell, 3. Quartal 1997, S. 476-488.

Kebschull, D., et al., 1980: Wirkungen von Privatinvestitionen in Entwicklungsländern. Baden-Baden. Wissenschaftliche Schriftenreihe des Bundesministeriums für wirtschaftliche Zusammenarbeit. 35.

Keeble, D., 1991: Core-Periphery Disparities and Regional Restructuring in the European Community of the 1990s. In: *Blotevogel, H.-H. (Hrsg.)*: Europäische Regionen im Wandel. Dortmund. S. 49-68.

Keller, W., 1996: Absorptive capacity: On the creation and acquisition of technology in development. In: Journal of Development Economics. 49. S. 199-227.

Kellerer, H., 1966: Statistik. In: *Hax, K.*; *Wessels, T.* (Hrsg.), 1966: Handbuch der Wirtschaftswissenschaften. Bd. 2. (2. Aufl.). Köln, Opladen. S. 385-465.

Kinch, A., 1966: Ceylon. In: *Berelson, B.*, et al.: Family Planning and Population Programs. Chicago, London. S. 105-110.

Kindleberger, Ch. P.; Herrick, B., 1983: Economic Development. (4. Aufl.). Tokyo.

Klages, K. D., 1975: Das regionale Entwicklungsgefälle. Ein Beitrag zur Regionalplanung in Entwicklungsländern. Tübingen, Basel.

Klemmer, P., 1973: Die Shift-Analyse als Instrument der Regionalforschung. In: Forschungsbericht des Arbeitskreises „Methoden der empirischen Regionalforschung" der Akademie für Raumforschung und Landesplanung. Hannover. S. 117-130.

Köddermann, R.; Wilhelm, M., 1996: Umfang und Bestimmungsgründe einfließender und ausfließender Direktinvestitionen – Entwicklungen und Perspektiven. = ifo Studien zur Strukturforschung. München.

Koelle, H. H., 1974: An Experimental Study on the Determination of a Definition for the „Quality of Life". In: Regional Studies. 8. S. 1-10.

König, R. (Hrsg.), 1973-1979: Handbuch der empirischen Sozialforschung (14 Bände). Stuttgart.

Körner, H., 1998: The „Brain Drain" from Developing Countries – an Enduring Problem. In: Intereconomics. H. 1. S. 26-29.

Koll, R., 1998: Die EU-Finanzzentren im Bannkreis von integrierten Finanzmärkten und Währungsunion. In: ifo Schnelldienst Nr. 3/98. S. 9-20.

Koll, R.; Nam, C. W., 1996: Europäische Großstädte wandeln sich weiter zu internationalen Dienstleistungszentren. In: ifo Schnelldienst 23/96. S. 14-17.

Koolwijk, v. J., Wieken-Mayser, M. (Hrsg.), 1974-1987: Techniken der empirischen Sozialforschung (8 Bände). München.

Koschatzky, K., 1987: Trendwende im sozioökonomischen Entwicklungsprozeß West-Malaysias? Hannover.

Kraas, F., 1996a: Thailand – ein *Newly Industrialized Country*? Die industrielle Entwicklung seit Ende der achtziger Jahre. In: Zeitschrift für Wirtschaftsgeographie. 40. H. 4. S. 241-257.

Kraas, F., 1996b: Bangkok. Ungeplante Megastadtentwicklung durch Wirtschaftsboom und soziokulturelle Persistenzen. In: Geographische Rundschau. 46. H. 2. S. 89-96.

Kraas, F., 1997: „Haze", Ressourcenausbeutung und das Versagen der Politik. http://www.giub.uni-bonn.de/internetcafe/kraas/haze.html (07.10.1997)

Krämer, M., 1992: Raumwirtschaftliche Konzentration und regionalpolitische Steuerung. Eine empirische Analyse der Philippinen. Sozialwissenschaftliche Studien zu internationalen Problemen. 176. Saarbrücken.

Kramer, J., 1993: Mikroökonomische Verfahren der Präferenzermittlung für öffentliche Güter und ihre Einsatzmöglichkeiten im Rahmen erweiterter Nutzen-Kosten-Analysen von Großveranstaltungen. Dissertation. Hannover.

Kraus, A., 1997: Bruttoinlandsprodukt und Bruttowertschöpfung im Jahre 1996. In: Statistische Monatshefte Niedersachsen. H. 7. S. 455-465.

Kriz, J., 1981: Methodenkritik empirischer Sozialforschung. Eine Problemanalyse sozialwissenschaftlicher Forschungspraxis. Stuttgart.

Kromrey, H., 1998: Empirische Sozialforschung: Modelle und Methoden der Datenerhebung und Auswertung. (8. Aufl.). Opladen. UTB 1040.

Krugman, P. R., 1991: Geography and Trade. Leuven.

Krugman, P. R., 1994a: Does Third World Growth Hurt First World Prosperity? In: Harvard Business Review. July-August. S. 113-121.

Krugman, P. R., 1994b: The Myth of Asia's Miracle. In: Foreign Affairs. 73. No. 4. S. 62-78.

Krugman, P. R., 1995: Growing World Trade: Causes and Consequences. In: Brookings Papers on Economic Activity. S. 327-343.

Krugman, P. R., 1996: Pop Internationalism. Cambridge/Mass. (Titel der deutschen Ausgabe: Der Mythos vom Globalen Wirtschaftskrieg: eine Abrechnung mit den Pop-Ökonomen. Frankfurt/Main. 1999.)

Krugman, P. R., 1998: What happened to Asia? http://web.mit.edu/Krugman/www/disinter.html (Januar 1998)

Krugman, P. R.; Obstfeld, M., 1997: International Economics. Theory and Policy. (4. Aufl.). Reading, Mass.

Krugman, P. R.; *Venables, A. J.*, 1995: Globalization and the Inequality of Nations. In: The Quarterly Journal of Economics. 110. H. 4. S. 857-880.

Krusnik, K., 1978: Fremdenverkehrsbedingte Wachstums- und Struktureffekte in unterentwickelten Volkswirtschaften. Dissertation. Köln.

Kulke, E., 1986: Hemmnisse und Möglichkeiten der Industrialisierung peripherer Regionen von Entwicklungsländern. Das Fallbeispiel Kelantan/West-Malaysia. Hannover.

Kulke, E. (Hrsg.), 1998a: Wirtschaftsgeographie Deutschlands. Gotha, Stuttgart.

Kulke, E., 1998b: Wirtschaftliches Wachstum und räumliche Restrukturierung in Malaysia. In: Zeitschrift für Wirtschaftsgeographie. 42. H. 3-4. S. 191-200.

Kuls, W., 1993: Bevölkerungsgeographie. Eine Einführung. (2. Aufl.). Stuttgart. Teubner Studienbücher der Geographie.

Kumar, N. (Hrsg.), 1998: Globalization, Foreign Direct Investment and Technology Transfers. Impacts on and Prospects for Developing Countries. UNU/INTEC Studies in New Technology and Development 7. London.

Kumar, N.; Siddharthan, N. S., 1997: Technology, Market Structure and Internationalization. Issues and Policies for Developing Countries. UNU/INTEC Studies in New Technology and Development 5. London.

Kuznets, S., 1948: On the Valuation of Social Income-Reflections on Professor Hicks' Article. In: Economica, N. S. 15, I, S. 1-16. II, S. 116-131.

Kuznets, S., 1952: Long-Term Changes in the National Income of the United States of America since 1870. In: *Kuznets, S.*, 1952: Income and Wealth of the United States. Trends and Structure. Income and Wealth. II, Cambridge. S. 24-241.

Kuznets, S., 1955: Economic Growth and Income Inequality. In: The American Economic Review. XLV. S. 1-28.

Kuznets, S., 1956/57: Quantitative Aspects of the Economic Growth of Nations. II. Industrial Distribution of National Product and Labor Force. In: Economic Development and Cultural Change. 5. S. 1-111. Anhang.

Lall, S., 1995: Science and Technology in the New Global Environment: Implications for Developing Countries. New York.

Ledec, G.; Goodland, R. J. A.; Kirchner, J.W.; Drake, J.M., 1985: Carrying Capacity, Population Growth and Sustainable Development. In: *Mahar, D. J.* (Hrsg.), a.a.O., S. 41-89.

Legler, H.; Grupp, H.; Gehrke, B.; Schasse, U., 1992: Innovationspotential und Hochtechnologie. Technologische Position Deutschlands im internationalen Wettbewerb. Wirtschaftswissenschaftliche Beiträge 70. Heidelberg.

Leipert, C., 1989: Die heimlichen Kosten des Fortschritts. Frankfurt/Main.

Little, I. M. D., 1949: The Valuation of the Social Income. In: Economica. N. S. 16. S. 11-26.

Lo, F.; Salih, K.; Douglass, M., 1978: Uneven Development, Rural-Urban Transformation and Regional Development Alternatives in Asia. Nagoya.

Lodahl, M.; Wilkens, H., 1980: Internationaler Tourismus. Daten und Analysen. Untersuchung des Deutschen Instituts für Wirtschaftsforschung im Auftrag der AMK Berlin. Berlin.

Löbbe, K.; Döhrn, R., 1993: Strukturwandel in der Krise. Untersuchung des Rheinisch-Westfälischen Instituts für Wirtschaftsforschung. 9. Essen.

Loeffelholz, H. D. von; Köpp, G., 1998: Ökonomische Auswirkungen der Zuwanderungen nach Deutschland. = Schriftenreihe des Rheinisch-Westfälischen Instituts für Wirtschaftsforschung 63. Berlin.

Loehr, W., 1981: Economic Growth, Distribution and Incomes of the Poor. In: Journal of Economic Studies 7. No. 3. S. 127-139.

Lorenz, D., 1990: Regionale Entwicklungslinien in der Weltwirtschaft – Tendenzen zur Bildung von regionalen Wachstumspolen? In: *Kantzenbach, E.; Mayer, O. G.* (Hrsg.): Perspektiven der weltwirtschaftlichen Entwicklung und ihre Konsequenzen für die Bundesrepublik Deutschland. Hamburg. S. 11-31.

Lorenz, M. O., 1905: Methods of Measuring the Concentration of Wealth. In: American Statistical Association. N.S. 70. S. 210-219.

Lützel, H., 1990: Erganzung der Volkswirtschaftlichen Gesamtrechnungen um die Haushaltsproduktion. In: *Schweitzer, v. R (Hrsg.)*, 1990: Zeitbudgeterhebungen: Ziele, Methoden und neue Konzepte. Forum der Bundesstatistik. 13. Stuttgart. S. 129-141.

Machetzki, R., 1991: Grundthesen zur Entwicklung in Ost- und Südostasien. In: *Draguhn, W. (Hrsg.)*: Asiens Schwellenländer: Dritte Weltwirtschaftsregion? Hamburg.

Mahar, D. J. (Hrsg.), 1985: Rapid Population Growth and Human Carrying Capacity. World Bank Staff Working Papers No. 690. Washington, D.C.

Mahar, D. J., 1988: Population Growth and Human Carrying Capacity in Sub-Saharan Africa. In: *Salvatore, D. (Hrsg.)*, 1988: World Population Trends and their Impact on Economic Development. New York. S. 59-76.

Mallampally, P.; Sauvant, K. P., 1999: Foreign Direct Investment in Developing Countries. In: Finance and Development. March 1999. S. 34-37.

Maretzke, S., 1998: Regionale Wanderungsprozesse in Deutschland sechs Jahre nach der Vereinigung. In: Informationen zur Raumentwicklung. H. 11/12. S. 743-762.

Marx, R., 1997: Währungsunion erhöht Exportchancen: Die Gewinner-Branchen aus deutscher Sicht. In: NORD/LB Wirtschaftsreport Nr. 1/1997 S. 11-18.

McGranahan, D.V., et al., 1972: Contents and Measurement of Socioeconomic Development. New York.

Mechthold, M., 1995: Regionalökonomische Effekte der technologieintensiven Industriebetriebe in Taiwan. Dissertation. Hannover.

Ministerium für Wirtschaft, Technologie und Verkehr des Landes Schleswig-Holstein (Hrsg.), 1998: Regionale und nationale Handlungsmöglichkeiten der Wirtschaftspolitik bei fortschreitender Globalisierung. Workshop vom 14. November 1997. Kiel.

Miosga, M., 1995: Räumliche Disparitäten in Europa und Perspektiven zukünftiger Entwicklung. In: Geographische Rundschau. 47. H. 3. S. 144-149.

Mohr, E., 1997: Ungarn: Die Konsolidierungsmaßnahmen tragen Früchte – Wirtschaft auf Wachstumskurs. In: ifo Schnelldienst Nr. 12/97, S. 27-40.

Mohr, E., 1998: Polen: Erfolge im Transformationsprozeß – aber wichtige Strukturprobleme sind noch ungelöst. In: ifo Schnelldienst Nr. 20/98, S. 29-40.

Molitor, C., 1997: Zur Frage der realwirtschaftlichen Konvergenz in der Europäischen Union. In: Zeitschrift für Wirtschaftspolitik. 46. H. 3. S. 324-340.

Molle, W.; Boeckhout, S., 1995: Economic Disparity under Conditions of Integration – A long term View of the European Case. In: Papers in Regional Science: The Journal of the RSAI. 74. No. 2. S. 105-123.

Montes, M. F., 1998: The Currency Crisis in Southeast Asia. ISEAS. Singapore.

Müller, J. H., 1976: Methoden zur regionalen Analyse und Prognose. Taschenbücher zur Raumplanung. 1. (2. Aufl.).Hannover.

Mundell, R. A., 1961: A Theory of Optimum Currency Areas. In: American Economic Review. 51. No. 4. S. 657-665.

Muscat, R., 1985: Carrying Capacity and Rapid Population Growth: Definition, Cases, and Consequences. In: *Mahar, D. J. (Hrsg.)*, 1985, a.a.O., S. 1-39.

Musil, J.; Kotacka, L.; Rysavy, Z., 1997: Regional effects of the Transformation Processes in the Czech Republic after 1989. In: *Becker, A.* (Hrsg.): Regionale Strukturen im Wandel. = Beiträge zu den Berichten zum sozialen und politischen Wandel in Ostdeutschland. Opladen. S. 251-353.

Nelson, R.; Phelps, E., 1966: Investment in Humans, Technological Diffusion, and Economic Growth. In: American Economic Review Papers and Proceedings 56. S. 69-75.

Nerb, G.; Reuter, J.; Russ, H., 1992: Großräumige Entwicklungstrends in Europa und wirtschaftspolitischer Handlungsbedarf. In: Ifo-Schnelldienst, 17-18/1992. S. 13-21.

Neven, D.; Gouyette, C., 1997: Regional Convergence in the European Community. In: Journal of Common Market Studies. 33. No. 1. S. 47-64.

Niedersächsisches Landesamt für Statistik, 1997: Entstehungsrechnung Bruttoinlandsprodukt, Bruttowertschöpfung 1991 bis 1996. Statistische Berichte Niedersachsen, Heft P I 1-j/91-96. Hannover.

Nijkamp, P., 1990: Spatial Development in the United States of Europe: Glorious Victories or Ignominious Defeats? In: Papers of the Regional Science Association. 69. S. 1-10.

Nohlen, D., 1998: Lexikon Dritte Welt. Länder, Organisationen, Theorien, Begriffe, Personen. (Vollständig überarbeitete Neuausgabe.). Reinbek bei Hamburg.

Nohlen, D., Nuscheler, F., 1993: Indikatoren von Unterentwicklung und Entwicklung. In: *Nohlen, D.; Nuschler, F. (Hrsg.)*: Handbuch der Dritten Welt. Bd. 1: Grundprobleme – Theorien – Strategien. (3. Aufl.). Bonn. S. 76-108.

NORD/LB, 1998: Euro – gerade rechtzeitig! Währungskrisen und optimaler Währungsraum. = EWWU Aktuell Nr. 18, 10/98. Hannover.

Nordhaus, W. D.; Tobin, J., 1972: Is Growth Obsolete? In: *Moss, M. (Hrsg.)*, 1973: The Measurement of Economic and Social Performance. New York. S. 509-564.

Nübler, I., 1995: The Human Development Index Revisited. In: Intereconomics. 30. H. 4. S. 171-176.

Nuhn, H., 1997: Globalisierung und Regionalisierung im Weltwirtschaftsraum. In: Geographische Rundschau. 49. H. 3. S. 136-143.

Nunnenkamp, P., 1997: Aufhol- und Abkopplungsprozesse im Europäischen Binnenmarkt. In: Die Weltwirtschaft. H. 2. S. 190-203.

Nunnenkamp, P., 1998: Boom and Bust in Capital Flows to Developing Countries. What South Asia Can Learn from Recent Financial Crises. = Kiel Working Paper No. 853. Institut für Weltwirtschaft. Kiel.

Nuscheler, F., 1997: Human Development – Ein neues Entwicklungsparadigma oder alter Wein in neuen Schläuchen? In: Geographie und Schule. H. 107. S. 2-7

Ochel, W., 1996: Die Europäische Wirtschafts- und Währungsunion – Chancen und Risiken. In: In: ifo Schnelldienst Nr. 3/98. S. 9-20.

OECD, 1982: The OECD List of Social Indicators. Paris.

OECD, 1989a: International Direct Investment and the New Economic Environment. Paris.

OECD (Hrsg.), 1989b: Environmental Policy Benefits: Monetary Valuation. Prepared by *D.W. Pearce; A. Markandya*. Paris.

OECD (Hrsg.), 1992: Benefits Estimates and Environmental Decision-making. Prepared by *D. W. Pearce; R. K. Turner*. Paris.

OECD (Hrsg.), 1993: Problemy polityki rozwoju regionalnego w Polsce. Warschau.

OECD, 1996: Benchmark Definition of Foreign Direct Investment. (3. Aufl.). Paris.

OECD, 1997: Science, Technology and Industry. Scoreboard of Indicators 1997. Paris.

OECD, 1998: Uranium 1997. Resources, Production and Demand. Paris.

Ohmae, K., 1985: Triad Power: The Coming Shape of Global Competition. New York. (Deutscher Titel: Die Macht der Triade. Die neue Form weltweiten Wettbewerbs. Wiesbaden 1985.)

Ohmae, K., 1995: The End of the Nation State. The Rise of Regional Economies. London. (Deutscher Titel: Der neue Weltmarkt: das Ende des Nationalstaates und der Aufstieg der regionalen Wirtschaftszonen. Hamburg 1996.)

Ortmann, F., 1973: Überlegungen zur regionalpolitischen Anwendbarkeit des Multiplikatorkonzeptes. Tübingen.

Park, Sam Ock; Kim, Won Bae, 1993: Industrial Restructuring and the Role of the Asian NIES in the Asian Pacific Rim Area. Paper presented at the International Conference of the IGU Commission on the Organisation of Industrial Space. Tokyo, Japan, July 1993.

Paukert, F., 1973: Income Distribution at Different Levels of Development: A Survey of Evidence. In: International Labour Review 108. Nos. 2-3. S. 97-125.

Persson, T.; Tabellini, G., 1994: Is Inequality Harmful for Growth? In: American Economic Review 84. No. 3. S. 600-621.

Peschel, K., 1989: Die Wirkungen der Europäischen Integration auf die Regionalentwicklung. In: Informationen zur Raumentwicklung. H. 8/9. S. 549-565.

Pfanzagl, J., 1983: Allgemeine Methodenlehre der Statistik I. Elementare Methoden unter besonderer Berücksichtigung der Anwendungen in den Wirtschafts- und Sozialwissenschaften. (6. Aufl.). Berlin, New York. Sammlung Göschen. Band 2046.

Polkowski, A., 1999: Rußland: Verheerende Bilanz. In: Wirtschaftsdienst 1999/06.

Porter, M. E., 1999: Nationale Wettbewerbsvorteile. Erfolgreich konkurrieren auf dem Weltmarkt. (5. Aufl.). München.

Predöhl, A., 1949: Außenwirtschaft. Weltwirtschaft, Handelspolitik und Währungspolitik. Grundriß der Sozialwissenschaft. 17, Göttingen. (2., völlig neubearbeitete Aufl. 1971).

Pritchett, L., 1996: Fehlende Konvergenz: Divergenz in der Vergangenheit, Gegenwart und Zukunft. In: Finanzierung und Entwicklung. Juni 1996. S. 38-41.

Pütz, R., 1998: Polen im Transformationsprozeß. Wirtschaftsräumliche Disparitäten beim Übergang vom Plan zum Markt. In: Geographische Rundschau. 50. H. 1. S. 4-11.

Quaisser, W., 1995: Ausländische Direktinvestitionen im polnischen Transformationsprozeß. = Working Paper 148. Osteuropa-Institut München. München.

Reich, R. B., 1991: The Work of Nations. London u. a. (Titel der deutschen Ausgabe: Die neue Weltwirtschaft: Das Ende der nationalen Ökonomien. Frankfurt/Main 1993 [gebunden], 1996 [kartoniert].)

Reich, U.-P.; Stäglin, R.; Stahmer, C. (1995): Ein System von Input-Output-Tabellen für die Bundesrepublik Deutschland: Konzeption, Erstellung, Auswertung. = Beiträge zur Strukturforschung 159. Berlin.

Reichel, R., 1991: Der „Human Development Index" – ein sinnvoller Entwicklungsindikator? In: Zeitschrift für Wirtschaftspolitik. 40. H.1. S. 57-67.

Revilla Diez, J.; Schätzl, L., 1993: Industrieller Transformationsprozeß in Vietnam. In: Geographische Rundschau. 45. H.9, S. 538-545.

Revilla Diez, J., 1995: Systemtransformation in Vietnam: Industrieller Strukturwandel und regionalwirtschaftliche Auswirkungen. = Hannoversche Geographische Arbeiten. 51. Münster.

Revilla Diez, J., 1996: Industrieller Strukturwandel und regionalwirtschaftliche Auswirkungen im Transformationsprozeß Vietnams. In: *Heinritz, G.; Kulke, E.; Wiessner, R.* (Hrsg.): Aufbruch im Osten: umweltverträglich – sozialverträglich – wettbewerbsfähig. = Tagungsbericht und wissenschaftliche Abhandlungen. 50. Deutscher Geographentag Potsdam, 2. bis 5. Oktober 1995. Band 3: Raumentwicklung und Wettbewerbsfähigkeit. Stuttgart.

Revilla Diez, J., 1998: Bedeutung und regionale Verteilung ausländischer Direktinvestitionen in der SR Vietnam. In: Zeitschrift für Wirtschaftsgeographie. 42. H. 3-4. S. 201-213.

Richardson, H. W., 1978: The State of Regional Economics: A Survey Article. In: International Regional Science Review. 3/1. S. 1-48.

Richter, H. J., 1970: Die Strategie der schriftlichen Massenbefragung. Bad Harzburg.

Rodenburg, E.; Tunsall, D.; van Bolhuis, F., 1995: Environmental Indicators for Global Cooperation. Global Environment Facility Working Paper 11. Washington, D.C.

Rodríguez-Pose, A., 1998: The Dynamics of Regional Growth in Europe. Social and Political Factors. Oxford Geographical and Environmental Studies. Oxford.

Rollo, J.; Smith, A., 1993: The political economy of Eastern European trade with the European Community: why so sensitive? In: Economic Policy. 15. S. 141-181.

Romer, P. M., 1990: Endogenous Technological Change. In: Journal of Political Economy 98. S. 71-102.

Romer, P. M., 1993: Two Strategies for Economic Development: Using Ideas and Producing Ideas. In: Proceedings of the World Bank Annual Conference on Development Economics. Washington, D.C.

Rüland, J., 1999: Südostasien: Zukunftsängste statt Fortschrittsoptimismus. In: *Draguhn, W.* (Hrsg.): Asienkrise. Politik und Wirtschaft unter Reformdruck. Mitteilungen des Instituts für Asienkunde. 308. Hamburg. S. 51-76.

Sachverständigenrat (Sachverständigenrat zur Begutachtung der gesamtwirtschaftlichen Entwicklung), 1993: Zeit zum Handeln – Antriebskräfte stärken. Jahresgutachten 1993/94. Stuttgart.

Sachverständigenrat (Sachverständigenrat zur Begutachtung der gesamtwirtschaftlichen Entwicklung), 1998: Vor weitreichenden Entscheidungen. Jahresgutachten 1998/99. Stuttgart.

Salin, E., 1928: Standortverschiebungen der deutschen Wirtschaft. In: *Harms, B. (Hrsg.)*: Strukturwandlungen der deutschen Volkswirtschaft. Berlin. S. 75-106.

Salt, J., 1997: International Movements of the Highly Skilled. Occasional Papers No. 3. International Migration Unit. OECD Directorate for Education, Employment, Labour and Social Affairs. Paris.

Sametz, A. W., 1968: Production of Goods and Services. In: *Sheldon, E. B.; Moore, W.E. (Hrsg.)*, 1968: Indicators of Social Change. New York. S. 77-96.

Samuelson, P. A., 1950: Evaluation of Real National Income. In: Oxford Economic Papers. N.S. 2. S. 1-29.

Samuelson, P. A., 1964: Theoretical Notes on Trade Problems. In: Review of Economics and Statistics 46. S. 145-154.

Samuelson, P. A.; Nordhaus, W. D., 1998: Volkswirtschaftslehre. (Übersetzung der 15. amerikanischen Ausgabe.). Köln.

Schätzl, L., 1973: Räumliche Industrialisierungsprozesse in Nigeria. Gießen. Gießener Geographische Schriften. 31.

Schätzl, L., 1986: Wachstumsregion Ost-/Südostasien. Wirtschaftliche Erfolge mit einer Strategie der „angepaßten Integration" in die Weltwirtschaft. In: Geographische Rundschau. 38. H.10, S. 490-494.

Schätzl, L. (Hrsg.), 1988: Growth and Spatial Equity in West-Malaysia. ISEAS. Singapore.

Schätzl, L., 1992: Raumwirtschaftspolitische Ansätze in den Wachstumsländern Ost-/Südostasiens. In: Geographische Rundschau. 44. H.1, S. 18-24.

Schätzl, L. (Hrsg.), 1993: Wirtschaftsgeographie der Europäischen Gemeinschaft. Paderborn. UTB 1767.

Schätzl, L., 1994: Wirtschaftsgeographie 3. Politik. (3. Aufl.). Paderborn. UTB 1383.

Schätzl, L., 1997: Vietnam – Auf dem Weg zu einem neuen Tiger? In: HGG-Journal 11. Heidelberger Geographische Gesellschaft. Heidelberg. S. 73-86.

Schätzl, L., 1998: Wirtschaftsgeographie 1. Theorie. (7. Aufl.). Paderborn. UTB 782.

Schätzl, L.; Kramer, J.; Sternberg, R., 1993: Regionalökonomische Wirkungen der 1991 in Hannover veranstalteten Messen und Ausstellungen. In: *Goehrmann, K. E.* (Hrsg.): Polit-Marketing auf Messen. Düsseldorf. S. 97-112.

Schätzl, L.; Liefner, I., 1998: Regionale Disparitäten und Raumgestaltung. In: *Kulke, E.* (Hrsg.): Wirtschaftsgeographie Deutschlands. Gotha, Stuttgart. S. 267-306.

Schätzl, L.; Wessel, K.; Lee, Y.-W., 1997: Regional Development and Decentralization Policy in South Korea. ISEAS. Singapore.

Schlörke, S., 1991: Regionalentwicklung und Dezentralisierungspolitik in Thailand. Eine regionalökonomische Analyse. Hannover.

Schmidt, C.; Straubhaar, T., 1995: Maastricht II: Bedarf es realer Konvergenzkriterien? In: Wirtschaftsdienst 1995/VIII. S. 434-442.

Schönfelder, W.; Thiel, G., 1996: Ein Markt – eine Währung: die Verhandlungen zur Europäischen Wirtschafts- und Währungsunion. = Aktuelle Materialien zur internationalen Politik 37. (2. Aufl.). Baden-Baden.

Schucher, G. (Hrsg.), 1998: Asien zwischen Ökonomie und Ökologie. Wirtschaftswunder ohne Grenzen? Mitteilungen des Instituts für Asienkunde. 295. Hamburg.

Schumann, J., 1968: Input-Output-Analyse. Berlin, Heidelberg, New York.

Schumann, J., 1989: Bemerkungen zur Input-Output-Analyse. In: *Gahlen, B.; Meyer, B.; Schumann, J.* (Hrsg.): Wirtschaftswachstum, Strukturwandel und dynamischer Wettbewerb: Ernst Helmstädter zum 65. Geburtstag. Berlin.

Serageldin, I., 1996: Sustainability and the Wealth of Nations. Environmentally Sustainable Development Studies and Monograph Series 5. Washington, D.C.

Siebert, H., 1993: Das Wagnis der Einheit. Eine wirtschaftspolitische Therapie. (Aktualisierte Neuauflage.). Stuttgart.

Siebert, H., 1995: Internationale Migration aus wirtschaftswissenschaftlicher Sicht. In: Geographische Rundschau 47. H. 7-8. S. 405-409.

Siebert, H., 1996a: On the Concept of Locational Competition. Kiel Working Paper. 731. Kiel.

Siebert, H., 1996b: Zum Transferbedarf in einer Währungsunion. In: Weltwirtschaft. H. 4. S. 345-353.

Siebert, H., 1997a: Weltwirtschaft. Stuttgart.

Siebert, H., 1997b: Zu den Voraussetzungen der Europäischen Währungsunion. = Kieler Diskussionsbeiträge 289. Kiel.

Sinn, G.; Sinn, H.-W., 1993: Kaltstart. Volkswirtschaftliche Aspekte der deutschen Vereinigung. (3. Aufl.). Tübingen.

Sinn, H.-W., 1996: Volkswirtschaftliche Probleme der deutschen Vereinigung. = Vorträge der Nordrhein-Westfälischen Akademie der Wissenschaften: Natur-, Ingenieur- und Wirtschaftswissenschaften, N 421. Opladen.

Sinz, M., 1991: Entwicklungsstand und Entwicklungsdynamik von Regionen im europäischen Binnenmarkt. In: *Blotevogel, H.-H. (Hrsg.)*: Europäische Regionen im Wandel. Dortmund. S. 29-48.

Smith, D. M., 1977: Human Geography. A Welfare Approach. London.

Solow, R. M., 1956: A Contribution to the Theory of Economic Growth. In: The Quarterly Journal of Economics. 70. S. 65-94.

Sommer, T. (Hrsg.), 1997: Nach uns die Asiaten? Die pazifische Herausforderung. = ZEIT-Punkte Nr. 4/1995. Hamburg.

Srinivasan, T. N., 1994: Human Development: A New Paradigm or Reinvention of the Wheel? In: American Economic Journal Papers and Proceedings. 84. H. 2. S. 238-243.

Stäglin, R., 1973: Methodische und rechnerische Grundlagen der Input-Output-Analyse. In: *Krengel, R. (Hrsg.)*: Aufstellung und Analyse von Input-Output-Tabellen. Göttingen. S. 27-54.

Stäglin, R., 1982: Überblick über die Aktivitäten auf dem Gebiet der Input-Output-Rechnung in der Bundesrepublik Deutschland. In: *Krengel, R. (Hrsg.)*: Die Weiterentwicklung der Input-Output-Rechnung in der Bundesrepublik Deutschland. Göttingen. S. 7-56.

Stäglin, R., 1985: Input-Output-Analyse. In: Spektrum der Wissenschaft. H. 5. S. 44-64.

Stäglin, R.; Pirschner, R., 1976: Weiterentwicklung der Input-Output-Rechnung als Instrument der Arbeitsmarktanalyse. Beiträge zur Arbeitsmarkt- und Berufsforschung. H. 3. Nürnberg.

Stahl, W., 1998: Die weltweiten Reserven der Energierohstoffe: Mangel oder Überfluß? Bundesanstalt für Geowissenschaften und Rohstoffe. Hannover.

Stahmer, C., 1988: Umwelt-Satellitensystem zu den Volkswirtschaftlichen Gesamtrechnungen. In: Allgemeines Statistisches Archiv. 72. S. 58-71.

Stahmer, C., 1992: Integrierte Volkswirtschaftliche und Umweltgesamtrechnung – Überblick über die Konzepte der Vereinten Nationen. In: Wirtschaft und Statistik. H. 9. S. 577-593.

Statistisches Bundesamt, div. Jg.: Statistisches Jahrbuch für das Ausland. Wiesbaden.

Statistisches Bundesamt, div. Jg.: Statistisches Jahrbuch für die Bundesrepublik Deutschland. Wiesbaden.

Sternberg, R., 1995a: Technologiepolitik und High-Tech Regionen – ein internationaler Vergleich. Münster.

Sternberg, R., 1995b: Zur Dysfunktionalität von ausgleichsorientierter Regionalpolitik und nationaler Technologiepolitik. Eine empirische Zielerreichungskontrolle der japanischen „Technopolis"-Strategie. In: Raumforschung und Raumordnung. H. 1/95, S. 15-24.

Sternberg, R., 1997: Weltwirtschaftlicher Strukturwandel und Globalisierung. Umfang und Ursachen räumlicher Ungleichgewichte bei sozioökonomischen Indikatoren. In: Geographische Rundschau 49. H. 12. S. 680-687.

Sternberg, R.; Kramer, J., 1991: Zur Quantifizierung direkter und indirekter Effekte von Messen. In: Raumforschung und Raumordnung 49. S. 119-128.

Sternberg, R.; Kramer, J.; Brandtner, A., 1990: Regionalökonomische Wirkungen der Messen in Hannover. Geographische Arbeitsmaterialien der Universität Hannover, Bd. 12. Hannover.

Stiftung Entwicklung und Frieden, div. Jg.: Globale Trends. Frankfurt/Main.

Stöhr, W.; Tödtling, F., 1977: Spatial Equity – Some Anti-Theses to Current Regional Development Doctrine. In: Papers of the Regional Science Association. 38. S. 33-53.

Storbeck, D., 1969: Zur Methodik und Problematik von Maßstäben der regionalen Konzentration. In: Raumforschung und Raumordnung. 27. S. 214-221.

Strack, D.; Helmschrott, H.; Schönherr, S., 1997: Internationale Einkommensvergleiche auf der Basis von Kaufkraftparitäten: Das Gefälle zwischen Industrie- und Entwicklungsländern verringert sich. In: Ifo-Schnelldienst, 10/97. S. 7-14.

Strassert, G., 1968: Möglichkeiten und Grenzen der Erstellung und Auswertung regionaler Input-Output-Tabellen. Berlin.

Strassert, G., 1993: Regionale Input-Output-Tabellen als Informations- und Entscheidungsgrundlage der regionalen Wirtschaftspolitik. In: HWWA (Hrsg.): Workshop Regionale Input-Output-Analyse: Nutzen und Probleme. = HWWA-Report 1998. Hamburg. S. 9-19.

Straubhaar, T.; Wolter, A., 1997: Globalisation, Internal Labour Markets and the Migration of the Highly Skilled. In: Intereconomics. July/August 1997. S. 174-180.

Streeten, P., 1994: Human Development: Means and Ends. In: American Economic Journal Papers and Proceedings. 84. H. 2. S. 232-237.

Summers, R.; Heston, A., 1996: Reales Bruttosozialprodukt. Zur Geschichte des International Comparison Program. In: Entwicklung und Zusammenarbeit. 37. H. 11. S. 295-297.

Sundrum, R. M., 1990: Income distribution in less developed countries. London, New York.

Tesdorpf, J. C., 1974: Die Mikroanalyse. Eine Anleitung für stadtgeographische Praktika und Schüler-Arbeitsgemeinschaften. In: Freiburger Geographische Mitteilungen. S. 33-96.

Therkildsen, O., 1978: The Relationship between Economic Growth and Regional Inequality. A Critical Reappraisal. Paper presented at the Fourth Advanced Studies Institute in Regional Science, Siegen, Germany, 6-19th August, 1978. S. 1-31.

Thistlethwaite, F., 1972: Europäische Überseewanderung im 19. und 20. Jahrhundert. In: *Köllmann, W.; Marschalck, P.*: Bevölkerungsgeschichte. Köln. S. 323-355.

Thomas, I. P., 1995: Konvergenz und Divergenz in der Europäischen Union. Kieler Arbeitspapiere. 682. Kiel.

Thurow, L. C., 1992: Head to Head. The Coming Economic Battle among Japan, Europe and America. New York. (Titel der deutschen Ausgabe: Kopf an Kopf. Wer siegt im Wirtschaftskrieg zwischen Europa, Japan und den USA? Düsseldorf u.a. 1993.)

Thurow, L. C., 1996: The Future of Capitalism. How Today's Economic Forces Shape Tomorrow's World. London. (Titel der deutschen Ausgabe: Die Zukunft des Kapitalismus. (3. Aufl.).Regensburg 1998.)

Tiebout, C., 1956: A Pure Theory of Local Expenditures. In: Journal of Political Economy 64. S. 416-424.

Tietzel, M., 1978: Internationale Rohstoffpolitik. Eine Analyse der rohstoffpolitischen Aspekte des Nord-Süd-Dialogs. (2. Aufl.). Bonn-Bad Godesberg.

Tondl, G., 1999: The changing pattern of regional convergence in Europe. In: Jahrbuch für Regionalwissenschaft. 19. S. 1-33.

Trabold-Nübler, H., 1991: The Human Development Index – A New Development Indicator. In: Intereconomics. 26. H. 5. S. 236-243.

Trabold, H., 1995: Die internationale Wettbewerbsfähigkeit einer Volkswirtschaft. In: DIW-Vierteljahreshefte zur Wirtschaftsforschung. Heft 2/95 (Schwerpunktheft Internationale Wettbewerbsfähigkeit). Berlin. S. 169-185.

UNCTAD (United Nations Conference on Trade and Development), 1996: World Investment Report 1996. Investment, Trade and International Policy Arrangements. Genf.

UNCTAD (United Nations Conference on Trade and Development), 1997: Trade and Development Report 1997. Genf.

UNCTAD (United Nations Conference on Trade and Development), 1998: World Investment Report 1998. Trends and Determinants. Genf.

UNDP (United Nations Development Programme): Human Development Report. New York. (Verschiedene Jahre, 1990-1997).

UNESCO, 1998: Statistical Yearbook 1998. New York.

UNHCR (United Nations High Commissioner for Refugees), 1997: The State of the World's Refugees. Genf.

United Nations, 1984: Some Issues Arising from Interrelations Between Resources, Environment, Population and Development. In: *Ghosh, P.K. (Hrsg.)*, 1984: Population, Environment and Resources, and Third World Development. Westport, CT., London.

United Nations, 1999: Demographic Yearbook 1997. New York.

United Nations, div. Jg.: International Trade Statistics Yearbook. New York.

Vickery, G., 1988: A Survey of International Technology Licensing. In: STI Review. Vol. 4. S. 8-49.

Vorlaufer, K., 1988: Tourismus und Entwicklung in der Dritten Welt. In: *Becker, C. (Hrsg.)*, 1988: Moderner Tourismus. Tendenzen und Aussichten. (Materialien zur Fremdenverkehrsgeographie, Nr. 17.) Trier.

Vorlaufer, K., 1995: Regionale Disparitäten, Tourismus und Regionalentwicklung in Thailand. In: Petermanns Geographische Mitteilungen. 139. H. 5/6. S. 353-381.

Vorlaufer, K., 1996: Tourismus in Entwicklungsländern. Möglichkeiten und Grenzen einer nachhaltigen Entwicklung durch Fremdenverkehr. Darmstadt.

Wagner, H., 1998: Europäische Wirtschaftspolitik. Perspektiven einer Europäischen Wirtschafts- und Währungsunion. (2. Aufl.). Berlin.

Walton, M., 1997: Der Reifungsprozeß des asiatischen Wirtschaftswunders. In: Finanzierung & Entwicklung, September 1997. S. 7-10.

Weggel, O., 1993: Regionalkonflikte in China: Süd gegen Nord. Mitteilungen des Instituts für Asienkunde. 210. Hamburg.

Weise, C.; Brücker, H.; Franzmeyer, F.; Lodahl, M.; Möbius, U.; Schultz, S.; Schumacher, D.; Trabold, H., 1997: Ostmitteleuropa auf dem Weg in die EU – Transformation, Verflechtung, Reformbedarf. = Beiträge zur Strukturforschung, H. 167. Deutsches Institut für Wirtschaftsforschung. Berlin.

Weizsäcker, C. C. von, 1999: Logik der Globalisierung. Göttingen.

Weltbank: The World Bank Atlas. Washington, D.C. (Verschiedene Jahre). http://www.worldbank.org/data/wdi/atlas.html (06.08.1999)

Weltbank: Weltentwicklungsbericht. Washington, D. C. (Verschiedene Jahre).

Weltbank: World Development Indicators. Washington, D. C. (Verschiedene Jahre). http://www.worldbank.org/data/wdi/home.html (06.08.1999)

Weltbank, 1995a: Global Economic Prospects and the Developing Economies. Washington, D. C.

Weltbank, 1995b: Monitoring Environmental Progress. A Report on Work in Progress. Washington, D. C.

Weltbank, 1996: Prospects for Service Exports from the English-Speaking Caribbean. Report No. 15301-CRG. Washington, D.C.

Weltbank, 1998a: East Asia: The Road to Recovery. Washington, D.C.

Weltbank, 1998b: Global Development Finance. Washington, D.C.

Weltbank, 1999: Global Economic Prospects and the Developing Countries. Beyond Financial Crises. Washington, D.C.

Wessel, K., 1991: Raumstrukturelle Veränderungen im Entwicklungsprozeß Südkoreas. Eine Analyse zur Regionalentwicklung und Dezentralisierungspolitik. Hannover.

Wessel, K., 1995: Internationale Wirtschaftsbeziehungen und industrieller Strukturwandel in den Reformländern Ostmitteleuropas. In: Geographie und Schule. 97. S. 29-37.

Wessel, K., 1996: Empirisches Arbeiten in der Wirtschafts- und Sozialgeographie. Paderborn. UTB 1956.

Wessel, K., 1997: Südkorea. Technologiepolitik und High-Tech Industrie im Spannungsfeld von Wirtschaftswachstum und ausgleichsorientierter Regionalentwicklung. In: Die Erde. 128. S. 17-33.

Wießner, R., 1995: Der politische, ökonomische und soziale Umbruch in Osteuropa. Das Beispiel Ungarn. In: Geographische Rundschau. 47. H. 3. S. 156-161.

Wilhelm, M., 1996: Motive deutscher und ausländischer Direktinvestitionen. In: Ifo Schnelldienst 16/96, S. 9-18.

Williamson, J. G., 1965: Regional Inequality and the Process of National Development. A Description of the Patterns. In: Economic Development and Cultural Change. 13. S. 3-84.

Williamson, J. G.; Lindert, P. H., 1980: American Inequality: A Macroeconomic History. New York.

World Energy Council, 1993: Energy for Tomorrow's World. Auszüge in deutscher Sprache. DNK-Schriftenreihe Nr. 3/1993. Düsseldorf.

World Intellectual Property Organization, 1997: Industrial Property Statistics 1995. Genf.

World Tourism Organization, 1997: Tourism: 2020 Vision. Madrid.

World Tourism Organization, 1998: Yearbook of Tourism Statistics. Vol. 1. (50. Aufl.). Madrid.

Zelinsky, W., 1958: A Method for Measuring Changes in the Distribution of Manufacturing Activity: The United States 1939-1947. In: Economic Geography. 34/2. S. 95-126.

Zimmermann, H., 1989: Die regionale Dimension des Europäischen Binnenmarktes. Auswirkungen auf Regionalstruktur, föderativen Aufbau und regionsbezogener Politik. Nachrichten Nr. 48. Akademie für Raumforschung und Landesplanung. Hannover.

Zimmermann, H.; Henke, K. D., 1994: Einführung in die Finanzwissenschaft. (7. Aufl.). München.

PERSONENREGISTER

Adelman, I. 26, 152
Agarwal, J. A. 209-210
Ahluwalia, M. S. 152
Alesina, A. 154
Alexandratos, N. 177-178
Alvstam, C. G. 238-239, 249-250
Aristotelous, K. 195
Armstrong, H. W. 260
Atkinson, A. B. 87
Atteslander, P. 50-51

Backhaus, K. 85
Bähr, J. 173, 187
Bahrenberg, G. 45, 85, 96, 122, 144, 259
Balassa, B. 73-75, 160
Baldwin, R. 127
Baran, P. A. 199
Barro, R. J. 135, 145, 291
Baumol, W. 138
Bea, S. 197
Becker, A. 308
Becker, I. 151
Berke, C. 298-299
Berry, B. J. L. 94, 153
Beyfuß, J. 298
Bhagwati, J. 151, 190
Birdsall, N. 155
Boeckhout, S. 260
Bolleyer, R. 32
Bortz, J. 85
Bosworth, B. P. 253
Boustedt, O. 52
Brandt, W. 216
Brandtner, A. 98
Bratzel, P. 96, 122
Bröcker, J. 271
Brown, L. R. 173
Bruckmann, G. 37
Brüggemann, A. 303
Brümmerhoff, D. 15, 24, 28-29, 36
Busch, B. 275, 260, 264-265

Caesar, R. 307
Chorley, R. J. 44
Cleverdon, R. 229
Collins, S. M. 253
Corniels, M. 260
Corsetti, G. 251
Cséfalvay, Z. 306

Deininger, K. 150, 153-154
Dicken, P. 193, 232
Dieckheuer, G.191
Dieter, H. 251
Döhrn, H. 74-75
Dohse, D. 270
Domrös, M. 173
Douglass, M. 157
Draguhn, W. 307
Dumke, R. H. 268
Dunford, M. 260, 267, 308
Dunn jr., E. S. 77
Dunning, J. H. 195

Erichsen, B. 85
Esenwein-Rothe, I. 122

Fagerberg, J. 260, 265
Fassmann, H. 306, 308
Feldstein, M. 193
Fels, G. 133
Fischer, J. 99, 102, 123
Florence, P. S. 63, 66
Fountas, S. 195
Freeman, D. B. 221
Frenkel, M. 22
Freyer, W. 223
Friedrichs, J. 40-41, 45-46, 48-50
Fuchs, V. R. 77

Gardner, B. 173
Gehrke, B. 67, 70, 75, 182
Geisenberger, S. 52
Gerfin, H. 80
Giersch, H. 128
Giese, E. 45, 85, 96, 122, 144, 247, 259
Gilbert, A. C. 157
Gini, C. 61, 63
Glatzer, W. 37
Goodman, D. E. 157
Gorzelak, G. 308
Gouyette, C. 260, 265
Grauwe, P. de 267-268
Grupp, H. 67, 70, 75, 182-183

Haggett, P. 44
Halweil, B. 173
Hamilton, F. E. I. 300
Härtel, H.-H. 232
Haslinger, F. 36
Hauff, V. 35
Häußermann, H. 282
Heimpold, G. 286
Hemmer, H.-R. 26, 173, 175-176, 199, 233
Henke, K. D. 99-100
Heston, A. 20, 161
Hicks, J. R. 16, 120

Hicks, N. L. 91
Higgins, G. M. 178
Hilpert, H. G. 252
Hirschman, A. O. 174-175, 229
Hoffmann, L. 279
Hölder, E. 34, 37
Hoover, E. M. 63
Hoppen, H. D. 84
Horioka, C. 193
Hufbauer, G. 126

Illner, M. 303
Isard, W. 63, 66, 122
Iwersen, A. 230
Iwersen-Sioltsidis, S. 230

John, K. D. 22
Johnston, R. J. 221
Jost, T. 192
Juchems, A. 268
Jungnickel, R. 232
Just, R. E. 120
Juster, F. T. 22

Kaldor, N. 120, 154
Kappel, R. 197
Keller, W. 210
Kellerer, H. 122
Kinch, A. 173
Klages, K. D. 156
Klemmer, P. 122
Köddermann, R. 202-203
Koelle, H. H. 26
Koll, R. 274-275
König, R. 51
Koolwijk, J. v. 51
Köpp, G. 189
Körner, H. 188
Koschatzky, K. 158, 240
Kotacka, L. 303
Kraas, F. 243-244, 254
Kramer, J. 98, 109-119, 121
Krämer, M. 240
Kraus, A. 65
Krieger-Boden, C. 270
Kriz, J. 51
Kromrey, H. 40-41, 43, 46-48, 50
Krugman, P. R. 19, 139, 151, 211, 232, 251, 253
Krusnik, K. 229-230
Kulke, E. 240, 243
Kuls, W. 187
Kumar, N. 210
Kuznets, S. 16, 20, 152-153, 155

Ledec, R. 178
Lee, Y.-W. 242
Legler, H. 67
Leipert, C. 31, 37
Lichtblau, K. 260, 264-265
Liefner, I. 290
Lindert, P. H. 153
Little, I. M. D. 16
Lo, F. 157
Löbbe, K. 74-75
Lodahl, M. 228
Loehr, W. 152
Löffelholz, H.-D. v. 189
Lorenz, D. 234
Lorenz, M. O. 60
Lützel, H. 37

Machetzki, R. 238
Mahar, D. J. 178
Maretzke, S. 282
Marx, R. 271
McGranahan, D. V. 26, 27
Mechthold, M. 240
Miosga, M. 260, 308
Mohr, E. 301, 305-306
Molitor, C. 135, 260
Molle, W. 260
Montes, M. F. 251
Morris, C. T. 26, 152
Müller, H. 96, 122
Müller, J. H. 122
Mundell, R. A. 269
Muscat, R. 178
Musil, J. 303, 308

Nam, C. W. 274
Nelson, R. 155
Nerb, G. 274
Neven, D. 260, 265
Nipper, J. 45, 85, 96, 122, 144, 259
Nohlen, D. 37, 233
Nordhaus, W. D. 21-22, 36
Nübler, I. 91
Nuhn, H. 130
Nunnenkamp, P. 139, 260, 264
Nuscheler, F. 37, 91-92, 233

Obstfeld, M. 19
Ochel, W. 270
Ohmae, K. 129, 233
Ortmann, F. 101-102, 123

Pareto, V. 207
Paukert, F. 152
Perotti, R. 154
Persson, T. 154
Pfanzagl, J. 122
Phelps, E. 155
Pirschner, R. 99, 106-107, 123
Plinke, W. 85
Polkowski, A. 133
Predöhl, A. 223, 234
Pritchett, L. 140
Pütz, R. 301

Quaisser, W. 301

Quesnay, F. 12

Rademacher, W. 32
Reich, R. B. 129, 233
Reichel, R. 92
Revilla Diez, J. 240, 246-247
Ricardo, D. 72
Richardson, H. W. 84
Richter, H. J. 42, 51
Rodenburg, E. 168
Rodríguez-Pose, A. 260, 308
Rodrik, D. 154
Rohn, W. 306
Rollo, J. 278
Romer, P. M. 155
Rüland, J. 252
Rysavy, Z. 303

Sala-i-Martin, X. 135, 145, 291
Salih, K. 157
Salt, J. 187
Sametz, A. W. 20
Samuelson, P. A. 16, 21, 36, 160
Sandner, G. 173
Sautter, H. 238
Scharrer, H.-E. 307
Schatzl, L. 109-119, 242, 247, 255, 267, 280, 290, 308
Schlörke, S. 240
Schmidt, C. 269
Schmoch, U. 182-183
Schnabel, C. 260, 264-265
Schönfelder, W. 267
Schucher, G. 254
Schumann, J. 105
Serageldin, I. 22-23, 166-167
Sherman, H. C. 268
Siddharthan, N. S. 210
Siebert, H. 126-128, 145, 190, 211, 233, 279
Sinn, G. 279
Sinn, H.-W. 279
Smith, A. 278
Smith, D. M. 162
Solow, R. 138
Sommer, T. 307
Squire, L. 150, 153-154
Srinivasan, T. N. 90-91
Stäglin, R. 99, 102-108, 123
Stahl, W. 179
Stahmer, C. 33, 37
Steger, H.-A. 173
Sternberg, R. 98, 103, 109-119, 241
Storbeck, D. 121-122
Strack, D. 158-160
Strassert, G. 103
Straubhaar, T. 187, 269
Streeten, P. 91 92
Strubelt, W. 308
Summers, R. 20, 161

Tabellini, G. 154
Tesdorpf, J. C. 44
Therkildsen, O. 156
Thiel, E. 267
Thistlethwaite, F. 187
Thomas, I. P. 145
Thurow, L. C. 127, 151, 233
Tiebout, C. 129
Tietzel, M. 181
Tobin, J. 21
Tondl, G. 260, 265
Trabold, H. 233, 299
Trabold-Nübler, H. 92, 166

Venables, A. J. 139
Verspagen, B. 260, 265
Vickery, G. 209
Vorlaufer, K. 223-224, 228-230, 244

Wagner, H. 271
Walton, M. 251, 307
Weggel, O. 247
Weiber, R. 85
Weise, C. 277, 296-297
Weizsäcker, C. C. v. 233
Wessel, K. 40, 43, 47, 51, 240-242, 299, 308
Wieken-Mayser, M. 51
Wießner, R. 305
Wilhelm, M. 202-203
Wilkens, H. 228
Williamson, J. G. 153, 155-157
Wolter, A. 187

Zapf, W. 37
Zelinsky, W. 77
Zeng, J. 247
Zimmermann, H. 99

INSTITUTIONENREGISTER

BMBF 67, 183-184, 232
Bankgesellschaft Berlin 271
Bundesamt für Bauwesen und Raumordnung 232
Bundesanstalt für Geowissenschaften und Rohstoffe 181
Bundesregierung 287
Bundeszentrale für politische Bildung 232
British Petroleum Company 180

Cambridge Econometrics 273

Deutsche Bundesbank 192, 195, 199-208, 220, 226-227, 267-268, 280, 283, 286-287
DIW 103, 165-166, 277, 280-282, 284, 286, 288-289, 296-297

Economic Council of Japan 21
ERECO 264, 273-275
Europäische Bank für Wiederaufbau und Entwicklung (EBWE) 132, 293-295, 301, 305, 308
Europäische Kommission 128, 256-258, 263, 267, 271, 273, 277, 308
EUROSTAT 38, 258, 262, 266

FAO 178

Ifo-Institut für Wirtschaftsforschung 103, 119, 158-160, 202, 268
Institut der Deutschen Wirtschaft 125, 189, 200, 264
Institut für Wirtschaftsforschung Halle 285
International Labour Office 186
Internationaler Währungsfonds (IMF) 20, 190, 217, 235, 295

Ministerium für Wirtschaft, Technologie und Verkehr des Landes Schleswig-Holstein 232

Niedersächsisches Institut für Wirtschaftsforschung 39, 68
Niedersächsisches Landesamt für Statistik 55-56, 65
NORD/LB 269

OECD (OEEC) 12, 18, 28-30, 38, 68, 180, 183, 190-191, 195, 272, 301

Rheinisch-Westfälisches Institut für Wirtschaftsforschung 103

Sachverständigenrat 67, 74, 233, 280, 283-284, 288, 290, 292, 308
Statistisches Bundesamt 32, 38, 44, 79, 103, 114, 219, 221-222, 285
Stiftung Entwicklung und Frieden 176-178, 185-186, 233

UNCTAD 125, 135, 140, 191-194, 198, 233, 293
UNDP 26, 85-88, 90-91, 162, 166, 233
UNESCO 182-183
UNHCR 185
UNO (UN) 12, 18, 172, 174, 178, 213-215
UNRISD 26-27

WEC 179, 187
Weltbank 22-23, 35-36, 57-58, 124, 136-137, 141-144, 147-150, 153, 166-168, 174-175, 180, 189, 196, 202, 210-211, 218, 233, 235, 237, 251-252, 258, 261, 272, 293
World Intellectual Property Organization 184
World Tourism Organization 223, 225, 227

SACHREGISTER

Abschreibungen 13, 14, 99, 103, 106, 107, 288, 289
Abzinsung 166
Ackerbauliche Nutzfläche 176, 177
Adaption 210, 229, 254
Advanced Micro Devices (AMD) 289
Agenda 2000 257
Agglomerationseffekte 138, 139, 157, 191, 243, 245, 276
Akkumulationseffekt 127
Altindustrieregionen 265, 275
APEC 130
Arbeit, Produktionsfaktor 252
– Akkumulation, regionsinterne 176, 190
– Mobilität, räumliche 123, 125, 127, 135, 145, 185, 186, 188, 189, 205, 209, 210, 214, 224, 248, 269, 270, 272, 276
Arbeitslosigkeit 151, 175, 187, 199, 266, 267, 269, 282, 289, 298, 300, 302, 303, 306
Arbeitsteilung, internationale 75, 124, 126, 139, 216, 283
Arithmetisches Mittel 53, 54, 60, 88, 90
ASEAN 130
Außenhandelsspezialisierung, Maßzahlen 67-75
Außenhandelstheorie, neoklassische 135, 151

Balassa-Samuelson-These 160
Basisinnovationen 153, 248, 275
Befragung 26, 40-43, 109-111
– Formen 41-43
Beobachtung 44-45
Beta-Konvergenz 138, 140, 145
Bevölkerungswachstum, natürliches 169-174
Beziehungszahlen 51-53, 76, 122
Brain drain 188, 189
Bruttoinlandsprodukt, Begriff 13 ff.
Bruttosozialprodukt, Begriff 14 ff.
Bruttotransfers 286
Bruttowohlstandsindikator 20

CEFTA 131
Chrysler 200
Cluster-Analyse 85, 94-96

Daimler-Benz AG 200
Daten, sekundärstatistische 38-40
Dependencia-Theorie 199
Dependency-Ratio 20
Deutschland, Bundesrepublik
– Auslandsreiseverkehr 223
– Außenhandel 205, 220-223
– Außenhandelsspezialisierung 68-75
– Bruttowertschöpfung 80-84
– Direktinvestitionen 199-205
– Patent- und Lizenzverkehr 205-209
– regionales Bruttoinlandsprodukt 263
– Verteilungsmaßzahlen 52, 53, 75
Dienstleistungen
– Finanz- 275, 284
– Tourismus 227-231
– unproduktive 19
– unternehmensorientierte 242-245, 284
Diffusion 126, 138, 153, 210, 271, 300
Direktinvestitionen 125, 190-202, 238, 240, 244-250, 268, 295, 298, 301, 304, 305, 307
– Begriff 190-200
– Motive 191, 192, 202, 203
– entwicklungspolitische Effekte 198, 199

- Deutschland 199-205
Diskontierung 92, 166
Disparitäten, räumliche
- Entwicklung s. Konvergenz
- Indikatoren 12 ff., 258
- mondiale Maßstabsebene 134 ff.
- in Deutschland 284-287
- in Mittel- und Osteuropa 279 ff.
- in Südostasien 234 ff.
- in Westeuropa 255 ff.
- Ursachen 156, 175, 264
Divergenzthese 138, 139

Ecomigrants 186
Economies of scale 127, 211
Einkommenselastizität 87, 218, 219, 228
Einkommensverteilung
- funktionelle 15, 16
- personelle 15, 16, 91, 146, 150, 153-156, 191
- regionale 135, 139, 146, 155, 156, 158
Emerging markets 125, 251
Entwicklungstendenzen, weltwirtschaftliche 123-133
Erneuerbare Energien 179-181
Euklidische Distanz 95
Euroland 267, 268, 270
Europa-Abkommen 256
Europäische Union 129, 130, 133, 255 ff.
- Agrarmarkt 278
- Binnenmarkt 191, 195, 200, 204, 230, 240, 245, 255, 267 ff., 279, 301, 307
- Kohäsionsländer 263, 264, 272, 273, 292
- Osterweiterung 130, 257, 259, 279, 307
- Ostöffnungseffekt 267, 276
- Vertiefungseffekt 267, 276
- Wirtschafts- und Währungsunion s. Währungsunion
Exporte s. Gütermobilität
Export-Import-Relation, sektorale 72

Faktorenanalyse 85, 93-96
Faktormobilität s. Produktionsfaktoren, mobile
Faktorpreisausgleichsmechanismus 138, 151
Feldstein-Horioka-Hypothese 193
Finanz- und Währungskrise, asiatische 244, 253
Forschung und Entwicklung (FuE) 69, 70, 182, 183, 289, 297-299
FTAA 131

GATT 126, 130, 238
Gender-related Development Index 91
General Electric Corporation 194
Gesamtfaktorproduktivität 253
Gesellschaftliche Gesamtrechnung 25-30
Gini-Koeffizient 61-63, 91, 140, 150, 151, 155
Gliederungszahlen 51, 63, 76, 122
Globalisierung
- Begriff 123
- der Arbeitsmärkte 186, 187
- der Finanzmärkte 125
- der Gütermärkte 124, 190
- der Produktion 124
- der Produktionssysteme 124, 193, 211
- der Tourismuswirtschaft 224
- Indikatoren 123 ff.
- Konsequenzen 127-129
- Ursachen 126, 127
Globalisierungs-Hypothese 151
Grenzregionen 185, 301, 303
Gütermobilität 210-223
- Deutschland 220-223
- entwicklungspolitische Effekte 216-220
- interindustrielle (komplementäre) 216

– intraindustrielle (substitutive) 190, 211, 216, 271, 278

Handel s. Gütermobilität
Handelsbilanz, sektorale 71
Handelshemmnisse 19, 70, 74, 126, 131, 195, 238, 276, 299
Hannover, Messen 108-119
Human Development Index (HDI) 162-166
Humankapital 23, 35, 36, 125, 128, 129, 138, 155, 166, 188, 203, 209, 253, 273, 307

Imitation 254
Indikatoren
– Beispiele 162 ff.
– gesellschaftliche 24-30
– ökologische 30-36
– ökonomische 12-24
Informations- und Kommunikationstechnologien 126, 187, 224
Infrastrukturwettbewerb 129
Innovation 127, 153, 184, 195, 205, 229, 248, 254, 265, 275, 277, 297, 298
Input-Output-Analyse 102-108, 114
Institutionenwettbewerb 129
Inventionen 183, 205
Inzidenz,
– regionale 100, 111, 116, 118
– sektorale 97, 99, 100, 102, 111

J-Kurven-Effekt 132, 294

Kapital, Produktionsfaktor 123, 127, 135, 185, 230
– Akkumulation, regionsinterne 175
– Mobilität, internationale s. Direktinvestitionen
Kapitalverkehrskontrollen 125
Kaufkraftparitäten 86, 87, 90-92, 158-161
Kaufkraftzufluß 109-114
Keynesianismus 260
Koeffizient
– der geographischen Assoziation 66
– der Lokalisierung 64-66
– der Spezialisierung 66, 67
Kommodifizierung 300
Kommunalität 93
Kommunikationssystem 209
Komparative Kostenvorteile 128, 216, 228, 296
– „enthüllte“ s. RCA-Analyse
– Mittel- und Osteuropa 276, 289, 296 ff.
– Südostasien 211
Kompensatorische Kosten 31
Kondratieff-Zyklen 153, 248, 275
Konfuzianismus 238
Konvergenz 135-139, 145, 156, 259, 260, 263, 265, 273, 288
– absolute 138
– bedingte 265
Konvergenzklubs 145, 265
Konvergenzrate 145, 280, 291
Konvergenzthese 135-138
Konzentrationskurven s. Lorenzkurve
Konzentrationsmaße 52, 61 ff.
Kuznets-Hypothese 152 ff.

Lange Wellen, Theorie 153, 248
Längsschnittanalyse s. Zeitreihenanalyse
Leapfrogging 145
Learning by doing 210
Leistungspotential, technologisches 210, 253
Lohnstückkosten 60-63, 75, 283, 298, 301
Lorenzkurve 60-63, 75

Malaysia 242, 243
Maniokwurzeln 161
Maßstabsebenen
– mondiale 134-233
– kontinentale 234-279

- nationale 240-247, 260-267, 300-307
- subnationale 279-292

Maßzahl
- der Außenhandelsspezialisierung 67-75
- der ökonomischen Wohlfahrt 21, 22
- der sozioökonomischen Leistung 22

Material Product System 13, 18
Materielle Produktion 19
Megatrends 123-133
Mehr-Indikator-Methoden 84-96
MERCOSUR 131
Meßzahlen 76-80
Methoden
- der Datengewinnung 37-51
- der Primärerhebung 40-51
- der Strukturanalyse 51-75
- der Wachstumsanalyse 75-84
- der Wirkungsanalyse 97-123

Migration s. Arbeitskräftemobilität
Migrationssteuer 190
Mittel- und Osteuropa, Transformationsregion 279-306
- komparative Vorteile 297, 298
- Vergleich mit Südostasien 299

Mobilität, räumliche
- von Gütern s. Gütermobilität
- von Produktionsfaktoren s. Produktionsfaktoren

Multinationale Unternehmen 183, 187, 192, 193, 194, 209, 211, 211, 212, 224, 229, 247
Multiplikatoranalyse 101-108

Nachhaltigkeit
- Begriff 35
- Indikatoren 23, 24, 35-37

NAFTA 131, 196, 221
Nationalvermögen 166-168
Naturkapital-Index, physischer 168
Nettoaußenhandelsposition (NAP) 71, 72
Nettoinlandsprodukt 13, 14, 21
Nettotransfers 287
Nettowohlfahrt 21
Nodalregionen 234
Nomenclature des Unités Territoriales Statistiques (NUTS) 258-271
Nutzen-Kosten-Analyse 120, 121

OECD-Mitglieder 231, 235
OECD-Sozialindikatoren 28-30
OPEC-Mitglieder 146, 231
Ostdeutschland 133, 234, 260, 265, 274, 278-301, 307
Osteuropa s. Mittel- und Osteuropa
Output Gap 288

Pavetoverbesserung 120
Patente und Lizenzen 205-209, 182-184
Peripherie 139, 157, 221, 223, 229, 243, 248, 260, 274, 277-279, 306
- innere 303, 304

Polarisation 157, 300
Polarisationstheorie 310
Polarization Reversal 157
Polen 300-302
Primärenergie 179-181
Primärerhebungen 38-51
- Antwortskalierung 45, 46
- Auswahlverfahren 46-50
- Erhebungsumfang 46
- Methoden 40-45
- Operationalisierung 45, 46

Privatisierung 126, 196, 290, 294, 301-305
Produktionsfaktoren, immobile s. Wachstumsdeterminanten, interne
Produktionsfaktoren, mobile 127, 138, 274
- Arbeit 127, 174, 185, 230
- Kapital 127, 135, 138, 185, 230
- technischer Fortschritt (technisches Wissen) 127, 138, 185

Produktionsnetzwerke, internationale 211, 271
Produktzyklus-Hypothese 247 ff., 310

Querschnittanalyse 154-156, 169, 170

Rang-Korrelationskoeffizient 259
Raumsystem, ökonomisches 11
Raumwirtschaftlicher Ansatz 11
RCA-Analyse 67, 73-75, 296-298
Reformindikator (EBWE) 294
Reformländer s. Transformationsländer
Regionalisierung 94-96, 115, 123, 129 ff., 156
Ressourcen, natürliche 22, 23, 35, 36, 169, 175-181, 185, 254
RGW 13, 18, 216, 283, 295, 297, 299, 300, 303, 306
Rohstoffe, mineralische 181, 217, 218
Rohstoffpreise 217-219
Rohstoffvorkommen 176, 179-181, 297
RWA-Analyse 67, 69-71

Satellitensysteme 24, 31-34, 37
Säuglingssterblichkeit 162-164
Schocks, asymmetrische 269, 270
Sektoralstruktur 52, 63, 84, 118, 146, 288
Shift-Analyse 77-84
Shift-Analyse, Differenzmethode 77-80, 82-84
Shift-Analyse, Indexmethode 80-84
Siemens AG 289
Sigma-Konvergenz 138, 259
Sonderförderung-Ost 288, 289, 291
Sozialberichterstattung 26
Sparquote 175, 249, 253
- „wahre" 35 37
Standardabweichung 138, 140, 259, 264
Standortquotient 63-65
Standortwettbewerb 131, 133, 182, 191, 199, 204, 232, 254, 270, 274, 276, 292, 307
Standortwettbewerb, Begriff 127-129
Steady state 138, 265
Steuerwettbewerb 129
Stichprobenumfang 40, 49, 109
Streuungsmaße 52-60
Strukturmaßzahlen 51, 63, 75
Suburbanisierung 284, 286
Südkorea 240-242
Südostasien, Wachstumsregion 234-255
Supertraders 211
Sustainable Development s. Nachhaltigkeit
Systemtransformation 131-133, 234, 240, 245, 247, 276, 279, 280, 284, 292, 296, 298, 299, 300, 301, 305, 306
Systemtransformation
- Aufgabenbereiche 131-133
- praktizierte Modelle 132, 133
- Gradualismus 132, 304
- Schocktherapie 132, 300
- Ostdeutschland 279-292, 133
- Mittel- und Osteuropa 133, 279-307
- Vietnam 244-247

TAFTA 131
Taiwan (Republik China) 183, 194, 196, 210, 235, 238-240, 249, 250, 252, 254
Technischer Fortschritt (technisches Wissen), Produktionsfaktor 169, 175, 182, 187, 224, 277
- Indikatoren 182
- Akkumulation, regionsinterne 139, 155, 169, 175
- Mobilität, internationale 123, 205
Technologie 138, 153, 177, 179, 182, 184, 187, 190, 206, 207, 209, 210, 231, 248, 265, 298, 299
Technologie-Hypothese 151
Technologietransfer, internationaler 205-210, 298
Terms of trade 216-218
Thailand 243, 244
Tobin-Steuer 125
Tourismus, internationaler 223-231

– entwicklungspolitische Effekte 227-230
Tragfähigkeit 178
Transaktionskosten 267, 271
Transferleistungen, öffentliche 153, 287, 291
Transformationskrise 132, 165, 280, 285, 294, 302, 305
Transformationsländer 125, 146, 152, 158, 165, 181, 182, 184, 194, 200, 203, 206, 207, 213, 214, 220, 231, 256, 276, 294, 295, 299, 300, 303, 304
Transformationsmodelle 132, 133
Transformationsprozeß, industrieller
– in Mittel- und Osteuropa 195, 292, 299
– in Südostasien 236-245
Triade 127, 129, 182
Tschechische Republik 302-304

Umweltökonomische Gesamtrechnung 30-37
Umwelt-Satellitensystem 31-33
Ungarn 305, 306
UNRISD-Kernindikatoren 26, 27
Unterbeschäftigung 175, 188

Varianz 53, 54, 91
Variationsbreite 53, 151
Variationskoeffizient 53, 54, 155, 156, 158, 242
Vermögensrechnung 22, 23
Verteilungsmaßzahlen 52, 53
Vietnam 244-247
Volkseinkommen, Begriff 15
Volkswirtschaftliche Gesamtrechnung 12-24
– Grundschema 12-16
– interregionaler Vergleich 13-15
– intertemporaler Vergleich 18
– Kritik 16, 17
– Weiterentwicklung 24-37

Wachstumsdeterminanten, interne 129, 168, 169, 175, 182, 184, 276
– Arbeit 169, 175
– Kapital 169, 175
– natürliche Ressourcen 169, 175
– technischer Fortschritt (technisches Wissen) 155, 169, 175, 182, 265
Wachstumsdeterminanten, externe 127, 134, 168, 185, 223, 231
– Arbeit 223
– Kapital 127, 135, 223, 231
– technischer Fortschritt (technisches Wissen) 127, 231
– Dienstleistungsbewegungen 223
Wachstumsrate, durchschnittliche jährliche 76, 77, 134, 202, 220, 223, 235
Wachstumsregionen 133, 158, 234-255, 274, 275, 303
Wachstumstheorie 135, 256, 257
– keynesianische 154
– neoklassische 138
– neue 138, 139
Währungsraum, optimaler 269
Währungsunion 130, 256, 267-276
– Konvergenzkriterien 256, 267, 273
– Kosten 267
– Nutzen 267-269
– regionale Effekte 270
– sektorale Effekte 268, 270, 271, 275
Wanderung s. Arbeitskräftemobilität
Welthandelsanteil, relativer 67, 69, 70
Westeuropa, Integrationsraum 255-279
Wettbewerbsfähigkeit 128, 129, 184, 202, 204, 212, 233, 254, 268, 269, 276, 290, 297, 298
– Begriff 128, 129
Williamson-Hypothese 155-157
Wirtschaftsgeographie, Definition 11
World Trade Organization (WTO) 126

Zeitreihenanalyse 76, 77, 152, 155-157, 169, 170
Zentrum-Peripherie-Strukturen 223, 277, 278, 306, 307